STUDIEN ZUR HISTORISCHEN POETIK

Herausgegeben von
Stephan Fuchs-Jolie
Sonja Glauch
Florian Kragl
Bernhard Spies
Uta Störmer-Caysa

Band 23

Techniken der Sympathiesteuerung in Erzähltexten der Vormoderne

Potentiale und Probleme

Herausgegeben von
FRIEDRICH MICHAEL DIMPEL
HANS RUDOLF VELTEN

Universitätsverlag
WINTER
Heidelberg

Bibliografische Information der Deutschen Nationalbibliothek

Die Deutsche Nationalbibliothek verzeichnet diese Publikation
in der Deutschen Nationalbibliografie;
detaillierte bibliografische Daten sind im Internet
über *http://dnb.d-nb.de* abrufbar.

ISBN 978-3-8253-6491-5

Dieses Werk einschließlich aller seiner Teile ist urheberrechtlich geschützt.
Jede Verwertung außerhalb der engen Grenzen des Urheberrechtsgesetzes
ist ohne Zustimmung des Verlages unzulässig und strafbar. Das gilt insbesondere
für Vervielfältigungen, Übersetzungen, Mikroverfilmungen und die Einspeicherung
und Verarbeitung in elektronischen Systemen.

© 2016 Universitätsverlag Winter GmbH Heidelberg
Imprimé en Allemagne · Printed in Germany
Druck: Memminger MedienCentrum, 87700 Memmingen

Gedruckt auf umweltfreundlichem, chlorfrei gebleichtem
und alterungsbeständigem Papier.

Den Verlag erreichen Sie im Internet unter:
www.winter-verlag.de

Vorwort

Dieser Band geht auf die internationale Tagung „Techniken der Sympathiesteuerung in Erzähltexten der Vormoderne" zurück, die am 26. und 27. September 2014 in Erlangen veranstaltet wurde. Für die Druckfassung wurden die Vorträge zum Teil umfangreich überarbeitet – wir danken allen Teilnehmern sehr herzlich dafür.

Für die finanzielle Unterstützung von Tagung und Band danken wir der Dr.-German-Schweiger-Stiftung und der Luise-Prell-Stiftung. Für die Aufnahme in die Reihe „Studien zur historischen Poetik" danken wir den Herausgebern Stephan Fuchs-Jolie, Sonja Glauch, Florian Kragl, Bernhard Spies und Uta Störmer-Caysa und dem Universitätsverlag Winter. Für Unterstützung bei der Erstellung des Manuskriptes danken wir Theresa Specht.

Während der Vorbereitungen für die Drucklegung hat uns die Nachricht vom Tod Gert Hübners erreicht. Wir sind bestürzt und fassungslos – aber zugleich dankbar, dass wir uns mit ihm auf der Tagung austauschen durften und seine Überlegungen in diesen Band einfließen.

Friedrich Michael Dimpel und Hans Rudolf Velten
Erlangen und Siegen im Juli 2016

Inhalt

Friedrich Michael Dimpel und Hans Rudolf Velten:
Sympathie zwischen narratologischer Analyse und Rhetorik – Einleitung   9

Regina Toepfer:
Sympathie und Tragik. Rezeptionslenkung im *Hildebrandslied*   31

Katharina Prinz:
Heldentypische Wertungsambivalenzen. Zur Frage nach textuellen Mitteln
der Sympathiesteuerung am Beispiel des *Nibelungenlieds*   49

Gert Hübner:
Schläue und Urteil. Handlungswissen im *Reinhart Fuchs*   77

Hans Rudolf Velten:
Schwankheld und Sympathie. Zu Strickers *Der Pfaffe Amis* und
Frankfurters *Des pfaffen geschicht und histori vom Kalenberg*   97

Anna Mühlherr:
Die ›Macht der Ringe‹. Ein Beitrag zur Frage, wie sympathisch man
Iwein finden darf   125

Matthias Meyer:
Wie man zu seinen Protagonisten auf Distanz geht und ihnen dennoch
Sympathie verschafft. Konrad von Würzburg und Heinrich von dem Türlin   145

Sebastian Coxon:
ein kurzweil von einem edelman: Zur Rezeptionslenkung und Sympathiesteuerung in den Schwankmären Hans Rosenplüts   163

Harald Haferland:
Poetische Gerechtigkeit und poetische Ungerechtigkeit   181

Friedrich Michael Dimpel:
Sympathie trotz ordo-widrigem Handeln? Engagement und Distanz
im *Fortunatus*   227

Victoria Gutsche:
Sympathie und Antipathie in Hans Stadens *Historia*.
Zu Rezeptionssteuerungsverfahren im frühneuzeitlichen Reisebericht . .   261

Claudia Hillebrandt:
Sympathie als Kategorie der Gedichtanalyse? Zu gattungsspezifischen
Besonderheiten der Sympathiewirkung von Figuren in lyrischen Texten   281

Friedrich Michael Dimpel und Hans Rudolf Velten

Sympathie zwischen narratologischer Analyse und Rhetorik – Einleitung

A. Sympathiesteuerungsverfahren und Analysemodelle

Dass Sympathie für die Hauptfigur und Antipathie für ihren Gegenspieler schon in mittelhochdeutschen Romanen und Heldenepen interessante narrative und rezeptionslenkende Dispositive mit großem Potential sind, dürfte wenig zweifelhaft sein: So erscheint etwa im *Nibelungenlied* Kriemhild im Rahmen der Minnebeziehung zu Siegfried anfangs sympathisch und wird dann im Verlauf ihrer Rachehandlungen immer unsympathischer.[1] Ähnlich wird Reinhart Fuchs im gleichnamigen Tierepos in absteigender Weise vom überlisteten Schelm zum allumfassenden Zerstörer.[2] Sympathie und Antipathie sind nicht nur Haltungen von Leser und Hörern, sondern auch gelenkte Wahrnehmungsmodi in Bezug auf fiktive Figuren innerhalb literarischer Texte: Dies haben Forschungsarbeiten in den letzten Jahren auf unterschiedliche Weise gezeigt, allerdings mit der Einschränkung, dass die theoretischen Grundlagen und Vorannahmen, auf denen Aussagen über Sympathie und Sympathiesteuerung beruhen, häufig nicht transparent wurden.

So zentral die Frage nach der Sympathiesteuerung für die Figuren- und Textanalyse sowie für den gesamten Bereich der Rezeptionslenkung auch ist, erstaunt es doch, dass dieses Thema lange Zeit kaum systematisch bearbeitet wurde. Zwar erschien bereits 1978 ein Sammelband zur Sympathielenkung in den Dramen Shakespeares,[3] aber etwa in Handbüchern und Einführungen ist Sympathiesteuerung kaum

---

[1] Vgl. etwa NINE R. MIEDEMA: *Einführung in das ›Nibelungenlied‹*, Darmstadt 2011 (= WBG Einführungen Germanistik), S. 91, 107 und 114.

[2] Vgl. HANS RUDOLF VELTEN: *Schamlose Bilder – schamloses Sprechen – Zur Poetik der Ostentation in Heinrichs ›Reinhart Fuchs‹*, in: *Scham und Schamlosigkeit. Grenzverletzungen in Literatur und Kultur der Vormoderne*, hg. von KATJA GVOZDEVA und HANS RUDOLF VELTEN, Berlin, New York 2005 (= Trends in Medieval Philology 4), S. 97–130, FRIEDRICH MICHAEL DIMPEL: *Füchsische Gerechtigkeit – ›des weste Reinharte niman danc‹*, in: *PBB* 135 (2013), S. 399–422.

[3] WERNER HABICHT und INA SCHABERT: *Sympathielenkung in den Dramen Shakespeares – Studien zur publikumsbezogenen Dramaturgie*, München 1978. Hervorzuheben sind darin die Beiträge von Pfister und Schabert.

je ein Thema.⁴ Die Frage, mit welchen narrativen Mitteln Sympathie und Engagement der Rezipienten im Erzählprozess befördert werden, bezeichneten VERA und ANSGAR NÜNNING noch 2004 als Desiderat:⁵ Erst in den letzten Jahren ist das Thema wieder auf breites Interesse gestoßen: Mit den Qualifikationsschriften von VERENA BARTHEL und FRIEDRICH MICHAEL DIMPEL liegen zwei Studien vor, die systematisch und grundlegend Sympathiesteuerungstechniken in der Vormoderne vorstellen.⁶ Im gleichen Zeitraum ist die Studie von CLAUDIA HILLEBRANDT zu Texten des 20. Jahrhunderts entstanden.⁷ Auf der Jenaer Tagung »Sympathie und Literatur« (Februar 2013, veranstaltet von Claudia Hillebrandt und Elisabeth Kampmann) wurde das Sympathiekonzept vornehmlich im Feld der neueren deutschen Literatur weiter diskutiert.⁸ Vor kurzem erschienen ist die Dissertation Gelenkte Gefühle von KATHRIN FEHLBERG,⁹ die in theoretischer Hinsicht an Barthel

---

⁴ Ausnahmen sind JOST SCHNEIDER: *Einführung in die Roman-Analyse*, Darmstadt 2003, S. 23–25, sowie SILKE LAHN und JAN CHRISTOPH MEISTER: *Einführung in die Erzähltextanalyse*. Mit Beiträgen von Matthias Aumüller, Benjamin Biebuyck, Anja Burghardt, Jens Eder, Per Krogh Hansen, Peter Hühn und Felix Sprang. 2. Aufl., Stuttgart 2013, S. 164f.

⁵ ANSGAR NÜNNING und VERA NÜNNING: Sympathielenkung, in: *Metzler Lexikon Literatur- und Kulturtheorie. Ansätze – Personen – Grundbegriffe*. 3., aktualisierte und erweiterte Auflage, hg. von ANSGAR NÜNNING, Stuttgart, Weimar 2004, S. 642–643, hier S. 643. In der 5. Auflage (2013) wurden zwar aktuelle Literaturhinweise ergänzt, die Beibehaltung der »Desiderat«-Etikettierung wäre nunmehr jedoch zu überdenken.

⁶ VERENA BARTHEL: *Empathie, Mitleid, Sympathie – Rezeptionslenkende Strukturen mittelalterlicher Texte in Bearbeitungen des Willehalm-Stoffs*, Berlin, New York 2008 (= Quellen und Forschungen zur Literatur- und Kulturgeschichte 50), FRIEDRICH MICHAEL DIMPEL: *Die Zofe im Fokus – Perspektivierung und Sympathiesteuerung durch Nebenfiguren vom Typus der Confidente in der höfischen Epik des hohen Mittelalters*, Berlin 2011 (= Philologische Studien und Quellen 232).

⁷ CLAUDIA HILLEBRANDT: *Das emotionale Wirkungspotenzial von Erzähltexten – Mit Fallstudien zu Kafka, Perutz und Werfel*, Berlin 2011 (= Deutsche Literatur. Studien und Quellen 6).

⁸ Der Sammelband ist bereits erschienen: CLAUDIA HILLEBRANDT und ELISABETH KAMPMANN: *Sympathie und Literatur – Zur Relevanz des Sympathiekonzeptes für die Literaturwissenschaft*, Berlin 2014 (= Allgemeine Literaturwissenschaft 19).

⁹ KATHRIN FEHLBERG: *Gelenkte Gefühle – Literarische Strategien der Emotionalisierung und Sympathielenkung in den Erzählungen Arthur Schnitzlers*, Marburg an der Lahn 2014. Mit didaktischem und empirischem Interesse (Leserbefragungen) zuletzt auch HOWARD SKLAR: *The Art of Sympathy in Fiction – Forms of ethical and emotional persuasion*, Amsterdam, Philadelphia 2013; vgl. zu Sklar jedoch CLAUDIA HILLEBRANDT: *Ausgeglichene Fehler – Mitleid mit fiktiven Figuren in narratologischer, lesepsychologischer und literaturdidaktischer Perspektive*. [Review of: Howard Sklar, The Art of Sympathy in Fiction], in: *JLTonline* [10.02.2014, http://www.jltonline.de/index.php/reviews/article/view/605/1453].

und Hillebrandt anschließt. Im Entstehen befindet sich die Dissertation von KATHARINA PRINZ.[10] Im Zentrum der Debatte stehen derzeit narratologische Konzepte, bei denen Sympathiesteuerung als ein Instrument zur Modellierung des Rezeptionsverhaltens betrachtet wird. Dazu tragen zahlreiche Texteigenschaften auf verschiedenen Ebenen bei, so dass Sympathiesteuerung als dynamisch-variables System[11] verstanden werden kann. Ein klassisches Mittel zur Sympathiesteuerung ist interne Fokalisierung;[12] die Wiedergabe von Figureninnenleben ermöglicht es dem Rezipienten, Intentionen, Emotionen und Handlungsgründe nachzuvollziehen.[13] Neben der Figurenkonstellation und der Figurenkonzeption können insbesondere auch Wertungen von Figuren und evaluative Erzähleräußerungen[14] sowie Kontiguitätsbeziehungen von Figuren und anderen Textelementen relevant werden.[15] Wertungen, die sich im Umkreis von bestimmten Textelementen finden, können zudem durch Parallelisierung und Kontiguität auf entfernte Textelemente übertragen werden.[16] Zu beden-

---

[10] »Deviante Helden? Werte und Normen in Erzähltexten«. Einen Einblick in die Werkstatt gewähren KATHARINA PRINZ und SIMONE WINKO: *Wie rekonstruiert man Wertungen und Werte in literarischen Texten?* in: *Handbuch Kanon und Wertung. Theorien, Instanzen, Geschichte*, hg. von GABRIELE RIPPL und SIMONE WINKO, Stuttgart, Weimar 2013, S. 402–407, sowie der Beitrag im vorliegenden Band.

[11] Bereits MANFRED PFISTER: *Zur Theorie der Sympathielenkung im Drama*, in: *Sympathielenkung in den Dramen Shakespeares – Studien zur publikumsbezogenen Dramaturgie*, hg. von WERNER HABICHT und INA SCHABERT, München 1978, S. 20–34, S. 26.

[12] Grundlegend hierzu bereits WAYNE C. BOOTH: *Die Rhetorik der Erzählkunst 1.* (›*The Rhetoric of Fiction*‹, übers. v. Alexander Polzin), Heidelberg [1961] 1974 (= UTB 384), S. 245–266, sowie WAYNE C. BOOTH: *Die Rhetorik der Erzählkunst 2.* (›*The Rhetoric of Fiction*‹, übers. v. Alexander Polzin), Heidelberg [1961] 1974 (= UTB 385), S. 10–20.

[13] Vgl. zur Figur als »mentales Modell« FOTIS JANNIDIS: *Figur und Person – Beitrag zu einer historischen Narratologie*, Berlin, New York 2004 (= Narratologia 3), S. 185–195.

[14] Zum Konzept der Wertung vgl. RENATE VON HEYDEBRAND und SIMONE WINKO: *Einführung in die Wertung von Literatur – Systematik, Geschichte, Legitimation*, Paderborn 1996 (= UTB 1953), S. 33–77.

[15] Zur Kontiguität vgl. HARALD HAFERLAND: *Das Mittelalter als Gegenstand der kognitiven Anthropologie – Eine Skizze zur historischen Bedeutung von Partizipation und Metonymie*, in: *PBB* 126 (2004), S. 36–64, HARALD HAFERLAND: *Metonymie und metonymische Handlungskonstruktion – Erläutert an der narrativen Konstruktion von Heiligkeit in zwei mittelalterlichen Legenden*, in: *Euphorion* 99 (2005), S. 323–364, HARALD HAFERLAND und ARMIN SCHULZ: *Metonymisches Erzählen*, in: *DVjs* 84 (2010), S. 3–43, ARMIN SCHULZ: *Fremde Kohärenz – Narrative Verknüpfungsformen im Nibelungenlied und in der Kaiserchronik*, in: *Historische Narratologie. Mediävistische Perspektiven*, hg. von HARALD HAFERLAND und MATTHIAS MEYER, Berlin, New York 2010, S. 339–360.

[16] Zum Konzept der Wertungsübertragung vgl. FRIEDRICH MICHAEL DIMPEL: *Wertungsübertragung und Kontiguität – Mit zwei Beispielen zur Wertung des Frageversäumnisses im* ›*Parzival*‹, in: *Journal of Literary Theory* 8 (2014), S. 343–367, hier S. 346–358, sowie FRIEDRICH

ken sind weiterhin literarische Konventionen von Figuren (bspw. Gattungskonventionen, Schönheit und Hässlichkeit, Montagen der Hybridität) sowie eine Darstellung, die eine Figur bei der Bewältigung von Schwierigkeiten zeigt. Zentral ist die Korrelation von Normen- und Wertesystem mit dem Figurenhandeln, wobei die zeit- und kulturspezifische Variabilität von Normen und Werten zu berücksichtigen ist:[17] Melusine wird in der Forschungsliteratur heute in der Regel als sympathische Figur bezeichnet[18] – ein Urteil aus einer Zeit, in der die Dämonenangst vor Frauen mit einem Schlangenschwanz keine Rolle mehr spielt und in welcher selbstbestimmtes Handeln von Frauenfiguren nicht negativ besetzt ist. Zeitgenössische Urteile rücken Melusine dagegen in die Nähe des Teufels.[19]

Schließlich zeigen Studien aus dem Bereich der Emotionsforschung, wie die Codierung von positiv oder negativ besetzten Gefühlen textintern konfiguriert ist. Die Verbindung des Emotionsausdrucks in den erzählten Welten und der damit einhergehenden Rezeptionssteuerung lässt sich etwa bei der Darstellung der Folgen einer Schädigung oder von Leid ausloten – etwa, wenn sie mit visuellen Effekten und Ostentation verbunden ist.[20] In Zusammenhang damit stehen anthropologische Bedingungen, welche die Situationalität von Texten mitbestimmen: die Zusammensetzung des Publikums nach Stand, Geschlecht und Alter, Reaktionen des Pub-

MICHAEL DIMPEL: *Wertungsübertragungen und korrelative Sinnstiftung im ›Herzog Ernst B‹ und im ›Partonopier‹*, in: *DVjs* 89 (2015), S. 41–69, hier S. 41–47.

[17] Zur Relevanz kultureller und axiologischer Kontexte aus narratologischer Perspektive vgl. MICHAEL TITZMANN: *Strukturale Textanalyse – Theorie und Praxis der Interpretation*, München 1977 (= UTB 582), S. 263–273.

[18] ANDRÉ SCHNYDER und URSULA RAUTENBERG: *Thüring von Ringoltingen: ›Melusine‹ (1456) – Nach dem Erstdruck Basel: Richel um 1473/74. Band II: Kommentar und Aufsätze*, Wiesbaden 2006, Komm. zu 6IV, S. 32. Vgl. jedoch FRIEDRICH MICHAEL DIMPEL: *Tabuisierung und Dunkelheit – Probleme der Sympathiesteuerung in der ›Melusine‹ Thürings von Ringoltingen*, in: *Sympathie und Literatur – Zur Relevanz des Sympathiekonzeptes für die Literaturwissenschaft*, hg. von CLAUDIA HILLEBRANDT und ELISABETH KAMPMANN, Berlin 2014 (= Allgemeine Literaturwissenschaft 19), S. 205–235.

[19] CATHERINE DRITTENBASS: *unde fabulatur a quadam Melusina incuba* – ein Blick durch die dämonologische Brille auf Begegnung und Bund zwischen Reymond und Melusine, in: *550 Jahre deutsche Melusine – Coudrette und Thüring von Ringoltingen. Beiträge der wissenschaftlichen Tagung der Universitäten Bern und Lausanne vom August 2006*, hg. von ANDRÉ SCHNYDER und JEAN-CLAUDE MÜHLETHALER, Bern, Berlin, Bruxelles, Frankfurt am Main, New York, Oxford, Wien 2008 (= Textanalyse in Universität und Schule 16), S. 83–109.

[20] Vgl. ELKE KOCH: *Trauer und Identität – Inszenierungen von Emotionen in der deutschen Literatur des Mittelalters*, Berlin, New York 2006 (= Trends in Medieval Philology 8); RÜDIGER SCHNELL: *Historische Emotionsforschung – Eine mediävistische Standortbestimmung*, in: *Frühmittelalterliche Studien* 38 (2004), S. 173–276; HANS RUDOLF VELTEN: *Ekel, Schrecken, Scham und Lachen – Strategien der Ansteckung im Neidhartspiel*, in: *Koordinaten der Leidenschaft – Kulturelle Aufführung von Gefühlen*, hg. von CLEMENS RISI und JENS ROSELT, Berlin 2008 (= Recherchen 59), S. 214–241.

likums (Lachen, Verlachen, Protest) auf bestimmte Steuerungsverfahren. Auch die Darstellung von Scham und Beschämung oder das Verlachen von Angehörigen einer Outgroup kann sympathielenkende Potentiale entwickeln.[21]

Während DIMPEL bei den Sympathiesteuerungsverfahren zunächst keine Hierarchisierung vornimmt und vorschlägt, bei den Verfahren, die in einem konkreten Text vorkommen, erst im Rahmen der Textanalyse eine Gewichtung vorzunehmen, trennt Hillebrandt systematisch zwischen Textstrukturen, die Empathie ermöglichen, und Textstrukturen, die Sympathie generieren. HILLEBRANDT und ähnlich PRINZ / WINKO[22] fassen Sympathiesteuerung als ein primär wertungsbezogenes Konzept auf. Emotionen bindet Hillebrandt dagegen an den Empathie-Begriff: So, wie sich das wertungstheoretische Analysemodell von Simone Winko auf sympathieermöglichende Textstrukturen anwenden lässt,[23] so lässt sich Winkos Analysemodell zur Emotionsdarstellung zur Analyse von empathieermöglichenden Textstrukturen anwenden.[24] Bei ihrem Sympathie-Begriff geht es Hillebrandt darum, dass der Leser eine Einstellung entwickelt, die auf einer positiven Wertung beruht; eine emotionale Reaktion ist dabei nur fakultativ.[25] Die zentrale Kategorie Wertung ist dabei nicht auf normbezogene Wertmaßstäbe limitiert, vielmehr sind auch Wertmaßstäbe wie Kraft oder Eleganz vorgesehen; ebenso lassen sich »auffäl-

---

[21] Vgl. dazu VELTEN: *Schamlose Bilder*, Anm. 2, S. 97–130.

[22] Vgl. PRINZ / WINKO: *Wie rekonstruiert man Wertungen*, Anm. 10, sowie KATHARINA PRINZ und SIMONE WINKO: *Sympathielenkung und textinterne Wertungen – Überlegungen zu ihrer Untersuchung und exemplarische Analyse der Figur des ›unglücklichen Mordgehilfen‹ Olivier Brusson*, in: *Sympathie und Literatur – Zur Relevanz des Sympathiekonzeptes für die Literaturwissenschaft*, hg. von CLAUDIA HILLEBRANDT und ELISABETH KAMPMANN, Berlin 2014 (= Allgemeine Literaturwissenschaft 19), S. 99–127, S. 104–112.

[23] Vgl. SIMONE WINKO: *Wertungen und Werte in Texten – Axiologische Grundlagen und literaturwissenschaftliches Rekonstruktionsverfahren*, Braunschweig 1991 (= Konzeption Empirische Literaturwissenschaft 11).

[24] Vgl. SIMONE WINKO: *Kodierte Gefühle – Zu einer Poetik der Emotionen in lyrischen und poetologischen Texten um 1900*, Berlin 2003 (= Allgemeine Literaturwissenschaft 7).

[25] Während HERMANN LINDNER: *Sympathielenkung im französischen Naturalismus – Maupassants Novellistik*, in: *Zeitschrift für Französische Sprache und Literatur* 101 (1991), S. 242–265, S. 260, zwischen »kognitiv-intellektbezogene[n] und emotional-normenbezogene[n] Faktoren« unterscheidet und Sympathiesteuerung eher über die »affektiv-emotionalen und (im weiteren Sinn) alle angrenzenden normrelevanten Reaktionsdispositionen« konzipiert (S. 248), stellt DIMPEL: *Die Zofe im Fokus*, Anm. 6, S. 72–75, in Frage, inwieweit eine solche Eingrenzung tragfähig ist, da eine emotionale Reaktion des Rezipienten auch durch eine bewusste Reflexion verstärkt oder abgeschwächt werden kann. Auch PRINZ / WINKO: *Sympathielenkung*, Anm. 22, S. 100–102, akzentuieren den emotionalen Aspekt: Sympathie wird hier als »positive emotionale Einstellung einer Person oder Figur A zu einer anderen Person oder Figur B« verstanden. Vgl. weiterhin FEHLBERG: *Gelenkte Gefühle*, Anm. 9, S. 10–28.

lige stilistische Mittel« unter Wertungsgesichtspunkten betrachten.[26] Prinz / Winko beziehen auch ›pragmatische Wertmaßstäbe‹ ein – Wertmaßstäbe, »die das jeweilige Handlungsziel erstrebenswert erscheinen lassen«; etwa seine Arbeit »zur Zufriedenheit des Meisters zu erfüllen oder in einer konkreten Situation das eigene Überleben zu sichern«.[27]

Es wird hier nicht angestrebt, entweder die hierarchisch flache Modellierung oder die in Empathie und Sympathie unterteilende Modellierung zu favorisieren; die Strukturierung des Analysemodells entspringt letztlich der Perspektive des Modellerschaffers.[28] Ob man etwa die präsentierten Emotionen nun bei Empathie oder bei Sympathie verortet – entscheidend ist, dass alle relevanten Sympathiesteuerungsverfahren in der Textanalyse verwendet werden.[29] Bemerkenswert ist vielmehr, dass zwei unabhängig voneinander entstandene Arbeiten mit Blick auf die relevanten Textstrukturen zu einem erheblichen Maß an Übereinstimmung gekommen sind.

Übereinstimmung besteht auch dahingehend, dass ein Kurzschluss von einzelnen Analyseebenen auf den Sympathiestatus einer Figur nicht möglich ist:[30] Das Vorliegen etwa einer Erzählerwertung ist kein hinreichender Grund, einer Figur das Attribut »sympathisch« zuzuweisen. Bereits PFISTER hat Sympathiesteuerung als ein dynamisch-variables System verstanden, bei dem das Zusammenspiel von vielen

---

[26] HILLEBRANDT: *Das emotionale Wirkungspotenzial*, Anm. 7, S. 95.

[27] PRINZ / WINKO: *Sympathielenkung*, Anm. 22, S. 110; ähnlich bei DIMPEL: *Die Zofe im Fokus*, Anm. 6, S. 95–98, unter der Rubrik »Bewältigung von Schwierigkeiten«.

[28] Das Gros der rezeptionslenkenden Strukturen findet sich bereits bei PFISTER: *Zur Theorie der Sympathielenkung im Drama*, Anm. 11, und, in wieder anderer Sortierung, bei BARTHEL: *Empathie, Mitleid, Sympathie*, Anm. 6; vgl. zu Barthel auch DIMPEL: *Die Zofe im Fokus*, Anm. 6, S. 75–80.

[29] Womöglich muss jedoch das Verhältnis von Empathie und Sympathie als Rekursion beschrieben werden; vgl. DIMPEL: *Die Zofe im Fokus*, Anm. 6, S. 79. Der ›Mere-Exposure-Effekt‹ (Effekt der bloßen Darbietung) könnte ein Indiz dafür sein, dass eine eindeutige Abgrenzung von Sympathie und Empathie nicht stets gelingen kann. Der ›Mere-Exposure-Effekt‹ beschreibt das Phänomen, dass Personen, die längere Zeit andere Personen beobachten, Sympathie entwickeln können; Vertrautheit kann zu Zuneigung führen – eine Disposition, die sich insbesondere die Werbeindustrie nutzbar macht. Vgl. DAVID G. MYERS: *Psychologie – Deutsche Bearbeitung von Svenja Wahl. Mit Beiträgen von Siegfried Hoppe-Graff*. 2., erw. und aktualisierte Aufl., Heidelberg 2008 (= Springer-Lehrbuch), S. 676, RICHARD L. MORELAND und SCOTT R. BEACH: *Exposure Effects in the Classroom – The Development of Affinity among Students*, in: *Journal of Experimental Social Psychology* 28 (1992), S. 255–276. Aufgrund der Makrostruktur des Modells erscheint bei Hillebrandt Fokalisierung nicht als Sympathiesteuerungsverfahren, sondern lediglich unter den Gewichtungsfaktoren.

[30] Vgl. HILLEBRANDT: *Das emotionale Wirkungspotenzial*, Anm. 7, S. 50f., DIMPEL: *Die Zofe im Fokus*, Anm. 6, S. 92f. Weiterhin PRINZ / WINKO: *Sympathielenkung*, Anm. 22, S. 105, FEHLBERG: *Gelenkte Gefühle*, Anm. 9, S. 23f.

Textfaktoren bedacht sein will.³¹ Die Analyseebenen wie Wertungen oder Fokalisierung sind also stets nur potentielle Sympathiesteuerungsverfahren; Hillebrandt hat den Begriff ›Wirkungspotential‹ bereits in die Titelformulierung ihrer Monographie übernommen.³² Nötig ist eine Gesamtschau, wenn man abwägen will, wie positive und negative Verfahren einen Korridor beim Rezipienten eröffnen,³³ innerhalb dessen eine Figur als eher sympathisch oder als eher unsympathisch wahrgenommen werden kann. Der konkrete Rezipient bleibt dabei eine Black Box.³⁴

Da sowohl HILLEBRANDT als auch DIMPEL von lediglich potentiell rezeptionslenkenden Verfahren ausgehen, wird jeweils eine Reihe an Kriterien benötigt, mit deren Hilfe bei der konkreten Textanalyse abzuwägen ist, ob ein Sympathiesteuerungsverfahren sein Wirkungspotential entfalten kann:³⁵ Während Hillebrandt detailliert Kategorien aus der Wertungstheorie einbindet, setzt Dimpel auf Kategorien, die NÜNNING / NÜNNING für die Analyse von multiperspektivisch erzählten Texten vorgeschlagen haben.³⁶

Sympathiesteuerung ist vielfach ein Phänomen der Ambivalenz, da die Kopräsenz von positiven und negativen Sympathiesteuerungsverfahren auch in vormodernen Texten eher die Regel als die Ausnahme ist – sowohl beim Protagonisten als auch bei Antagonisten und Nebenfiguren. Gerade dort, wo Techniken der Sympathiesteuerung nicht einsinnig auf schwarz oder weiß festgelegt sind, lassen sich die skizzierten Analysemodelle gewinnbringend anwenden. Neben der Positiv-negativ-

---

³¹ PFISTER: *Zur Theorie der Sympathielenkung im Drama*, Anm. 11, S. 26.
³² Der Begriff ›Wirkungspotential‹ erscheint bereits bei BARTHEL: *Empathie, Mitleid, Sympathie*, Anm. 6, S. 15.
³³ Überlegungen zur Sympathiesteuerung müssen eine vom Text modellierbare Leserrolle voraussetzen: Ein Leser kann sich – bspw. aus individueller Abneigung gegenüber Figuren mit einem bestimmten Vornamen – den Steuerungsmechanismen des Textes willkürlich widersetzen. Will man davon ausgehen, dass narrative Techniken auf eine Rezeptionssteuerung zielen, muss zumindest insoweit mit einem Musterleser kalkuliert werden, dass sich der Rezipient nicht konträr zu den Rezeptionsvorgaben verhält.
³⁴ Auch BARTHEL: *Empathie, Mitleid, Sympathie*, Anm. 6, S. 30–82, konzipiert ihre Analyseebenen als »mögliche Sympathieauslöser« (S. 66). Bei der Textanalyse stuft Barthel jedoch vereinzelt Textelemente als »direkt sympathieauslösend« (S. 238) ein und spricht von einer »Wirkung« (S. 110, S. 146) statt nur von einem Wirkungspotential.
³⁵ DIMPEL: *Die Zofe im Fokus*, Anm. 6, S. 116–118, HILLEBRANDT: *Das emotionale Wirkungspotenzial*, Anm. 7, S. 97–99.
³⁶ ANSGAR NÜNNING und VERA NÜNNING: »*Multiperspektivität – Lego oder Playmobil, Malkasten oder Puzzle?« – Grundlagen und Kategorien zur Analyse der Perspektivenstruktur narrativer Texte*. Teil 1, in: Literatur in Wissenschaft und Unterricht 32 (1999a), S. 367–388, hier S. 383–388, sowie ANSGAR NÜNNING und VERA NÜNNING: »*Multiperspektivität – Lego oder Playmobil, Malkasten oder Puzzle?« Grundlagen und Kategorien zur Analyse der Perspektivenstruktur narrativer Texte*. Teil 2, in: Literatur in Wissenschaft und Unterricht 33 (2000b), S. 59–84, hier S. 59–64.

Skala (Sympathie vs. Antipathie) ist auch die Intensität relevant, mit der ein Rezipient eine entsprechende Zuschreibung einstuft – das *Engagement*[37] für eine Figur. Eine dezidierte Schwarz-Weiß-Malerei kann zu einer Begrenzung des Engagements und zu Distanz führen: Bereits ARISTOTELES hat dazu geraten, weder Schufte (τοὺς μοχθηροὺς) noch makellose Männer (τοὺς ἐπιεικεῖς ἄνδρας) als Tragödienhelden zu wählen (Poetik 13, 1452b 34–37).[38]

B. Rhetorik und Sympathie

Sowohl die griechischen als auch die römischen Rhetoriken und Poetiken lassen keinen Zweifel daran, dass rednerische, rhapsodische und dramatische Künste letztendlich auf eine Wirkung beim Publikum und bei den Zuhörern ausgerichtet sind. Dies sei deshalb betont, weil damit dem Zweifel, ob Sympathiesteuerung für die Vormoderne überhaupt angenommen werden darf, ob sie nicht vielmehr ein Phänomen der Neuzeit sei, wirkungsvoll begegnet werden kann. Aus den vielfältigen Zeugnissen für Rezeptionssteuerung in Poetik und Rhetorik der Antike seien hier nur knapp einige Beispiele genannt. In seiner *Poetik* unterstellt etwa Aristoteles den Dichtern, dass diese sich nach ihren Zuhörern richteten und von deren Wünschen leiten ließen (*Poetik* 13, 1453b). Doch auch der Tragödiendichter soll ελεος und Φόβος, Jammer und Schaudern beim Publikum hervorrufen, um Katharsis zu erreichen. Es steht außer Frage, dass Affekte für die Theoretiker des Altertums modellier- und steuerbar sind. Die klassische Rhetorik wird in ihrer Funktion für die Dichtungslehre als Instrument einer Überzeugungs- und Wirkungspoetik verstanden, gewissermaßen als »Kulturtechnik der Emotionalisierung« (THOMAS ANZ),[39] die auf punktuelle, doch nachhaltige Effekte abgestellt ist. Und dies auch noch im Mittelalter; Petrus von Blois z. B. schreibt, dass vorgetragene Erzähltexte Mitleid bei den Zuschauern erregt hätten,[40] so dass sie zu Tränen gerührt wurden, und es ist

---

[37] ›Engagement‹ ist als umfassenderer Begriff demjenigen der ›Identifikation‹ vorzuziehen; zur Problematik der Identifikation vgl. etwa RALF SCHNEIDER: *Grundriß zur kognitiven Theorie der Figurenrezeption am Beispiel des viktorianischen Romans*, Tübingen 2000 (= ZAA studies 9), S. 103–106. Unter ›Engagement‹ können zudem auch Rezeptionsvorgaben zu Nebenfiguren oder Antagonisten subsumiert werden.

[38] PFISTER: *Zur Theorie der Sympathielenkung im Drama*, Anm. 11, S. 27f.

[39] Vgl. bezüglich der Rhetorik im Besonderen und der Literatur im Allgemeinen THOMAS ANZ: *Kulturtechniken der Emotionalisierung – Beobachtungen, Reflexionen und Vorschläge zur literaturwissenschaftlichen Gefühlsforschung*, in: *Im Rücken der Kulturen*, hg. von KARL EIBL, KATJA MELLMANN u. RÜDIGER ZYMNER, Paderborn 2007, S. 207–239.

[40] PETRUS VON BLOIS: *Liber de confessione sacramentali*, hg. von J[ACQUES] P[AUL] MIGNE (PL 207), Paris 1855, Sp. 1077-92.

sehr wahrscheinlich, dass der rezipientenorientierte Prolog Gottfrieds im *Tristan* seine Hörer zweifellos »emotionalisieren« sollte.[41]

Die Rhetorik legt auch im Einzelnen fest, mit welchen Verfahren und Strategien die Aufmerksamkeit, das Wohlwollen bzw. die Sympathie der Zuhörer und Zuschauer gewonnen werden können. So lässt sich etwa Spannung (*attentio*) auf zweifache Weise erzeugen: durch den Verweis auf ein stofflich Neues, Ungehörtes sowie durch ein Thema, das Sprecher und Hörer in gleicher Weise betrifft und eine Gemeinschaft zwischen ihnen herstellt. Das Wohlwollen des Hörers (*benevolentia*) dagegen kann am Beispiel der Gerichtsrede auf vierfache Weise gewonnen werden: durch Hinweise auf Bescheidenheit oder Notlage des Sprechers, durch die Erweckung von Antipathie gegenüber der Gegenpartei (durch *odium, invidia und contemptus*), drittens durch das Hervorheben der Urteilsfähigkeit bei den Zuhörern, viertens schließlich durch Herabsetzung der Gegenpartei.[42]

Von diesen Haltungen oder emotionalen Einstellungen der Rezipienten, auf die die Techniken der Rhetorik zielen, interessiert uns am meisten die mit Wohlwollen übersetzbare *benevolentia*. Denn der Sympathiebegriff selbst ist im Rahmen einer historischen Semantik nicht direkt auf die Vormoderne übertragbar: Im Altertum bedeutet gr. *sympathéia* (συμπάθεια; lat. *sympathia*) etwas anderes als die zwischenmenschliche Zuneigung, nämlich passive Parallelaffektion oder verborgene Übereinstimmung in Natur und Kosmos.

Das, was wir unter Sympathie verstehen (und es gibt dazu eine komplexe Begriffsgeschichte in der Neuzeit),[43] kommt in den Rhetoriken nur undeutlich zur Sprache, etwa bei CICERO unter den Begriffen *conciliatio* (Zuneigung, de orat. 2. Buch) und *caritas* im Sinne von Hochschätzung. Cicero erkennt im Gewinn der Sympathie (*conciliatio*) des Publikums, also einer Steuerung von dessen Affekten einen der drei Hauptfaktoren der gesamten Redekunst:

> So konzentriert sich die gesamte Redekunst auf drei Faktoren, die der Überzeugung dienen: den Beweis der Wahrheit dessen, was wir vertreten, den Gewinn der Sympa-

---

[41] Dazu WERNER SCHWARZ: *Studien zu Gottfrieds Tristan*, in ders.: *Beiträge zur mittelalterlichen Literatur*, hg. von PETER GANZ und TIMOTHY MCFARLAND, Amsterdam 1984, S. 62-83.

[42] Vgl. HENNING BRINKMANN: *Der Prolog im Mittelalter als literarische Erscheinung*, in: ders.: *Studien zur Geschichte der deutschen Sprache und Literatur*, Bd. 2, Düsseldorf 1966, S. 79-105, hier S. 83ff. bezüglich verschiedener Rhetorik-Lehrbücher des Altertums.

[43] Vgl. dazu MARGARITA KRANZ u. PETER PROBST: *Art. Sympathie*, in: *Historisches Wörterbuch der Philosophie*, hg. v. JOACHIM RITTER u. KARLFRIED GRÜNDER, Bd. 10, Darmstadt 1998, Sp. 751-756.

thie unseres Publikums und die Beeinflussung seiner Gefühle im Sinne dessen, was der Fall jeweils erfordert⁴⁴ (De oratore 2.115)

Wenn auch ein Nomen »Sympathie« hier nicht erscheint, so lässt die Wendung *ut conciliemus eos nobis, qui audiunt* doch erkennen, dass es um das Wohlwollen der Zuhörer, ihre Sympathie geht,⁴⁵ sie sollen »beeindruckt und erfreut« werden (*uti omnis moveat atque delectet*).⁴⁶

Wichtige Elemente einer solchen Erringung von Zuneigung sind Witz und Humor: »Es ist aber (…) unbedingt Sache des Redners, Heiterkeit zu erregen; sei es, weil die Heiterkeit selbst dem, der sie erregt hat, Sympathie einträgt« (*De orat.* 2.236).⁴⁷ Freilich haben wir es hier mit einer Sympathie des Publikums für den Redner, nicht für eine literarische Figur zu tun. Dennoch sind beide Formen vergleichbar, da es um Fragen der historischen Semantik, nicht aber um die genaue Beschreibung einer Kommunikationssituation geht.

Es gibt jedoch noch einen anderen Begriff, an dem Sympathie fassbar ist: in dem schon bei Aristoteles, später auch bei Plutarch erscheinenden Begriff der *suggnômê* (συγγνώμη). Was bedeutet *suggnômê* und in welchem Zusammenhang taucht das Wort auf? Es erscheint bei Aristoteles in der Rhetorik und der Nikomachischen Ethik im Zusammenhang mit der Diskussion der Gerechtigkeit *(epieikeia)*, und wird unterschiedlich übersetzt: mit Nachsicht, Fairness, Billigkeit, aber auch mit sympathetischem Verstehen und Urteilen.⁴⁸

Er plädiert mit der *suggnômê* für eine der Besonderheit des Falles angemessene, nachsichtige und nachvollziehende Beurteilung. Zur *suggnômê* gehört somit eine Art

---

⁴⁴ *Ita omnis ratio dicendi tribus ad persuadendum rebus est nixa: ut probemus vera esse, quae defendimus; ut conciliemus eos nobis, qui audiunt; ut animos eorum, ad quemcumque causa postulabit motum, vocemus.* MARCUS TULLIUS CICERO: *De oratore. Über den Redner. Lateinisch / Deutsch*, übers. u. hg. von HARALD MERKLIN, Stuttgart, 2. Aufl. 2006, S. 278 (2, 115).

⁴⁵ An anderer Stelle nennt Cicero dies auch so: *benevolentiam conciliant* (De oratore 2, 182) und *ad benevolentiam consiliandam paratum* (Orator 2, 128). MARCUS TULLIUS CICERO: *Orator. Der Redner. Lateinisch / deutsch*, übers. u. hg. von HARALD MERKLIN, Stuttgart 2004, S. 146. Vgl. dazu THOMAS ZINSMAIER: Aristotelische Einflüssse auf Ciceros Rhetoriktheorie, in: *Aristotelische Rhetoriktradition*, hg. von JOACHIM KNAPE u. THOMAS SCHIRREN, Stuttgart 2005, S. 127–140, 136f.

⁴⁶ CICERO: *De oratore* 1, 130, Anm. 44, S. 114.

⁴⁷ *Est autem [...] est plane oratoris movere risum; vel quod ipsa hilaritas benevolentiam conciliat ei, per quem excitata est [...].* CICERO: *De oratore* 2, 236, Anm. 44, S. 358.

⁴⁸ ARISTOTELES: *Nik.Eth.* 1126 a2–3; vorher auch 1143a 19–20, 1110a 24, 1111a1–2. Ich zitiere aus ARISTOTELES: *Nikomachische Ethik*, übers. u. hg. von URSULA WOLF, Reinbek 2006. Vgl. dazu auch JOHN-STEWART GORDON: *Aristoteles über Gerechtigkeit. Das V. Buch der Nik. Ethik.* Freiburg, München 2007.

natürliches Rechts- oder Gerechtigkeitsempfinden, welches aus der Sympathie oder dem Verständnis für den Angeklagten entsteht und mithilfe dessen Konflikte beigelegt werden können (man könnte das heute dem Spektrum der »mildernden Umstände« zuordnen). MARTHA NUSSBAUM erläutert dies folgendermaßen: »one must judge with the agent who has done the alleged wrong«, an »idea of forgiveness, in a way that connects it etymologically with the idea of sharing the other person's point of view«.[49] Wer urteilt, sollte demnach die Fähigkeit einer besonderen Wahrnehmung und eine Art Einsicht in die Beweggründe des Anderen besitzen, welche dann zusammen mit den besonderen Umständen und den Voraussetzungen der Tat als Grundlagen für eine »gerechte« Entscheidung angesehen werden können, welche nicht allein das Gesetz, sondern auch Billigkeit in Betracht zieht.

Als ein Gefühl der Standpunktnahme des Zuschauers für die Schwächen der menschlichen Natur taucht *suggnômê* bereits in der Poetik bei der Behandlung der Verfehlungen von Tragödienhelden auf. Sie bezeichnet hier eine dem Mitleid mit dem Helden (*eleos*) inhärente Nachsicht oder Milde, die gewissermaßen als eine solidarische Haltung des Zuschauers beschrieben werden kann. Mitleid und Nachsicht gehören hier untrennbar zusammen, welche den Menschen gegen das harte Gesetz der Notwendigkeit in Schutz nehmen. SOPHOKLES lässt in den Trachinierinnen den Hyllus um *suggnômê* bitten, als einer Haltung geteilter Anerkennung, eines verwandten Gefühls für jemanden.[50]

In beiden Verwendungen kommt der Begriff der *suggnômê* unserer heutigen Bedeutung von Sympathie relativ nahe, denn er verbindet das soziale Urteil mit emotionaler Anteilnahme und dem Finden von Gemeinsamkeit. Diese kognitive und emotive Doppelnatur der Sympathie wird im Rahmen der Freundschaft auch in der Nikomachischen Ethik behandelt: hier ist die *suggnômê* als Form der moralischen Nachsicht und Billigung der Handlungsvollzüge anderer die Voraussetzung für dauerhafte, echte Freundschaft, die bei Plutarch sogar zum *fraterno amore* wird.[51] Dessen Rezeption gelangt bis ins Mittelalter, wo sie in Aelreds Traktat *De spirituali amicitia* eine wichtige Stellung einnimmt.[52]

[49] MARTHA C. NUSSBAUM: *Sex and Social Justice*, New York 1999, S. 161.
[50] Goldhill bezeichnet *suggnômê* als ein »fellow-feeling« bei Sophokles. Vgl. SIMON GOLDHILL: *Sophokles and the Language of Tragedy*, Oxford / New York 2012, S. 160.
[51] CECILE GROSSEL: *La notion de ›suggnome‹ dans le De fraterno amore de Plutarque*, in: Revue des etudes grecques, Bd. 121.1 (2008), S. 373–392. »Plutarch invite son lecteur à une communion émotionnelle, si bien que son auteur se retrouvait directement confronté au problème du caractère ineffable de l'amitié. La notion de συγγνώμη, telle que l'avait déjà élaborée Aristote, qui est mise par Plutarque, dans le *De Fraterno Amore*, au fondement même de l'amour inconditionnel qui unit les frères, nous a ainsi paru la plus propice pour introduire aux enjeux de cet ouvrage.« S. 374.
[52] AELRED VON RIEVAL: *De spirituali amicitia*, in: Aelredi Rievallensis opera omnia. Vol. I: Opera ascetica, hg. von ANSELM HOSTE u. C. T. TALBOT, Turnhout 1971, S. 279–352.

Es muss sich erst noch herausstellen, ob diese Anregungen aus der Rhetorik und Ethik des Altertums auch in der Analyse der Sympathie in mittelalterlichen Texten Erfolg haben werden. Ist Sympathie im Mittelalter eine nachsichtige, weil empathische und verstehende Haltung desjenigen, der über individuelle Verfehlungen oder auch über Wertattributionen in der Dichtung entscheidet? Dass Sympathie als Rezeptionshaltung durch verschiedene rhetorische, narrative und handlungslogische Steuerungsmerkmale angestrebt werden konnte, scheint vor dem Hintergrund der rhetorischen Tradition mehr als wahrscheinlich.[53] Doch welche Strategien, welche Parameter müssen für das Erreichen dieses Rezeptionsziels überhaupt angenommen werden?

C. Tun-Ergehen-Zusammenhang oder unverschuldetes Unglück?

Gerade für ein Erzählen mit einem krisenbehafteten Protagonisten, wie er in den Artusromanen von Hartmann oder Wolfram auftritt, ist die Annahme hilfreich, dass der Text auf eine nachsichtige und nachvollziehende Beurteilung durch den Rezipienten zielt: Wenn man Iweins Eidbruch und die Vernachlässigung seiner Pflichten als Landesherr an normativen Wertmaßstäben misst, kommt man kaum um ein negatives Urteil herum. Weil Iwein jedoch seinen Fehler rasch einsieht und weil die Erzählerstimme und die Fokalisierung Iweins Sichtweise privilegieren,[54] wird es dem Rezipienten ermöglicht, eine Haltung einzunehmen, die dem *suggnômê*-Konzept entspricht. Das *suggnômê*-Konzept kann als ein Korrektiv zu exklusiv normativ orientierten Wertmaßstäben betrachtet werden; durch genuin literarische Optionen wie durch Fokalisierung und Gedankenwiedergabe wird Verständnis für Fehler des Helden geschaffen.

Das *suggnômê*-Konzept lässt sich partiell mit dem Konzept des ›unverschuldeten Unglücks‹ in Verbindung bringen, das ebenfalls als eine Rezeptionshaltung aufgefasst werden kann. Dabei handelt es sich ebenso wie beim ›Tun-Ergehen-Zusammenhang‹ um eine Denkfigur, die beim Hören / Vorlesen / Lesen eines Textes wirksam werden kann.[55] Diese textexternen Denkfiguren können den Rezeptions-

---

(Dt.: Aelred von Rieval: *Über die geistliche Freundschaft* (lateinisch – deutsch). Ins Dt. übertr. von RHABAN HAACKE, Trier 1978).

[53] Einschränkend muss gesagt werden, dass Sympathie nicht allein aus autorintentionaler Lenkung entsteht, sondern auch ohne diese statthaben kann.

[54] Vgl. GERT HÜBNER: *Erzählform im höfischen Roman – Studien zur Fokalisierung im ›Eneas‹, im ›Iwein‹ und im ›Tristan‹*, Tübingen 2003 (= Bibliotheca Germanica 44), S. 183–201.

[55] Vgl. HÜBNER: *Erzählform*, Anm. 54, S. 69f., sowie das Kapitel »Der ›Tun-Ergehen-Zusammenhang‹ und ›unverschuldetes Unglück‹« in DIMPEL: *Die Zofe im Fokus*, Anm. 6, S. 80–91.

modus vor allem bei negativen Handlungsfolgen beeinflussen. Beim Tun-Ergehen-Zusammenhang geht man davon aus, dass gute Taten belohnt und schlechte bestraft werden, beim unverschuldeten Unglück werden Tun und Ergehen als entkoppelt betrachtet (Parzivals Versagen auf der Gralsburg ruft zumindest mit eingeschränktem Blick auf seine Figurenperspektive und seinen Informationsstand auch die Denkfigur ›unverschuldetes Unglück‹ auf). Während die Schuld-Strafe-Logik beim ›Tun-Ergehen-Zusammenhang‹ auf den primären und zentralen Wertmaßstab ›Gerechtigkeit‹ verweist, kann eine leidvolle Erfahrung einer Figur im Fall einer entsprechenden Vermittlung auch als unverschuldet und kontingent aufgefasst werden. Mitunter privilegieren Texte nicht eindeutig eine der beiden Denkfiguren. Insbesondere dann, wenn zwar ein Normverstoß von mäßiger Tragweite vorliegt, wenn jedoch das folgende Leid in seiner Größe den Normverstoß erheblich übersteigt,[56] kann im Spannungsfeld zwischen Tun-Ergehen-Zusammenhang und unverschuldetem Unglück eine Rezeptionshaltung begünstigt werden, die dem *suggnômê*-Konzept entspricht.[57]

Bei mittelalterlichen Texten sind Konzepte, die Gerechtigkeit, Kontingenz und Nachsicht zum Gegenstand haben, für einen historisch-narratologischen Zugriff in besonderer Weise geeignet. Neben der Provenienz des *suggnômê*-Konzepts aus der Rhetorik und deren anfänglicher Verortung im Gerichtssaal muss als knappe Begründung an dieser Stelle ein Hinweis auf die breite kulturelle Verankerung der römischen Tugendlehre genügen. Dazu kommt die Verankerung der christlichen Ethik und ihres Gottesbildes als eines sowohl gerechten als auch gnädigen Gottes: eine Welt, in der zwar Gerechtigkeit weithin als Sollzustand gedacht wird, in der jedoch auch unverdientes Leid möglich ist.

---

[56] Vgl. – unter dem Gesichtspunkt der poetischen Gerechtigkeit – zur »strengere[n] Bestrafung, als es das Vergehen verdient«, WOLFGANG ZACH: *Poetic Justice. Theorie und Geschichte einer literarischen Doktrin – Begriff – Idee – Komödienkonzeption*, Tübingen 1986 (= Buchreihe der Anglia, Zeitschrift für Englische Philologie 26), S. 30f.

[57] Beim Tun-Ergehen-Zusammenhang und beim unverschuldeten Unglück handelt es sich um außerliterarische Denkmuster, die jedoch auch als Erzählschemata beschrieben werden können: Beim Tun-Ergehen-Zusammenhang begeht eine Figur einen Fehler, Leid folgt; bei unverschuldetem Unglück begeht die Figur keinen Fehler, dennoch ereignet sich Leid, wodurch Engagement hervorgerufen werden kann. Welche Handlung wiederum einen Fehler darstellt, ist eine Frage der Wertung und mitunter nur schwer zu rekonstruieren. Bei dem theologischen Modell wird mitunter auch von einem negativen Ergehen retrospektiv auf ein negatives Tun geschlossen, selbst wenn das Tun nicht in ein negatives Licht gerückt wurde. Dann ist – literarisch, weniger theologisch – jedoch ebenso gut das unverschuldetes Unglück als Erklärungsmodell möglich. Um bei einem nicht negativ konnotierten Tun zu bestimmen, welches Modell favorisiert wird, sind weitere Aspekte der evaluativen Struktur zu berücksichtigen. Wird das Tun jedoch zumindest implizit negativ bewertet, so kann ein negatives Ergehen retrospektiv als relevant unterstrichen werden.

D. Histoire-Elemente

Ein weiteres Spezifikum der Sympathiesteuerung bei Texten der Vormoderne könnte auch die Relevanz von Histoire-Elementen sein. Eine Bewährung des Protagonisten in *aventiuren* kann teilweise in Anschluss an die Greimas-Lektüre von Warning beschrieben werden: Eine Mangelsituation muss vom Subjektaktanten durch den Dreischritt »Konfrontation – Domination – Attribution« überwunden werden;[58] wichtig ist zudem die Grenzüberschreitung der Hauptfigur.[59] Solche Konstellationen sind in mittelalterlichen Texten häufig vorzufinden. In diesen Fällen impliziert bereits das Erzählschema pragmatische Wertmaßstäbe,[60] nach denen Erfolg des Protagonisten positiv ist: Der Protagonist verfügt über einen ›Protagonistenbonus‹ und er bewährt sich bei der ›Bewältigung von Schwierigkeiten‹.

Je nach dem konkreten Wertungsgefüge können diese Aspekte zu dominierenden Sympathiesteuerungsverfahren werden. Durch derartige gattungsspezifische Rahmenvorgaben kann ein Text zu Beginn eine Schwarz-Weiß-Struktur etablieren. Wenn sich der Protagonist in einem Text, der seine Bewährung und die Überwindung von Mangelsituationen zum Gegenstand hat, moralisch unauffällig verhält, dann besteht oftmals kaum noch ein Bedarf an weiteren positiven Sympathiesteuerungsverfahren. Dies ist gerade bei schemaorientierten Gattungen wie dem Märchen oder dem Schwank der Fall. In solchen Fällen werden nach der initialen Präsentation eines vorbildlichen Protagonisten zwar häufig dennoch positive Sympathiesteuerungsverfahren eingebracht, sie sind jedoch nicht in gleicher Weise notwendig und relevant wie in Texten, in denen etwa nach einem Fehler des Protagonisten gegen den Tun-Ergehen-Zusammenhang anerzählt[61] werden muss. Wenn nach einem Schwarz-Weiß-Muster erzählt wird, ist der Analyseaufwand für Sympathiesteuerungsfragen limitiert – und damit auch der Analyseertrag: Es besteht weniger Bedarf an Sympathiesteuerung.[62] Analysemodelle zur Sympathiesteuerung können ihre Stärke eher bei ambivalenten Helden ausspielen: Hier wird es möglich, positive und negative Sympathiesteuerungsverfahren gegenüberzustellen und zu dis-

---

[58] Vgl. RAINER WARNING: *Formen narrativer Identitätskonstitution im höfischen Roman*, in: *Identität*, hg. von ODO MARQUARD und KARLHEINZ STIERLE, München 1979 (= Poetik und Hermeneutik 8), S. 553–589, S. 553–589.

[59] Vgl. JURIJ M. LOTMAN: *Die Struktur des künstlerischen Textes*, hg. v. RAINER GEORG GRÜBEL. Übersetzt von R. Grübel, W. Kroll und H.-E. Seidel, Frankfurt am Main [1968] 1973 (= edition suhrkamp 582), S. 344–358, JURIJ M. LOTMAN: *Die Entstehung des Sujets – typologisch gesehen*, in: *Kunst als Sprache – Untersuchungen zum Zeichencharakter von Literatur und Kunst*, hg. von JURI M. LOTMAN, Stuttgart 1981, S. 175–204.

[60] Vgl. auch PRINZ / WINKO: *Sympathielenkung*, Anm. 22, S. 110.

[61] Vgl. HÜBNER: *Erzählform*, Anm. 54, S. 285.

[62] Zum Sympathiesteuerungsbedarf vgl. DIMPEL: *Die Zofe im Fokus*, Anm. 6, S. 90, S. 167 sowie S. 395f.

kutieren, in welcher Weise Gewichtungen der Sympathiesteuerungsverfahren aufgrund von bestimmten Kriterien möglich sind.

E. Probleme der Sympathiesteuerung

Gleichwohl handelt es sich bei den Analysemodellen nicht um ein Kochrezept, mit dem automatisch gleichförmige Ergebnisse erzielt werden könnten. Es muss damit kalkuliert werden, dass es bei den unterschiedlichen empirischen Rezipienten zu ganz verschiedenartigen Reaktionen kommen kann – gerade bei gegenläufigen Sympathiesteuerungsverfahren. Rezipienten verfügen über individuelle Voraussetzungssysteme mit individuellen mentalen Zuordnungsoperationen,[63] sie verfügen über unterschiedliche Wertmaßstäbe und über unterschiedliche Vorlieben.

Das Basisproblem der Wertungsstrukturanalyse und der Rekonstruktion von Wertmaßstäben besteht in der Ermittlung und Gewichtung von außertextuellen Wertmaßstäben wie relevanten Zeitnormen, moralischen Vorstellungen oder ästhetischen Normen. Die Sympathie, die zeitgenössische Leser einer Figur entgegenbrachten, kann sich – das Beispiel der Melusine wurde oben bereits genannt – mitunter vollkommen von derjenigen eines modernen Beobachters unterscheiden, wenn überhaupt von Sympathie in beiden Fällen gesprochen werden darf. Auch ist es nicht immer leicht, die Normen und Werte einer Gesellschaft aus der historischen Distanz präzise zu umreißen. Dieses Basisproblem ist auch bei Sympathiesteuerungs-Analysen virulent, da immer nur im Text situierte Wirkungspotentiale, nicht aber Wirkungen selbst untersucht werden können. Hinzu tritt die Frage nach der spezifischen Gewichtung der einzelnen Sympathiesteuerungsverfahren.

So kommt es mitunter zu gegensätzlichen Reaktionen, welche an einem Beispiel illustriert werden sollen: In einer Lehrveranstaltung wurde das Märchen »Ranzen, Hütlein und Hörnlein«[64] aus der Grimmschen Sammlung gelesen. Der Protagonist findet in diesem Märchen ein magisches Tischtuch, das stets ein üppiges Mahl herbeizaubert. Er bewirtet damit einen Köhler, der ihm zuvor gastfreundlich eine Kartoffelmahlzeit angeboten hat. Der Köhler tauscht mit ihm das Tischtuch gegen einen Ranzen, aus dem man Soldaten herbeizaubern kann. Nach der Mahlzeit ignoriert der Protagonist die Vereinbarung und zwingt den Köhler mit den Soldaten dazu, auch das Tischtuch wieder herauszugeben. Diesen Betrug wiederholt er mit zwei anderen Köhlern: Er tauscht erst das Tuch gegen weitere Zaubermittel und

---

[63] Vgl. Ansgar Nünning: *Grundzüge eines kommunikationstheoretischen Modells der erzählerischen Vermittlung – Die Funktion der Erzählinstanz in den Romanen George Eliots*, Trier 1989 (= Horizonte 2), S. 64–78.

[64] Hier in *Fortunatus. Studienausgabe nach der Editio Princeps von 1509*, hg. v. Hans-Gert Roloff. Bibliographie von Jörg Jungmayr, Stuttgart 1981 (= RUB 7721), S. 228–234.

holt sich dann aber mit den Soldaten gewaltsam das Tuch wieder. Am Ende usurpiert er mit der Macht der Zaubermittel sogar die Königskrone.

Der gewaltsame Raub der Zaubermittel nach erwiesener Freundlichkeit wurde von den Seminarteilnehmern zwar mit Blick auf moralische Wertmaßstäbe negativ eingeordnet, aber mit Blick auf literarische Konventionen und auf die Bewältigung von Schwierigkeiten positiv eingestuft, mit dem Argument, der Protagonist habe seine Aufgabe gelöst und ein Hindernis überwunden. Eine Analyse der Sympathiesteuerungsverfahren wird die Gegensätzlichkeit von normbezogenen Wertmaßstäben einerseits und von pragmatischen Wertmaßstäben wie der Bewältigung von Schwierigkeiten andererseits notieren müssen und die Ambivalenz der Sympathiesteuerung in der Köhler-Passage konstatieren:[65] Der Korridor, in dem sich die Sympathiesteuerung bewegt, ist hier denkbar breit und offen; eine klare Gewichtung der Sympathiesteuerungsverfahren kann kaum vorgenommen werden.

F. Die Beiträge

In diesem Band werden zahlreiche narrative Strategien der Sympathiesteuerung in verschiedenen Gattungen und Epochen ausgeleuchtet: vom *Hildebrandslied* im Beitrag von REGINA TOEPFER bis zur Lyrik von Lars Gustafssons im Beitrag von CLAUDIA HILLEBRANDT.

REGINA TOEPFER fragt nach dem Zusammenhang vom Begriff des Tragischen und der Sympathiesteuerung; sie skizziert zunächst Konzepte des Tragischen von ARISTOTELES, SENECA, AELRED VON RIEVAULX, LESSING, SCHILLER und HERDER. Während Herder explizit nicht nur von einem Engagement des Rezipienten für tragische Protagonisten ausgeht, sondern von Identifikation und Sympathie, setzen die früheren Tragikkonzepte zumindest eine positive Einstellung zum tragischen Protagonisten voraus. In einer Analyse des *Hildebrandslied* zeigt sich, dass hier der Vater auf verschiedenen Ebenen axiologisch privilegiert wird; Wertmaßstäbe werden dabei wesentlich durch Figurenreden ins Spiel gebracht. Die angebotene Reifen-Gabe ist metonymisch mit dem feindlichen Hunnenkönig verkoppelt, das Gabenangebot symbolisiert so den Bruch zwischen Vater und Sohn. Im Widerstand des Vaters gegen das Leiden kann Toepfer den Schiller'schen Pathos-Begriff fruchtbar machen. Auch der Umgang der Forschung des 19. und 20. Jahrhunderts mit dem älteren und dem *Jüngeren Hildebrandslied* ist ein Indikator dafür, dass

---

[65] Nach dieser Passage kommt mit der rachsüchtigen Reaktion des Protagonisten auf den Spott seiner Brüder, die ihn bei seiner Rückkehr nicht erkennen, ein weiteres negatives Sympathiesteuerungsverfahren ins Spiel.

Sympathie und Tragik in Bezug auf die Rezeptionslenkung oft eng zusammenhängen. KATHARINA PRINZ skizziert ein Analysemodell zur Rekonstruktion von Sympathiewirkungspotentialen und entwickelt einen umfangreich bestimmten Arbeitsbegriff von Sympathie, der jedoch mit Blick auf das *Nibelungenlied* nur reduziert, auf wertende Komponenten und potentielle Wertmaßstabsübereinstimmungen beschränkt, angewendet werden kann. In einer Analyse der dritten Aventiure zeigt Prinz, dass Sivrit während seines Aufenthalts in Worms die Wormser Werte verkörpert. Die Wormser Position wird dadurch privilegiert, dass Sivrit nach seinem Verbleib in Worms im burgundischen Interesse handelt. Im zweiten Teil steht nicht mehr der burgundische Personenverband als Einheit im Zentrum der Werteordnung. Vielmehr geben herausragende Akteure, die zunehmend nach exorbitanten Mustern handeln, die Wertmaßstäbe vor. Die A-Sozialität von Hagen wird so zu einer wertsteigernden Eigenschaft. Das auf den exorbitanten Helden bezogene Wertungsangebot bleibt bis zuletzt ambivalent; sowohl in der Redaktion *C als auch in der Klage finden sich bezeichnenderweise disambiguierende Deutungs- und Wertungsbemühungen.

Ebenfalls wertungstheoretisch orientiert ist das Analysemodell zur Sympathiesteuerung von CLAUDIA HILLEBRANDT, das erweitert wird, um damit auch die Besonderheiten lyrischer Texte erfassen zu können. Zwar erlaubt die Kürze der lyrischen Form nicht den Entwurf von komplexen Figurenmodellen, jedoch kann diese Limitierung durch metrisch gebundene Rede und die konzise Information partiell kompensiert werden. Typisierte Figureninformationen und formale Überstrukturierung können so ein eigenes evaluatives Potenzial erlangen – Besonderheiten wie Zeilenumbruch oder Reim können dazu dienen, »verdeckte Bezüge zwischen Figurenmerkmalen offenzulegen oder Charaktereigenschaften zu unterstreichen.« (S. 295) Exemplarisch wird an Hugo von Hofmannsthals Rollengedicht *Der Schiffskoch, ein Gefangener, singt* vorgeführt, wie die formale Struktur dafür in den Dienst genommen wird, Sympathie für die Lebenssituation des Kochs zu evozieren.

Probleme der Sympathiesteuerung bei amoralischen Schlauheitserzählungen diskutiert GERT HÜBNER, der – ausgehend von MACHIAVELLIS Frage, ob es für einen Fürsten besser sei, geliebt oder gefürchtet zu werden – eine ›augustinisch-machiavellistische Narratologie‹ sowie die These entwickelt, dass diese als ein angemessenes Analysemodell für vormoderne Erzählungen verwendet werden kann, in denen es um erfolgreiches amoralisch schlaues Handeln geht. In solchen »Schlauheitserzählungen« würde es dann nicht um das Evozieren von Sympathie gehen, sondern nur darum, eine negative Sympathiesteuerung zu vermeiden – also keine Antipathie aufkommen zu lassen. In Kontrast dazu steht das aristotelisch-thomistische Konzept, nach dem tugendethisches Handeln langfristig für viele Einzelne erfolgreicher sein kann – hier ist eher mit der Möglichkeit von Sympathieerzeugung durch narrative Urteilslenkung zu kalkulieren. In Erzählungen von amoralisch schlauem Handeln geht es um Situationskontrolle und -deutung sowie um das Wissen um Interaktionsmuster; ein solches Erzählen hat eine Typisierung der Akteure zur Voraussetzung. Hübner zeigt das am *Reinhart Fuchs*, in dem der unmittelbare Erfolg das entscheidende Kriterium für richtiges Verhalten ist. Wenn etwa der Bär von Reinhart geschädigt wird, ist für die Sympathiesteuerung ausschlaggebend, dass er zuvor ebenso niederträchtig gehandelt hat wie der Fuchs, so dass sich kein Anlass für ein Mitleid mit dem Bären einstellt. Erzählungen, die einem solchen augustinisch-machiavellistischen Modell folgen, bleiben widerspenstig gegenüber Sympathiesteuerungs-Begriffen – hier geht es eher um narrative Urteilslenkung.

HANS RUDOLF VELTEN setzt bei der ambivalenten narrativen Darstellung des Pfaffen Amis, Held der gleichnamigen Erzählung des Strickers, und den daraus resultierenden widersprüchlichen Deutungen der Figur in der Forschung an. In einer Analyse der narrativen Sympathiesteuerungsverfahren, aber auch der handlungslogischen und gattungsspezifischen Dispositionen der Figur zeigt der Beitrag auf, wie die Ambivalenz für den Aufbau der Figur als Sympathieträger genutzt wird. Das auf Lachen ausgelegte Schwankschema »Klugheit siegt über Einfalt« kollidiert mit dem Erzählschema des sozialen Aufstiegs (Rahmen), welches auf moralische Vorbildlichkeit (*milte*) abzielt. Dabei wird die Negativität des Helden von der Schwankreihe nur im komischen Modus erzeugt (und somit entwertet), da sie den Pfaffen als unbestreitbaren Sieger in einer Reihe von inszenierten Konflikten gegenüber moralisch defizitären Gegenspielern zeigt, deren selbst verschuldetes Unglück kein Mitleid erregen kann. In einem zweiten Schritt überprüft der Beitrag die These einer komplexen Strategie der Sympathiesteuerung an Indizien zu intendierten und empirischen Rezipienten (Abschrift des Schreibers ß in Cpg 341) sowie an der weiteren Entwicklung des Schwankromans in einem abschließenden Vergleich mit Frankfurters *Des pfaffen geschicht und histori vom Kalenberg* (1473).

ANNA MÜHLHERR knüpft an Überlegungen von KARL BERTAU zum Mabinogi ›Owein‹ an, nach denen die verdoppelten Ringe in den kontinentalen Fassungen ebenso wie Lunete und Laudine als strukturale Doubletten zu lesen sind. Während DIMPEL die Gabe des unsichtbar machenden Rings als Landesverrat und Lunetes Begründung für die Ringgabe – Iweins Gruß am Artushof – als schwach und unzuverlässig bezeichnet, betont Mühlherr den politisch-diplomatischen Auftrag der Botin am Artushof: Das Ignorieren der Botin trifft in metonymischer Relation auch das Quellenreich. Iwein hat dort als einziger Vertreter des Artushofes dem Herrschaftsverband des Brunnenreichs Ehre und Sichtbarkeit zugebilligt, so dass Lunetes Gegengabe keineswegs unmotiviert ist. Während der Turnierfahrt gerät das randständige Brunnenreich aus Iweins Wahrnehmungshorizont. Während er Lunete zunächst als Einziger gegrüßt hatte, wird ihm bei der Verfluchung durch

Lunete als Einziger der Gruß verweigert – die Themen Sichtbarkeit und Wahrnehmbarkeit werden zu zentralen Paradigmen und auch anhand des zweiten Rings auf vielfältige Weise ausgeleuchtet: Zu Iwein werden einerseits ambige Potentiale realisiert, die es jedoch anderseits auch – mit Bertau – erlauben, auf die Strahlkraft des Helden zu fokussieren.

MATTHIAS MEYER problematisiert in seinem Beitrag das Verhältnis der empathischen Hinwendung zu einer literarischen Figur auf der Rezeptionsebene zur textuellen Sympathiesteuerung, welche die Darstellung von Innenwelten der Figuren mit Erzählerkommentaren und -wertungen, aber auch Handlungsführung und Gattungsmerkmalen verknüpft. Anhand zweier späthöfischer Romane, Konrads von Würzburg *Partonopier und Meliur* sowie Heinrichs von dem Türlin *Die Krone*, untersucht der Beitrag unterschiedliche Formen der Distanzierung des Erzählers vom Protagonisten als Strategien der Sympathielenkung. Im einen Fall versucht der Erzähler, den »Paroxysmus der Angst« des Helden psychologisch zu erklären, was dem Auserzählen dieser Angst auf der Handlungsebene entgegengesetzt ist und mögliche Empathieeffekte kognitiv eingrenzt. Im anderen Fall erklärt Heinrich das merkwürdige Verhalten seines Helden Gawein nicht, was Teil seiner Poetik der Verrätselung zu sein scheint, der es auf wirkkräftige Atmosphären ankommt. An beiden Formen der Distanznahme kann Meyer zeigen, wie der höfische Roman seine grundsätzlich sympathischen, doch völlig verschiedenen Helden durch narrative Maßnahmen auch auf ihre Wahrnehmung hin zu modellieren vermag, wobei Sympathiesteuerung häufig das Korrektiv für emotionale Wirkungen zu sein scheint.

HARALD HAFERLAND veranschaulicht, wie das Begünstigen oder das Obstruieren von Empathie für poetische Gerechtigkeit und für poetische Ungerechtigkeit eine zentrale Rolle spielt. Poetische Gerechtigkeit beschreibt Haferland als ein weithin universales Prinzip. In Anschluss an die aristotelische Tragödientheorie, nach der Zuschauer für Protagonisten kein gänzlich ungerechtes Schicksal akzeptieren, lässt sich herausarbeiten, wie ein Missverhältnis von Vergehen und Schicksal zum Mitleiden des Rezipienten führt. Bei Flaubert zeigt Haferland, wie selbst ein grausames Unglück durch die Anteilnahme des Rezipienten kompensiert werden kann: Bei einer Divergenz von Tun und Ergehen wird die poetische Gerechtigkeit in die Rezipientenreaktion transferiert – sei es als Mitleid, sei es als Reflexionsangebot bei poetischer Ungerechtigkeit. Sympathiesteuerungsverfahren wie Fokalisierung kommen dann ins Spiel, wenn mündliche Vorgängererzählungen zu literarischer Form heranwachsen; dagegen konfigurieren etwa Märchen poetische Gerechtigkeit kulturübergreifend über den Protagonistenbonus. Wenn ein Unrechtszustand in ein Äquilibrium überführt wird, kann dies dazu dienen, Rezipienten mit der Wirklichkeit zu versöhnen. Dagegen kann bei poetischer Ungerechtigkeit eine Figur etwa infolge eines banal-kalauernden Reims auf ihren Namen in den Tod geschickt werden, ohne dabei Mitleid zu evozieren: Komik kann Empathie blockieren.

In den *Drei Mönchen zu Kolmar* schiebt sich die akausale, komische Verkettung vor den Tod des vierten Mönchs, sie steht einem Mitleidsdispositiv entgegen.

VICTORIA GUTSCHE untersucht Sympathiesteuerung in Hans Stadens *Wahrhaftige Historia vnd beschreibung eyner landschafft der Wilden/ Nacketen/ Grimmigen Menschenfresser Leuthen*. Wie häufig in Reiseberichten, zeichnet sich der Text durch zahlreiche Wertungen des Fremden aus, die jedoch nur in Relation zum Eigenen wahrgenommen werden und ebenso Eigen- wie Fremdbilder konstruieren. Wichtig für die Rezeptionssteuerung ist die Opposition Christ vs. Nicht-Christ, die der Ich-Erzähler zwischen sich und den »Wilden« etabliert. Bei aller negativen Perspektivierung werden doch einzelne Figuren individualisiert, indem ihre Handlungsgründe plausibilisiert werden und indem sie eine eigene Stimme erhalten. Anhand von Fokussierungstechniken, Paratexten und Holzschnitten zeigt Gutsche Kontrastrelationen zwischen den nackten Wilden an einem *locus terribilis* und den zivilisierten Europäern. Neben dem Protagonistenbonus und Antagonistenmalus besteht in Reiseberichten mit Ich-Erzähler ein ähnlich niedriger Bedarf an Sympathielenkung wie in der Volkserzählung, da die Besetzung der Aktanten axiologisch von vorherein arretiert ist. Umso mehr fällt jedoch auf, wie Staden unentwegt Fremd- wie Selbstbild mit einem System von Wertmaßstäben verschränkt, die an zeitgenössischen protestantischen Werthaltungen orientiert sind.

Auch im Schwankmäre Rosenplüts konstatiert SEBASTIAN COXON kaum einen Bedarf an Sympathiesteuerung, da die Figurenkonstellation bereits zur Modellierung der Rezipientenerwartungen einen wichtigen Beitrag leistet; deshalb besteht hier ein Freiraum, innerhalb dessen figurenbezogene Rezeptionssteuerungsverfahren sich als widersprüchlich oder ambivalent erweisen können. So ist der Edelmann in der *Wolfsgrube* über weite Strecken fokalisiert, er wird zudem als im Wortsinn überlegene Wahrnehmungsinstanz gezeigt, wenn er aus dem Fenster seines Schlafgemaches in die Grube hinunterblickt, in der die Opfer seiner List gefangen sind. Allerdings ist der Innensichtfilter gegenläufig konzipiert: Während das Innenleben der Antagonisten ausgebaut ist, gewinnt der Edelmann Autorität durch gesprochene Figurenrede und durch einen Verzicht auf Bewusstseinsdarstellung. Schwankhafte Erzähllogiken, Kipp-Effekte und das Ausstellen von Konstruiertheit werden zur Quelle eines implizierten komischen Vergnügens, in dem Coxon die primäre Funktion der Rezeptionssteuerung sieht.

FRIEDRICH MICHAEL DIMPEL zeigt, wie bei der Figur des Fortunatus im gleichnamigen Roman überwiegend positive Sympathiesteuerungsverfahren eingesetzt werden. Die Aktivitäten des Titelhelden bleiben nach dem Erhalt des Zaubermittels jedoch begrenzt – nach der Waldgrafenepisode wird die Risikovermeidung zum Lebensprinzip. Dagegen steht im Andolosia-Teil die Bewältigung von Schwierigkeiten im Zentrum: Andolosia ist eine große Problemlösungskompetenz eingeschrieben, auch wenn bei ihm einigen positiven Sympathiesteuerungsverfahren auch zahlreiche negative Verfahren gegenüberstehen (insbesondere das Ignorieren von Standesunterschieden). Der Kontrast zu seinem Vater begünstigt in ganz anderer Weise das Entstehen von Engagement für Andolosia, auch wenn seine Verortung zwischen positiven und negativen Sympathiesteuerungsverfahren ambig bleibt. Während der Empathie-Begriff kaum für eine Analyse der Unterschiede zwischen der Fortunatus- und der Andolosia-Handlung fruchtbar gemacht werden kann, erweist sich der Engagement-Begriff als wichtige Ergänzung zum Sympathiebegriff.

Regina Toepfer

Sympathie und Tragik. Rezeptionslenkung im *Hildebrandslied*

Das *Hildebrandslied* gehört zweifellos zu den meist interpretierten Texten der germanistischen Mediävistik. Im letzten Drittel des 9. Jahrhunderts auf den Vorsatzblättern eines religiösen Codex des Klosters Fulda aufgezeichnet,[1] erzählt das erste überlieferte Heldenlied in deutscher Sprache von einem auf den Tod angelegten Kampf zwischen Vater und Sohn. Über die Gründe der kriegerischen Begegnung wird wenig berichtet, auch bleibt das Ende aufgrund der fragmentarischen Überlieferung offen. Alle Aufmerksamkeit ist auf den Dialog zwischen Hildebrand und Hadubrand gerichtet, in dem der Ältere das enge Verwandtschaftsverhältnis zu seinem Gegner erkennt.

Das *Hildebrandslied* ist nicht nur das älteste, sondern wohl auch das kürzeste Heldenepos der deutschen Literatur. Obwohl es weniger als siebzig Langverse umfasst, herrscht in der Forschungsliteratur keine Einigkeit bei seiner Deutung. In der modernen Rezeptionsgeschichte wurden alle möglichen Positionen vertreten, wie das Verhalten von Vater und Sohn zu bewerten sei und welchen Ausgang das Geschehen genommen habe. Nur in einer Hinsicht stimmen die kontroversen Interpretationen überein: Das *Hildebrandslied* wird als tragisch klassifiziert,[2] auch wenn dies unterschiedlich begründet wird. Selbst bei der Frage, wer als der tragische Held des *Hildebrandslieds* zu betrachten sei, divergieren die Positionen. Während die einen Hildebrands »tragische[n] Konflikt zwischen Vaterliebe und Kriegerehre, zwischen ›Sippengebot‹ und ›Ehrgebot‹« thematisieren,[3] sprechen andere von

---

[1] Zur Überlieferung vgl. KLAUS DÜWEL: *Hildebrandslied*, in: *VL* 3 (1981), Sp. 1240–1256, hier Sp. 1240; JOACHIM HEINZLE: *Einführung in die mittelhochdeutsche Dietrichepik*, Berlin / New York 1999, S. 11; VICTOR MILLET: *Germanische Heldendichtung im Mittelalter – Eine Einführung*, Berlin / New York 2008, S. 24f., 43.

[2] Schon Kuhn wies auf den »tragischen Kern des Liedes« hin, der die divergierenden Positionen eine. Haubrichs behandelt das *Hildebrandslied* im Rahmen einer Saarbrücker Ringvorlesung zur Tragödie, und im *Verfasserlexikon* wird der Tragik ein eigener Abschnitt gewidmet. Vgl. HUGO KUHN: *Stoffgeschichte, Tragik und formaler Aufbau im Hildebrandslied*, in: ders.: *Text und Theorie*, Stuttgart 1969, S. 113–125, hier S. 113; WOLFGANG HAUBRICHS: *Von Lukan zum Nibelungenlied – Tragik und Heroik in der Literatur des Mittelalters*, in: *Tragödie – Die bleibende Herausforderung*, hg. von RALF BOGNER und MANFRED LEBER, Saarbrücken 2011, S. 23–38, hier S. 27–29; DÜWEL: *Hildebrandslied*, Anm. 1, Sp. 1247f.

[3] KUHN: *Stoffgeschichte*, Anm. 2, S. 113.

Hadubrands tragischer Blindheit.[4] Eine Entscheidung zwischen Vater und Sohn findet also nicht nur innerhalb der Narration statt, sondern ist auch bei der Interpretation erforderlich. Die Frage nach der Tragik möchte ich mit Hilfe der Rezeptionslenkungsanalyse angehen und auf diese Weise eine neue Perspektive auf den alt vertrauten und viel gedeuteten Erzähltext des 9. Jahrhunderts werfen. Indem ich zuerst das Verhältnis von Sympathie und Tragik allgemein bestimme,[5] dann die Steuerungselemente im *Hildebrandslied* untersuche, die eine tragödienspezifische Wirkung hervorrufen, und mich schließlich mit der Rezeptionsgeschichte des *Hildebrandslieds* auseinandersetze, kann ich grundlegende Schlussfolgerungen zur Sympathielenkung durch tragisches Handeln ableiten.

1. Sympathiesteuerung in Tragödientheorien

Sympathie ist kein Begriff, der im Kontext von Tragödientheorien verwendet wird. Auch in der bekanntesten Grundlagenschrift der Antike, der *Poetik* des ARISTOTELES, sucht man ihn vergeblich. Da die Kategorie der Sympathiesteuerung jedoch erst seit den 1970er Jahren für die Literaturwissenschaft erschlossen worden ist, empfiehlt es sich, weniger nach dem Begriff als nach der Sache zu fragen. In *Metzlers Lexikon Literatur- und Kulturtheorie* wird Sympathiesteuerung als ein Oberbegriff für literarische Darstellungsverfahren beschrieben, mit denen affektiv-kognitive Reaktionen von Rezipienten beeinflusst werden.[6] Versteht man Sympathiesteuerung

---

[4] Vgl. WERNER SCHRÖDER: *Hadubrands tragische Blindheit und der Schluss des Hildebrandslied* [1963], in: ders.: *Frühe Schriften zur ältesten deutschen Literatur*, Stuttgart 1999, S. 31–47. – Einen Überblick über die unterschiedlichen Tragikinterpretationen bietet DÜWEL: *Hildebrandslied*, Anm. 1, Sp. 1247f.

[5] Zur Verwendung und analytischen Bedeutung des Sympathiebegriffs in der Literatur vgl. CLAUDIA HILLEBRANDT / ELISABETH KAMPMANN: *Sympathie und Literatur. Einführende Bemerkungen zu einem vernachlässigten Verhältnis*, in: *Sympathie und Literatur – Zur Relevanz des Sympathiekonzeptes für die Literaturwissenschaft*, hg. von dens., Berlin 2014 (Allgemeine Literaturwissenschaft – Wuppertaler Schriften 19), S. 7–32.

[6] Vgl. ANSGAR NÜNNING / VERA NÜNNING: *Sympathielenkung*, in: *Metzler Lexikon Literatur- und Kulturtheorie – Ansätze – Personen – Grundbegriffe*, hg. von ANSGAR NÜNNING, Stuttgart / Weimar ⁵2013, S. 730–732. – Zum »implizierten Rezipienten«, einem idealen Konstrukt, das am Text selbst überprüfbar ist, vgl. MANFRED PFISTER: *Zur Theorie der Sympathielenkung im Drama*, in: *Sympathielenkung in den Dramen Shakespeares – Studien zur publikumsbezogenen Dramaturgie*, hg. von WERNER HABICHT / INA SCHABERT, München 1978, S. 20–34, hier S. 25, zur Problematik zeitgenössischer Rezeption vgl. VERENA BARTHEL: *Empathie, Mitleid, Sympathie – Rezeptionslenkende Strukturen mittelalterlicher Texte in Bearbeitungen des Willehalm-Stoffs*, Berlin / New York 2008 (Quellen und Forschungen zur Literatur- und Kulturgeschichte 50), S. 14f.; FRIEDRICH MICHAEL DIMPEL: *Die Zofe im Fokus – Perspektivierung und Sympathiesteuerung durch Nebenfiguren vom Typus der Confidente in der höfischen Epik des*

als poetische Technik der Rezeptionslenkung, scheint die antike Literatur- und Tragödientheorie geradezu ihren Ausgangspunkt zu bilden. Wichtige Aspekte der Sympathiesteuerung, die in den literaturwissenschaftlichen Studien von MANFRED PFISTER, VERENA BARTHEL und FRIEDRICH MICHAEL DIMPEL angeführt werden,[7] sind in der aristotelischen *Poetik* vorgeprägt.

Das Tragödienkonzept des griechischen Dichtungstheoretikers ist poetisch-rezeptionsästhetisch angelegt. Eine tragische Handlung ist nach Aristoteles daran zu erkennen, dass sie spezifische Affekte auslöst und beim Zuschauer Furcht und Mitleid (φόβος und ἔλεος) erregt.[8] Um diese Affekte erzielen zu können, müssen der Handlungsverlauf und die Figurenkonzeption bestimmte Anforderungen erfüllen. Im 13. Kapitel der *Poetik* erläutert Aristoteles, dass man in einer Tragödie weder zeigen dürfe, wie sittlich vollkommene (ἐπιεικεῖς) noch wie moralisch schlechte Menschen (μοχθηρούς) vom Glück ins Unglück stürzen. Nur ein Held, der zwischen beiden Extremen stehe, sei für eine tragische Handlung geeignet. Er dürfe nicht trotz seiner sittlichen Größe und seines hervorragenden Gerechtigkeitsstrebens, aber auch nicht wegen seiner Schlechtigkeit und Gemeinheit einen Umschlag ins Unglück erleben, sondern wegen eines Fehlers (ἁμαρτία). Wenngleich Aristoteles den Begriff der Sympathie nie verwendet, setzt er eine positive Grundhaltung gegenüber dem tragischen Helden voraus.

Mitleid kann der Rezipient bei einem tragischen Handlungsverlauf nur deshalb empfinden, weil der Held sein Unglück nicht verdient hat.[9] Der Tun-Ergehen-

---

hohen Mittelalters, Berlin 2011 (Philologische Studien und Quellen 232), S. 67, Dimpel spricht vom »literaturkundige[n] Musterleser«, S. 103, Barthel vom »*ideale[n] mittelalterliche[n] Rezipient[en]*«, S. 15; beide betonen, dass der Text die primäre Bezugsquelle bleiben muss.

[7] Vgl. PFISTER: *Theorie*, Anm. 6; BARTHEL: *Empathie*, Anm. 6; DIMPEL: *Zofe*, Anm. 6. Vgl. auch UTA STÖRMER-CAYSA: *Mitleid als ästhetisches Prinzip – Überlegungen zu den Romanen Hartmanns von Aue und Wolframs von Eschenbach*, in: *Encomia-Deutsch*, Sonderheft (2002), S. 64–93. Zur Begriffsgeschichte von Sympathie, die im Griechischen nicht auf zwischenmenschliche Beziehungen, sondern auf die ideale Ordnung der Welt bezogen und erst in der Reformation mit Mitleid übersetzt wurde, vgl. JÜRGEN RICHTER: *Die Theorie der Sympathie*, Frankfurt 1996, S. 810.

[8] Manfred Fuhrmann übersetzt die beiden Begriffe als Jammer und Schauder, zur Begründung vgl. ders.: *Nachwort*, in: ARISTOTELES: *Poetik. Griechisch / Deutsch*, übers. u. hg. von MANFRED FUHRMANN, Stuttgart 1982 (RUB 7828), S. 144–178, hier 161–166. Zur Diskussion um die Übersetzung der beiden Begriffe vgl. ARBOGAST SCHMITT: *Kommentar*, in: ARISTOTELES: *Poetik*, übers. u. erläutert von ARBOGAST SCHMITT, Berlin 2008 (Werke in deutscher Übersetzung 5), S. 193–742, hier S. 476–510. – Die Handlung soll so zusammengefügt sein, dass sie schon beim Hören eine tragödienspezifische Reaktion hervorruft. Nicht nur die Tragödie, auch das Epos soll diese Wirkung hervorrufen, vgl. ARISTOTELES: *Poetik*, Kap. 26.

[9] In seiner *Rhetorik* definiert Aristoteles Mitleid als eine Art Schmerz über eine leidbringende Not, die jemanden unverdient trifft. Vgl. ARISTOTELES: *Rhetorik*, übers. von FRANZ G.

Zusammenhang ist gestört, aber keineswegs entkoppelt. Das Unglück wird durch einen Fehler ausgelöst, dessen schreckliche Konsequenzen jedoch in keinem angemessenen Verhältnis zur Tat stehen. Weil der Protagonist über gute charakterliche Anlagen verfügt und nichts Böses im Sinn hatte, erregt sein unverdientes Leid das Mitleid der Rezipienten. Dieses Mitleid steht in einem engen Wechselverhältnis zum zweiten tragödienspezifischen Affekt, der Furcht bzw. dem Schrecken. Das Engagement der Rezipienten ist umso größer, je mehr sie fürchten, ihnen könne derselbe Fehler unterlaufen und das gleiche Leid widerfahren. Diesen engen Bezug zwischen dem Handeln der Figur und seiner affektiv-kognitiven Wirkung auf den Zuschauer hebt Aristoteles klar hervor: Man empfinde Mitleid mit dem unverdient Leidenden und fürchte etwas, das einem selbst zustoßen und zum Objekt des Mitleids machen könnte (ἔλεος μὲν περὶ τὸν ἀνάξιον, φόβος δὲ περὶ τὸν ὅμοιον).[10]

Im 14. Kapitel führt Aristoteles weitere Faktoren an, die für die Rezeptionssteuerung in einer Tragödie von Belang sind:[11] Die Helden sollten großes Ansehen und Glück genießen, damit das Mitleid durch ihre Fallhöhe gesteigert wird. Ebenso trägt die Figurenkonstellation dazu bei, die Reaktionen der Rezipienten zu beeinflussen. Wenn Feinde oder Personen, die sich nicht nahe stünden, einander Leid zufügten, riefe dies kein Mitleid hervor. Daher empfiehlt Aristoteles, nach solchen Fällen Ausschau zu halten, in denen sich das schwere Leid innerhalb von Nahverhältnissen ereignet: Wenn sich ein Bruder gegen den Bruder oder ein Sohn gegen Vater und Mutter oder umgekehrt erhebe, sie töte oder ihnen anderes Leid anfüge, ließen sich tragödienspezifische Affekte erzielen. Auch den Aspekt der Informationsvergabe bezieht Aristoteles in seine Überlegungen ein. Eine Handlung könne sich mit Wissen und Einsicht der Handelnden vollziehen, aber diese könnten auch erst im Nachhinein Einsicht in die Nahverhältnisse erlangen. Eine solche Wiedererkennung (ἀναγνώρισις), argumentiert Aristoteles, rufe beim Rezipienten Erschütterung hervor.[12]

Die griechische *Poetik*, die Aristoteles auf der Grundlage der attischen Tragödien verfasste, behandelt nicht das einzige Tragödienkonzept der Antike. Ein anderes, aber ebenfalls rezeptionsästhetisch ausgerichtetes Modell entwickelte Seneca, dessen tragische Helden kaum Mitleid hervorrufen können. Nachdem seine Medea sich einmal dem Affekt hingegeben hat, verliert sie jede Kontrolle und gerät vor

---

SIEVEKE, München 1980, II, 8,2; vgl. auch II, 5, 1382b 26f. – Zur Sympathiesteuerung durch Mitleid vgl. auch PFISTER: *Theorie*, Anm. 6, S. 23.

[10] Vgl. ARISTOTELES: *Poetik*, Anm. 8, Kap. 13.
[11] Vgl. ARISTOTELES: *Poetik*, Anm. 8, Kap. 14.
[12] Den Dichtern rät Aristoteles, sich die Handlung möglichst genau vorzustellen. Am überzeugendsten seien diejenigen, die sich selbst in Leidenschaft versetzten und mit ihren Figuren empfänden, vgl. ARISTOTELES, *Poetik*, Anm. 8, Kap. 17.

Zorn völlig außer sich.¹³ Die senecanische Heldin ist dem Charaktertyp zuzuordnen, den Aristoteles als ungeeignet für eine Tragödie beurteilt hat: Medea handelt moralisch verwerflich und erregt daher bei den Zuschauern Abscheu. Die ins Negative verkehrte Sympathie stellt freilich nur eine andere Art der Rezeptionslenkung einer tragischen Handlung dar und entspricht dem ethischen Literaturkonzept der Stoiker: Das Handeln der tragischen Helden soll abschrecken und zur Apathie gegenüber Leid und Leidenschaft erziehen.

Im christlichen Mittelalter sind weder die antiken Tragödien noch die aristotelische Theorie bekannt.¹⁴ Obwohl in zeitgenössischen Etymologien, Glossaren und Poetiken nur wenige Informationen über die Tragödie mitgeteilt werden, gehört ihre Wirkung zu den entscheidenden Kennzeichen der Gattung. Beispielsweise charakterisiert JOHANNES DE GARLANDIA die Tragödie in seiner *Poetria* damit, dass sie freudvoll beginne und in Tränen ende.¹⁵ Dass das Leid eines tragischen Helden auch im Mittelalter Rezipienten beeinflusst hat, belegt die Schrift *De speculo caritatis* AELREDS VON RIEVAULX aus dem 12. Jahrhundert. In einem inszenierten Gespräch belehrt der Verfasser einen Novizen über die Gottesliebe und grenzt sie von allen durch weltliche Ursachen hervorgerufenen Gefühlen ab. Dabei kommt er auch auf die affektive Wirkung literarischer Werke zu sprechen, die er als leer und nichtig verurteilt. Wenn ein Rezipient zu Tränen gerührt werde, weil ein Protagonist, der sich durch liebenswerte Schönheit, bewundernswerte Tapferkeit und hohes Ansehen auszeichne, in einer Tragödie verletzt oder unterdrückt werde, sei dies nur flüchtiges Mitleid.¹⁶ Implizit zeugt Aelreds Kritik von der inneren Anteilnahme mittelalterlicher Rezipienten an dem Leiden tragischer Helden.

---

¹³ Vgl. L. ANNAEUS SENECA: *Medea*, hg. u. übers. von BRUNO W. HÄUPTLI, Stuttgart 1993 (RUB 8882). Grundlegend für sein Tragödienkonzept ist die stoische Affekttheorie, die Seneca in *De ira* erläutert. Vgl. L. ANNAEUS SENECA: *De ira – Über die Wut, Lateinisch / Deutsch*, hg. u. übers. von JULA WILDBERGER, Stuttgart 2007 (RUB 18456).

¹⁴ Zu Tragödientheorien und Tragikmodellen in der mittelalterlichen Literatur vgl. REGINA TOEPFER: *Höfische Tragik – Motivierungsformen des Unglücks in mittelalterlichen Erzählungen*, Berlin / Boston 2013 (Untersuchungen zur deutschen Literaturgeschichte 144).

¹⁵ Vgl. JOHANNES DE GARLANDIA: *Poetria de arte prosayca metrica et rithmica*, in: DAVID E. R. GEORGE: *Deutsche Tragödientheorien vom Mittelalter bis zu Lessing – Texte und Kommentare*, München 1972, S. 276f.: *Huius tragedie proprietates sunt tales. [...] incipit a gaudio, et in lacrimis terminatur.* – Diese Affekte lassen sich in gleicher Weise auf die Figuren wie die Rezipienten beziehen.

¹⁶ Vgl. AELRED RIEVALLENSIS: *De speculo caritatis*, in: ders.: *Opera omnia*, Bd. 1: *Opera Ascetica*, hg. von A. HOSTE / C. H. TALBOT, Turnhout 1971 (Corpus Christianorum Continuatio Mediaevalis 1), 2.17.50 (= S. 90): *Cum enim in tragoediis uanisue carminibus quisquam iniuriatus fingitur, uel oppressus, cuius amabilis pulchritudo, fortitudo mirabilis, gratiosus praedicetur affectus; si quis haec uel cum canuntur audiens, uel cernens si recitentur, usque ad expressionem lacrymarum quodam moueatur affectu, nonne perabsurdum est, ex hac uanissima pietate de amoris*

Ins Zentrum rückt das Mitleid schließlich in der Tragödientheorie GOTTHOLD EPHRAIM LESSINGS. Im *Briefwechsel über das Trauerspiel* mit Mendelssohn und Nicolai (1756–57) setzt sich Lessing mit der Frage auseinander, welche Gefühle bei den Zuschauern eines Trauerspiels erzeugt würden und ob sie die Affekte der Figuren teilten. Das Mitleid wertet Lessing als einzige und wichtigste Leidenschaft, dem Schrecken und Bewunderung untergeordnet seien.[17] Weil er den mitleidigsten für den besten Menschen hält, schreibt Lessing der Literatur eine erzieherische Bedeutung zu: »Wer uns also mitleidig macht, macht uns besser und tugendhafter [...].«[18] Damit die Tragödie möglichst viel Mitleid wecke, müssten alle Figuren, die unglücklich werden, gute Eigenschaften besitzen. Den Aspekt des unverdienten Unglücks übernimmt Lessing von Aristoteles, löst aber den Tun-Ergehen-Zusammenhang weitgehend auf. Derjenige, der am besten handle und die Zuschauer am meisten für sich einnehme, solle auch der unglücklichste sein.[19] Damit sich der Affekt von der Figur auf die Rezipienten übertragen könne, müsse der Dichter den tragischen Helden sein Unglück fühlen lassen. Zeige der Protagonist zu viel Standhaftigkeit, werde das Mitleid geschwächt. Zudem müsse der Held den Rezipienten trotz seiner Vollkommenheit im Denken und Handeln so ähnlich sein, dass er »von gleichem Schrot und Korne scheine«. Nur dann würden die Rezipienten befürchten, dass sie das gleiche Leid treffen könne.[20]

Um 1800 nimmt der Tragikdiskurs im deutschen Sprachraum eine metaphysische Wende,[21] doch ist auch Friedrich Schillers Tragödientheorie noch rezeptionsästhetisch ausgerichtet. Schiller definiert die Tragödie als poetische Nachahmung einer mitleidswürdigen Handlung, wodurch die Rezipienten gerührt und durch

---

eius qualitate capere coniecturam [...]? – Zum Verhältnis von Empathie, Sympathie und Mitleid in der mittelalterlichen Literatur vgl. BARTHEL: *Empathie*, Anm. 6, S. 30–41.

[17] Schrecken und Bewunderung betrachtet Lessing nicht als eigene Leidenschaften, sondern als frühere und spätere Formen des Mitleids. Schrecken sei nichts als die plötzliche Überraschung des Mitleids, Bewunderung das entbehrlich gewordene Mitleid. Vgl. GOTTHOLD EPHRAIM LESSING / MOSES MEDELSSOHN / FRIEDRICH NICOLAI: *Briefwechsel über das Trauerspiel*, hg. u. kommentiert von JOCHEN SCHULTE-SASSE, München 1972, S. 54.

[18] LESSING: *Briefwechsel*, Anm. 17, S. 56. Zweck der Tragödie sei, die menschliche Fähigkeit, Mitleid zu empfinden, zu erweitern. Das durch die Literatur geschulte Empathievermögen wirkt sich nach Lessings Überzeugung auf das gesamte Leben aus. Die Tragödie solle die Rezipienten nicht nur lehren, mit einzelnen Unglücklichen Mitleid zu empfinden, sondern sie für das Leid aller Menschen empfänglich machen (ebd., S. 55).

[19] Vgl. LESSING: *Briefwechsel*, Anm. 17, S. 56. Die aristotelische Hamartia bagatellisiert Lessing dagegen als ›irgend eine Schwachheit‹, vgl. GOTTHOLD EPHRAIM LESSING: *Hamburgische Dramaturgie*, in: ders.: Werke in drei Bänden, hg. von JOSEPH KIERMEIER-DEBRE, München 2003, Bd. 2, S. 29–506, hier St. 75, S. 379.

[20] Vgl. LESSING: *Hamburgische Dramaturgie*, Anm. 19, St. 75, S. 379f.

[21] Vgl. PETER SZONDI: *Versuch über das Tragische*, Frankfurt a.M. 1961, S. 7.

Rührung erfreut würden.[22] Bedingung einer tragischen Handlung sei, dass sinnlich-moralische Menschen im Zustand des Leidens gezeigt würden.[23] Wie Lessing akzentuiert Schiller das Leiden, misst aber dem Mitleiden kaum noch Bedeutung bei. Statt der affektiven betont er die kognitiven Aspekte der Rezeption, markiert ihre ästhetische Differenz und leitet das Erhabene aus der Vernunft ab. Pathos sei die erste und unerlässliche Anforderung an den Dichter.[24] Der tragische Held müsse heftig leiden, um seine moralische Freiheit im Widerstand gegen dieses Leiden bewahren zu können. Nur aus der Verbindung beider Elemente, der Darstellung des Leids und des moralischen Widerstands gegen das Leid, resultiert nach Schillers Ansicht das der Tragödie eigentümliche Vergnügen.

Der Zusammenhang von Sympathiesteuerung und tragischen Affekten, der in den Tragödientheorien bis 1800 vorausgesetzt ist, wird von JOHANN GOTTFRIED HERDER expliziert. In der Schrift *Das Drama* (1801) erklärt Herder die Sympathie zur Grundlage, um das Leiden anderer nachempfinden zu können: »[W]ie heißt die Triebfeder unsres Herzens, die uns *mit andern* zu Glück oder Unglück verbindet? *Theilnehmung*. Auf Sympathie ist sie gebauet.«[25] Herder betrachtet Empathie als eine anthropologische Anlage, die zwar von keinem Dichter geschaffen, aber durch die tragische Dichtkunst beeinflusst werden kann. Da ein Mensch bei allem Betroffenheit empfinde, was ihm gleiche, müsse sein Gefühl in vernünftige Bahnen gelenkt werden. Emphatisch preist Herder die Anteilnahme, die die Rezipienten den Helden des Trauerspiels entgegenbrächten: »*Mitleid*, das *höchste Mitleid*, welch ein Geschenk! Bei jeder innigen Theilnahme geben wir einen Theil unsres Herzens hin, ja vielmehr, der Gegenstand wohnt in unserm Herzen; wir *theilen* sein Schicksal.«[26] Herder geht nicht nur von einem Engagement, sondern von einer Identifikation der Rezipienten mit dem tragischen Helden aus.[27] Zu den poetischen Techniken der Rezeptionslenkung äußert er sich zwar nicht, doch verbindet er Sympathie und

---

[22] Vgl. FRIEDRICH SCHILLER: *Über die tragische Kunst* (1792), in: ders.: Sämtliche Werke, Darmstadt ⁹1993, Bd. 5, S. 372–393, hier S. 390.

[23] Vgl. FRIEDRICH SCHILLER: *Über die tragische Kunst*, Anm. 22, S. 391.

[24] Vgl. FRIEDRICH SCHILLER: *Über das Pathetische* (1793), in: ders.: Sämtliche Werke, Darmstadt ⁹1993, Bd. 5, S. 512–537, hier S. 512f., 515.

[25] JOHANN GOTTFRIED HERDER: *Das Drama* (1801), in: *Tragödientheorie – Texte und Kommentare vom Barock bis zur Gegenwart*, hg. von ULRICH PROFITLICH, Reinbek 1999, S. 111–116, hier S. 111f. Dass die Sympathie für Herder ein funktionales Äquivalent des Mitleids ist, wie im Kommentar behauptet (vgl. S. 116), sehe ich nicht. Vielmehr scheint die Sympathie die Grundlage für die Anteilnahme zu sein, aus der Mitleid erwachsen kann.

[26] HERDER: *Das Drama*, Anm. 25, S. 113.

[27] Zur Problematik der Identifikation vgl. z.B. RALF SCHNEIDER: *Grundriß zur kognitiven Theorie der Figurenrezeption am Beispiel des viktorianischen Romans*, Tübingen 2000 (ZAA studies 9), S. 103–106.

Tragik untrennbar miteinander, insofern jene die Voraussetzung für eine tragische Wirkung darstellt.

Dieser Überblick über Tragödientheorien von Aristoteles bis Schiller zeigt, dass eine tragische Handlung von Techniken der Rezeptionslenkung abhängig ist. Obwohl kaum ein Theoretiker – mit Ausnahme von Herder – von Sympathie spricht, setzen sie alle eine positive Einstellung des Rezipienten gegenüber dem tragischen Helden voraus. Sein unverdientes Unglück, sein heftiges Leiden und sein Widerstand gegen das Leiden sollen ihm die Anteilnahme der Rezipienten sichern, damit der tragödienspezifische Affekt des Mitleids hervorgerufen wird. Diese Tragikvorstellungen lassen sich für die Analyse des *Hildebrandslieds* fruchtbar machen, wie ich im zweiten Teil meines Beitrags zeigen werde. Die in der Forschung diskutierte Frage, ob der Vater oder der Sohn als tragischer Held zu betrachten ist, möchte ich mittels einer Analyse der narrativen Techniken der Sympathiesteuerung beantworten.

2. Sympathiesteuerung im *Hildebrandslied*

Eröffnet wird das *Hildebrandslied* von einem homodiegetisch-extradiegetischen Erzähler, der sich auf eine mündliche Überlieferung beruft: *Ik gihorta dat seggen* (V. 1).[28] Anschließend tritt der Erzähler ganz hinter seiner Erzählung zurück, ohne noch einmal in der 1. Person von sich zu sprechen oder Wertungen vorzunehmen.[29] Die Perspektive ist auf die Ebene der Handlung konzentriert, wo die Begegnung von Hildebrand und Hadubrand zwischen zwei Heeren (*untar heriun tuem*, V. 3) angekündigt wird.[30] Dass es sich um Vater und Sohn (*sunufatarungo*, V. 4) handelt,

---

[28] Zitiert nach: *Das Hildebrandslied*, in: *Frühe deutsche Literatur und lateinische Literatur in Deutschland 800-1150*, hg. von WALTER HAUG / BENEDIKT KONRAD VOLLMANN, Frankfurt a.M. 1991 (Bibliothek des Mittelalters 1), S. 10–15. – Zur indoeuropäischen Wandersage, die vom Kampf zwischen Vater und Sohn erzählt, vgl. DÜWEL: *Hildebrandslied*, Anm. 1, Sp. 1243–1245; KUHN: *Stoffgeschichte*, Anm. 2, S. 114f.; MILLET: *Heldendichtung*, Anm. 1, S. 37f.

[29] Nach Barthels Typologie ist das *Hildebrandslied* der Empathielenkungsebene des epischen Berichts durch eine unpersönliche Erzählinstanz zuzuordnen, vgl. BARTHEL: *Empathie*, Anm. 6, S. 57. – MILLET (*Heldendichtung*, Anm. 1, S. 29) hebt hervor, dass das Publikum die Sage aus der mündlichen Überlieferung kannte und Einzelheiten daher nicht ausgeführt werden brauchten.

[30] Vater und Sohn werden zwar in einem Atemzug genannt, doch Hildebrand an erster Stelle. Zum primacy-Effekt vgl. BARTHEL: *Empathie*, Anm. 6, S. 67; DIMPEL: *Zofe*, Anm. 6, S. 116f. Auf die Bedeutsamkeit, dass die Begegnung in der Öffentlichkeit stattfindet, weist HAUBRICHS (*Lukan*, Anm. 2, S. 27) hin. – Jacobsen betont, dass die Rolle als Krieger das Verhalten beider Helden maßgeblich bestimme und sie nicht als autonome Individuen han-

erfährt der Rezipient schon, bevor die beiden Kämpfer aufeinander treffen. Die Beziehung der Figuren entspricht damit genau der Konstellation, die für eine tragische Handlung besonders geeignet ist.[31] Zwar bleiben die genauen Umstände der Begegnung ungenannt, doch weisen alle Anzeichen auf den Kampf hin. Die Rezipienten können verfolgen, wie Vater und Sohn die Rüstungen richten, die Brünnen bereiten, die Schwerter anlegen und aufeinander zureiten. Statt sofort die Waffen einzusetzen, sprechen die Kontrahenten zunächst miteinander. Ihr Dialog umfasst einen Großteil des überlieferten Liedes, so dass sich die Figuren vor allem durch ihre Rede selbst charakterisieren.[32]

In der einleitenden Inquit-Formel skizziert der Erzähler das Verhältnis der beiden Männer und installiert dabei eine Hierarchie: Hildebrand bezeichnet er als älteren und lebenserfahrenen Mann (*her uuas heroro man, / ferahes frotoro*, V. 7)[33] und lässt ihn seinem Status gemäß das Gespräch eröffnen. Mit wenigen Worten (*fohem uuortum*, V. 9), wie eigens hervorgehoben wird, erkundigt sich Hildebrand, wer der Vater seines Gegners ist (*<h>wer sin fater wari*, V. 9). Für die Rezipienten hat diese Frage nach Hadubrands Abstammung eine besondere Brisanz, da sie bereits um die Verwandtschaft der Helden wissen. Hildebrand, dessen Formulierung von der indirekten in die direkte Rede wechselt, zeigt eine besondere Vertrautheit mit den Herrschaftsfamilien des Königreichs; alle bedeutenden Männer behauptet er zu kennen. Dass er Hadubrand als *chind* apostrophiert (V. 13), ist erklärlich,[34] kennt er doch den jungen Mann nicht und kann ihn keiner Sippe zuordnen. Die Rezipienten können dieser Bezeichnung zugleich eine tiefere Bedeutung beimessen und sie auf das Verhältnis des Vaters zum Sohn beziehen.

---

deln und sich frei entscheiden könnten. Vgl. ROSWITHA JACOBSEN: *Das Verhängnis im Hildebrandslied*, in: *Germanistisches Jahrbuch Ostrava / Erfurt* 1997, S. 79–93, hier S. 82.

[31] HAUBRICHS (*Lukan*, Anm. 2, S. 29) geht davon aus, dass der Dichter den Konflikt durch den Kampf zwischen Vater und Sohn absichtlich zugespitzt hat. Am »größtmöglichen Konflikt« werde der »Vorrang der Ehre der Krieger demonstrier[t], auf deren Gewalt die Gesellschaft gegründet war«.

[32] Aristoteles würdigt dies als ein besonders gelungenes literarisches Verfahren. Der Dichter solle möglichst wenig in eigener Person reden, sondern seine Figuren sprechen lassen. Vgl. ARISTOTELES: *Poetik*, Anm. 8, Kap. 24. – Schiller vertritt die Ansicht, dass die Affekte durch den Auftritt eines Erzählers geschwächt würden. Vgl. SCHILLER: *Über die tragische Kunst*, Anm. 22, S. 388.

[33] Auch Hildebrand wird genealogisch verortet und als Heribrands Sohn bezeichnet (vgl. V. 14).

[34] Dagegen klingt die Anrede für Dick »provozierend ›selbstbewusst‹ und ›gönnerhaft‹ wohlwollend«, vgl. ERNST S. DICK: *Heroische Steigerung – Hildebrands tragisches Versagen*, in: *Dialectology, Linguistics, Literature – Festschrift for Carroll E. Reed*, hg. v. WOLFGANG W. MOELLEKEN, Göppingen 1984 (GAG 367), S. 41–71, hier S. 48.

Hadubrand antwortet ausführlich, wobei er sich auf die Aussagen alter und kluger Leute beruft (*dat sagetun mi usere liuti, / alte anti frote*, V. 15f.), die besondere Glaubwürdigkeit für sich beanspruchen dürfen. Er nennt nicht nur den Namen des Vaters und seinen eigenen, sondern erzählt auch dessen Lebensgeschichte: Hildebrand sei mit Dietrich und vielen seiner Krieger vor Otackers Hass nach Osten geflohen,[35] während er seinen kleinen Sohn ohne Erbe bei den Frauen zurückgelassen habe. Seine eigene missliche Situation als Halbwaise ohne materielle Sicherheit und soziale Anerkennung führt Hadubrand nicht näher aus. Stattdessen liegt der Fokus seiner Rede vollständig auf Hildebrand, so dass ein Protagonistenbonus am ehesten diesem zuzusprechen wäre.[36] Vor allem Hildebrands enges Verhältnis zu Dietrich eignet sich dafür, die Sympathien der Rezipienten zu wecken. Hadubrand erzählt, dass Dietrich seinen Vater dringend benötigt und ihn am meisten von allen Gefolgsleuten geschätzt habe.[37] Zuletzt rühmt er die Tapferkeit des Vaters, der stets an der Spitze des Heeres gekämpft und den Kampf geliebt habe; allen kühnen Männern sei er gut bekannt gewesen.

Hildebrand verkörpert in den Augen seines Sohnes und anderer Krieger ein heroisches Ideal, so dass ihre Bewunderung die Rezipienten positiv beeinflussen kann. Zugleich können diese den weiteren Handlungsverlauf aufgrund der bisherigen Aussagen erahnen: Hildebrands frühere Preisgabe familiärer Bindungen, seine Kampfeslust und seine Gefolgschaftstreue legen nahe, dass ihn das Wissen um seine Vaterschaft nicht von einem Kampf abhalten wird. Hadubrand freilich ahnt nicht, wer vor ihm steht.[38] Er spricht in der Vergangenheitsform vom Vater, den er nur vom Hörensagen kennt und längst tot glaubt: *ni waniu ich, iu lib habbe* (V. 29).

Welche emotionale Reaktion Hadubrands Rede bei Hildebrand auslöst, wird aus der Außenperspektive dargestellt. Der Erzähler bietet keinen Einblick in das Innere seines Helden, sondern lässt ihn selbst antworten. Im Vergleich zu Hadubrands langen Ausführungen fällt die Knappheit seiner Rede auf. Hildebrand

---

[35] Zum historischen Hintergrund der Sage vgl. DÜWEL: *Hildebrandslied*, Anm. 1, Sp. 1245–1247; MILLET: *Heldendichtung*, Anm. 1, S. 30–32.

[36] Zum Protagonistenbonus vgl. DIMPEL: *Zofe*, Anm. 6, S. 95–98.

[37] Zum Verhältnis von Hildebrand und Dietrich in der epischen Überlieferung vgl. WALTER HAUG: *Literarhistoriker ›untar heriun tuem‹*, in: *in hôhem prise. A Festschrift in Honor of Ernst S. Dick*, hg. von WINDER MCCONNELL, Göppingen 1989 (GAG 480), S. 129–144, hier S. 133–136; HEINZLE: *Einführung*, Anm. 1, S. 12; MILLET: *Heldendichtung*, Anm. 1, S. 33–39. Nach KUHN (*Stoffgeschichte*, Anm. 2, S. 117) handelt es sich beim *Hildebrandslied* gar um »eine ›Kontrafaktur‹ der Dietrich-Exilfabel, Kämpenschicksal, das das Herrenschicksal wiederholt, aber mit tragischer Verdichtung«. Dagegen kritisiert Ohlenroth die gängige Praxis, das *Hildebrandslied* vor dem Hintergrund von Dietrichs Exilsage zu deuten: »nichts davon steht auch nur andeutungsweise im Text.« Vgl. DERK OHLENROTH: *Hildebrands Flucht – Zum Verhältnis von Hildebrandslied und Exilsage*, in: *PBB* 127 (2005), S. 377–413, hier S. 381.

[38] Zur Informationsvergabe allgemein, vgl. PFISTER: *Theorie*, Anm. 6, S. 29.

beruft sich auf Gott als Zeugen[39] und erklärt Hadubrand, noch nie mit einem so nahen Verwandten gekämpft zu haben. Wichtiger als die Frage, weshalb er eine Periphrase wählt und sich nicht direkt als Vater vorstellt,[40] ist Hildebrands Geste, die wie eine Regieanweisung in den Dialog eingebunden ist: Er streift goldene Reifen vom Arm und reicht sie dem Sohn mit den Worten: *dat ih dir it nu bi huldi gibu.* (V. 35)[41] Dass diese Gabe ambivalent zu werten ist, zeigt die Beschreibung der Requisite. Die Reifen sind aus byzantinischem Gold gewunden und wurden Hildebrand vom hunnischen König geschenkt. Indem die Gabe metonymisch auf den Herrscher der Hunnen verweist, markiert sie die feindliche Distanz. Die Reifen symbolisieren den Bruch zwischen Vater und Sohn und eignen sich keinesfalls, um eine neue Verbindung zu schließen.[42]

Die Wirkung von Hildebrands Worten auf seinen Sohn ist ebenfalls einer direkten Figurenrede zu entnehmen. Hadubrand weist das Angebot scharf zurück und wirft Hildebrand Bestechung vor: *mit geru scal man geba infahan, / ort widar orte* (V. 37f. »Mit dem Ger soll ein Mann Gaben empfangen, Spitze wider Spitze!«).[43] In seinem Gegner erkennt er nicht den Vater, sondern nur einen alten Hunnen. Daher beschimpft Hadubrand diesen, voller Tücke zu sein und ihn mit Worten ködern zu wollen, um ein leichteres Spiel mit dem Gegner zu haben. Seine Beleidigungen gipfeln in dem Vorwurf: *pist also gialtet man, so du ewin inwit fortos* (V. 41 »Du bist so alt geworden, weil du stets Arglist gebrauchst«). Wie unbegründet diese Sorge ist, wissen die Rezipienten ebenso gut wie Hildebrand. Wenn Hadubrand seinen Gegner als hinterlistig und feige verunglimpft, steht dies in diametralem Gegensatz zur vorherigen Beschreibung seines Vaters als treu und tapfer. Daher trägt die unverdiente Schmähung dazu bei, dass die Rezipienten Mitgefühl für Hildebrand entwickeln und für ihn Partei ergreifen können. Ein gegenläufiges Steuerungselement stellt zwar das hunnische Gold dar, das Hadubrand zu gewissem Misstrauen be-

---

[39] Zur Forschungsdiskussion, inwiefern das *Hildebrandslied* christlich geprägt oder im germanischen Schicksalsglauben verhaftet sei, vgl. Düwel: *Hildebrandslied*, Anm. 1, S. 1248f.

[40] Während Dick (*Steigerung*, Anm. 34, S. 50f.) diese Formulierung für eine »bewußte Verrätselung« hält, meint Millet (*Heldendichtung*, Anm. 1, S. 40), dass die Worte nicht präziser sein bräuchten und in diesem Kontext völlig durchsichtig seien.

[41] Die Huldformel impliziert eine Hierarchie, die für das Verhältnis von Vater und Sohn zwar angemessen ist, nicht aber für das Verhältnis zweier Kontrahenten im Kampf.

[42] Dick (*Steigerung*, Anm. 34, S. 47) betrachtet den Reif als »Hebel der tragischen Handlung«. – Zur Korrelation von Normen- und Wertesystem und Figurenhandeln vgl. Dimpel: *Zofe*, Anm. 6, S. 93f. Zur Unterscheidung positiver Werte- und Normensysteme nach Gattungen vgl. Barthel: *Empathie*, Anm. 6, S. 49f.

[43] Millet (*Heldendichtung*, Anm. 1, S. 40) deutet das Freundschaftsangebot als »unmissverständliche Einladung, zu desertieren und zum Feind überzutreten«. Zur Problematik der Gabe, die als Angebot zum Gefolgschaftswechsel interpretiert werden kann und Hadubrand Käuflichkeit unterstellt, vgl. auch Jacobsen: *Verhängnis*, Anm. 30, S. 86.

rechtigt. Zudem kann er sich auf die Auskunft von Seeleuten berufen, sein Vater sei im Kampf gefallen. Dass Hadubrand der Erzählung von Fremden jedoch mehr Glauben schenkt als der Selbstaussage seines Vaters, kann die Sympathien der Rezipienten für Hildebrand wiederum verstärken. Dessen Annäherungsversuch ist gescheitert, da Hadubrand resümierend festhält: *tot ist Hiltibrant, Heribrantes suno* (V. 44).[44]

Hildebrand versucht nicht länger, seine Identität als Vater zu beweisen. Stattdessen zieht er aus dem äußeren Erscheinungsbild seines Gegners eigene Schlüsse. An seiner Rüstung sei zu erkennen, dass Hadubrand einen guten Herrn zuhause habe und nicht in die Verbannung geschickt worden sei. Dass Hildebrand seinen Sohn als einen »Verräter und Kollaborateur« betrachtet und ihm »die Vergeltung wichtiger als das Leben des Sohnes« sei, wie Victor Millet meint,[45] geht aus der Textstelle nicht eindeutig hervor. Allerdings lässt schon der Umfang von Hildebrands Rede (46–62), die seine vorherigen Aussagen um ein Vielfaches übertrifft, auf seine innere Bewegtheit schließen. Besonders deutlich kommt Hildebrands emotionale Betroffenheit in seiner Exklamation zum Ausdruck: *wewurt skihit* (»Unheil geschieht«, V. 49).[46] Diese Klage, die in den Dialog mit Hadubrand eingeschaltet ist, kommt einem Selbstgespräch gleich und ist an Gott als den Allherrscher (*waltant got*, V. 49) adressiert. Hildebrand erinnert an die Mühen der vergangenen dreißig Jahre, in denen er Sommer wie Winter kämpfend in der Fremde umherzog. Während er bislang bei allen Kämpfen mit dem Leben davon gekommen ist, fürchtet der Held nun, entweder vom eigenen Sohn erschlagen zu werden oder diesen selbst zu töten. Hildebrands Exilantenschicksal steht in klarem Kontrast zu der Lebenssituation des Sohnes, dessen gute Ausstattung durch seine Rüstung repräsentiert wird. Durch die Betonung von Hildebrands zurückliegender Not und von seinem gegenwärtigen Leid wird das Mitleid der Rezipienten mit dem unglücklichen Helden geweckt.[47]

---

[44] Aus Hadubrands Vermutung ist im Verlauf des Gesprächs Gewissheit geworden. – Wenn die Rezipienten den Ausgang des Kampfes aus der Sagenüberlieferung kennen, wissen sie nicht nur, dass der tot geglaubte Vater vor Hadubrand steht, sondern auch, dass der Sohn sein eigenes Todesurteil vorwegnimmt. – MILLET (*Heldendichtung*, Anm. 1, S. 41) vertritt die Ansicht, dass sich Hadubrand bewusst gegen den Vater entscheide. Als enger Vertrauter Otakers könne er keinen Vater gebrauchen, der ein Verbannter sei und dem feindlichen Heer angehöre.

[45] MILLET: *Heldendichtung*, Anm. 1, S. 41.

[46] HAUBRICHS (*Lukan*, Anm. 2, S. 27) interpretiert *wêwurt* als »das lukanische schlimme Schicksal, das Verhängnis«. Auch für Jacobsen (*Verhängnis*, Anm. 30, S. 87) besteht die Tragik vor allem in dem Verhängnis, das über Hildebrand hereinbricht.

[47] Zur Evokation von Mitleid durch Leid und Klage vgl. auch BARTHEL: *Empathie*, Anm. 6, S. 64–66.

Sympathie und Tragik 43

Einen Weg, den Kampf zu vermeiden, sucht Hildebrand nicht mehr, obwohl er um einen tödlichen Ausgang weiß. Dass sich der Held in einem tragischen Konflikt befindet und zwischen Kriegerehre und Sippenliebe hin- und hergerissen ist, lässt sich aus seinem Selbstgespräch nicht ableiten.[48] Im Anschluss an seine Klage, gegen den eigenen Sohn kämpfen zu müssen, treibt er das Geschehen aktiv voran. Hildebrand richtet seine Rede wieder an Hadubrand und provoziert ihn, seine Kampfkraft unter Beweis zu stellen. Leicht könne er die Rüstung eines alten Mannes gewinnen, sofern er stark genug sei. Den Vorwurf der Feigheit, den Hadubrand ihm gemacht hat, lässt Hildebrand nicht auf sich sitzen. Wenn es den anderen so sehr nach einem Zweikampf gelüste, wolle er sich nicht verweigern. Die Kampfeslust, die bislang nur für Hadubrand charakteristisch war, eint nun Vater und Sohn. Ausdrücklich fordert der Ältere den Jüngeren auf, sich mit ihm im Streit zu messen. Als Siegespreis werden die beiden Rüstungen ausgelobt, die die Lebensgeschichte der Helden repräsentieren. Die verbale Auseinandersetzung mündet in den Kampf, als Hadubrand Hildebrand mit der Waffe antwortet. Für beide Helden generiert der Text ein Sympathiepotential, da sie heroische Werte wie Tapferkeit, Streitlust und Stärke verkörpern.[49] Der Erzähler berichtet, wie sie mit Speeren, Kampfbrettern und Schwertern gegeneinander kämpfen, bis die Überlieferung plötzlich abbricht.

3. Die Sympathien der Interpreten

Das Ergebnis meiner Textanalyse fällt eindeutig aus: Während die Forschungspositionen bezüglich der Tragik des *Hildebrandslieds* stark divergieren, sprechen die

---

[48] Zu Hildebrands tragischem Konflikt vgl. den Überblick bei DÜWEL: *Hildebrandslied*, Anm. 1, S. 1247. – KUHN (*Stoffgeschichte*, Anm. 2, S. 113, 116 u.ö.) spricht wiederholt von einem Seelendrama, räumt dann jedoch ein, dass Hildebrand nichts von einer inneren Wahl sage, sondern den objektiven Zwang betone (ebd., S. 120). HAUBRICHS (*Lukan*, Anm. 2, S. 28) meint, man könne sowohl im antiken als auch im modernen Sinne von Tragik sprechen, »als das Hineingestelltwerden in einen unlösbaren Konflikt, in ein Dilemma von Werten«. Zur Disposition stünden »prioritäre[] Werte[] einer Kriegergesellschaft, z.B. Varianten der Ehre, Varianten sozialer Bindungen wie Verwandtschaft oder Freundschaft«, die ans Kollektive zurückgebunden seien. Jede Entscheidung sei falsch, doch müsse der Held sich entscheiden. – Dagegen liegt meines Erachtens im *Hildebrandslied* eine ähnliche Konfliktsituation wie in der Epik des hohen Mittelalters vor. Zwar stehen zwei bedeutende Werte zur Wahl, doch sind diese nicht von gleichem Rang. Die Kriegerehre und Gefolgschaftstreue wiegen von Beginn an für Hildebrand schwerer als die genealogische Bindung an den Sohn. Zum tragischen Konflikt in der höfischen Literatur vgl. TOEPFER: *Höfische Tragik*, Anm. 14, S. 211–321.

[49] Zur Sympathielenkung durch Werte und Normen vgl. BARTHEL: *Empathie*, Anm. 6, S. 49.

meisten Steuerungssignale dafür, dass Hildebrand als tragischer Held exponiert werden soll. Seine Verbannung wird thematisiert, sein Versöhnungsangebot zurückgewiesen und sein Leid in einem Selbstgespräch ausgeleuchtet.[50] Alle Aufmerksamkeit richtet sich demnach auf den Vater, der im Verlauf des Dialogs immer größere Gesprächsanteile gewinnt und am Ende deutlich dominiert. Selbst Hadubrand beschäftigt sich in seiner Rede weit mehr mit der Situation und dem Charakter des Vaters als mit der eigenen Lage. Der Handlungsausgang, der nur aus sekundärer Überlieferung erschlossen werden kann,[51] ist für die Frage nach dem tragischen Helden letztlich irrelevant. Mitleid wird im *Hildebrandslied* vor allem mit seinem Namensgeber geweckt. Von den verschiedenen Tragödientheorien, die eingangs vorgestellt wurden, erscheint mir der Schiller'sche Pathos-Begriff für eine Deutung besonders passend: Dargestellt wird das Leiden Hildebrands an den Folgen seiner Verbannung und sein Widerstand gegen dieses Leiden, der im Kampf auf Leben und Tod aufgeht.

Dass in der Forschung so unterschiedliche Positionen hinsichtlich des Tragikkonzepts vertreten werden, hängt mit der Präsentationsweise der Geschichte zusammen. Die Sagenüberlieferung wird als bekannt vorausgesetzt, der Erzähler verzichtet auf wertende oder erklärende Kommentare, und Einblicke ins Innere der Figuren fehlen, so dass die Gründe ihres Handelns teils fragwürdig erscheinen. Dies eröffnet einen Interpretationsspielraum, den einige Literaturwissenschaftler gezielt für ihre Deutung zu nutzen wissen.[52] Ein einschlägiges Beispiel für eine solche Tragikinterpretation, bei der die Lücken des Textes geschlossen werden, liefert WERNER SCHRÖDER, der den Akzent vom Vater auf den Sohn verschiebt. Anders als die meisten seiner Kollegen betrachtet er nicht Hildebrand als den eigentlichen tragischen Helden, sondern erklärt Hadubrands Verblendung zum Schlüssel des Werks. Schröder verurteilt Hadubrand jedoch nicht, sondern macht auf seine schwierige Situation aufmerksam:

> Das Mißtrauen des keineswegs unfertigen, dreißigjährigen Mannes, dem die Führung des Verteidigungsheeres anvertraut ist, hat gute Gründe. Die durch die dro-

---

[50] Der Kategorie des Wissens messe ich eine geringere Bedeutung bei als DÜWEL (*Hildebrandslied*, Anm. 1, Sp. 1247f.), der Hildebrand allein aufgrund seiner Kenntnis der Verwandtschaftsbeziehung für eine tragische Figur hält.

[51] Die Mehrzahl der Interpreten ist heute der Ansicht, dass Hildebrand seinen Sohn tötet, und begründet dies mit der isländischen Sagentradition. In der um 1300 entstandenen *Asmundar saga kappabana* gedenkt Hildebrand vor seinem Tod der achtzig Krieger, die er getötet hat, und erwähnt an erster Stelle seinen Sohn. Vgl. DÜWEL: *Hildebrandslied*, Anm. 1, Sp. 1242f.; HAUG: *Literarhistoriker*, Anm. 37, S. 131f.; HEINZLE: *Einführung*, Anm. 1, S. 12, 37; MILLET: *Heldendichtung*, Anm. 1, S. 38f.

[52] Die Frage, wie ein idealer Rezipient oder impliziter Leser zu denken ist, stellt sich bei einem Text mit großen Motivationsdefiziten in verschärfter Weise.

hende Invasion heraufbeschworene Lage ist prekär genug, und die auf ihm ruhende Verantwortung wird durch den ihm zufallenden Einzelkampf nicht leichter. Er muß auf der Hut sein, darf sich nichts vergeben. Die Situation, in die er gestellt ist, wie die Erziehung, die er genossen hat, raten zu kühler Zurückhaltung. [...] Aus begründeter Vorsicht hat er sich innerlich abgekapselt, läßt er kein weichmachendes Gefühl an sich heran [...].[53]

Allerdings gebe es viele Hinweise, mahnt Schröder, die Hadubrand hätten bedenklich stimmen müssen:

> Es müßte ihm auch auffallen, dass die Zahl der Verbannungsjahre [...] aufs beste zu seinem Lebensalter stimmt. Er ignoriert Hildebrands ungewöhnliche Wahrheitsbeteuerungen [...]. Er überhört ebenso die leisen, von tiefer Besorgnis eingegebenen Warnungen des Vaters [...].[54]

Aus seiner Beobachtung, dass der Sohn die wahren Zusammenhänge nicht sehe, aber auch nicht sehen wolle, schließt Schröder, dass Hadubrand mit tragischer Blindheit geschlagen sei. Schröder gewährt nicht nur die Einblicke in das Innere der Figuren, die der Text verwehrt, sondern wirbt auch um Verständnis für seinen tragischen Helden:

> Den bewunderten Vater zu kränken, ihn anzugreifen und ihm die Heimat zu verwehren, wäre ihm niemals eingefallen, sofern er eine Ahnung von seiner Existenz und Nähe gehabt hätte. Er rennt, ohne es zu wissen und zu wollen, in eine schwere Schuld hinein [...].[55]

Hadubrands Schuld erscheint freilich deutlich größer, wenn der Kampf mit Hildebrands Tod endet. Ausgehend von seinem Tragikverständnis erwägt Schröder daher entgegen dem Forschungskonsens, dass Hadubrand seinen Vater getötet haben könnte. Zwar gesteht er ein, dass auch Hildebrand als tragische Figur betrachtet werden könne, sollte er seinen einzigen Sohn wegen seiner Kriegerehre töten. Doch bringt Schröder deutlich mehr Mitgefühl für das Unglück des Sohnes auf: Die »ganze Wucht der Tragik« könne sich erst entfalten, wenn Hadubrand den unbekannten und bewunderten Vater unwissentlich ermorde. »Nie wird er verwinden können, daß er es war, der dem bitteren Vertriebenenschicksal des Vaters den letzten bittersten Tropfen hinzufügte.«[56]

Schröders kausalpsychologische Interpretation des *Hildebrandslieds* ist im Kontext meiner Untersuchung vor allem deshalb interessant, weil sie eine weitere Per-

---

[53] SCHRÖDER: *Blindheit*, Anm. 4, S. 37.
[54] SCHRÖDER: *Blindheit*, Anm. 4, S. 38.
[55] SCHRÖDER: *Blindheit*, Anm. 4, S. 39.
[56] SCHRÖDER: *Blindheit*, Anm. 4, S. 47.

spektive auf den Zusammenhang von Sympathie und Tragik eröffnet. Wie eingangs dargelegt, wird der Begriff der Sympathie zwar nicht in Tragödientheorien verwendet, doch ist eine positive Grundhaltung der Rezipienten Voraussetzung, um Mitleid mit dem tragischen Helden zu empfinden. Die moderne Rezeptionsgeschichte des *Hildebrandslieds* belegt nun, dass die Sympathien der Interpreten ausschlaggebend für ihr Tragikverständnis sind. Schröder erklärt Hadubrand zum tragischen Helden, weil er sich in dessen Situation hineinversetzen kann und mit ihm sympathisiert. Diese Beobachtung lässt sich meines Erachtens verallgemeinern: Rezipienten bringen für Helden, die ihnen sympathisch sind, mehr Verständnis auf und sind eher geneigt, ihre Fehler zu entschuldigen. Das Leid der Figur, an deren Geschick man besonderen Anteil nimmt, gerät stärker in den Blick und ruft die tragödienspezifischen Affekte von Furcht und Mitleid hervor.

Der enge Zusammenhang von Sympathie und Tragik, der bei Schröders Deutung offenkundig ist, gilt auch für andere Interpretationen des *Hildebrandslieds*. Um Hildebrands Konflikt als tragisch darzustellen, wird seine Entscheidungssituation stärker als im althochdeutschen Text ausgeleuchtet und deren Ausweglosigkeit hervorgehoben. Hildebrand tue alles, um den unheilvollen Verlauf der Dinge abzuwenden, kommentiert etwa Otto Gschwantler. Allein durch den Versuch, den tragischen Automatismus zu durchbrechen, erweise sich Hildebrand als Vertreter einer neuen Geisteshaltung. Einen Sinn, an dem er sich aufrichten könnte, erkenne der Held im Kampf gegen den Sohn nicht und bitte Gott vergeblich um Hilfe. Hildebrand sei daher, konstatiert Gschwantler, eine zutiefst tragische Gestalt.[57] Das Mitleid mit dem Vater wirkte sich in der Rezeptionsgeschichte auf die Beurteilung des Sohns aus, dessen Verhalten gerade von älteren Germanisten wenig positiv bewertet wurde.[58] Hadubrand galt als jugendlicher Hitzkopf, starrsinnig, bösartig und

---

[57] Vgl. Otto Gschwantler: *Älteste Gattungen germanischer Dichtung*, in: *Europäisches Frühmittelalter*, hg. von Klaus von See, Wiesbaden 1985 (Neues Handbuch der Literaturwissenschaft 6), S. 91–123, hier S. 115.

[58] Im deutschen Tragikverständnis der Moderne wird von dem Helden meist verlangt, schuldlos schuldig zu werden, wohingegen ein moralisches Fehlverhalten als untragisch gilt. Der angloamerikanische Tragikdiskurs basiert hingegen maßgeblich auf der *Poetik* des Aristoteles, weshalb ein tragischer Held einen Fehler begehen und Schuld auf sich laden muss. So kann Dick (*Steigerung*, Anm. 34, S. 50) Hildebrands Maßlosigkeit kritisieren, ihn als »großsprecherischen Alten« bezeichnen und sein Handeln dennoch für tragisch halten: Hildebrands Versagen liege in seinem »fatale[n] Drang zur Steigerung und Übersteigerung des heroischen Selbst, der ihm zum tragischen Fehler gerät.« (S. 61) Der geistige Triumph über den Gegner sei ihm wichtiger als das eigene Leben (S. 54). Zur angloamerikanischen Tragikvorstellung vgl. Toepfer: *Höfische Tragik*, Anm. 14, S. 14f.

verblendet,⁵⁹ wohingegen Hildebrand als tragischer Held Bewunderung fand. In vielen Beiträgen des 19. und 20. Jahrhunderts schlagen sich die Sympathien der Interpreten also unmittelbar in den Aussagen zum Tragikkonzept nieder.

Der Zusammenhang von Sympathie und Tragik lässt sich jedoch auch umkehren: Sympathie ist nicht nur die Voraussetzung, um Mitleid mit dem tragischen Helden zu empfinden, sondern ein solcher Held oder eine tragische Handlung wecken auch bei den Rezipienten verstärkt Sympathie. Dies belegt die Interpretationsgeschichte des *Jüngeren Hildebrandslied*, in dem der Stoff des althochdeutschen Kurzepos neu gestaltet wurde. Die im 15. und 16. Jahrhundert sehr beliebte Ballade endet mit der Versöhnung von Vater und Sohn, in die auch die Mutter einbezogen ist.⁶⁰ Narrative Techniken der Sympathiesteuerung werden im *Jüngeren Hildebrandslied* viel stärker eingesetzt, obwohl die dramatischen Anteile auch hier überwiegen. Mittlerfiguren sorgen dafür, dass sich die Sympathien von den Figuren auf die Rezipienten übertragen können,⁶¹ die Balance zwischen Vater und Sohn wird sorgfältig austariert⁶² und die ambivalente Ringgabe in ein Wiedererkennungszeichen von Liebenden verwandelt.⁶³

Die modernen Interpreten vermochte das *Jüngere Hildebrandslied* wenig zu überzeugen. Wie negativ die Urteile ausfielen, belegt HUGO KUHNS Verdikt, beim *Jüngeren Hildebrandslied* handle es sich im Unterschied zum althochdeutschen Prätext um ein »pointelose[s] Kraftstück«.⁶⁴ Dass die Sympathien der Germanistik eindeutig dem älteren *Hildebrandslied* gehören, dürfte nicht nur mit seinem höheren Alter, sondern entscheidend mit der Tragik, dem Erhabenen und dem Pathos zusammenhängen,⁶⁵ die im frühneuzeitlichen Text fehlen. Da weder das Leiden eines

---

⁵⁹ JACOBSEN (*Verhängnis*, Anm. 30, S. 83) hält diese Urteile für völlig unangemessen, da Hadubrand in der erzählten Welt mindestens dreißig Jahre alt sei und als Vorkämpfer des Heeres auftrete.

⁶⁰ Zur reichen Handschriften- und Drucküberlieferung vgl. *Deutsche Volkslieder – Balladen*, hg. von JOHN MEIER, Teil I, Berlin / Leipzig 1935, S. 8–10.

⁶¹ Zum Beispiel verwendet sich Dietrich für den jungen Herrn Alebrant, betont, dass dieser ihm von Herzen lieb sei, und bittet Hildebrand, ihm freundlich zu begegnen. Hadubrand wiederum appelliert an seine Mutter Ute, den Vater wieder aufzunehmen. Vgl. *Das Jüngere Hildebrandslied*, in: *Deutsche Volkslieder*, Anm. 60, Nr. 4, Str. 4, 20.

⁶² Zunächst versetzt Alebrant seinem Vater einen Schlag, wird dann aber von diesem für seinen schwachen Einsatz getadelt und bezwungen. Durch eine Wunde vom Kampf gezeichnet ist jedoch nur Hildebrand. Auch weisen der goldene Kranz und ihr gemeinsamer Auftritt Alebrant als Sieger aus. Vgl. *Das Jüngere Hildebrandslied*, Anm. 61, Nr. 4, Str. 10–12, 16.

⁶³ Hildebrand lässt am Ende der Ballade einen goldenen Ring in den Becher seiner Frau sinken. Vgl. *Das Jüngere Hildebrandslied*, Anm. 61, Nr. 4, Str. 20.

⁶⁴ KUHN: *Stoffgeschichte*, Anm. 2, S. 124.

⁶⁵ Die Bedeutung von Pathosdarstellungen, um tragische Effekte zu erzielen, betonte jüngst KARL HEINZ BOHRER: *Das Tragische – Erscheinung, Pathos, Klage*, München 2009, bes. S. 11.

tragischen Helden noch sein Widerstand gegen das Leiden dargestellt wird, kann das *Jüngere Hildebrandslied* keine tragödienspezifische Wirkung entfalten. Vater und Sohn erkennen einander erst nach Hildebrands Sieg und freuen sich gemeinsam, dass sie am Leben sind.

Sympathie und Tragik hängen bei der Rezeptionslenkung folglich enger zusammen, als man bei der vergeblichen Suche nach dem Begriff συμπάθεια in der antiken Tragödientheorie denken könnte. Noch deutlicher als beim Vergleich von älterem und jüngerem *Hildebrandslied* wird dies bei der Entscheidung zwischen Vater und Sohn im althochdeutschen Epos. Mit narrativen Mitteln wird das Mitleid der Rezipienten geweckt und Hildebrand so zum tragischen Held gekürt.

Katharina Prinz

Heldentypische Wertungsambivalenzen. Zur Frage nach textuellen Mitteln der Sympathiesteuerung am Beispiel des *Nibelungenlieds*

Die Frage, ob Heldenfiguren wie die des *Nibelungenlieds* der *AB-Redaktion[1] auf zeitgenössische Rezipienten sympathisch gewirkt haben könnten (oder nicht), erweckt den Eindruck, in irgendeiner Hinsicht falsch gestellt zu sein. Es lohnt sich, den Gründen für diesen Eindruck nachzugehen. Denn die Suche nach ihnen erweist sich nicht nur für die Analyse des *Nibelungenlieds* als heuristisch wertvoll, sondern führt darüber hinaus auch auf jene grundsätzlichen Potentiale und Probleme, die die Analyse vormoderner Erzähltexte unter dem Gesichtspunkt der Sympathiesteuerung birgt und die auszuloten Ziel dieses Bandes ist.

Das Problem, um das es dementsprechend im Folgenden gehen soll, ist zunächst einmal genauer zu bestimmen. Denn auf der einen Seite muss die Intuition ernst genommen werden, dass die Ausgangsfrage dieses Beitrags falsch gestellt sein könnte. Die neuere Forschung zu narrativen Faktoren der Sympathiesteuerung, d. h. zu Phänomenen eines Erzähltextes, die rezipientenseitigen Sympathie-Reaktionen auf eine bestimmte Figur zu- oder entgegenarbeiten, unterstützt auf der anderen Seite aber folgende Annahme: Einer Figur kann dann ein Sympathiewirkungspotential zugeschrieben werden, wenn der Text Informationen über sie enthält, die es dem Textadressaten nahelegen, eine positiv wertende Einstellung der geeigneten Art zu dieser Figur auszubilden.[2] Führt man Aussagen über Sympathiewirkungspotentiale auf diese Weise zurück auf Aussagen über positiv bewertbare Figurenmerkmale, dann scheint *prima facie* nichts dagegen zu sprechen, die Sympathie-Kategorie auch auf nibelungische Heldenfiguren anzuwenden – schließlich geht der Text nicht ge-

---

[1] Die im Folgenden mit der Sigle ›NL‹ gekennzeichneten Verweise auf das *Nibelungenlied* beziehen sich auf den Text der Ausgabe: *Das Nibelungenlied*. Nach der Ausgabe von Karl Bartsch hg. von HELMUT DE BOOR, Mannheim ²¹1988. Relevante Abweichungen von der Hs. B werden angegeben nach: *Das Nibelungenlied – Paralleldruck der Handschriften A, B und C nebst Lesarten der übrigen Handschriften*, hg. von MICHAEL S. BATTS, Tübingen 1971.

[2] Vgl. insbes. CLAUDIA HILLEBRANDT: *Das emotionale Wirkungspotenzial von Erzähltexten – Mit Fallstudien zu Kafka, Perutz und Werfel*, Berlin 2011, S. 88–92, und die dort angegebene Literatur. Da im Rahmen einer textanalytischen Untersuchung keine Aussagen über die tatsächliche Wirkung eines Textes gemacht werden können, wird hier mit Hillebrandt von ›Wirkungspotentialen‹ gesprochen.

rade sparsam um mit expliziten Wertungen, die den Helden höchstes Lob zuteilwerden lassen.

Wie ist nun mit diesen beiden gegenläufigen Einschätzungen der Frage nach dem Sympathiewirkungspotential der nibelungischen Heldenfiguren umzugehen? Ist das aufgeworfene Problem bloß ein terminologisches, das sich entschärfen ließe, indem man in der Sache Einigkeit erzielte, ohne dies auch für ihre Benennung zu fordern? Oder handelt es sich um ein sachliches Problem und ist irgendetwas nicht in Ordnung mit der Anwendung der Sympathie-Kategorie auf Figuren überhaupt oder auf Figuren, die bestimmte Bedingungen erfüllen, oder ergibt sich das Problem der Anwendbarkeit des Sympathie-Begriffs primär bei den Heldenfiguren des *Nibelungenlieds*?

Ich tendiere zu der Antwort, dass jeder dieser Punkte seinen Beitrag zu der umrissenen Problematik leistet. Inwiefern das zutrifft und welche textanalytischen Konsequenzen daraus zu ziehen sind, wird in vier Schritten zu diskutieren sein: Da das Ausgangsproblem zu einem Teil terminologischer Natur sein dürfte, gilt es zunächst (1.) sowohl den Sympathie-Begriff als auch alle jene anderen Begriffe zu klären, die die Analyse des *Nibelungenlieds* anleiten werden: ›Held‹ ist einer dieser Begriffe, die anderen sind ›Wert‹ und ›Norm‹, denn die Analyse insbesondere von textuellen Wertphänomenen soll ja als Fundament für Aussagen über Sympathiewirkungspotentiale von Figuren dienen. Aus diesem Grund ist in einem zweiten Schritt auch zum Vorgehen bei einer solchen wert- und normbezogenen Textanalyse etwas zu sagen (2.). Aus diesen beiden Schritten ergibt sich dann (3.) eine Reihe systematischer Fragen zur Rekonstruktion textueller Sympathiewirkungspotentiale von Figuren. Sie bieten die Diskussionsgrundlage, um mit Blick auf ausgewählte Heldenfiguren des *Nibelungenlieds* schließlich (4.) auszuloten nicht nur, auf welche Weise sich bei der Analyse dieser Figuren Fragen nach ihrem Sympathiewirkungspotential und damit gleichermaßen nach Faktoren der Sympathiesteuerung fruchtbar machen lassen, sondern auch, wo man an Grenzen der Beantwortbarkeit dieser Fragen stößt.

Da die Heldenfiguren im Fokus der hier zu diskutierenden Fragen stehen, ist an erster Stelle zu klären, wie der Ausdruck ›Held‹ im Folgenden verwendet werden soll.

1. Begriffsklärungen

1.1. ›Held‹

Darüber, was unter dem Ausdruck ›Held‹ zu verstehen sei, besteht innerhalb wie außerhalb der mediävistischen Forschung keineswegs Einigkeit. Eine einflussreiche, wenn auch nicht unumstrittene Begriffsbestimmung hat KLAUS VON SEE mit Blick auf die europäische Heldendichtung vorgelegt, als er 1978 gegenüber einer in der zeitgenössischen Forschung zu beobachtenden einseitigen Betonung heldischer Vorbildlichkeit zu bedenken gibt: Der Held sei häufig genug gar kein

> Vorbild allgemeinverbindlicher Tugenden, sondern eher das Gegenteil davon: ein Protest gegen das vom Kollektiv gebotene Mittelmaß, eine Figur, deren Faszination gerade darin liegt, daß sie das Exorbitante, das Regelwidrige tut. Der Held ist deshalb eigentlich zunächst nichts weiter als eine Demonstration seiner selbst, allerdings nicht so unnütz und überflüssig, wie es dem rationalen Denken scheinen könnte, da er – wenn auch auf eine einseitige, exzessive oder gar unzulässige Weise – eine Gesinnung verkörpert, in der sich die soziale Gruppe, der er angehört, durchaus wiedererkennen möchte, ohne dabei das Verhalten, in dem er diese Gesinnung auslebt, nachahmen zu können oder zu dürfen.[3]

Zwar ist von Sees Exorbitanz-Begriff in der Folge nicht unwidersprochen geblieben,[4] rückt er doch, um es mit STEPHAN FUCHS-JOLIE zu sagen, ein »Moment der

---

[3] KLAUS VON SEE: *Was ist Heldendichtung?*, in: *Europäische Heldendichtung*, hg. von dems., Darmstadt 1978, S. 1–38, hier S. 30f.

[4] Vgl. etwa die kritische Auseinandersetzung mit von Sees Thesen bei GERD WOLFGANG WEBER: »*Sem konungr skyldi*« – *Heldendichtung und Semiotik. Griechische und germanische heroische Ethik als kollektives Normensystem einer archaischen Kultur*, in: *Helden und Heldensage*, FS Otto Gschwantler, hg. von HERMANN REICHERT und GÜNTER ZIMMERMANN, Wien 1990, S. 447–481, sowie von Sees Erwiderung in: KLAUS VON SEE: *Held und Kollektiv*, in: *ZfdA* 122 (1993), S. 1–35. Die Kontroverse zwischen von See und Weber hat der nachfolgenden Forschung bis in die jüngste Gegenwart hinein immer wieder als Ausgangspunkt für die jeweilige explizite oder implizite Beantwortung der Frage gedient, was unter einem Helden zu verstehen sei. Zuletzt hat Hartmut Bleumer im Rekurs auf von See und Weber vorgeschlagen, mit Blick auf die Siegfried- und die Hagen-Figur des *Nibelungenlieds* zwei kategorial verschiedene Exorbitanz-Begriffe anzusetzen (HARTMUT BLEUMER: *Der Tod des Heros, die Geburt des Helden – und die Grenzen der Narratologie*, in: *Anfang und Ende – Formen narrativer Zeitmodellierung in der Vormoderne*, hg. von UDO FRIEDRICH, ANDREAS HAMMER und CHRISTIANE WITTHÖFT, Berlin 2014, S. 119–141, hier S. 127, 133f.). Wenn im vorliegenden Beitrag auf eine solche begriffliche Differenzierung verzichtet und an einem einzigen Exorbitanz-Begriff festgehalten wird, hat dies folgenden Grund: Zwar ist nicht zu bestreiten, dass mit ›Exorbitanz‹ in unterschiedlichen Verwendungskontexten Unterschiedliches gemeint sein kann. Das dürfte

Negativität des Helden« in den Vordergrund, insofern er dessen »Opposition zum Kollektiv [als] entscheidendes Charakteristikum des epischen Helden« auszeichnet.[5] Sieht man aber von einigen zugespitzten Formulierungen bei von See ebenso wie bei seinen Kritikern ab und fasst den Exorbitanz-Begriff als deskriptive Analysekategorie in dem Sinne wertneutral, dass mit ihm sowohl negativ als auch positiv bewertbare Normabweichungen (auf der Basis geteilter Wertmaßstäbe bzw. einer gemeinsamen ›Gesinnung‹) bezeichnet werden können, dann erweist er sich als äußerst hilfreich. Denn er zeigt auf, dass Heldentum als ein Überschreiten von Grenzen, die die Norm jedem anderen zieht, stets den Charakter der Idealität mit dem der A-Sozialität (im eigentlichen Wortsinne) verbindet.[6] Das Charakteristische heldischer Devianz besteht gerade darin, dass sie sowohl einer positiven als auch einer negativen Bewertung zugänglich ist.

Nun spielen die Begriffe der (Abweichung von einer) Norm und des Werts nicht nur bei der Bestimmung des Helden-Begriffs eine zentrale Rolle, sondern auch im Zusammenhang mit der Frage, was unter ›Sympathie‹ verstanden werden kann. Wie also sollen die Ausdrücke ›Wert‹ und ›Norm‹ hier verwendet werden?

jedoch nicht am Exorbitanz-Begriff selbst, sondern daran liegen, dass mit ihm unterschiedliche Relata zueinander in Beziehung gesetzt werden können. Dann aber stellt sich die Frage, ob Siegfried und Hagen einerseits hinsichtlich der gleichen Merkmale und andererseits gemessen an ein und derselben Norm(enmenge) als ›exorbitant‹ zu bewerten sind. Weil die Antwort hierauf davon abhängt, was für Normen und Wertmaßstäbe das *Nibelungenlied* textuell etabliert, muss die Frage letztlich auf der Basis einer systematischen Analyse der betreffenden Textphänomene geklärt werden. Dabei gelangt die wert- und normbezogene Analyse des *Nibelungenlieds*, die Abschnitt 4 dieses Beitrags zugrunde liegt, in drei Punkten zu einem anderen Ergebnis als Bleumer: Beide Figuren werden von anderen Figuren ebenso wie vom Erzähler grundsätzlich vor dem Hintergrund derselben Wertmaßstäbe und Normen beurteilt. Zu diesen Wertmaßstäben und Normen gehören u. a. auch solche, die als im weitesten Sinne moralische gelten können. Bei beiden Figuren ergeben sich im Erzählzusammenhang gleichwohl Konstellationen, in denen ihr exorbitantes Abweichen von der Norm keinerlei evaluative Konsequenzen hat.

[5] STEPHAN FUCHS: *Hybride Helden – Gwigalois und Willehalm. Beiträge zum Heldenbild und zur Poetik des Romans im frühen 13. Jahrhundert*, Heidelberg 1997, S. 51, 50.

[6] Ebenfalls von Klaus von See ausgehend spricht auch Matthias Teichert mit Blick auf die nordische Nibelungenüberlieferung vom »Modell des asozialen Helden«, versteht es im Unterschied zu der hier vorgeschlagenen Begriffsbestimmung aber als ein *Gegen*modell zu dem des idealen oder vorbildlichen Helden, mit dem es sich »in der literaturgeschichtlichen Entwicklung phasenweise diachron« abgewechselt habe (MATTHIAS TEICHERT: *Von der Heldensage zum Heroenmythos – Vergleichende Studien zur Mythisierung der nordischen Nibelungensage im 13. und 19./20. Jahrhundert*, Heidelberg 2008, S. 19f.).

1.2. ›Wert‹ und ›Norm‹, ›textuelle Wert- und Normphänomene‹

Angesichts der Vielzahl unterschiedlichster Verwendungsweisen sowohl von ›Wert‹ als auch von ›Norm‹ in diversen disziplinären Kontexten dürfte es ratsam sein, terminologisch Anschluss an Arbeiten der germanistischen Wertungsforschung zu suchen, die in Auseinandersetzung mit philosophischen und soziologischen Begriffsbestimmungen bereits ein differenziertes und auf den literaturwissenschaftlichen Gegenstandsbereich zugeschnittenes Analysevokabular entwickelt haben. Anknüpfend an RENATE VON HEYDEBRAND, SIMONE WINKO und FRIEDERIKE WORTHMANN seien hier dementsprechend folgende Festlegungen getroffen:[7]

›Wert‹ meint all jene Qualitäten, die in einem Wertungsakt einer Entität zugeschrieben werden. Dieses Wertungsobjekt wird im Wertungsakt daraufhin beurteilt, ob und inwieweit es ein bestimmtes ›Gütekriterium‹ erfüllt. Bei diesem Gütekriterium wiederum handelt es sich um den Wertmaßstab, auf den der Wertende beim Werten rekurriert, ob er ihn nun ausdrücklich nennt oder nicht. Wertungsakte selbst können ihrerseits explizit oder implizit, verbal oder nonverbal (in Form von Präferenzsetzungen) vollzogen werden.

Was den Begriff der Norm anbelangt, der für die hier verfolgte Fragestellung von nachrangigem Interesse ist, mag folgende vorläufige Bestimmung genügen: Der Ausdruck ›Norm‹ in dem hier relevanten engeren Sinn bezeichnet »alle jene Richtlinien, die – wie die Gebote von Recht, Moral und Sitte – als *verbindlich* gelten, d. h. Befolgung verlangen« und sich sprachlich durch Sätze des Inhalts wiedergeben lassen, dass etwas Bestimmtes geboten, verboten oder erlaubt ist.[8]

Wenn nun im Folgenden von ›*textuellen* Wert- und Normphänomenen‹ die Rede ist, dann sind damit Elemente sowohl des ›Was‹ als auch des ›Wie‹ eines Textes gemeint, in denen sich Wertungen oder Normen auf die eine oder andere Weise niederschlagen. Im Falle von Erzähltexten bietet es sich aus heuristischen Gründen an, diese Phänomene nach den Vorgaben der in der Erzähltheorie weitverbreiteten Kommunikationsmodelle grob nach drei ›Textebenen‹ zu sortieren: der ›Ebene‹ der erzählten Welt, der ›Ebene‹ des Erzählens von dieser Welt sowie jener dritten übergreifenden ›Ebene‹ der Textkomposition, auf der gewissermaßen über den Kopf von

---

[7] Vgl. insb. SIMONE WINKO: *Wertungen und Werte in Texten – Axiologische Grundlagen und literaturwissenschaftliches Rekonstruktionsverfahren*, Braunschweig 1991, Kap. 2.1.7. und 2.2.–2.3.; RENATE VON HEYDEBRAND / SIMONE WINKO: *Einführung in die Wertung von Literatur. Systematik – Geschichte – Legitimation*, Paderborn u. a. 1996, Kap. 1.3.–1.6.; FRIEDERIKE WORTHMANN: *Literarische Wertungen – Vorschläge für ein deskriptives Modell*, Wiesbaden 2004, Kap. 2.5.3 und 4.

[8] PETER KOLLER: Art. ›*Norm*‹, in: *Handbuch der Politischen Philosophie und Sozialphilosophie*, Bd. 2, hg. von STEFAN GOSEPATH, WILFRIED HINSCH und BEATE RÖSSLER, Berlin 2008, S. 913–918, hier S. 913f.

Figuren und Erzählinstanzen hinweg Wert- und Normvorstellungen transportiert werden können.[9]

Wenn man nach dem Sympathiewirkungspotential einer Figur fragt, kommt es, so die These der (literaturwissenschaftlichen) Emotionsforschung, primär auf textuelle Wertungen an, die die betreffende Figur zum Wertungsobjekt haben. Um hier ein Beispiel für solche figurenbezogenen Wertungen aus dem *Nibelungenlied* zu geben, die sich den drei unterschiedlichen ›Textebenen‹ zuordnen lassen, bietet es sich an, den Blick auf die rekonstruktionsaufwendigeren impliziten Wertungen zu richten: So steckt eine auf der *Komposition*sebene zu verortende implizite und nonverbale Positivwertung beispielsweise der Wolfhart-Figur bereits in der Tatsache, dass überhaupt von ihr erzählt wird (sie also zumindest eines gewissen Interesses *wert* erscheint). Wenn nun der Erzähler die Figur außerdem wiederholt zu Wort kommen lässt, ist auch das eine implizite nonverbale Positivwertung vom Typus der Präferenzsetzung, diesmal allerdings auf der *Erzähler*ebene. Und wenn schließlich die Figur von einer anderen als ein *lewe* bezeichnet wird (NL, 2272,1), dann ist auch darin (nicht nur im *Nibelungenlied*) eine implizite Positivwertung enthalten, im Unterschied zu den beiden vorhergehenden wird sie aber verbal und auf der Ebene der *Figuren* vollzogen.

Von welchem Zusammenhang genau zwischen Bewertungen von Figuren und der Frage nach ihrem Sympathiewirkungspotential nun hier ausgegangen werden soll, das hängt von dem letzten noch zu klärenden Begriff ab: dem der Sympathie.

1.3. ›Sympathie‹

Da die interdisziplinäre Forschungsliteratur zum Sympathiephänomen ähnlich umfangreich und vielstimmig ist wie die zu Werten und Normen,[10] kann es auch hier nur darum gehen, sich auf einen Arbeitsbegriff von Sympathie festzulegen. Um seinen analytischen Zweck zu erfüllen, muss dieser Arbeitsbegriff einerseits klar be-

---

[9] Ob als Subjekt dieser Vorstellungen so etwas wie ein impliziter (genauer: implizierter) Autor im Sinne Wayne C. Booths, ein Modell-Autor im Sinne Umberto Ecos, der reale Autor mit Gérard Genette oder anderes einzusetzen wäre oder ob die Frage nach einem solchen Subjekt hier besser zurückgewiesen werden sollte, wofür beispielsweise Ansgar Nünning plädiert, sei damit ausdrücklich noch nicht entschieden.

[10] Einen Überblick über wichtige literaturwissenschaftliche Beiträge zur Bestimmung des Sympathie-Begriffs bieten Claudia Hillebrandt und Elisabeth Kampmann in der Einleitung zu dem von ihnen herausgegebenen Sammelband *Sympathie und Literatur*: CLAUDIA HILLEBRANDT / ELISABETH KAMPMANN: *Sympathie und Literatur – Einführende Bemerkungen zu einem vernachlässigten Verhältnis*, in: *Sympathie und Literatur – Zur Relevanz des Sympathiekonzeptes für die Literaturwissenschaft*, hg. von dens., Berlin 2014, S. 7–32.

stimmt werden, sollte sich andererseits aber nicht zu weit von den Intuitionen entfernen, die am alltäglichen Gebrauch des Sympathie-Begriffs in unserer Gegenwartssprache hängen. Denn sie bilden letztlich die Folie für das Erkenntnisinteresse, das hinter Fragen nach Sympathiewirkungspotentialen von Figuren und nach textuellen Sympathiesteuerungsverfahren steckt, wie sie in der aktuellen literaturwissenschaftlichen Forschung gestellt werden.

Ausgehend von der Worterklärung »aufgrund gewisser Übereinstimmung, Affinität positive gefühlsmäßige Einstellung zu jmdm., einer Sache; (Zu)neigung; Wohlgefallen«,[11] die der Fremdwörter-Duden als die alltagssprachliche Grundbedeutung von ›Sympathie‹ ansetzt, soll mit diesem Ausdruck hier ein bestimmter Typ von Einstellung bezeichnet werden, die die folgenden charakteristischen Merkmale aufweist:

(1) Es handelt sich um eine Einstellung, die eine Person typischerweise einer anderen Person gegenüber hat (die Rede von einer auf Entitäten anderen Typs bezogenen ›Sympathie‹ dürfte demgegenüber in der Alltagssprache die weniger geläufige sein).[12]
(2) Diese Einstellung ist typischerweise eine emotionale.[13]
(3) Das wertende Moment, das emotionale Phänomene prinzipiell aufweisen,[14] ist hier dominant: Von jemandem zu sagen, er sei einem sympathisch, drückt primär aus, dass man den Betreffenden mag, vielleicht sogar Zuneigung für ihn empfindet, er einem auf jeden Fall aber in irgendeiner Hinsicht gefällt.[15]
(4) Die hierin zum Ausdruck kommende positive Wertung bezieht sich typischerweise auf das Verhalten, die Handlungsziele, Einstellungen, emotionalen Dis-

---

[11] *Duden Fremdwörterbuch*, Mannheim u. a. ⁶1997, S. 788.
[12] So auch HILLEBRANDT / KAMPMANN: *Sympathie und Literatur*, Anm. 10, S. 15 und Anm. 23.
[13] In der Frage, ob es sich bei Sympathie selbst um eine Emotion handelt oder nicht, besteht allerdings nicht nur in der literaturwissenschaftlichen Forschung zu dem Phänomen keine Einigkeit.
[14] Vgl. hierzu z. B. BRIGITTE SCHEELE: *Emotionen als bedürfnisrelevante Bewertungszustände – Grundriß einer epistemologischen Emotionstheorie*, Tübingen 1990, insb. S. 41.
[15] Zu Wertungen dieses Typs, die im Rekurs auf ein vom Wertungsobjekt ausgelöstes positives (oder negatives) Gefühl begründet werden und mit Friederike Worthmann als ›Gefallenswertungen‹ bezeichnet werden können, vgl. HEYDEBRAND / WINKO: *Einführung*, Anm. 7, Kap. 2.1.3; WORTHMANN: *Wertungen*, Anm. 7, Kap. 4.7.3. Dass hier dem Gefallensmoment von Sympathie-Reaktionen ein wichtiger Stellenwert beigemessen wird, bedeutet nicht, dass die Rolle, die *Anerkennungs*wertungen auf der Basis kollektiv geteilter Wertmaßstäbe bei der Sympathiegenese spielen, zu vernachlässigen wäre. Tatsächlich ist mit Scheele (vgl. unten Punkt (5) und (6)) davon auszugehen, dass sie immer wichtiger werden, je mehr Gelegenheit der Sympathisierende hat, sich den ersten positiven Eindruck von seinem Gegenüber durch zusätzliche Informationen bestätigen oder aber relativieren zu lassen.

positionen und Charaktereigenschaften des Sympathie-Auslösers, kann aber auch sein äußeres Erscheinungsbild betreffen.[16]

Damit sind die Hinsichten benannt, unter denen einem jemand sympathisch ist. – Darüber hinaus stellt sich noch die Frage, was das Spezifische jener Gefallenswertung ist, die gemeinhin als zentral für Sympathie-Reaktionen erachtet wird. Mit Blick auf die Geschichte des Sympathie-Begriffs dürfte dafür vor allem folgender Aspekt in Frage kommen:

(5) Sympathisch ist mir jemand unter den genannten Hinsichten, insofern ich glaube, dass er in diesen Hinsichten oder der Art ihrer Bewertung (in relevantem Umfang) mit mir ›übereinstimmt‹ bzw. mir darin ›ähnlich‹ ist.[17] Ei-

---

[16] Vgl. dazu etwa die Ergebnisse sozialpsychologischer Experimente, die Werner Herkner referiert: WERNER HERKNER: *Sympathie und Ablehnung*, in: *Sozialpsychologie – Ein Handbuch in Schlüsselbegriffen*, hg. von DIETER FREY und SIEGFRIED GREIF, Weinheim ⁴1997, S. 350–355, hier bes. S. 351.

[17] Was mit den Ausdrücken ›Übereinstimmung‹ und ›Ähnlichkeit‹ nur vage bezeichnet ist und in der alltäglichen gegenwartssprachlichen Rede von ›Sympathie‹ kaum ins Bewusstsein tritt, ist ein Aspekt des Sympathiephänomens, der sich begriffsgeschichtlich weit zurückverfolgen lässt und in den unterschiedlichen Verwendungskontexten des Sympathie-Begriffs unterschiedliche Ausprägungsformen angenommen hat: Bis in die Neuzeit hinein (vgl. MARGARITA KRANZ / PETER PROBST: *Sympathie I*, in: *Historisches Wörterbuch der Philosophie* 10 (1998), Sp. 751–755) wird ›Sympathie‹ in naturphilosophischen und naturmystischen Kontexten zur Bezeichnung einer »wechselbeziehung, verbindung, gegenseitige beeinflussung auf grund einer gewissen wesensverwandtschaft oder besonderer (meist geheimnisvoller) wirkungszusammenhänge« verwendet (Art. ›sympathie‹, in: *Deutsches Wörterbuch* 20 (1984 = 1942), Sp. 1401). Bezogen auf psychische Phänomene, auf die der naturphilosophische Sympathie-Begriff seit Mitte des 16. Jahrhunderts zunehmend übertragen wird (vgl. ASTRID VON DER LÜHE: *Sympathie II*, in: *Historisches Wörterbuch der Philosophie* 10 (1998), Sp. 755–762), gewinnt er die Bedeutung »›unerklärbare[s] gefühl inneren zusammenhangs, seelischer gemeinsamkeit, gleichartigkeit oder harmonie der empfindungen, innige teilnahme an der empfindung anderer personen‹ u.s.w., oft mit dem besonderen sinn ›innere zuneigung, wohlgefallen, wohlwollende gesinnung‹ verbunden« (Art. ›sympathie‹, in: *Deutsches Wörterbuch* 20 (1984 = 1942), Sp. 1402). Diese letztgenannte Verwendungsweise, die sich im 18. Jahrhundert durchsetzt, wird dann prägend für unseren heutigen alltagssprachlichen Gebrauch des Begriffs. Zugleich ergeben sich aus seiner Anwendung auf Übereinstimmungsrelationen zwischen den emotionalen Zuständen zweier Personen gewisse Parallelen zum Empathie-Begriff, woraus u. a. die Schwierigkeiten der gegenwärtigen Forschung resultieren, die Begriffe ›Empathie‹ und ›Sympathie‹ klar voneinander abzugrenzen. Begegnen lässt sich diesem Problem, wenn man, Brigitte Scheele folgend, Empathie abweichend von Sympathie als eine auf *momentane* Ereignisse und emotionale Zustände des Gegenübers bezogene *situative Übernahme* von Wertmaßstäben fasst und beide emotionalen Einstellungen als prozessual verbunden versteht (vgl. BRIGITTE SCHEELE: *Empathie und Sympathie bei der Literatur-Rezeption: ein Henne-Ei-Problem?*, in: *Sympathie und Literatur*, Anm. 10, S. 35–48). Ähnlich bestimmt Suzanne Keen den Unter-

ne solche unterstellte Übereinstimmung in (der Positivwertung von) Eigenschaften, Einstellungen und Verhaltensweisen legt aber letztlich den Schluss auch auf eine Übereinstimmung in den Wertmaßstäben nahe, die die positive Bewertung und die Ausbildung eben dieser Eigenschaften, Einstellungen und Verhaltensweisen begünstigen.[18]

(6) Da Wertmaßstäbe nun den Charakter von tendenziell langlebigen Überzeugungen haben, weist auch Sympathie die Tendenz zu einer gewissen Dauerhaftigkeit auf. Damit eröffnet sich aber sowohl die Möglichkeit einer Intensivierung als auch die einer Abschwächung der Sympathie im Verlauf der Zeit, ebenso wie es zu einem Umschlag von Sympathie in Antipathie kommen kann.[19]

(7) Schließlich geht Sympathie typischerweise einher mit der Ausbildung wohlwollender Wünsche und Verhaltensweisen zugunsten desjenigen, der einem sympathisch ist.[20]

Nun können sämtliche dieser Merkmale in der einen oder anderen Weise auch charakteristisch für Einstellungen sein, die Rezipienten zu Figuren ausbilden.[21] Unter

schied und (kausalen ebenso wie begriffsgeschichtlichen) Zusammenhang von Empathie und Sympathie (vgl. SUZANNE KEEN: *Empathy and the Novel*, New York 2007, insb. S. 4f., 16, 21f. und 42–44). Ebenfalls von einem kausalen Zusammenhang zwischen Empathie und Sympathie geht Alessandro Giovannelli aus, schreibt Wertmaßstäben in beiden Fällen aber eine andere Rolle zu als Scheele: Empathie beinhalte die Imagination relevanter situativer Wertungen des Gegenübers, während Sympathie darüber hinaus deren imaginative Übernahme mit einschließe (ALESSANDRO GIOVANNELLI: *In Sympathy with Narrative Characters*, in: *The Journal of Aesthetics and Art Criticism* 67,1 (2009), S. 83–95, hier S. 88f.).

[18] Vgl. ähnlich SCHEELE: *Empathie und Sympathie*, Anm. 17, S. 39. Da es bei der Sympathie-Reaktion ausdrücklich auf die *Unterstellung* einer Übereinstimmung in den (Bewertungen der) genannten Hinsichten ankommt, ist immer auch die Möglichkeit eines Irrtums auf Seiten des Sympathisierenden gegeben. Gewinnt er selbst die Überzeugung, sich geirrt zu haben, ist mit einer Abschwächung der Sympathie oder sogar mit einer antipathischen Reaktion zu rechnen.

[19] Vgl. hierzu SCHEELE: *Empathie und Sympathie*, Anm. 17, S. 43–45.

[20] Das Vorhandensein oder Fehlen einer solchen Disposition zu benevolenten Einstellungen und Verhaltensweisen gegenüber einer Person dient in verschiedenen Beiträgen zur Emotionsforschung als Abgrenzungskriterium zwischen Sympathie als ›*feeling for another*‹ und Empathie als ›*feeling with another*‹ (vgl. dazu NANCY EISENBERG: *Empathy and Sympathy*, in: *Handbook of Emotions*, ed. by MICHAEL LEWIS and JEANNETTE M. HAVILAND-JONES, New York ²2000, S. 677–691, hier S. 678; AMY COPLAN: *Empathic Engagement with Narrative Fictions*, in: *The Journal of Aesthetics and Art Criticism* 62,2 (2005), S. 141–152, hier S. 145f.; KEEN: *Empathy*, Anm. 17, S. 4, 16, 21f. und Giovannelli: *In Sympathy*, Anm. 17, S. 83f.).

[21] Vgl. dazu insb. Jens Eders umfassende Erörterung der theoretischen und methodischen Grundlagen der Analyse von Figuren (nicht nur im Film), die aufbauend auf Erkenntnissen kognitiver Rezeptionstheorien davon ausgeht, »dass wir Figuren ähnlich wie Menschen verstehen und erleben« und somit durch geeignete Informationen über sie auch emotionale Ein-

der Fragestellung des vorliegenden Bandes geht es dann darum, textuelle Merkmale zu identifizieren, die die Ausbildung einer solchen Einstellung befördern könnten.

Wenn sich aber Aussagen über textinterne Verfahren der Sympathieförderung und Sympathiesteuerung nur über eine systematische Analyse textueller Wertphänomene plausibilisieren lassen, wie CLAUDIA HILLEBRANDT überzeugend begründet hat,[22] dann stellt sich die Frage, wie eine solche Wertungsanalyse auszusehen hätte. Um der Komplexität eines derartigen Unternehmens gerecht zu werden, bedarf es einer eigenen Untersuchung.[23] Darum möge hier fürs erste eine grobe Skizze genügen, die zum einen den systematischen Rahmen für die anschließende Reflexion auf Probleme der textanalytischen Anwendung des Sympathie-Begriffs abgibt und zum anderen aufzeigt, wie jene Aussagen über Wertphänomene im *Nibelungenlied* gewonnen wurden, auf die sich die anschließende Textanalyse stützt. Da hier in erster

---

stellungen wie Sympathie zu ihnen ausbilden können (JENS EDER: *Die Figur im Film – Grundlagen der Figurenanalyse*, Marburg ²2014, S. 191 und vgl. v. a. Kap. 2.2.4, 5.2 und 13).

[22] Vgl. HILLEBRANDT: *Wirkungspotenzial*, Anm. 2, S. 92. Eine im Ansatz ähnliche Richtung schlägt auch Verena Barthel mit ihrer Bestimmung des Sympathie-Begriffs und den daraus gezogenen textanalytischen Konsequenzen ein, verzichtet dabei allerdings auf eine wertungstheoretische Fundierung ihres Analysemodells und berücksichtigt von vornherein nur eine Auswahl an potentiell relevanten Textphänomenen (VERENA BARTHEL: *Empathie, Mitleid, Sympathie. Rezeptionslenkende Strukturen mittelalterlicher Texte in Bearbeitungen des Willehalm-Stoffs*, Berlin 2008, insb. Kap. II.1.3–1.4 und II.2). Zur Kritik an den terminologischen, theoretischen und methodischen Grundlagen von Barthels Analysemodell vgl. HILLEBRANDT: *Wirkungspotenzial*, Anm. 2, S. 69f. und FRIEDRICH MICHAEL DIMPEL: *Die Zofe im Fokus. Perspektivierung und Sympathiesteuerung durch Nebenfiguren vom Typus der Confidente in der höfischen Epik des hohen Mittelalters*, Berlin 2011, Kap. 2.2.1.1. Zu den Textphänomenen, denen Dimpel selbst im Rückgriff auf Überlegungen Manfred Pfisters ein sympathiesteuerndes Potential zuschreibt, zählt er zwar auch textuelle Wertphänomene, betrachtet diese allerdings nicht als Basis jeglicher Aussagen über textuelle Sympathiesteuerungsverfahren (vgl. ebd., S. 79f. und ders.: *Tabuisierung und Dunkelheit – Probleme der Sympathiesteuerung in der Melusine Thürings von Ringoltingen*, in: Sympathie und Literatur, Anm. 10, S. 205–235, hier S. 207f. und insb. Anm. 8). Zu Pfisters »Repertoire von Techniken der Sympathielenkung« vgl. MANFRED PFISTER: *Zur Theorie der Sympathielenkung im Drama*, in: *Sympathielenkung in den Dramen Shakespeares – Studien zur publikumsbezogenen Dramaturgie*, hg. von WERNER HABICHT und INA SCHABERT, München 1978, S. 20–34, hier S. 27.

[23] Eine wert- und normtheoretisch informierte Analyseheuristik für Wert- und Normphänomene in Erzähltexten zu liefern und mit Hilfe dieses Instrumentariums das hier ebenfalls nur verkürzt dargestellte Wertungsproblem, das exorbitante Heldenfiguren aufwerfen, genauer in den Blick zu nehmen, sind die zentralen Ziele meiner in Kürze erscheinenden Dissertation: *Deviante Helden? Werte und Normen in Erzähltexten*. Eine stark komprimierte und auf wertungsanalytische Fragen beschränkte Skizze der dort entwickelten Heuristik findet sich in: KATHARINA PRINZ / SIMONE WINKO: *Wie rekonstruiert man Wertungen und Werte in literarischen Texten?*, in: *Handbuch Kanon und Wertung – Theorien, Instanzen, Geschichte*, hg. von GABRIELE RIPPL und SIMONE WINKO, Stuttgart / Weimar 2013, S. 402–407.

Linie sympathiefördernde textuelle Wertphänomene von Interesse sind, werden Normphänomene im Folgenden nicht eigens berücksichtigt.

2. Wie rekonstruiert man textuelle Wertphänomene und Sympathiewirkungspotentiale?

Bei der Analyse von Wertungen, die sich in der Gestaltung eines Textes auf unterschiedliche Weise niederschlagen können, ist zunächst zu fragen, welcher der drei unterschiedenen textuellen Kommunikationsebenen sie angehören: der Figurenebene, der Erzählerebene oder der Ebene, die hier vorläufig als ›Kompositionsebene‹ bezeichnet wurde. Dass es Wertungsphänomene gibt, die mehr als nur einer dieser Ebenen zuzuordnen sind, wie es etwa bei der ›Kontamination‹ wertender Figurenrede durch das evaluative Vokabular des Erzählers der Fall ist,[24] sei damit nicht geleugnet, sondern gerade als zusätzliche Komplikation hervorgehoben. Um solche Phänomene aber überhaupt differenziert beschreiben zu können, sind für jede der drei Ebenen zunächst einmal gesondert eine Reihe von Analysefragen zu stellen. Hier seien nur kurz die übergeordneten Fragen genannt und dabei stets stillschweigend in Rechnung gestellt, dass ihre Beantwortbarkeit nicht nur von den vorliegenden textuellen Informationen abhängt, sondern auch von einschlägigen Kontextinformationen:[25] Um was für eine Art von Wertungsakt handelt es sich jeweils? Wer vollzieht ihn? Auf welches Objekt bezieht sich die Wertung? Welche Werte werden dem Objekt zugeschrieben? Welche Wertmaßstäbe liegen dieser Wertzuschreibung zugrunde?

Da Wertmaßstäbe oftmals nicht explizit genannt werden, stellt ihre Rekonstruktion die größte interpretatorische Herausforderung dieses elementaren Analyseschritts dar. Was er leistet, ist die systematische Beschreibung ›atomarer‹ Wertungsakte. Darauf aufbauend ist dann zu klären, in welchem Verhältnis die einzelnen analysierten Wertphänomene zueinander stehen: Werden im Text eine oder mehrere Werteordnungen aufgebaut, sind sie stabil oder wandeln sie sich im Verlauf der Erzählung und was lässt sich über das Verhältnis dieser Werteordnungen zueinander sagen? Um dies zu ermitteln, müssen die Relationen zwischen den

---

[24] Vgl. dazu WOLF SCHMID: *Elemente der Narratologie*, Berlin / New York ²2008, Kap. IV.3, wo nebenbei auch der Ausdruck ›Kontamination‹ fällt (ebd., S. 224).

[25] Zu solchen Kontextinformationen gehören nicht zuletzt Regeln derjenigen Sprache, in der der Text verfasst ist, Gattungskonventionen, stoffliche Vorgaben, Gepflogenheiten der literarischen Kommunikation usw., denen jeweils bestimmte Wertungen bereits eingeschrieben sind. Da ein konkreter Text nie alle diese Wertungen ›überschreiben‹ kann, geht in ihn immer auch eine ganze Reihe unverfügbarer kontextueller Wertungsvorgaben ein, wofür etwa der Burgundenuntergang im *Nibelungenlied* ein Beispiel liefert (dazu unten mehr).

Wertphänomenen sowohl auf ein und derselben Textebene als auch auf verschiedenen Textebenen untereinander berücksichtigt werden. Hat man die Relationen der Wertphänomene auf diese Weise bestimmt, können dann begründete Aussagen beispielsweise darüber gemacht werden, ob einzelne Wertungen einer Figur valide sind, ob wir es mit einem axiologisch zuverlässigen oder unzuverlässigen Erzähler zu tun haben und welche Art von wertender Einstellung zum Erzählten dem Rezipienten durch die evaluativen Textinformationen ebenso wie die Art ihrer Vergabe nahegelegt wird.[26]

Gegenwärtig interessiert ja vor allem ein spezieller Fall solcher wertenden Einstellungen, die ein Text beim Rezipienten hervorzurufen vermag, nämlich Sympathie mit Figuren. Um deren textuelle Basis zu ermitteln, muss sich die Wertungsanalyse, wie schon gesagt, zunächst auf figurenbezogene Informationen auf den verschiedenen ›Textebenen‹ konzentrieren.[27] Unter diesen Informationen sind wiederum diejenigen maßgeblich, die zwei Bedingungen erfüllen: Sie müssen erstens jene Hinsichten betreffen, die als relevant für die Ausbildung von Sympathie ermittelt wurden. Als solche ließen sich identifizieren: primär Verhaltensweisen, Handlungsziele, Einstellungen, emotionale Dispositionen und Charaktereigenschaften, sekundär auch das äußere Erscheinungsbild einer realen Person oder literarischen Figur. Zweitens müssen die entsprechenden Figurenmerkmale in den Augen des Rezipienten positiv bewertbar sein. Den vorangegangenen terminologischen Erörterungen zufolge läuft diese Bedingung letztlich darauf hinaus, dass der Rezipient seine Wertmaßstäbe von der Figur erfüllt sehen und ihr unterstellen können muss, dass sie sich (zumindest in einem relevanten Umfang) an den gleichen oder ähnlichen Wertmaßstäben wie er selbst orientiert. Entsprechend zu den unterschiedlichen Hinsichten, unter denen Personen oder Figuren als sympathisch erscheinen können, sind hier potentiell auch ganz unterschiedliche Wertmaßstäbe einschlägig. Relevant werden können beispielsweise ebenso im weitesten Sinne moralische wie ästhetische Wertmaßstäbe.

[26] Ob sich allerdings textbezogene Wertungsfragen wie diese überhaupt eindeutig beantworten lassen, ist auch von der Komplexität der evaluativen Struktur des jeweiligen Textes abhängig. So wird die Antwort umso weniger eindeutig ausfallen, je größer, heterogener und instabiler die Menge der sich im Text niederschlagenden Wertmaßstäbe ist, je weiter sich diese von kulturell konsensfähigen Wertmaßstäben entfernen und je mehr Unvereinbarkeiten zwischen den Wertungen auf ein und derselben ›Textebene‹ sowie den ›Textebenen‹ untereinander bestehen. Welche evaluative Textinformation in welchem Maße Relevanz besitzt, lässt sich jedenfalls nicht prinzipiell, sondern nur mit Blick auf den konkreten Text und das Geflecht seiner Wertphänomene bestimmen.

[27] Dass die sympathieförderlichen textuellen Figureninformationen entsprechend zu den textuellen Wertphänomenen ein komplexes Geflecht bilden und ihre Relevanz nur vor diesem Hintergrund einzuschätzen ist, macht auch DIMPEL: *Zofe*, Anm. 22, bes. S. 92f., 98–100 und 116–118, deutlich.

Welche der textuellen Wertmaßstäbe nun aber auch vom Textadressaten geteilt werden, lässt sich nur dann mit Gewissheit sagen, wenn man über entsprechende Rezeptionszeugnisse verfügt. Je weniger wir von den Rahmenbedingungen der Kommunikation zwischen Textproduzenten und Textadressaten wissen, desto unsicherer werden die Aussagen über geteilte Wertmaßstäbe.

Das ist der eine Grund dafür, dass elementare moralische Wertmaßstäbe besondere Relevanz bei der Einschätzung des Sympathiewirkungspotentials einer Figur haben. Denn bei diesen Maßstäben kann man mit einem hohen Zustimmungs- und Verbreitungsgrad unter den primären Adressaten rechnen. Der zweite Grund für die besondere Einschlägigkeit moralischer Wertmaßstäbe liegt darin, dass Sympathie der Tendenz nach von einer gewissen Dauer ist: Eine solche Einstellung wird ein Rezipient höchstwahrscheinlich nur dann zu einer Figur ausbilden, wenn sie nicht zu gravierend und zu häufig gegen diese Wertmaßstäbe verstößt oder aber, wie Friedrich Michael Dimpel herausgearbeitet hat, wenn ein solcher Verstoß entschuldbar erscheint.[28] Gerade dieser letzte Punkt, dass Rezipienten vom Text auch dazu veranlasst werden können, gewisse Diskrepanzen zwischen den eigenen Wertmaßstäben und denen der Figur zu tolerieren, weist noch einmal nachdrücklich darauf hin, dass es einer sorgfältigen Analyse der Verhältnisse bedarf, in denen die relevanten textuellen Wertphänomene zueinander stehen. Ihre Gewichtung spielt für *jede* Wertungsanalyse eine zentrale Rolle.[29] Eine Wertungsanalyse mit Fokus auf Sympathiewirkungspotentiale weist darüber hinaus noch eine weitere Besonderheit auf, die es hier zu berücksichtigen gilt:

Nicht zuletzt weil es sich bei Sympathie um eine tendenziell längerfristige Einstellung handelt, die sich intensivieren, abschwächen oder ins Gegenteil verkehren kann, ist für die potentielle Sympathiewirkung einer Figur nicht nur entscheidend, wie oft der Text welche Art von wertender Information über sie vergibt, sondern vor allem auch wann. In diesem Zusammenhang spricht Dimpel von ›Protagonistenbonus‹ auf der einen Seite sowie ›*primacy*‹ und ›*recency effect*‹ auf der anderen.[30] Hierauf wird im Rahmen der Analyse des *Nibelungenlieds* noch zurückzukommen sein. Zuvor soll aber in einer Art Zwischenfazit festgehalten werden, welche Konsequenzen sich aus dem Entwickelten für die Frage nach der Rekonstruierbarkeit von Sympathiewirkungspotentialen einer Figur ergeben.

---

[28] Hinweise auf Textphänomene mit einer entsprechenden ›Entlastungsfunktion‹ für die betreffende Figur gibt Dimpel in: *Zofe*, Anm. 22, S. 97f., 103 und 111.

[29] Vgl. dazu auch Hillebrandt: *Wirkungspotenzial*, Anm. 2, S. 97–102. Allgemeinere Überlegungen zu dem Problem der Gewichtung einzelner Sympathiesteuerungsverfahren finden sich bei Dimpel: *Zofe*, Anm. 22, S. 92f., 116–118, und zusammenfassend in Dimpel: *Tabuisierung*, Anm. 22, S. 208f.

[30] Vgl. Dimpel: *Zofe*, Anm. 22, S. 95–98 und 116f.; zum *primacy effect* schon Barthel: *Empathie*, Anm. 22, S. 67.

3. Systematische Fragen zur Rekonstruktion textueller
   Sympathiewirkungspotentiale

In terminologischer Hinsicht erweist sich die Frage nach Sympathiewirkungspotentialen von Figuren, wenn man sie mit Blick auf mittelalterliche Untersuchungsgegenstände stellt, aus dem Grund als problematisch, dass sich unser heutiger Sympathie-Begriff erst im Laufe der (Frühen) Neuzeit herausbildet. Ob *der Sache nach* mit einer positiv wertenden emotionalen Einstellung derselben oder zumindest ähnlicher Art auch bei mittelalterlichen Rezipienten zu rechnen ist, können wir nicht mit Gewissheit sagen. Der Eindruck, es ›stimme irgendetwas nicht‹ mit der Anwendung des Sympathie-Begriffs auf mittelalterliche Texte, wird sich somit nie gänzlich beheben lassen.

Das wäre allerdings ohne weiteres in Kauf zu nehmen, wenn man den Sympathie-Begriff in der Weise einführte, dass er nichts anderes bezeichnen soll als eine positiv wertende emotionale Einstellung zu einer Person oder Figur. Denn es scheint wenig wahrscheinlich, dass nicht auch mittelalterliche Texte ihre Adressaten dazu veranlasst haben sollten, eine solche Einstellung zu ihren Figuren auszubilden.

Jedoch, und damit kommt die sachliche Seite des Problems in den Blick, den Sympathie-Begriff auf diese Weise zu bestimmen, hieße m. E., ihn gerade hinsichtlich dessen *unter*bestimmt zu lassen, was für unseren üblichen Begriffsgebrauch eine wichtige Rolle spielt. Voraussetzung unserer alltagssprachlichen Anwendung des Sympathie-Begriffs dürfte nämlich sein, dass die so bezeichnete positiv wertende emotionale Einstellung einhergeht mit einer subjektiven Gefallenswertung und dass dieser Gefallenswertung die Unterstellung des Sympathisierenden zugrunde liegt, der Auslöser seiner Sympathie sei ihm insofern ähnlich, als ihre Wertmaßstäbe in einem relevanten Umfang übereinstimmen.

Genau dieser Aspekt der Sympathie-Reaktion lässt sich aber auf der Basis einer bloßen Textanalyse kaum einholen.[31] Denn im Text positiv bewertet werden kann eine Figur auf der Basis vieler verschiedener Wertmaßstäbe. Begründete Annahmen aber über eine Wertmaßstabsübereinstimmung zwischen Figur und Rezipient lassen sich dann, wenn man nicht über aussagekräftige Rezeptionszeugnisse verfügt, nur für einen Teil dieser Wertmaßstäbe aufstellen, und zwar für diejenigen, bei denen

---

[31] Aus diesem Grund macht Hillebrandt bei ihrer Bestimmung des Sympathie-Begriffs und des Gegenstands einer textanalytischen Rekonstruktion von Sympathiewirkungspotentialen weder vom Begriff der Ähnlichkeit / Übereinstimmung noch dem der rezipientenseitigen Gefallenswertung Gebrauch (vgl. HILLEBRANDT: *Wirkungspotenzial*, Anm. 2, S. 90, 102). Das Ziel der Textanalyse könne somit nur darin bestehen, »begründete Annahmen darüber [aufzustellen], welche Emotionen [auf Seiten des Rezipienten] eher zu erwarten und welche eher auszuschließen sind – vor allem im Hinblick auf die positive oder negative Dimension der postulierten emotionalen Reaktion« (ebd., S. 103).

man mit größtmöglicher Zustimmung, wenn nicht gar Verbreitung unter den Textadressaten rechnen kann.

Sicherlich handelt es sich dabei um Wertmaßstäbe, von denen man glauben muss, dass sie von einer Figur erfüllt und auch geteilt werden, um diese Figur überhaupt sympathisch finden zu können.[32] Aber Sympathie als eine emotionale Einstellung, die wesentlich in gefühlsbasierten Gefallenswertungen gründet, umfasst mehr als das. Und dieses ›Mehr‹ ist es, was Sympathie von anderen positiv wertenden emotionalen Einstellungen zu Personen oder Figuren unterscheidet, die ebenfalls auf kollektiv geteilten Wertmaßstäben beruhen – man denke etwa an Hochachtung, Bewunderung oder auch Formen der Liebe. Nur dann, wenn diese Differenzierungsmöglichkeit beim textanalytischen Gebrauch des Sympathie-Begriffs nicht abhanden kommt, kann er m. E. als leistungsfähige Analysekategorie gelten.

Das damit aufgeworfene grundsätzliche Problem stellt sich bei Texten unterschiedlicher Zeiten und von unterschiedlicher Gattungszugehörigkeit mit Sicherheit nicht immer in der gleichen Weise. Stets verschärft es sich aber umso mehr, je weniger wir über die Textproduzenten, die Textrezipienten und die Bedingungen ihrer Kommunikation wissen. Denn in gleichem Maße nehmen ja auch unsere Kenntnisse darüber ab, hinsichtlich welcher Wertmaßstäbe von einer potentiellen Übereinstimmung zwischen Figur und Rezipient auszugehen ist. Sind es am Ende hauptsächlich kulturell weithin anerkannte und verbreitete Wertmaßstäbe, über die sich einigermaßen zuverlässige Vermutungen anstellen lassen, dann scheint man damit wichtige Voraussetzungen einer spezifisch sympathischen Rezipientenreaktion aus dem Blick verloren zu haben. An diesem Punkt wäre es dann wohl besser, nur noch von potentiellen Wertmaßstabsübereinstimmungen zu reden und von dem positiven emotionalen Effekt, den die Unterstellung einer solchen Übereinstimmung haben kann.

Was schließlich konkret den Fall des *Nibelungenlieds* und die Frage anbelangt, inwiefern dessen Heldenfiguren potentiell eine Sympathie-Reaktion beim Rezipienten ausgelöst haben könnten, so wird sich die nachfolgende Textanalyse mit diesem Problem beschäftigen. Vorweg sei nur angemerkt, dass wir es hier zum einen bekanntlich mit einem guten Beispiel für einen Text zu tun haben, über dessen Entstehungs- und Rezeptionsbedingungen wir denkbar schlecht informiert sind. Bei der Textanalyse soll deshalb bevorzugt von figurenbezogenen textuellen Positivwertungen die Rede sein, während Vermutungen über die potentielle Sympathiewir-

---

[32] Mit Blick auf figurenbezogene textuelle Wertungen, denen solche Wertmaßstäbe zugrunde liegen, lässt sich dann zumindest auch von ›potentiell sympathielenkenden Faktoren‹ sprechen, vgl. KATHARINA PRINZ / SIMONE WINKO: *Sympathielenkung und textinterne Wertungen – Überlegungen zu ihrer Untersuchung und exemplarische Analyse der Figur des ›unglücklichen Mordgehilfen‹ Olivier Brusson*, in: Sympathie und Literatur, Anm. 10, S. 99–127, hier S. 105.

kung dieser Figuren nur zurückhaltend und unter dem Vorbehalt ihres spekulativen Charakters angestellt werden. Letzteres dürfte zum anderen schon deshalb ratsam sein, weil die Gestaltungsweise der nibelungischen Figuren mögliche Sympathie-Reaktionen des Rezipienten eher zu behindern als zu begünstigen scheint. Denn zum einen sind die Handlungsweisen der Figuren primär den Erfordernissen des *plots* geschuldet; Einstellungen, emotionale Dispositionen oder Charakterzüge und damit zentrale Faktoren der Genese dessen, was man heute unter Sympathie versteht, spielen im *Nibelungenlied*, wenn überhaupt, eine marginale Rolle. Vom *plot* vorgesehen und den Rezipienten von vornherein bekannt ist aber zum anderen, dass sich die nibelungischen Helden an (im weitesten Sinne) moralischen Maßstäben gemessen keineswegs tadellos verhalten und schließlich *jæmerliche* zugrunde gehen (NL, 6,4). Für sich betrachtet dürfte auch darin eher ein Sympathiehemmnis zu sehen sein.

Es sind somit nicht nur gattungstypische Merkmale der Figurengestaltung im *Nibelungenlied*, die eine rezipientenseitige Sympathie- (oder Antipathie-)Reaktion in einem uns geläufigen Sinne kaum begünstigen dürften. Darüber hinaus scheinen Vorgaben des Stoffes sogar positiv wertenden Einstellungen jedweder Art entgegenzuwirken, die Rezipienten den nibelungischen Heldenfiguren gegenüber ausbilden könnten. Beidem steht jedoch ein dritter auffälliger Befund der textuellen Wertungsanalyse gegenüber, an dem nun die genauere Untersuchung des *Nibelungenlieds* ansetzen soll.[33]

4. Der exorbitante Held des *Nibelungenlieds* und das Problem seiner textinternen Bewertung

Wenn man zunächst den Anfang und das Ende des Epos betrachtet und davon ausgehen darf, dass wertende Figureninformationen, die an diesen beiden Textpositionen vergeben werden, von besonderem Gewicht sind (*primacy / recency effect*), dann ist man hier wie dort mit expliziten Wertungen konfrontiert, die den Burgunden ein Höchstmaß an Anerkennung zuteilwerden lassen. Ganz abgesehen von jenen Positivwertungen, die den Wertungsaspekt nicht genauer spezifizieren und den Burgunden pauschal *êre*, *lop* und *prîs* zuerkennen,[34] sind es neben der hohen Geburt und ei-

---

[33] Was die folgende Analyse nur skizzieren kann, wird auf der Basis einer breiteren Auseinandersetzung mit dem Typus des exorbitanten Helden unter wert- und normtheoretischer sowie devianzsoziologischer Perspektive ausführlicher behandelt in: PRINZ: *Deviante Helden?*, Anm. 23.

[34] Um hier nur einige Beispiele expliziter Erzählerwertungen vom Anfang und Ende des Textes anzuführen: NL, 4,2f.; 5,2; 6,3; 8,3; 10,1; 11,4; 12,2; 13,1 und 2085,2; 2124,4; 2135,1; 2210,4; 2225,1f.; 2365,2/4.

ner ihr entsprechenden Machtstellung vor allem Wertprädikate im Umfeld von *starc* und *küene*, über die der Erzähler die burgundischen Könige und ihr Gefolge charakterisiert.[35] Die Zuverlässigkeit und damit die Validität der Aussagen des Erzählers stehen dabei außer jedem Zweifel, spricht er doch mit der Autorität desjenigen, der wiedergibt, was man seit jeher weiß. Sich seiner positiven Bewertung der Burgunden anzuschließen, wird dem Rezipienten zusätzlich dadurch erleichtert, dass nicht nur um 1200 von einem breiten kulturellen Konsens über die Wertmaßstäbe auszugehen ist, die den angeführten Wertungen zugrunde liegen. Den *primacy* und *recency effect* einkalkuliert, dürften somit gute Gründe dafür sprechen, mit einer stark durch Textanfang und Textende geprägten positiv wertenden Einstellung des Rezipienten zu den Burgunden zu rechnen. Insofern lässt sich an dieser Stelle auch von einer Sympathielenkung zugunsten dieser Figuren sprechen, wenn damit nur gemeint sein soll, dass die Art und Weise der textuellen Informationsvergabe günstige Bedingungen für rezipientenseitige emotionale Reaktionen der Art schafft, die man heutzutage als ›Sympathie‹ bezeichnen würde.

Doch in welchem Verhältnis steht diese betont positive textinterne Bewertung der Burgunden zu jenen ebenfalls gewichtigen Negativwertungen, wie sie einerseits der Erzähler explizit formuliert, wenn er die Burgunden als Mörder Siegfrieds verurteilt (vgl. NL, 876,1–3; 906,2f.; 915,4; 988,3f. u. ö.), und wie sie andererseits das katastrophale Ende impliziert, das sich angesichts der Mittäterschaft der Burgunden kaum nach dem Muster eines unverschuldeten Unglücks deuten und bewerten lässt?[36]

---

[35] Besonders prägnant sind hier folgende explizite Erzählerwertungen vom Textanfang: *Die herren wâren milte, von arde hôhe erborn, / mit kraft unmâzen küene, die recken ûz erkorn* (NL, 5,1f.). Und: *Die drie künege wâren, als ich gesaget hân, / von vil hôhem ellen. in wâren undertân / ouch die besten recken, von den man hât gesaget, / starc und vil küene, in scarpfen strîten unverzaget* (NL, 8; vgl. auch 3,2; 9,4). Vergleichbare Erzählerwertungen finden sich am Ende des Textes, in denen es um das Verhalten der Burgunden im Kampf an Etzels Hof geht: *dô lebt' ir noch [...] sehs hundert küener man, / daz nie künec deheiner bezzer degene gewan* (NL, 2124,3f.). Und: *sich werten ritterlîchen die recken küene unde hêr* (NL, 2128,4; vgl. auch 2219,4; 2277,3; 2295; 2353,3; 2359).

[36] Eine Deutung des Handlungsverlaufs nach diesem Muster mag zu Beginn des Epos noch Unterstützung darin finden, dass der Erzähler zwar auf den *jæmerlîchen* Tod der Burgunden vorausweist, ihn aber nicht als selbstverschuldet, sondern als Folge von *zweier edelen frouwen nît* bezeichnet (NL, 6,4). Später lässt der Erzähler jedoch keinen Zweifel daran, dass die Burgunden sowohl für die Verursachung als auch den Verlauf der finalen Katastrophe Mitverantwortung tragen. Was andererseits das Muster des Tun-Ergehen-Zusammenhangs anbelangt, das Gert Hübner im Kontext fokalisationstheoretischer Fragen als Element der evaluativen Struktur des höfischen Romans bestimmt (vgl. Gert Hübner: *Erzählform im höfischen Roman – Studien zur Fokalisierung im ›Eneas‹, im ›Iwein‹ und im ›Tristan‹*, Tübingen / Basel 2003, S. 70, 74) und das ebenso wie das Muster des unverschuldeten Unglücks bei Dimpel einen wichtigen Platz »im System der Sympathiesteuerung« zugewiesen bekommt (DIM-

Aufgeworfen ist damit eine Frage, die in der einen oder anderen inhaltlichen Zuspitzung die Nibelungenforschung seit langem beschäftigt. So liegt sie beispielsweise der Diskussion um das Verhältnis, in dem ›Höfisches‹ und ›Heroisches‹ im *Nibelungenlied* zueinander stehen, ebenso zugrunde wie der Kontroverse um die Interpretierbarkeit des Textes.[37] Auf diese spezifischen Fragestellungen näher einzugehen, ist hier nicht der Ort, vielmehr soll es darum gehen, das basale Problem genauer in den Blick zu nehmen, das sich in der ambivalenten textinternen Bewertung der Burgunden niederschlägt und die Intuition nährt, dass die Frage nach der potentiellen Sympathiewirkung der nibelungischen Helden falsch gestellt sei.

Kern des Problems ist das, was den exorbitanten Helden ausmacht: seine Idealität bei gleichzeitiger A-Sozialität. Ist er dank des einen Adressat höchster Wertschätzung, setzt ihn das andere der Kritik und Verurteilung aus. Stets sind beide Wertungsperspektiven auf ihn möglich. Und da beide vom *Nibelungenlied* präsent gehalten werden, resultiert daraus jene Wertungsunsicherheit, die am Anfang dieser Untersuchung stand.

Virulent wird das den Helden betreffende Wertungsproblem überall dort, wo die Heldenfigur die normativen Grenzen einer bestehenden Ordnung sprengt oder zumindest zu überschreiten droht. Narrativ entfaltet findet sich eine solche Konstellation im *Nibelungenlied* erstmals Mitte der dritten Aventiure bei dem vielinterpretierten provozierenden Auftritt Siegfrieds in Worms. Signifikant für den ganzen ersten Teil des Epos ist, wie hier explizite und implizite, positive und negative Wertungen auf allen Textebenen so austariert werden, dass es zu einer wechselseitigen Abhängigkeit und Balance zwischen den Burgunden als sozialer Einheit und dem exorbitanten Einzelnen auch hinsichtlich der auf beide Parteien bezogenen textuellen Positivwertungen kommt und das heldentypische Wertungsproblem dadurch fürs erste entschärft zu sein scheint.

Für die Fragestellung, um die es jetzt geht, ist allerdings weniger der Verlauf als das Ergebnis dieses Wertungsprozesses interessant. Denn er begleitet den Prozess der Indienstnahme Siegfrieds für die Belange des burgundischen Herrschaftsverbands,[38] die es schließlich möglich macht, dass der einzigartige Held zwar allen anderen überlegen bleibt, ihnen aber nicht mehr als Herausforderer gegenüber steht.

---

pel: *Zofe*, Anm. 22, S. 80), so spricht gegen eine auf ihm basierende Deutung des Erzählten die massive Positivwertung, die die Burgunden gerade auch am Ende des Textes erfahren.

[37] Zum einen stellvertretend für viele Ursula Schulze: *Das Nibelungenlied*, Stuttgart 1997; zum anderen insb. Joachim Heinzle: *Gnade für Hagen? Die epische Struktur des Nibelungenliedes und das Dilemma der Interpreten*, in: *Nibelungenlied und Klage – Sage und Geschichte, Struktur und Gattung*. Passauer Nibelungengespräche 1985, hg. von Fritz Peter Knapp, Heidelberg 1987, S. 257–276, sowie die Einleitung in Jan-Dirk Müller: *Spielregeln für den Untergang – Die Welt des Nibelungenliedes*, Tübingen 1998.

[38] Vgl. dazu Jan-Dirk Müller: *Das Nibelungenlied*, Berlin ⁴2015, S. 86–90.

Angefangen bei der *helfe* (NL, 157,2 u. ö.), die Siegfried den Burgunden im Kampf gegen die Sachsen leistet, agiert er nun als ihr *vriwent* (NL, 156,3 u. ö.) und verkörpert dabei eben jene Werteigenschaften in idealer Ausprägung, über die der Erzähler den burgundischen Herrschaftsverband in seinen *hôhen êren* einführend charakterisiert hatte (NL, 13,1): *sô was er ie der beste, swes man dâ began* (NL, 130,2); hinsichtlich *sterke*, *küene* und *lobelicher* Verhaltensweisen *enkund' im gevolgen niemen* (NL, 130,3). Sichtbares Zeichen dieser Idealität und damit ein in seinem Aussagewert nicht zu unterschätzender Bestandteil der figurenbezogenen textuellen Wertungen ist Siegfrieds wiederholt erwähnte große *schœne* (vgl. v. a. NL, 22,3; 286,4; 1011,2; 1026,2; 1063,4). Auf Seiten der übrigen handlungstragenden Figuren, denen diese Eigenschaft (mit Ausnahme Kriemhilds) vergleichsweise selten zugeschrieben wird, entsprechen dieser *schœne* positiv wertende Reaktionen auf ihren Träger, die dem ähnlich zu sein scheinen, was wir ›Sympathie‹ nennen: *den gast man sît vil gerne dâ zen Burgonden sach* (NL, 128,4, vgl. auch 129,4 und die Hinweise auf neigungsbasierte Figurenreaktionen im Kontext der Einführung Siegfrieds: NL, 22,4; 24,2/4; 25,4; 30,3; 40,4).

Keiner anderen Figur wird im Verlauf des gesamten Textes eine so große Zahl an Werteigenschaften so häufig zugeordnet wie Siegfried allein in der ersten Texthälfte. Mit größerem Nachdruck kann man wohl kaum eine Figur als die allen anderen überlegene exponieren und sie damit einer günstigen Aufnahme durch das Publikum empfehlen. Zugleich aber vollzieht sich diese Positivwertung Siegfrieds primär unter dem Gesichtspunkt des kollektiven Besten für die Burgunden: Es geschieht ja im Dienst an ihnen, wenn Siegfried seine hervorragenden Eigenschaften und Fähigkeiten im Sachsenkampf und bei der Werbung Brünhilds unter Beweis stellt. Und *ie der beste* ist er, wie gesehen, gerade hinsichtlich derjenigen Qualitäten, die der Erzähler als die zentralen Werte der erzählten Welt von Worms eingeführt hatte. Sie sind es schließlich auch, von denen die Figuren bei selbst- und fremdbezogenen Wertungen Gebrauch machen. So quittiert etwa Gunther Hagens Erzählung von Siegfrieds Jugendtaten sowohl verbal als auch gestisch mit einem Ausdruck der Anerkennung Siegfrieds:

> ›*er ist edel unde küene, daz hân ich wol vernomen.*
> *des sol ouch er geniezen in Burgonden lant.*‹
> *dô gie der herre Gunther, dâ er Sîvriden vant.*
>
> *Der wirt und sîne recken enpfiengen sô den gast,*
> *daz in an ir zühten vil wênec iht gebrast.* (NL, 104,2–105,2)

Doch eben die *küene* Siegfrieds, die hier neben der adeligen Geburt als Grund für seinen wertschätzenden Empfang in Worms angeführt wird, droht sich anschließend gegen die Ehrerweisenden selbst zu wenden, als Siegfried Gunther zum

Zweikampf herausfordert (vgl. NL, 110, 113f.). Zwar wird diese Herausforderung von den Burgunden als *unverdienet*, *übermüete* und sanktionswürdig bewertet (vgl. NL, 112, 116f.), hindert aber Gernot nicht daran, einen Vergeltungsakt zu unterbinden, um Siegfried *ze friwende* zu gewinnen, was den Burgunden ihm zufolge *lobelîcher stât* (NL, 120,4). Hierin schlägt sich implizit wiederum eine Anerkennungswertung nieder, die nicht zuletzt gerade jenen Qualitäten Siegfrieds gilt, die den Konflikt erst haben entstehen lassen. Sobald dieser Konflikt gelöst ist, steht der ehemalige Kontrahent nicht zuletzt dank seines *ellen*[*s*] im Zentrum allgemeiner Anerkennung:

> Man bôt im michel êre dar nâch ze manegen tagen,
> tûsent stunden mêre, dann' ich iu kan gesagen.
> daz het versolt sîn ellen, ir sult gelouben daz.
> in sach vil lützel iemen, der im wære gehaz. (NL, 129)

Wie sich insbesondere an diesen in der dritten Aventiure auftretenden Ambivalenzen in den wertenden Bezugnahmen auf Siegfried ablesen lässt, sind es somit letztlich die in Worms geltenden Wertmaßstäbe, die als die maßgeblichen für die Bewertung des Erzählten etabliert werden. Und es ist die burgundische Sache, die auf der Ebene des Handlungsverlaufs dadurch privilegiert wird, dass sich die Burgunden den *besten* von allen haben dienstbar machen können. Weniger offensichtlich als im Falle der auf Siegfried bezogenen expliziten Positivwertungen, aber ebenso effektiv dürfte auf diese Weise eine Solidarisierung des Rezipienten mit den Burgunden begünstigt werden.

Das damit hergestellte Gleichgewicht zwischen den Positivwertungen mit Bezug auf die Gruppe der Burgunden und mit Bezug auf den herausragenden Einzelnen ist allerdings fragil: Am empfindlichsten gestört erscheint es bekanntlich ab dem Moment, wo führende Mitglieder des burgundischen Herrschaftsverbands den Mord ausgerechnet an jener Figur betreiben, die die kollektiven Wertmaßstäbe in einem Höchstmaß erfüllt. Denkbare Optionen, das Mordopfer selbst zu belasten und im Gegenzug Entlastungsmomente für die Täter geltend zu machen, nutzt der Text gerade nicht. Vielmehr wird Siegfried sowohl vom Erzähler als auch von am Mordrat beteiligten Figuren ausdrücklich von dem Verdacht befreit, seine Ermordung selbst verschuldet zu haben (vgl. NL, 866,2f.; 868; 869,4). Und ebenso explizit wird die Tat dementsprechend als *starke*[] *untriuwe* bewertet (NL, 876,2; und vgl. 915,4; 916,2), mit der die Burgunden *schande* auf sich laden (NL, 964,4). Das Gleichgewicht der figurenbezogenen Wertungen verschiebt sich somit hin zu einer asymmetrischen Verteilung von dominant positiven Wertungen, die eine Parteinahme des Rezipienten für Siegfried begünstigen, und dominant negativen Wertungen, die

die höchsten Funktionsträger des burgundischen Herrschaftsverbands diskreditieren.

Doch bereits in den vorangegangenen Aventiuren hatte sich das Verhältnis zwischen dem außergewöhnlichen Helden und der ihn aufnehmenden sozialen Einheit auch in Wertungsfragen als keineswegs arm an Spannungen erwiesen: Insofern der Held nämlich dank seiner Überlegenheit dazu disponiert ist, die Normen der sozialen Bezugsgruppe nach Belieben zu überschreiten, geht von ihm permanent eine Bedrohung für diese Gruppe aus. In der Anlage jeder Heldenfigur gibt es somit ein a-soziales Moment, ihre Exorbitanz, die im Falle Siegfrieds zwar weitgehend gebändigt ist, sobald sich die Burgunden ihn verpflichtet haben, stets aber bleibt sie eine potentielle Gefahrenquelle: Einen ersten Hinweis auf dieses Gefahrenpotential gibt Hagens Bericht von den jugendlichen *wunder*-Taten Siegfrieds, die bei seinen Gegnern *starke*[] *vorhte* hervorrufe und die Hagen von ihm als dem *vreisliche*[*n*] *man* sprechen lassen (NL, 95,2; 97,4). Überall, wo es um eine Bewährung im Kampf geht, wird sich diese gefährliche Seite Siegfrieds wieder zeigen, so, wie es zuletzt noch in seiner *tobelichen* Reaktion auf Hagens Mordanschlag geschieht (vgl. NL, 983,1): *het er daz swert enhende, sô wær' ez Hagenen tôt* (NL, 986,3).

Es sind Merkmale wie diese, das Normsprengende, Blindwütige, Furcht- und Schreckenerregende des Verhaltens ebenso wie der Erscheinung des Helden, die exorbitante Heldenfiguren bei all ihren hervorragenden Qualitäten in ein ambivalentes Licht rücken. Im Positiven wie Negativen sprengt der exorbitante Held jedes Maß. Insofern scheint er sich schlecht als Gegenstand einer primär positiv wertenden emotionalen Einstellung wie der Sympathie auf Seiten des Rezipienten zu eignen, entzieht er sich doch in letzter Konsequenz dem bloßen Gefallen und der Unterstellung einer Ähnlichkeit aufgrund übereinstimmender Wertmaßstäbe.

Zweifellos kommt Siegfried dank seiner dominant positiven Charakterisierung einer solchen emotionalen Reaktion des Rezipienten weit entgegen, während die negative Kehrseite seiner Außerordentlichkeit nur punktuell in den Blick gerät. Nicht geradezu umgekehrt, wohl aber signifikant anders verhält es sich demgegenüber bei den auf Hagen bezogenen textinternen Wertungen in der zweiten Hälfte des *Nibelungenlieds*. Wie sich dadurch das Problem der Frage nach der Bewertung exorbitanter Heldenfiguren und nach den daraus resultierenden emotionalen Wirkungspotentialen dieser Figuren noch weiter kompliziert, wird sich im Folgenden zeigen.[39]

---

[39] Wie sich das betrachtete Problem im Detail textuell niederschlägt, zeigt sich auch an Jan-Dirk Müllers Untersuchung der Art und Weise, wie im *Nibelungenlied* der ambivalent wertende Ausdruck ›*übermuot*‹ zur Charakterisierung des Helden und seines bedrohlichen »Überschu[sses] an Kraft« eingesetzt wird (MÜLLER: *Spielregeln*, Anm. 37, S. 237): »Das als *übermuot* qualifizierte Selbstgefühl macht die Qualität des Heros aus, der seine Stärke kennt und sich um die anderen nicht kümmern zu müssen glaubt. So kann das Epitheton *übermüete*

Im ersten Teil des *Nibelungenlieds*, so lautete die These, sind es primär die kollektiv geteilten Maßstäbe der Wormser Welt, die den auf den exorbitanten Helden bezogenen textinternen Wertungen zugrunde liegen und dem Rezipienten eine proburgundische Wertungshaltung vorzeichnen. Unter dieser Bedingung tritt der exorbitante Held nur in dem Maße und so lange als positive Figur in Erscheinung, wie er der sozialen Bezugsgruppe funktional integriert ist. Diese Wertungstendenz, die ab der dritten Aventiure im ersten Textteil dominierte, erfährt nun im zweiten Teil eine Umakzentuierung. Gekoppelt ist sie an eine gewandelte Präferenzsetzung des Erzählers: Denn mit dem Aufbruch der Burgunden fokussiert[40] er seine Erzähltätigkeit immer stärker nicht mehr auf den burgundischen Personenverband als Einheit, sondern auf einzelne seiner Träger. Da diese Figuren zugleich mehr und mehr exorbitante Züge annehmen, sind es schließlich zwar immer noch die Burgunden, jetzt aber als herausragende Einzelne, die im Zentrum der Werteordnung stehen und die Maßstäbe des Wertens vorgeben.[41] Unter dieser veränderten Bedingung wird schließlich das, was vorher die A-Sozialität des Helden ausmachte, nun primär zu etwas Wertsteigerndem, während die funktionale Integration des Helden in die soziale Bezugsgruppe zunehmend an Relevanz zu verlieren scheint.

Eingeleitet wird dieser Prozess dadurch, dass Hagen, den die Königsbrüder unmittelbar zuvor noch mit Missbilligung und Vorwürfen angesichts seiner Rolle beim

---

geradezu der neutralen Charakterisierung eines Kriegers dienen, ohne daß die Situation besonderen Anlaß böte [...]. Gemeint ist oft nicht mehr als Kampfwille und Kampfkraft. [...] *Übermuot* überspielt die Grenze zwischen klugem und törichtem, legitimem und illegitimem, sittlich vertretbarem und rücksichtslos egoistischem Verhalten. Bewertungen sind nicht sicher« (ebd., S. 239 und vgl. S. 239–242).

[40] Der Begriff des Fokussierens, wie er in diesem Zusammenhang verwendet wird, hat durchaus Ähnlichkeiten mit demjenigen, den DIMPEL: *Zofe*, Anm. 22, Kap. 2.1.4 einführt, ist hier aber nicht als *Terminus technicus* zu verstehen.

[41] Der Tendenz nach ähnlich ist das, was Müller über das Verhältnis von Held und sozialer Einheit im zweiten Teil des *Nibelungenlieds* sagt: »Die burgondische Macht, die anfangs als statisch-hierarchische Ordnung vorgestellt wurde, setzt sich in Bewegung, wobei die hierarchischen Strukturen an Bedeutung verlieren. [...] Bei Etzel kommt schon nicht mehr ein herrschaftlich geordneter politischer Verband an, sondern eine Rotte von *ellenden* Kriegern«, die charakteristische Merkmale dessen aufweise, was Gilles Deleuze und Félix Guattari unter dem Begriff der ›Meute‹ beschreiben (MÜLLER: *Spielregeln*, Anm. 37, S. 444). »Die nibelungische Meute hat zwar einen Anführer, aber das ist nicht der König [...]. Leitfigur ist ein ›außergewöhnliches Individuum‹, das, anfangs Randfigur, seine Exzentrizität den anderen aufzwingt. In diesem Fall ist es der durch Mord und Raub stigmatisierte Hagen [...], dessen Außenseiterposition Zug um Zug zu derjenigen aller wird.« In der Konsequenz »zählt in den Schlußepisoden nur noch der einzelne *helt, recke, herre*.« (ebd., S. 445, 186). Ausgehend von ähnlichen Textbeobachtungen zieht ANNETTE GEROK-REITER in *Individualität – Studien zu einem umstrittenen Phänomen mittelhochdeutscher Epik*, Tübingen / Basel 2006, Kap. C.I. dagegen andere Schlüsse.

Hortraub und in der Beratung über Kriemhilds Wiederverheiratung konfrontiert hatten (vgl. NL, 1139,1–3; 1209; 1213; 1462f.), nun in wachsendem Umfang die Verantwortung für das Geschick der Burgunden in seine Hand nimmt. Derjenige, dem in der zweiten Texthälfte der Protagonistenbonus zufällt, ist ein sanktionierter Normbrecher, der unter der Bedingung einer existenziellen Bedrohung der Gemeinschaft zum *trôst der Nibelunge* wird (NL, 1726,4 und vgl. 1526,2). Was ihn dazu qualifiziert, ist aber nicht wie im Falle der vormaligen *helfe* Siegfrieds, dass ihm das Prosperieren der burgundischen Gemeinschaft zu danken wäre. Ein *trôst* ist Hagen den Burgunden, weil er ihnen allen in Rat und Tat vorangeht (vgl. NL, 1526,1) und auf diese Weise Orientierung gibt. Worauf das Handeln aller damit aber ausgerichtet wird, ist, *ir sterben mit vil williger hant* (NL, 2127,4; B: *werlicher*) so zu rächen, dass es ihnen *lobelichen stât* (NL, 1858,4).

Die Alternative, die den Burgunden trotz des ihnen prophezeiten Untergangs noch offen stehen müsste, nämlich entweder unrühmlich zugrunde zu gehen oder dank ihres Verhaltens im Kampf für die auf sie bezogenen Wertungen andere Maßstäbe als die bloße Niederlage im kollektiven Gedächtnis zu verankern, hat in der erzählten Welt tatsächlich keinen Bestand. Denn von Beginn der Erzählung an ist die implizit wertende konzeptionelle Entscheidung, unter welcher Deutungs- und Wertungsperspektive das sagengeschichtliche Faktum des Untergangs zu erzählen ist, bereits zugunsten einer Geschichte gefallen, in der sich die Besiegten gleichwohl als die besten *degene* aller Zeiten erweisen (vgl. NL, 2124,4).

Um das Geschehen aber so erzählen zu können und damit die Tatsache der Niederlage auf spezifische Weise umzuwerten, ist eine gezielte Aufwertung der Burgunden nötig. Und da der einzige Weg, der angesichts des unabänderlichen Endes noch bleibt, um ihren Wert unter Beweis zu stellen, über die Bewährung im Kampf läuft, reduziert sich zusehends auch die Auswahl der ihnen zugeschriebenen Werte im Wesentlichen auf kriegerische Qualitäten: *êre* erkennen Mitfiguren und Erzähler nur noch derjenigen Figur zu, die sich durch *küene*, *degenheit* und ein *ellen* auszeichnet, das sich nach der Zahl der verwundeten und getöteten Gegner bemisst. Allmählich sind somit an Maßstäben der Bewertung von Figurenverhalten primär nur noch jene in Gebrauch, die Hagen seit dem Aufbruch der Burgunden vorgegeben hatte: Was einem im Kampf *lobelichen stât*, d. h. Anerkennungswertungen begründet, ist nämlich, sich nicht *zägelichen* zu *sparn* (vgl. z. B. NL, 2026f.; 2281,2), sondern allen voran den *vianden* entgegenzueilen (vgl. z. B. NL, 2020) und ihnen *diu grœzlichen sêr* zuzufügen (NL, 1969,4; 2135,3 und vgl. auch 1965,2f.; 1968–1971 u. ö.). Wie gesehen, handelt es sich dabei um Wertmaßstäbe, auf die bereits bei der einführenden Charakterisierung der Burgunden rekurriert wurde (vgl. NL, 5; 8). Doch anders als im ersten Teil des *Nibelungenlieds* zählen daneben jetzt kaum noch andere Wertmaßstäbe. Und angewendet werden sie nicht mehr vornehmlich auf die Burgunden als soziale Einheit, sondern zunehmend auf einzelne hervorragende

Krieger des burgundischen ebenso wie des hunnischen Lagers. So heißt es etwa über Dankwart:

> *Dancwart, Hagen bruoder, was ein grimmec man.*
> *swaz er dâ vor hête in strîte getân*
> *den Etzelen recken, daz was gar ein wint.*
> *nu vaht vil tobeliche des küenen Aldriânes kint.* (NL, 2280)

Mit ganz ähnlichen Worten werden aber unmittelbar darauf auch die Kampfleistungen Hildebrands, Wolfharts und Siegestabs gewürdigt, obwohl es burgundische Krieger sind, die ihnen zum Opfer fallen:

> *Dô vaht, alsam er wuote, der alte Hildebrant.*
> *vil der guoten recken vor Wolfhartes hant*
> *mit tôde muosen vallen von swerten in daz bluot.*
> *sus râchen Rüedegêren die recken küene unde guot.*
>
> *Dô vaht der herre Sigestap, als im sin ellen riet.*
> *hey waz er in dem strîte guoter helme verschriet*
> *den sînen vîanden, Dietrîches swester sun!*
> *er enkunde in dem sturme nimmer bezzers niht getuon.* (NL, 2282–2283)

Der Beste ist in diesem Wertungszusammenhang derjenige, der die kriegerischen Wertmaßstäbe im größtmöglichen Umfang erfüllt. Hierin aber übertrifft niemand den exorbitanten Helden, der sich kollektiven Normen nicht zuverlässig unterwerfen lässt: Gerade weil er in besinnungslosem Kampfeszorn und animalischem Kampfeswüten keine *mâze* kennt und jede *zuht* hinter sich lässt, zeitigt er *wunder* – allerdings: *bî ungefüege* (NL, 1936,1).

Das Problem, das die Gleichzeitigkeit positiv wie negativ bewertbarer Charakteristika exorbitanter Heldenfiguren *stets* aufwirft, taucht auch hier wieder auf. Im Vergleich zum ersten Teil des *Nibelungenlieds* hat es sich allerdings insofern zugespitzt, als Prototyp des exorbitanten Helden jetzt nicht mehr die dominant positiv bewertete Figur Siegfried, sondern der *grimme* Hagen ist. Ihm muss man aufgrund seiner Kampftüchtigkeit zwar selbst auf gegnerischer Seite *der êren billîche jehen* (NL, 1797,4), doch weiß man auch, dass er Siegfrieds Schwert *vil übele gewan* (NL, 1798,4). Ja, Hagens Ruhm *gründet* sich geradezu darauf, *daz er von Niderlande Sîfriden sluoc, / sterkest aller recken* […]. *des* nämlich – so die Begründung des Erzählers – *wart michel vrâge ze hove nâch Hagene getân* (NL, 1733,4).

In ambivalenten Figuren-Reaktionen wie diesem Interesse an Hagen manifestiert sich noch einmal jenes grundlegende Wertungsproblem, das der exorbitante Held aufwirft, und zwar in einer Weise, die Aufschluss über das emotionale Wirkungspotential solcher Figuren gibt. Denn einerseits schreibt der Erzähler Hagen implizit eine besondere Anziehungskraft zu, wenn er feststellt, dass viele der Hunnen, die ihn zum ersten Mal sehen, gerne näher mit ihm bekannt wären (vgl. NL, 1761,4). Andererseits aber charakterisiert er Hagen ebenso über spontane Furchtreaktionen, die sein bloßer Anblick bei den Hunnen auslöst: Obwohl schon zum offenen Angriff bereit (vgl. NL, 1766), nehmen die Hunnen von ihrem Vorhaben Abstand, sobald sie direkt mit Hagen konfrontiert sind – *durch vorhte muosen si daz lân* (NL, 1793,4).

Im Unterschied zu Siegfried, dessen Anziehungskraft das Abschreckende seiner Überlegenheit stark in den Hintergrund treten lässt, ist bei Hagen die furchteinflößende Wirkung gerade in den Vordergrund gespielt. Zwar lässt sie keinen Raum für neigungsbasierte emotionale Reaktionen anderer Figuren auf ihn, doch steht das der Ausbildung wohlwollender Wünsche für diese Figur durchaus nicht im Wege, wie insbesondere die Reaktionen Etzels und Hildebrands auf Hagens Ermordung durch Kriemhild zeigen: Obwohl ihnen Hagen kaum schwerere Verluste hätte zufügen können, wird sein Tod von dem einen beklagt und dem anderen an Kriemhild gerächt (vgl. NL, 2373,4–2377,4). Denn es sind ja eben diese Verluste, derentwegen sie ihm zugleich *vient* sind und ihm doch höchste Anerkennung zollen müssen als dem ›*aller beste[n] degen, / der ie kom ze sturme oder ie schilt getruoc*‹ (NL, 2374,2–4).

Diese Worte Etzels, die wirkungsvoll ans Textende platziert und unterstützt von ähnlich lautenden Anerkennungsbezeugungen sowohl Dietrichs als auch des Erzählers die abschließende textinterne Bewertung Hagens prägen, zeichnen auch dem Rezipienten seine wertende Einstellung zu dieser Figur vor: Der *aller beste degen* ist Hagen gerade aufgrund seiner Idealität *und* A-Sozialität. Denn er verkörpert höchste kollektive Werte, der Preis dafür ist aber Normbruch, Leid und Tod in einem beispiellosen Ausmaß.

Das Wertungsangebot, das die auf den exorbitanten Helden bezogenen Textinformationen dem Rezipienten machen, bleibt bis zuletzt ambivalent und fordert damit disambiguierende Deutungs- und Wertungsbemühungen geradezu heraus, wie sie sowohl in Redaktion *C des *Nibelungenlieds* als auch in der *Klage* zu beobachten sind. Wenn man nun abschließend noch einmal nach dem emotionalen Charakter jener wertenden Einstellungen des Rezipienten zum exorbitanten Helden fragt, deren Ausbildung das *Nibelungenlied* in der *AB-Fassung begünstigt, dann dürfte primär weder mit Sympathie- noch mit Antipathie-Reaktionen im oben explizierten alltagssprachlichen Sinne zu rechnen sein.[42] In welche Richtungen man

---

[42] Insofern kann hier auch Nine Miedemas Einschätzung nicht geteilt werden, dass sich der Erzähler des *Nibelungenlieds* »im zweiten Teil [einer] weit überwiegend sympathisierenden Darstellungsweise Hagens« bediene (NINE R. MIEDEMA: *Einführung in das »Nibelungenlied«*, Darmstadt 2011, S. 109).

stattdessen bei der Suche nach einer Antwort gehen könnte, sei abschließend wenigstens angedeutet.

5. Ausblick

Im Blick zurück auf die textintern ambivalent bewerteten Charakteristika exorbitanter Heldenfiguren des *Nibelungenlieds* – auf ihre Idealität und A-Sozialität, ihre Überlegenheit und Maßlosigkeit, ihren Interesse und Furcht erregenden Anblick, ihre Achtung und Schrecken verbreitenden *wunder*-Taten im Kampf – drängt sich insbesondere ein Begriff auf, mit dem man sich den zwiespältigen Wirkungspotentialen von Phänomenen wie diesen nähern kann: der Begriff der Faszination, der oben bereits im Zusammenhang der Charakterisierung des exorbitanten Helden durch Klaus von See gefallen ist. In der hier anvisierten Verwendungsweise des Faszinations-Begriffs weist er ähnlich wie der Begriff der Sympathie zwar eine spezifisch neuzeitliche Prägung auf,[43] doch hat die mediävistische Forschung plausibel machen können, dass das mit ihm Bezeichnete auch vormodernen Texten bekannt ist.[44]

Was aber als charakteristisch für die speziell auf die Erscheinungsqualität des auslösenden Objekts bezogene und insofern ›ästhetisch‹ zu nennende Emotion[45] der Faszination gelten kann, das ist JUTTA EMING u. a. zufolge die Nähe zum Staunen, zu Verwunderung und Bewunderung, das Hervorgehen der Faszination aus »Interesse oder Neugier«, das Anziehende, Bannende und Überwältigende ihrer Wirkung sowie die »Bewertungsambivalenz in der Einstellung gegenüber dem faszinierenden Objekt«.[46] Von hier aus ergeben sich interessante Anknüpfungspunkte etwa zum Begriff des Heiligen bei Rudolf Otto, auf dessen Parallelen zum Begriff des Heldi-

---

[43] Zur Begriffsgeschichte von ›Faszination‹ vgl. z. B. ANDREAS DEGEN: *Concepts of Fascination, from Democritus to Kant*, in: *Journal of the History of Ideas* 73,3 (2012), S. 371–393.

[44] Vgl. dazu insb. MARTIN BAISCH: *Faszination als ästhetische Emotion im höfischen Roman*, in: *Machtvolle Gefühle*, hg. von INGRID KASTEN, Berlin / New York 2010, S. 139–166.

[45] Der Ausdruck ›ästhetische Emotion‹ wird in den zitierten Forschungsbeiträgen somit nicht synonym mit ›Artefakt-Emotion‹ verwendet, vgl. dazu DAVID MIALL / DON KUIKEN: *A feeling for fiction – Becoming what we behold*, in: *Poetics* 30,4 (2002), S. 221–241.

[46] JUTTA EMING: *Faszination und Trauer – Zum Potential ästhetischer Emotionen im mittelalterlichen Roman*, in: *Wie gebannt – Ästhetische Verfahren der affektiven Bindung von Aufmerksamkeit*, hg. von MARTIN BAISCH, ANDREAS DEGEN und JANA LÜDTKE, Freiburg i. B. / Berlin / Wien 2013, S. 235–261, hier S. 241f., 244. Zum Phänomen des Staunens aus mediävistischer Perspektive vgl. auch MIREILLE SCHNYDER: *Überlegungen zu einer Poetik des Staunens im Mittelalter*, in: ebd., S. 95–114.

schen die mediävistische Forschung bereits aufmerksam gemacht hat,[47] oder auch zum Begriff des Erhabenen, mit dem Ästhetiker seit der (Frühen) Neuzeit die von sowohl positiven als auch negativen Gefühlen begleitete Erfahrung von Überwältigendem zu fassen versuchen.[48]

Gemeinsam ist all den angesprochenen Phänomenen, dass die wertende emotionale Reaktion, die sie auslösen, von Ambivalenz geprägt ist und auf einer »Diskrepanzerfahrung« beruht,[49] in der sich das Wertungssubjekt dem Auslöser der Emotion gegenüber tendenziell als unterlegen einschätzt. Beides lässt sich auch an Reaktionen von Figuren des *Nibelungenlieds* festmachen, die sich mit exorbitanten Heldenfiguren konfrontiert sehen. Da eine textbezogene Wertungsanalyse, die nach potentiell sympathiefördernden Figureninformationen fragt, Wertungsphänomene dieser Art nicht deutlich genug in den Blick bekommt, wären Thesen über die emotionalen Wirkungspotentiale exorbitanter Heldenfiguren somit auf der Basis einer erweiterten Untersuchungsperspektive zu formulieren.

---

[47] Vgl. etwa STEPHANIE SEIDL / ANDREAS HAMMER: *Einleitung*, in: *Helden und Heilige – Kulturelle und literarische Integrationsfiguren des europäischen Mittelalters*, hg. von dens., Heidelberg 2010, S. IX–XX, hier S. XIII.

[48] Beide Bezüge stellt auch schon BAISCH: *Faszination*, Anm. 44, S. 147–150, her.

[49] Andreas Degen: *Faszination und Sympathie – Zur Begründung einer Ästhetik der Faszination durch Johann Georg Hamann*, in: *Sympathie und Literatur*, Anm. 10, S. 66–96, hier S. 68. Ähnlich KATJA MELLMANN, die u. a. über dieses Moment Bewunderung von Sympathie abgrenzt: KATJA MELLMANN: *Emotionalisierung – Von der Nebenstundenpoesie zum Buch als Freund. Eine emotionspsychologische Analyse der Literatur der Aufklärungsepoche*, Paderborn 2006, S. 143.

Gert Hübner

Schläue und Urteil. Handlungswissen im Reinhart Fuchs

> Und weil denn ein Fürst imstande sein soll, die Bestie zu spielen, so muß er von dieser den Fuchs und den Löwen annehmen; denn der Löwe entgeht den Schlingen nicht, und der Fuchs kann dem Wolf nicht entgehen. Er muß also ein Fuchs sein, um die Schlingen zu kennen, und ein Löwe, um die Wölfe zu schrecken. [...] Wären alle Menschen gut, so wäre dieser Rat nichts wert; da sie aber nicht viel taugen und ihr Wort gegen dich brechen, so brauchst du es ihnen auch nicht zu halten. [...] Freilich ist es nötig, daß man diese Natur geschickt zu verhehlen versteht und in der Verstellung und Falschheit ein Meister ist. Denn die Menschen sind so einfältig und gehorchen so sehr dem Eindruck des Augenblicks, daß der, welcher sie hintergeht, stets solche findet, die sich betrügen lassen.[1]

MACHIAVELLIS Ansicht, der Fürst müsse über löwenhafte Gewaltbereitschaft und füchsische Schlauheit verfügen können, hat bei den ohnehin schon empörten *Principe*-Kritikern im 16. Jahrhundert – und auch später noch – ein besonders hohes Maß an Empörung provoziert.[2] Der Topos heißt bei ERASMUS *Si leonina pellis non satis est, vulpina addenda* (Wo das Löwenfell nicht ausreicht, muss man den Fuchspelz hinzufügen); Machiavelli hatte ihn wahrscheinlich bei PLUTARCH gefunden.[3] Die Tieranalogie wurde in der Antike auch für den konträren Standpunkt benutzt, so etwa von CICERO in *De officiis*:

---

[1] MACHIAVELLI: *Der Fürst*, aus dem Italienischen von Friedrich von Oppeln-Bronikowski, mit einem Nachwort von Horst Günther, Frankfurt a. M. 1990, S. 87; NICCOLÒ MACHIAVELLI: *Il Principe*, a cura di Raffaele Ruggiero, Milano 2008, S. 163f. »Sendo dunque necessitato uno principe sapere bene usare la bestia, debbe di quelle pigliare la golpe e il lione: perché el lione non si difende da' lacci, la golpe non si difende da' lupi; bisogna adunque essere golpe a conocsere e' lacci, e lione a sbigottire e' lupi [...]. E si li uomini fussino tutti buoni, questo precetto non sarebbe buono: ma perché e' sono tristi e non la osserverebbono a te, tu etiam non l'hai a osservare a loro [...]. Ma è neccessario questa natura saperla bene colorire ed essere gran simulatore e dissimulatore: e sono tanto semplici gli uomini, e tanto ubbidiscono alle necessità presenti, che colui che inganna troverrà sempre chi si lascerà ingannare.«
[2] Vgl. dazu und zum Folgenden MICHAEL STOLLEIS: *Löwe und Fuchs – Eine politische Maxime im Frühabsolutismus*, in: Ders.: *Staat und Staatsräson in der frühen Neuzeit – Studien zur Geschichte des öffentlichen Rechts*, Frankfurt a. M. 1990, S. 21–36.
[3] ÉRASME DE ROTTERDAM: *Les Adages*, sous la direction de JEAN-CHRISTOPHE SALADIN, Vol. III, Paris 2013, S. 240f. (Adagia III,V,81); PLUTARCH: *Große Griechen und Römer*, eingel.

> Wenn aber auf zweierlei Weise, d. h. entweder durch Gewalt oder durch Betrug Ungerechtigkeit geübt wird, scheint Betrug gleichsam dem Fuchs, Gewalt dem Löwen zuzukommen. Beides ist dem Menschen grundfremd, aber Betrug verdient entschiedenere Ablehnung.[4]

Bei AUGUSTINUS bedeutet der Fuchs in den *Enarrationes in Psalmos* den feigen Herrscher, der Löwe ist der furchtlose aus dem Stamme Juda – König David.[5]

Machiavellis Argument für die Notwendigkeit füchsischer Schlauheit und löwenhafter Gewaltanwendung beruht auf seiner Standardbegründung für die Unvermeidbarkeit amoralischen Handelns, dem Axiom, dass die Menschen generell so schlecht sind, dass tugendhaftes Handeln nicht erfolgreich sein kann. An einer anderen Stelle im *Principe* rechtfertigt er amoralisches Handeln in einer schlechten Welt mit dem Naturrecht auf Selbsterhaltung, dem traditionell ersten aller natürlichen Rechte:[6]

> Denn die Art, wie man lebt, ist so verschieden von der Art, wie man leben sollte, dass, wer sich nach dieser richtet statt nach jener, sich eher ins Verderben stürzt, als für seine Erhaltung sorgt; denn ein Mensch, der in allen Dingen nur das Gute tun will, muß unter so vielen, die das Schlechte tun, notwendig zugrunde gehen. Daher muß ein Fürst, der sich behaupten will, imstande sein, schlecht zu handeln, wenn die Notwendigkeit es erfordert.[7]

---

u. übers. von Konrat Ziegler, Bd. 3, Zürich, Stuttgart 1955, S. 14 (über den spartanischen Feldherrn Lysander).

[4] MARCUS TULLIUS CICERO: *De officiis – Vom pflichtgemäßen Handeln, Lateinisch / Deutsch*, übers., komm. u. hg. von HEINZ GUNERMANN, Stuttgart 2007, S. 40f. (I,13,41): »Cum autem duobus modis, id est aut vi aut fraude, fiat iniuria, fraus quasi vulpeculae, vis leonis videtur; utrumque homine alienissimum, sed fraus odio digna maiore.«

[5] *Sancti Aurelii Augustini Enarrationes in Psalmos LI – C*, hg. von D. ELIGIUS DEKKERS O.S.B. u. IOHANNES FRAIPONT, Turnhout 1956 (Corpus Christianorum Series Latina 39), S. 1239 (in Psalmum LXXXVIII, Sermo II,7): »Rex qui neminem hominum timet, ipse uulpes non est; leo ille de tribu Iuda, cui dicitur: Adscendisti recumbens, dormisti sicut leo.« (Ein König, der keinen anderen Menschen fürchtet, ist kein solcher [feiger] Fuchs; der Löwe ist er vom Stamme Juda, von dem gesagt ist: Du bist emporgestiegen um zu ruhen, du hast geschlafen wie ein Löwe [1 Mose 49,9]).

[6] Vgl. beispielsweise THOMAS VON AQUIN: *Das Gesetz*, kommentiert von Otto Hermann Pesch, Heidelberg u. a. 1977 (Die deutsche Thomas-Ausgabe 13), S. 74f. (STh I–II qu. 94,2).

[7] MACHIAVELLI: *Principe*, Anm. 1, S. 147f. »Perché gli è tanto discosto da come si vive da come si doverrebbe vivere, che colui che lascia quello che si fa, per quello che si doverrebbe fare, impara più presto la ruina che la perservazione sua: perché uno uomo che voglia fare in tutte le parte professione di buono, conviene che ruini in fra tanti che non sono buoni. Onde è necessario, volendosi uno principe mantenere, imparare a potere essere non buono e usarlo e non usarlo secondo la necessità.« Übersetzung von Oppeln-Bronikowski: *Fürst*, Anm. 1, S. 78.

Bevor MACHIAVELLI Fuchs und Löwe als Modelle amoralischen menschlichen Handelns anführt, unterscheidet er Menschen von Tieren allerdings ausgerechnet mit dem Kriterium ordnungsbasierten Handelns:

> Man muß wissen, daß es zwei Arten zu kämpfen gibt, die eine nach Gesetzen, die andere durch Gewalt; die erste ist die Sitte der Menschen, die andere die der Tiere. Da jedoch die erste oft nicht ausreicht, so muss man seine Zuflucht zur zweiten nehmen. Ein Fürst muss daher sowohl den Menschen wie die Bestie zu spielen [*usare*] wissen.[8]

Das anthropologische Bezugskonzept dieser Differenzierung ist unverkennbar das traditionelle tugendethische:[9] Nur Menschen können nach Gesetzen handeln, weil sie im Unterschied zu Tieren einen freien Willen haben, der es erlaubt, Gesetze zu machen und zu befolgen oder zu brechen. Unter dieser Voraussetzung führen Tiere als Modelle menschlichen Handelns auf der menschlichen wie auf der tierischen Seite der Analogie zu einer Komplexion:

Auf der menschlichen Seite impliziert das Axiom der menschlichen Schlechtigkeit, dass der freie Wille nur das Schlechte anstrebt. Das entspricht, auch wenn es im *Principe* nirgendwo expliziert ist, faktisch der augustinischen Deutung der Sündenfallfolgen in der *civitas diaboli*.[10] Machiavelli benutzt das augustinische Axiom allerdings zur Ableitung praktischer Schlussfolgerungen, auf die Augustinus nicht hinauswollte: Wenn tugendhaftes Handeln in einer schlechten Welt unvermeidlich scheitern muss, kann nur amoralisches erfolgreich sein; wenn tugendhaftes Handeln aufgrund der menschlichen Schlechtigkeit nicht zum Handlungserfolg führen kann, kann die soziale Ordnung keine tugendethische sein.

Auf der tierischen Seite von Machiavellis Analogie ist nicht nur die Gewalt des Löwen, sondern ebenso die Schlauheit des Fuchses kein Produkt des vernunftgeleiteten freien Willens, sondern der Tiernatur. Das macht die Analogie brüchig, weil sich die Abhängigkeit der Schlauheit vom Intellekt und damit vom freien Willen auch unter den Voraussetzungen vormoderner Seelenlehren schwer aufheben lässt.

---

[8] MACHIAVELLI: *Principe*, Anm. 1, S. 162: »Dovete adunque sapere come e' sono dua generazioni di combattere: l'uno, con le leggi; l'altro, con la forza. Quel primo è proprio dello uomo; quel secondo, delle bestie. Ma perché el primo molte volte non basta, conviene ricorrere al secondo: partanto a uno principe è necessario sapere bene usare la bestia e lo uomo.« Übersetzung von Oppeln-Bronikowski: *Fürst*, Anm. 1, S. 86.

[9] Vgl. zum Überblick PETER STEMMER u. a.: *Tugend*, in: *Historisches Wörterbuch der Philosophie* 10 (1998), Sp. 1532–1570.

[10] AURELIUS AUGUSTINUS: *Der Gottesstaat – De civitate dei*, hg. u. übers. von CARL JOHANN PERL, 2 Bde., Paderborn u. a. 1979, insbes. S. 850–855 (Verschlechterung der menschlichen Natur als Strafe für den Sündenfall), S. 868–871 und 958–967 (Begehren als Strafe für den Sündenfall), S. 944–951 (Unfreiheit des sich zur Sünde wendenden Willens).

In Machiavellis Argumentation ist das jedoch kein großes Problem, weil es nicht um Füchse, sondern um Menschen geht: Während der Fuchs als Tier nicht anders kann, soll der Fürst als Mensch die bestialische Schlauheit ›gebrauchen‹, also vernunftkontrolliert einsetzen.

Die Frage, ob ein Fürst, dessen instrumentelles Handlungsrepertoire die bestialischen Optionen umfasst, Sympathie erhalten kann, diskutiert Machiavelli in vormoderner Diktion anhand der Frage, »ob es besser sei, geliebt oder gefürchtet zu werden«.[11] Seine Antwort begründet er mit der Interaktionskontrolle:

> Weil die Liebe der Menschen von ihrem Gutdünken, die Furcht aber vom Benehmen des Fürsten abhängt, so muß ein weiser Fürst sich auf das verlassen, was von ihm abhängt, und nicht auf das, was von den anderen abhängt, und nur darauf achten, daß er nicht gehaßt werde.[12]

Darauf folgt wenig später die empörungsträchtigste und deshalb berühmteste aller Machiavelli-Regeln: Tugendhaftigkeit muss, wo immer es möglich ist, simuliert werden.[13] Auch sie basiert auf dem Axiom der menschlichen Schlechtigkeit, unterstellt aber noch ein zweites: Obwohl die Menschen schlecht sind, bewerten sie nur tugendhaftes Handeln als gutes Handeln. Die Welt besteht demnach aus Tugendlosen, die keine Sympathie für Tugendlose haben können.

Machiavellis Herrschaftskonzept beruht auf einem sozio-anthropologischen Modell mit Allgemeinheitsanspruch und lässt sich deshalb relativ leicht von einer Herrschaftslehre zu einem allgemeinen Modell des sozialen Handelns generalisieren. Man braucht dazu nur die Herrschaftssicherung als letztes Ziel allen Handelns durch die Sicherung von praktischer Überlegenheit im Sinn der Handlungsmächtigkeit des Akteurs gegenüber den Co-Akteuren zu ersetzen. Dieses Modell sozialen Handelns lässt sich wiederum ziemlich leicht in ein narratologisches Modell der Darstellung sozialen Handelns übersetzen, das ich im Folgenden – nicht hundertprozentig ernsthaft – als ›augustinisch-machiavellistische Narratologie‹ bezeichne. Die Bezeichnung impliziert die allerdings ernst gemeinte Hypothese, dass Machiavelli kulturelles Praxiswissen begrifflich-diskursiv entfaltete, auf das sich Erzählungen schon seit längerer Zeit bezogen hatten. Der Zusatz ›augustinisch‹

---

[11] MACHIAVELLI: *Principe*, Anm. 1, S. 156f.: »s'e' gli è meglio essere amato che temuto o e converso«; Übersetzung von Oppeln-Bronikowski: *Fürst*, Anm. 1, S. 83.

[12] MACHIAVELLI: *Principe*, Anm. 1, S. 161: »Concludo adunque, tornando allo essere temuto e amato, che, amando li uomini a posta loro e temendo a posta del principe, debbe uno principe savio fondarsi in su quello che è suo, non in su quello ch'è di altri; debbe solamente ingegnarsi di fuggire l'odio, come è detto.« Übersetzung von Oppeln-Bronikowski: *Fürst*, Anm. 1, S. 86.

[13] MACHIAVELLI: *Principe*, Anm. 1, S. 165f.; von Oppeln-Bronikowski: *Fürst*, Anm. 1, S. 88.

akzentuiert die für das Erzählmodell konstitutive, von Machiavelli nicht neu erfundene Unterstellung genereller moralischer Schlechtigkeit.

Die augustinisch-machiavellistische Narratologie könnte ein adäquates Analysemodell für vormoderne Erzählungen sein, in denen amoralisch schlaues Handeln als nicht nur vorübergehend erfolgreich dargestellt wird. Sie müsste sich einerseits für das Handlungswissen interessieren, das in der Handlungsdarstellung aktualisiert ist – für die Frage also, auf welchen Situationsdeutungs- und Handlungsregularitäten das dargestellte schlaue Handeln eigentlich beruht –, und andererseits für den Zusammenhang zwischen der Handlungsdarstellung und der narrativen Urteilslenkung. Nach Machiavellis handlungstheoretischer Axiomatik könnte das narratologische Modell weder die Möglichkeit noch die Notwendigkeit vorsehen, durch Erzählverfahren Sympathie mit amoralisch handelnden schlauen Akteuren zu erzeugen; als möglich und notwendig müsste dagegen vorgesehen sein, dass Schlauheitserzählungen keine Antipathie gegenüber ihnen aufkommen lassen. Die narrativen Verfahrensweisen von Schlauheitserzählungen müssten folglich darauf zielen, keine emotionale Abneigung zu evozieren, die einem instrumentell-rationalen Urteil über schlaues Handeln im Weg stehen könnte. Der für solche Urteile und damit für Schlauheitserzählungen konstitutive Rationalitätsstandard würde auf dem Axiom basieren, dass jeder Einzelne – als Akteur in der Lebenswelt wie in dargestellten Handlungen – selbst tugendlos agiert, andere aber nur mögen kann, wenn sie tugendhaft handeln.

Für die Vermeidung von Antipathie könnte das narratologische Modell aus Machiavellis Handlungstheorie zwei miteinander korrelierte narrative Prinzipien ableiten: Die amoralische Schlauheit des Akteurs muss erstens als vernunftkontrolliert dargestellt und zweitens durch die tugendethische Schlechtigkeit der Co-Akteure, also durch ihre Lasterhaftigkeit, gerechtfertigt werden. Im Zusammenhang mit dem zweiten Prinzip ist für ein historisch adäquates Verständnis von Schlauheitserzählungen die Bewertung von Einfalt entscheidend: Dass Machiavelli in den eingangs zitierten Sätzen von den Einfältigen als allgegenwärtigen Betrugsobjekten spricht, rekurriert auf die traditionelle tugendethische Klassifikation von Einfalt – im Sinn von Leichtgläubigkeit und Unvorsichtigkeit – als Laster, nämlich als Mangel an der Kardinaltugend *prudentia*.[14] Die Unvorsichtigkeit der Einfältigen erlaubt es übrigens, auch die Furcht, die Machiavellis Fürst anstelle von Liebe und Hass verursachen soll, handlungstheoretisch zu generalisieren und ins Narratologische zu wenden: Erzählte amoralische Schlauheit würde zusammen mit dem

---

[14] Leichtgläubigkeit und Unvorsichtigkeit sind tugendethische Laster, weil Umsicht (*circumspectio*) und Vorsicht (*cautio*) Bestandteile der Kardinaltugend *prudentia* sind; vgl. etwa THOMAS VON AQUIN: *Die Liebe (2. Teil) – Klugheit*, kommentiert von Josef Endres CSSR, Heidelberg u. a. 1966 (Die deutsche Thomas-Ausgabe 17B), S. 239–245 und 263–268 (Sth II-II qu. 48,1 und 49,7–8).

instrumentell-rationalen Urteil über die praktische Virtuosität des Akteurs stets auch die Notwendigkeit zur Vorsicht gegenüber praktischer Virtuosität nahelegen; man soll sie erfolgversprechend finden und gerade deshalb fürchten.

Machiavellis Modell des sozialen Handelns ist das Produkt einer Wissensordnung, die Aussagen über die Wirklichkeit aus Begriffen ableitet und in diesem Sinn als eine metaphysische zu gelten hat. Das Axiom der generellen menschlichen Schlechtigkeit belegt Machiavelli mit vielen Beispielerzählungen, aber selbstverständlich nicht mit methodisch kontrolliert erhobenen Daten zur empirischen Validierung einer Hypothese. Vormoderne Schlauheitserzählungen operieren zwar mit Erfahrungswissen, aber dieses Erfahrungswissen ist kein im modernen sozialwissenschaftlichen Sinn empirisches, sondern ein topisches Wahrscheinlichkeitswissen mit exemplifikatorischer Funktion.[15] Schlauheitserzählungen setzen deshalb ein Einverständnis darüber, wie es auf der Welt ›tatsächlich‹ zugeht, immer schon voraus.

Das sozio-anthropologische Modell, auf dem Schlauheitserzählungen beruhen, hat nicht nur Gemeinsamkeiten mit der augustinischen *civitas diaboli*, sondern außerdem eine noch ältere Heimat in der Tradition der Tierfabel. Möglicherweise war es die Verbindung beider Horizonte, durch die der Dichter der *Ecbasis captivi* im Rückgriff auf die äsopische Fabel vom Fuchs, der den kranken Löwen dazu bringt, dem Wolf das Fell abziehen zu lassen, in der Mitte des 11. Jahrhunderts die Konstituierung des eben skizzierten narrativen Modells einleitete. Allerdings stammt die älteste erhaltene lateinische Erzählung, in der ein schlauer menschlicher Akteur seine Selbsterhaltung gegen die Habgier von Mächtigeren bewerkstelligt – der *Unibos* –, wahrscheinlich aus derselben Zeit.[16] Um die Mitte des 12. Jahrhunderts exemplifizierte der lateinische *Ysengrimus* mit Fuchs, Wolf und Löwe die Handlungsmittel Intellekt, physische Stärke und soziale Macht, die von allen Akteuren amoralisch-eigennützig eingesetzt werden. In der altfranzösischen und der mittelhochdeutschen Literatur ging der schlaue Fuchs den schlauen menschlichen Akteuren der Gattungen Fabliau und Märe jeweils voraus: Die ältesten Branchen des *Roman de Renart* stammen wahrscheinlich aus den 1170er Jahren; Jean Bodel war um 1200 produktiv. Der elsässische Heinrich hat seinen *Reinhart Fuchs* um 1200 verfasst; die Stricker-Mären und der *Pfaffe Amis*, der zweimal in unmittelbarer Nachbarschaft mit dem *Reinhart Fuchs* überliefert ist, entstanden im früheren 13. Jahrhundert.

Die europäische Tradition der Schlauheitserzählungen (zu der unter anderem auch allerhand von Boccaccio und Chaucer Verfasstes gehört) reicht bis ins spätere

---

[15] Dass in manchen Geisteswissenschaften gelegentlich mit vormodernen Empiriebegriffen operiert wird, ändert nichts an der wissenstheoretischen Differenz zwischen methodisch kontrolliert erhoben Daten (zur Validierung von Hypothesen) und topischem Erfahrungswissen (zur Exemplifikation von Begriffsimplikationen).

[16] Vgl. dazu VOLKER HONEMANN: *Unibos und Amis*, in: *Kleinere Erzählformen im Mittelalter*, hg. von KLAUS GRUBMÜLLER u. a., Paderborn u. a. 1988, S. 67–82.

16. Jahrhundert. Selbstverständlich will ich nicht behaupten, dass alle diese Erzählungen auf genau dieselbe Weise konstruiert sind oder genau dieselben narrativen Verfahren einsetzen, so dass das augustinisch-machiavellistische Modell im gesamten Zeitraum unverändert geblieben wäre; behaupten will ich nur Traditionszusammenhänge innerhalb literarischer Reihen, die durch das fortgesetzte Durchspielen dieses Modells konstituiert werden. Der Fuchs, der den Traditionsbildungsprozess zusammen mit dem *Unibos* initiierte, blieb stets einer seiner prominentesten Akteure und hat noch den Niedergang der Schlauheitserzählungen überlebt.[17] In Bedrängnis gerieten sie offenbar nicht schon durch die Reformation als solche (viele Schwankerzählungen von Hans Sachs beispielsweise gehören noch in den Zusammenhang), sondern erst durch die Konvergenzen von Reformation respektive katholischer Reform und Neustoizismus. Das liegt möglicherweise daran, dass der Neustoizismus mit seiner Pflichtethik, die die Begründung tugendhaften Handelns vom Handlungserfolg ablöste, auch jenes Handlungsmodell zunehmend obsolet machte, auf das Schlauheitserzählungen stets kontrastiv bezogen gewesen waren.

Denn neben den Erzählungen vom Erfolg amoralisch schlauen Handelns gab es in den genannten Jahrhunderten Erzählungen, in denen tugendhaftes Handeln zumindest langfristig erfolgreich und lasterhaftes zumindest langfristig erfolglos ist. Sie beruhen auf dem sozio-anthropologischen Modell der aristotelisch-thomistischen Tugendethik, für das der Kausalzusammenhang zwischen moralisch gutem Handeln und langfristigem Handlungserfolg konstitutiv war. Das ›Gute‹ konnte dabei je nach Erzählung moraltheologisch oder aristokratisch-höfisch (positive Bewertung von Reichtum, Ruhm und sexuellem Begehren unter der Bedingung geburtsständischer und tatsächlich praktizierter Vornehmheit) oder mit einer Kombination aus beidem besetzt sein. Auch dieses Modell sozialen Handelns (ein-

---

[17] Vgl. dazu insbes. HANS ROBERT JAUSS: *Untersuchungen zur mittelalterlichen Tierdichtung*, Tübingen 1959; FRITZ PETER KNAPP: *Das lateinische Tierepos*, Darmstadt 1979; SABINE SCHU: *Reinhart, Ysengrimus, Sanguileo & Co – Das europäische Tierepos des Mittelalters und der Frühen Neuzeit*, in: *Europäisches Erbe des Mittelalters – Kulturelle Integration und Sinnvermittlung einst und jetzt –. Ausgewählte Beiträge der Sektion II ›Europäisches Erbe‹ des Deutschen Germanistentages 2010 in Freiburg / Breisgau*, hg. von INA KARG, Göttingen 2011, S. 113–128; FRITZ PETER KNAPP: *Tierepik*, in: *Kleinepik, Tierepik, Allegorie und Wissensliteratur*, hg. von FRITZ PETER KNAPP, Berlin, Boston 2013, S. 193–266; FIDEL RÄDLE: *Der Prozeß gegen den Wolf (›Ysengrimus‹, Buch III)*, in: *Literatur und Recht – Literarische Rechtsfälle von der Antike bis in die Gegenwart*, hg. von ULRICH MÖLK, Göttingen 1996, S. 37–56; SABINE SCHU: *Das Tierepos der Frühen Neuzeit*, in: *Daphnis* 37 (2008), S. 655–688; KENNETH VARTY (Hg.): *Reynard the Fox. Social Engagement and Cultural Metamorphoses in the Beast Epic from the Middle Ages to the Present*, New York, Oxford 2000; JAN GOOSSENS: *Reynke, Reynaert und das europäische Tierepos – Gesammelte Aufsätze*, Münster u. a. 1998; AMAND BERTELOOT u. a. (Hg.): *Reynke de Vos – Lübeck 1498 – Zur Geschichte und Rezeption eines deutsch-niederländischen Bestsellers*, Münster 1998.

schließlich seiner höfischen Variante) lässt sich ziemlich leicht in ein narratologisches übersetzen, das ich – ebenfalls nicht hundertprozentig ernsthaft – im Folgenden als ›aristotelisch-thomistische Narratologie‹ bezeichne. Selbstverständlich müssen Erzähler, die sich auf dieses Modell bezogen, nicht ARISTOTELES oder THOMAS gelesen haben. Tugendethisches Handlungswissen scheint mir historisch allerdings doch vom tugendethischen Diskurs abhängig gewesen zu sein, während das kulturelle Handlungswissen, auf das sich Schlauheitserzählungen bezogen, offenbar erst um 1500 auch begrifflich-diskursiv gefasst wurde.

Die aristotelische Tugendethik beruht auf dem Axiom, dass in einer Gemeinschaft vernünftiger Einzelner nur solches Handeln langfristig erfolgreich sein kann, das ein dauerhaft gutes Leben möglichst vieler Einzelner bewerkstelligt.[18] Tugendhaft ist, was diesem Ziel dient; die Vernunft kann das Tugendhafte erkennen und das Handeln gemäss dieser Erkenntnis anleiten. Die christliche Variante, die Thomas von Aquin im Anschluss an Aristoteles systematisch ausgearbeitet hat, beruht auf der Annahme, dass die Folgen des Sündenfalls die Erkennbarkeit des Tugendhaften und erfolgreichen Handeln gemäß dieser Erkenntnis zwar behindern, aber nicht unmöglich machen.[19] Auch die aristotelisch-thomistische Handlungstheorie ist das Produkt einer metaphysischen Wissensordnung: Sie setzt Wahrscheinlichkeitsannahmen über die Vernünftigkeit sozialen Handelns voraus, die wegen des zugrunde gelegten Vernunftbegriffs nicht überprüfbar sind. Aristoteles selbst hat sich Handlungswissen als topisches Wahrscheinlichkeitswissen vorgestellt, das nicht zuverlässig aus Axiomen abgeleitet werden kann; bei Thomas ist das Handlungsmittelwissen nicht axiomatisierbares Erfahrungswissen.[20]

Während MACHIAVELLIS Axiomatik die Hypothese nahelegt, dass die narrative Urteilslenkung in Erzählungen von amoralischer Schlauheit eher Antipathie gegenüber dem amoralisch schlauen Akteur verhindern als Sympathie mit ihm erzeugen kann, legt das tugendethische Modell eher die Möglichkeit von Sympathieerzeugung durch narrative Urteilslenkung nahe. Solange tugendhafte Akteure tugendhaft und tugendlose tugendlos handeln, ist eine solche Urteilslenkung durch spezielle Verfahrensweisen der narrativen Vermittlung – wie etwa Fokalisierung oder Erzählerwertungen – jedoch nicht unbedingt nötig und deshalb nicht eigenständig funk-

---

[18] Vgl. dazu beispielsweise WOLFGANG KERSTING: *Der einsichtige Staatsmann und der kluge Bürger – Praktische Vernunft bei Platon und Aristoteles*, in: *Klugheit*, hg. von WOLFGANG KERSTING, Weilerswist 2005, S. 15–41.

[19] Vgl. dazu beispielsweise CHRISTOPH HORN: *Klugheit bei Thomas von Aquin*, in: *Klugheit*, hg. von WOLFGANG KERSTING, Weilerswist 2005, S. 42–67.

[20] ARISTOTELES: *Nikomachische Ethik*, nach der Übersetzung von Eugen Rolfes bearbeitet von Günther Bien, Hamburg 1995, S. 133–137 (VI,3–6; 1139b – 1141a); THOMAS VON AQUIN: *Die Liebe (2. Teil). Klugheit*, kommentiert von Josef Endres CSSR, Graz u. a. 1966 (Die deutsche Thomas-Ausgabe 17B), S. 201 (Sth. II–II qu. 47 art. 3 ad 2).

tional. (Narrative Komplikationen lassen sich selbstverständlich auch in solchen Fällen herstellen, insbesondere durch den vorübergehenden Handlungserfolg der Tugendlosen und den vorübergehenden Misserfolg der Tugendhaften). Eine eigenständige Funktion gewinnen derartige Verfahrensweisen erst in der Relation zu bestimmten situativen Konstellationen, etwa solchen, die Gründe für nicht tugendhaftes Handeln eines Akteurs mit tugendhaftem Habitus implizieren. HANS ROBERT JAUSS hat Konstellationen dieser Art, allerdings vor allem an modernem Material, rezeptionsästhetisch als Anlässe zu ›sympathetischer Identifikation‹ – im Unterschied zum einfacheren Fall admirativer – beschrieben;[21] sie lassen sich aber jeweils auch mit (auf historisches Praxiswissen bezogenen) handlungstheoretischen Kategorien explizieren.

Um nicht missverstanden zu werden: Die Antwort auf die Frage, ob es eine aristotelisch-thomistische Sozio-Anthropologie braucht (mit einer stoischen geht es auch), damit es Sympathie geben kann, hängt selbstverständlich einfach davon ab, wie man den Sympathiebegriff konstituiert; das ist aber stets nur eine instrumentelle Sprachregelung. Mir geht es um die Frage, ob der wie auch immer konstituierte Begriff ›Sympathie‹ bei der Applikation auf Erzählungen, die zwischen moralisch mehr und weniger gutem Handeln unterscheiden, dieselbe Bedeutung haben kann wie bei der Applikation auf Erzählungen, die mit einer Differenz zwischen mehr und weniger schlauem amoralischen Handeln operieren, und ich meine, dass eine begriffliche Identifikation den Unterschied eher verstellt.[22]

---

[21] HANS ROBERT JAUSS: *Ästhetische Erfahrung und literarische Hermeneutik*, Frankfurt a. M. 1982, S. 244–277.

[22] In einer Auseinandersetzung mit der These von MICHAEL SCHILLING: *Vulpekuläre Narrativik – Beobachtungen zum Erzählen im ›Reinhart Fuchs‹*, in: ZfdA 118 (1989), S. 108–122, dass die Doppelbödigkeit mancher Erzählerkommentare in Heinrichs Reinhart Fuchs eine Infizierung der narrativen Vermittlungsinstanz mit dem Habitus des Protagonisten indizieren, hat FRIEDRICH MICHAEL DIMPEL: *Füchsische Gerechtigkeit – ›des weste Reinharte niman danc‹*, in: PBB 135 (2013), S. 399–422, eine Analyse der Rezeptionslenkung im Reinhart Fuchs unternommen, die aus meiner Sicht die Konsequenzen einer Projektion des aristotelisch-thomistischen Modells auf eine augustinisch-machiavellistische Erzählung vorführt. »Sympathiesteuerungsverfahren« (S. 410) wären demnach – unter der Voraussetzung einer in den Anfangsepisoden demonstrierten Welt ohne »Gerechtigkeit« und (tugendethischen) »Tun-Ergehen-Zusammenhang« (S. 410) – das »Empathiepotential« von Reinharts »Klugheit«, Raumfilter, Innenweltdarstellung, Protagonistenbonus, Recht auf Selbsterhaltung (S. 403–410), körperliche Überlegenheit sowie Schlechtigkeit und Dummheit des Wolfs (411–416), zudem generell »die Bindung von negativen Figureninformationen an Reinharts Gegner« (S. 419). In einem Kontrast dazu stünden negative Erzählerbewertungen Reinharts nur in den Anfangsepisoden mit den kleineren Tieren (S. 410, 419); danach dienten alle Rezeptionssteuerungsverfahren einem »Versuch, den Rezipienten auf die Fuchsperspektive festzulegen, sie drängen den Rezipienten zu einer positiven Bewertung der Fuchshandlung« (S. 419). Angesichts der zum Ende hin immer deutlicheren Schlechtigkeit Reinharts handle es sich dabei

Im Anschluss an die beiden skizzierten sozio-anthropologischen Handlungsmodelle lassen sich tugendethische Erzählungen und Schlauheitserzählungen als Exemplifikationen zweier Typen kulturellen Handlungswissens verstehen, die in der Zeit zwischen dem 12. und dem 16. Jahrhundert (mit einer Art Sattelzeit im elften) in einem Spannungsverhältnis zueinander standen.[23] Dieses Spannungsverhältnis tritt in Schlauheitserzählungen in zwei hochgradig rekurrenten narrativen Konstruktionen zutage: Erstens konvergiert die Dummheit der Schlauheitserzählungen mit den Lastern der Tugendethik, wenn die Dummen an ihrer Habgier, ihrem Hochmut, ihrem Begehren oder ihrer Einfalt im Sinn von Unvorsichtigkeit und Leichtgläubigkeit scheitern. Zweitens stellen Schlauheitserzählungen – wie auch Machiavelli im *Principe* – das tugendethische Modell gern als soziale Illusion dar: Dumm ist, wer mit der Tugendhaftigkeit seiner Co-Akteure rechnet.[24]

Soweit die methodisch-historischen Voraussetzungen der augustinisch-machiavellistischen Narratologie, durch deren Kategoriensystem ich im Folgenden – angesichts des chronotopischen Budgets nur anhand einiger beispielhafter Handlungskonstellationen und ohne die Berücksichtigung der Vorlagen in *Ysengrimus* und *Roman de Renart* – den mittelhochdeutschen *Reinhart Fuchs* treiben möchte.[25] Im Mittelpunkt stehen dabei die situativen Bestandteile schlauen Handelns, das heißt das aktualisierte Handlungswissen, und die narrative Urteilslenkung.

Die spezifische epistemische Leistungsfähigkeit der Erzähltradition um Fuchs, Wolf und Löwe beruhte in erster Linie darauf, dass sie mit Raubtieren als Hauptak-

---

jedoch um »eine kaum zu ertragende Rezeptionssteuerung«: »Der Rezipient wird in die Aporie geführt, auf die Fuchsperspektive verwiesen zu sein, und doch diese widerwärtige Perspektive, die zugleich auch die Erzählerperspektive ist, nicht übernehmen zu können« (S. 420).

[23] Zur Konzeption einer wissensgeschichtlichen Narratologie vormoderner Handlungsdarstellung vgl. GERT HÜBNER: *Erzählung und praktischer Sinn – Heinrich Wittenwilers ›Ring‹ als Gegenstand einer praxeologischen Narratologie*, in: Poetica 42 (2010), S. 215–242; Ders.: *Eulenspiegel und die historischen Sinnordnungen – Plädoyer für eine praxeologische Narratologie*, in: Literaturwissenschaftliches Jahrbuch 53 (2012), S. 175–206; ders: *Tugend und Habitus – Handlungswissen in exemplarischen Erzählungen*, in: Artium conjunctio – Kulturwissenschaft und Frühneuzeit-Forschung – Aufsätze für Dieter Wuttke, hg. von PETRA SCHÖNER und GERT HÜBNER, Baden-Baden 2013, S. 131–161; Ders.: *Erzähltes Handeln, kulturelles Handlungswissen und ethischer Diskurs. Überlegungen zur Lehrhaftigkeit von Erzählungen*, in: Lehren, Lernen und Bilden in der Literatur des deutschen Mittelalters, hg. von HENRIKE LÄHNEMANN u. a. (im Druck).

[24] Die von SCHILLING: *Narrativik*, Anm. 22, beschriebenen narrativen Vermittlungsverfahren im *Reinhart Fuchs* ließen sich gut als eine spezifische Demonstrationsform für den Kontrast zwischen amoralischer Schlauheit und tugendethischer Vernunft verstehen, den Schlauheitserzählungen zwischen dem 12. und dem 16. Jahrhundert auf die eine oder andere Weise stets vorführen.

[25] HEINRICH DER GLÎCHEZÂRE: *Reinhart Fuchs, Mittelhochdeutsch / Neuhochdeutsch*, hg., übers. u. erläutert von KARL-HEINZ GÖTTERT, Stuttgart 2005.

teuren operiert.²⁶ Die erst von ERASMUS wieder zitierte PLAUTUS-Sentenz *homo homini lupus* war zwar verloren gegangen;²⁷ weit verbreitet war jedoch das Sprichwort, dass der Mensch mehr zu fürchten sei als alle Tiere (*homo plus est timendus prae omnibus animalibus*).²⁸ Wenn die karnivorische Ernährung Reinharts Handlungsziel ist, spielt er keinen Fuchs im Sinn von Machiavellis ›benutzen‹, weil er nicht zum Vegetarier werden kann; seine menschliche Freiheit besteht hier nur im vernunftkontrollierten Einsatz der Handlungsmittel. Das Handlungsziel kann unter der Voraussetzung der Tiernatur kein Gegenstand eines moralischen Urteils sein; bei der Übertragung aufs Menschliche fällt es unter das Naturrecht auf Selbsterhaltung.

Das Urteil über Reinharts schlaues Handeln wird beim Handlungsziel Ernährung vor allem durch die Konstruktion des Wolfs als Co-Akteur gelenkt: Weil der Wolf körperlich stärker ist, kann Reinhart nur durch intellektuelle Überlegenheit für seine Selbsterhaltung sorgen. Dass die selbsterhaltende Schlauheit aus der Not körperlicher Unterlegenheit geboren ist, führt Heinrich ziemlich konsequent durch die gesamte Erzählung: Wenn Reinhart der physisch Stärkere ist, wie in den Anfangsepisoden mit den schwächeren Tieren (v 13–384), reicht seine Schlauheit nicht für den Handlungserfolg.²⁹

Das urteilsleitende Laster der Reinhart unterliegenden Co-Akteure ist im Fall der Ernährung als Handlungsziel die Einfalt im Sinn von Leichtgläubigkeit und mangelnder Vorsicht, die ihrerseits durch weitere Laster, insbesondere durch Eitelkeit, vergrößert sein kann. Auf letzterem gründet die traditionelle Identifikation des Fabelfuchses als Schmeichler, die allerdings nur einen Bestandteil des Handlungswissens erfasst, das Heinrich exemplifiziert. Ein Paradebeispiel dafür liefert gleich die erste Episode mit dem Hahn Schantecler (v 13–176).

Der Hahn hält Vorsicht für unnötig, weil der Bauer wegen der Beschwerden der Bäuerin über Hühnerverluste gerade einen Zaun um den Hof gebaut hat. Die Interaktion zwischen dem Bauernpaar wiederholt sich beim Hühnerpaar: Gemäß einem

---

²⁶ Zu den Tiersemantiken vgl. u. a. BIRGIT KEHNE: *Formen und Funktionen der Anthropomorphisierung in Reineke-Fuchs-Dichtungen*, Berlin, New York 1992.

²⁷ ÉRASME DE ROTTERDAM: *Les Adages*, sous la direction de JEAN-CHRISTOPHE SALADIN, Vol. I, Paris 2013, S. 117f. (Adagia I,I,70).

²⁸ *Thesaurus proverbiorum medii aevi – Lexikon der Sprichwörter des romanisch-germanischen Mittelalters*, hg. vom KURATORIUM SINGER DER SCHWEIZERISCHEN AKADEMIE DER GEISTES- UND SOZIALWISSENSCHAFTEN, begründet von Samuel Singer, Bd. 8, Berlin, New York 1999, S. 195f. – NOTKER DER DEUTSCHE: *Die kleineren Schriften*, hg. von JAMES C. KING u. PETRUS W. TAX, Tübingen 1996, S. 192: *Vbe man álliu dier fúrtin sál nehéin só harto só den mán*.

²⁹ Unfehlbar ist Reinhart auch später nicht; beim vielgedeuteten Blick in den Brunnen verursacht seine Liebe zur Füchsin eine Fehlwahrnehmung. Vgl. zuletzt CHRISTIANE WITTHÖFT: *Der Schatten im Spiegel des Brunnens – Phänomene der Immersion in mittelalterlichen Tierepen und Fabeln (›Reinhart Fuchs‹)*, in: LiLi 42 (2012), Heft 167, S. 124–146.

Rat seiner vorsichtigen Ehefrau fliegt der Hahn auf einen Ast, wo ihn Reinhart, der ohne größere Schwierigkeiten durch den Zaun gekommen ist, nicht erreichen kann. Reinharts Handlungsmittel, das den Hahn vom Ast herunterbringen soll, ist die Etablierung einer Situationsdeutung, die eine Bewertung von Schanteclers Handeln enthält: Dass der Hahn so hoch über dem Fuchs sitze, gehöre sich unter Verwandten nicht, weil es gegen die Verwandtschafts-*triuwe* verstoße.[30] Die Bewertung wird zusätzlich durch eine Exemplifikation richtigen Handelns gestützt: Schanteclers Vater habe es gegenüber Reinharts Vater nie so gehalten, sondern sei ihm zur Begrüßung entgegengeflogen und habe ihm etwas vorgesungen (v 110–125).

Schlauheit besteht demnach zunächst in der aktionalen Kontrolle über die Deutung der Handlungssituation. Dafür gibt es bei Heinrich zwei Möglichkeiten: Der Schlaue kann eine Handlungssituation so arrangieren, dass die Deutung durch den Co-Akteur vorhersehbar und dem Handlungsziel des Akteurs dienlich ist, oder eine bereits vorgefundene Handlungssituation gegenüber dem Co-Akteur so deuten, dass die Übernahme der Deutung durch den Co-Akteur wahrscheinlich und dem Handlungsziel dienlich ist. Bei beiden Optionen kommt es darauf an, den Co-Akteur zu einer Deutung der Situation zu veranlassen, die diesem – »ubbidiscono alle necessità presenti« in der anfangs zitierten Machiavelli-Passage – die Erkenntnis des Handlungsziel des Akteurs verstellt. Die dem Akteur nützliche Situationsdeutung muss deshalb entweder von vornherein mit dem kulturellen Wahrscheinlichkeitswissen übereinstimmen oder dem Co-Akteur im Rekurs auf Wahrscheinlichkeitswissen glaubhaft gemacht werden. Die Schlauheit der Situationsdeutungskontrolle beruht folglich stets auf dem rhetorischen Prinzip der Konvergenz des Glaubhaften mit dem Wahrscheinlichen.[31]

Der Plausibilisierung der Situationsdeutung, die Reinhart dem Hahn nahelegt, dient die Berufung auf die sozialen Ordnungsverhältnisse als Kriterium für richtiges und falsches Handeln; das Handeln der Väter exemplifiziert seinerseits die Richtigkeit des Kriteriums. Die Schlauheit besteht hier demnach in der Instrumentalisierung rechts- oder tugendgemäßer Handlungsregeln für nicht rechts- oder tugendgemäße Handlungsziele. Um den Handlungserfolg des Schlauen für die Rezipien-

---

[30] Zu den Verwandtschaftskonstruktionen vgl. insbes. UWE RUBERG: *Verwandtschaftsthematik in den Tierdichtungen um Wolf und Fuchs vom Mittelalter bis zu Aufklärungszeit*, in: *PBB* 110 (1988), S. 29–62.

[31] Wer im Rhetorik-Unterricht eines der beiden im 12. Jahrhundert zur Standardlektüre avancierten Lehrbücher, die *Rhetorica ad Herennium* (hier insbesondere I,VIII,12 – I,IX,16) oder Ciceros *De inventione* (hier insbesondere I,19,27 – I,21,30), gelesen hatte, kannte den Zusammenhang aus der Schule. – *Rhetorica ad Herennium – Lateinisch-Deutsch*, hg. u. übers. von THEODOR NÜSSLEIN, Zürich 1994, insbes. S. 20–27; M. TULLIUS CICERO: *De inventione. Über die Auffindung des Stoffes – De optime genere oratorum – Über die beste Gattung von Rednern*, hg. u. übers. von THEODOR NÜSSLEIN, Düsseldorf, Zürich 1998, insbes. S. 56–57.

ten plausibel zu machen, braucht es allerdings die Leichtgläubigkeit und Unvorsichtigkeit des Co-Akteurs, die einerseits auf der anthropologischen Axiomatik beruht, andererseits fallweise spezifischer begründet werden kann. Die Einfalt des Hahns ist in Gestalt seiner Unvorsichtigkeit als Habitus bereits vorausgesetzt; die Existenz der sozialen Ordnungskonzepte plausibilisiert die Aktualisierung des Habitus und damit das einfältige Handeln im konkreten Fall.

Mit dem Kalkül auf das Laster der Eitelkeit operiert sowohl die Situationsdeutung, die dem Hahn durch den Rekurs auf seine räumliche Relation zum Fuchs eine überlegene Position zuweist, als auch das Väter-Exempel, das die Befähigung zum schönen Gesang dem implizierten Topos subsumiert, dass Können verpflichtet. Während sich Reinhart als Meister der Situationskontrolle und der Instrumentalisierung der Ordnungskonzepte erweist, verhagelt ihm die Eitelkeit auf seine eigene Schlauheit in der Episode mit dem Hahn den Handlungserfolg: Als er mit dem Hahn im Maul davonläuft, verursacht dessen Geschrei, dass der Bauer aufmerksam wird und die Verfolgung aufnimmt. In dieser Situation gebiert die Not die Schlauheit des Hahns: Er fragt Reinhart, ob er fliehe, weil er es mit dem Bauern nicht aufnehmen könne (v 141–144). Reinhart erkennt die Absicht, gibt dem Hahn jedoch eine Antwort, die indiziert, dass er die Absicht erkennt (v 145f.). Dazu muss er das Maul öffnen, wodurch der Hahn freikommt; Reinhart beklagt seine Torheit (v 161–166).

Heinrichs Erzählung bietet mit ihren Beispielen für das Arrangieren und Deuten von Handlungssituationen, den Kalkülen auf das Handeln von Co-Akteuren und dessen Instrumentalisierung für das eigene Handeln geradezu eine Spielwiese für handlungstheoretische Analysen, weil diese Beispiele auf aspektreiche und komplexe Weise die Regularitäten des kulturellen Handlungswissens exemplifizieren, die die Akteure beim Handeln aktualisieren. Dabei erweist sich die amoralische Instrumentalisierung tugendethischen und auf tugendethischen Prinzipien beruhenden rechtlichen Handlungswissens mit einiger Regelmäßigkeit als Königsweg zum Handlungserfolg. Gründe für den Misserfolg sind tugendethische Laster – immer einschließlich der Einfalt –, die insbesondere die unvorsichtige Aktualisierung tugendethisch-rechtlichen Handlungswissens plausibilisieren. Der Rekurs auf die Tugendethik dient dazu, den Handlungserfolg des Schlauen einerseits mit der Dummheit der Betrogenen, die die Torheit des Lasters ist, und andererseits mit der Darstellung von Tugend und Recht als instrumentalisierbaren sozialen Illusionen zu begründen.

Unvermeidbar schief wird die Analogie zwischen der Raubtierernährung und dem Naturrecht auf Selbsterhaltung in der Erzählung vom Gerichtsprozess (v 1239–

2248),³² weil sich füchsisches Hühnerfressen nicht mit menschlichem Mord gleichsetzen lässt. Die Erzählung verschiebt die Anklage gegen Reinhart deshalb auf die Verletzung des vom Löwen verordneten Landfriedens (v 1239–1250). Die Brüchigkeit der Analogie wird durch einen anderen Sinnzusammenhang überspielt: Dass der Löwe mit dem Landfrieden nur seinen eigenen Nutzen verfolgt (v 1251–1320), greift die bereits etablierte Konstruktion auf und stellt, wie zuvor die Tugend, nun auch das Recht als Instrument unvermeidlich amoralischer Ziele in der schlechten Welt menschlicher Raubtiere dar. Die Schlechtigkeit des Co-Akteurs lenkt auch in diesem Fall das Urteil über das Handeln des schlauen Akteurs; die soziale Macht des Löwen entspricht dabei der physischen Kraft des Wolfs, gegen die Reinharts Schlauheit vorher (v 385–1238) erfolgreich agiert hat.

Dadurch wird zugleich die Frage obsolet, ob das Todesurteil über Reinhart gerechtfertigt ist und ob er sich der Hinrichtung trotz der amoralischen Mittel zu Recht entzieht, weil diese Frage den Standpunkt voraussetzt, dass das Recht ein Instrument tugendethischer Gerechtigkeit wenigstens sein kann. Im Prozess gegen den Fuchs ist das Recht jedoch ein Instrument für den amoralischen Eigennutz des Löwen. Die Handlungskonstruktion in den Gerichtsprozess-Episoden zeigt deshalb besonders gut, dass der unmittelbare Handlungserfolg zum eigenen Nutzen im Weltmodell der augustinisch-machiavellistischen Sozio-Anthropologie das einzige Kriterium für die Unterscheidung zwischen richtigem und falschem Handeln ist; in der augustinisch-machiavellistischen Narratologie ist der unmittelbare eigennützige Handlungserfolg folglich das einzige verfügbare Kriterium für das Urteil über das Handeln von Akteuren.

Das tugendethische Modell war hier komplexer: Es unterschied zwischen potentiell schlechtem kurzfristigen und prinzipiell gutem langfristigen Eigennutz im Sinn eines guten diesseitigen Lebens oder der Erlangung der ewigen Glückseligkeit und unterstellte außerdem, dass sich der eigene Nutzen langfristig nicht auf Kosten anderer sichern lässt, weshalb die Gerechtigkeit als Tugend der Eigennutzharmonisierung unerlässlich ist.³³ Auch in der Tugendethik war der Eigennutz die Letztbe-

---

³² Zu den rechtsgeschichtlichen Horizonten vgl. SIGRID WIDMAIER: *Das Recht im ›Reinhart Fuchs‹*, Berlin, New York 1993 (Quellen und Forschungen N.F. 102); BRIGITTE JANZ: *Strukturierte Zeit – Die dreimalige Ladung im ›Reinhart Fuchs‹*, in: *Rhythmus und Saisonalität – Kongreßakten des 5. Symposions des Mediävistenverbandes in Göttingen 1993*, hg. von PETER DILG u. a. Sigmaringen 1995, S. 181–197; im weiteren Kontext sozialer Praktiken THEO BROEKMANN: *›Süenen‹ und ›bescheiden‹ – Der ›Reinhart Fuchs‹ des Elsässers Heinrich im Spiegel mittelalterlicher Verhaltenskonventionen*, in: *Frühmittelalterliche Studien* 32 (1998), S. 218–262.

³³ Thomas von Aquin hat im Anschluss an Aristoteles erläutert, dass die Tugend der Gerechtigkeit (*iustitia*) in der Herstellung einer ›gewissen Gleichheit‹ (*aequalitatem quamdam*) oder einem ›Angeglichenwerden‹ (*adaequari*) bestehe, wofür man auch *justari* sagen könne. Gerechtigkeit ›justiert‹ die Nützlichkeit des Handelns demnach für alle Co-Akteure adäquat; gerecht (*iustum*) ist, was dieser Justierung dient. Ebenfalls im Anschluss an Aristote-

gründung allen Handelns, aber mit dem tugendethischen Utilitarismus verhielt es sich komplizierter als mit dem der amoralischen Schlauheit. In der aristotelisch-thomistischen Narratologie gibt es deshalb ein Kriterium, nach dem Handlungserfolge moralisch bewertbar sind, nämlich deren – wie man heute sagen würde – Nachhaltigkeit für den einzelnen Akteur und die Gemeinschaft. Eine solche Bewertung setzt aber stets die tugendethische Axiomatik voraus; wer sie an Erzählungen über amoralische Schlauheit in einer schlechten Welt heranträgt, operiert mit einer von diesen Erzählungen als illusorisch dargestellten Axiomatik.[34] Schlauheitserzäh-

les identifizierte Thomas das *iustum* deshalb unmittelbar mit dem Recht: *Et hoc quidem est ius.* Für die Tugendethik ist ›Gerechtigkeit‹ eine notwendige begriffliche Implikation von ›Recht‹; nicht gerechtes Recht kann nur irrtümlich als Recht gelten, weil es a priori dysfunktional ist. – THOMAS VON AQUIN: *Recht und Gerechtigkeit*, kommentiert von Arthur Fridolin Utz O.P., Heidelberg u. a. 1953 (Die deutsche Thomas-Ausgabe 18), S. 3–7 (Sth II – II qu. 57,1).

[34] Meines Erachtens unternehmen dies sowohl (1) Reinhart-Deutungen, die den Fuchs als Personifikation des Bösen im Sinn des Ordnungswidrigen verstehen, als auch (2) Deutungen, die ihn als Strafinstanz für Ordnungsverstöße anderer verstehen, als auch (3) – in der Regel (2) voraussetzende – Deutungen der Erzählung als Satire. Die verschiedenen Deutungstraditionen sind mit Literaturangaben zusammengestellt bei HANS RUDOLF VELTEN: *Schamlose Bilder – schamloses Sprechen – Zur Poetik der Ostentation in Heinrichs ›Reinhart Fuchs‹*, in: *Scham und Schamlosigkeit – Grenzverletzungen in Literatur und Kultur der Vormoderne*, hg. von KATJA GVOZDEVA u. HANS RUDOLF VELTEN, Berlin, Boston 2011, S. 97–130, hier S. 122–125; Velten selbst optiert am Ende für die herrschaftssatirische Deutung: »Heinrich will mit seinen grellen Schandbildern, die auf Rechtsbrüche und Missbrauch von Herrschaft verweisen, die Verfehlung anprangern und gleichzeitig bestrafen« (S. 126). – Ad (1): Der Böse kann mangels eines Differenzkriteriums schwer die von den Interpretationen gewünschte Bedeutung haben, wenn alle schlecht sind; die Differenz zwischen Schlauheit und Dummheit ist trotz der tugendethischen Begründung der Dummheit mit Lastern keine moralische. Die dieser Deutungstradition entstammende Einschätzung, die Erzählung sei »radikal zukunftsnegierend«, weil es »keine Ansätze für eine Rückkehr zur Ordnung zu geben« scheine (Velten S. 123f.), operiert ebenfalls innerhalb der tugendethischen Axiomatik: Die Erzählung weist die angesprochene Ordnung von vornherein als bloße Illusion aus, und die erzählte Welt geht nicht unter, wenn die dummen Schlechten am Ende zugrunde gehen; insbesondere bleiben Reinhart, seine Ehefrau und ihre ganz nach der Art schlagenden Kinder, seine Helfer und die Ameisen übrig. Die schlechte augustinisch-machiavillistische Welt ist zudem alles andere als ungeordnet; ihre Ordnung ist nur keine tugendethische: Die Erzählung unterstellt, dass das soziale Handeln auf berechenbaren Regularitäten beruht, und exemplifiziert solche Regularitäten. (2) Der Böse als Strafinstanz für Ordnungsverstöße entspricht zwar der traditionellen Vorstellung von der Funktion des Teufels als unfreiwilligem Agenten der göttlichen Ordnung; dies konvergiert aber nicht mit der narrativen Konstruktion: Die Zerstörung dieser Ordnung ist weder Reinharts primäres Handlungsziel, noch dient er als unfreiwilliger Agent ihrer Aufrechterhaltung. (3) Die alte, in jüngerer Zeit von Broekmann, Anm. 32, erneut detailliert entfaltete Deutung der Erzählung als Satire auf die staufische Königsherrschaft setzt die Möglichkeit einer moralsatirischen Deutung voraus, weil sie die Differenz zwischen

lungen müssen die jenseitige Gerechtigkeit deshalb entweder ignorieren oder den Schlauen am Ende rechtzeitig ins Kloster schicken. Der Stricker, der den amoralischen Eigennutz seines Pfaffen Amis von Anfang an mit dem Nutzen für andere als tugendethische *milte* vergoldete, hat das allerdings so erzählt, dass die Plausibilität der jenseitigen Belohnung vom unterstellten Wohlgefallen Gottes an der tugendethisch vergoldeten amoralischen Schlauheit abhängt und folglich nicht ganz vom Ruch der Ironie zu befreien ist.

Damit Reinharts Schlauheit nicht nur in ihren Handlungsmitteln, sondern auch in ihren Handlungszielen als amoralisch ausgewiesen werden kann, braucht es außer der Ernährung noch Ziele wie Rache, ehebrecherisches Begehren und Machtgewinn, die nicht unter das Naturrecht auf Selbsterhaltung fallen. Anders als bei der Ernährung ist Reinharts Tiernatur bei der Verfolgung dieser Ziele in der Erzählung vollständig suspendiert. Den Wolf schädigt er mehrmals aus Rache, weil dieser entgegen der Verabredung die gemeinsam gemachte Beute nicht geteilt hat (v 449–1061); an Bär, Kater, Löwe und etlichen anderen rächt er sich, weil sie seine Verurteilung zum Tod betrieben haben (v 1321–2002). Die Wölfin begehrt er zuerst tatsächlich (v 407–409); später vergewaltigt er sie öffentlich als Rache für einen Versuch des Wolfs, ihn zu Tode zu bringen (v 1121–1238). Auf Rache und Machtgewinn zielt die gesamte Interaktion mit dem Löwen, durch die Reinhart alle seine Feinde schädigt und zum Ameisenkönig avanciert (v 1239–2248).[35]

Wenn die amoralische Schlauheit andere Handlungsziele als die naturrechtlich gerechtfertigte Selbsterhaltung verfolgt, wird das Urteil über sie ebenfalls durch die Schlechtigkeit der Co-Akteure gelenkt. Der zusätzlichen Plausibilisierung dient hier außer dem unvorsichtigen Vertrauen auf Tugend und Recht vor allem die Gier: Der Wolf ist fress-, der Löwe machtgierig, die Wölfin aus sexuellem Begehren ehebruchswillig. Der Bär kann der Aussicht auf Honig, der Kater der auf Mäuse nicht widerstehen. Die Tiernatur der Co-Akteure ist im Unterschied zu derjenigen

---

moralisch guter und schlechter Herrschaft voraussetzt. Als Moralsatire würde die Erzählung moralisch Gutes ex negativo exemplifizieren, wozu sie allerdings dessen Möglichkeit – im Fall der Herrschaft die Möglichkeit guter Herrschaft – unterstellen müsste. Ebenso wie bei (2) steht der Deutung die Kombination aus dem Handlungserfolg des amoralischen Akteurs und den ebenfalls amoralisch handelnden Co-Akteuren im Weg, wie etwa CORA DIETL: ›Violentia‹ und ›potestas‹ – Ein füchsischer Blick auf ritterliche Tugend und gerechte Herrschaft im ›Reinhart Fuchs‹, in: Dichtung und Didaxe – Lehrhaftes Sprechen in der deutschen Literatur des Mittelalters, hg. von HENRIKE LÄHNEMANN u. SANDRA LINDEN, Berlin 2009, S. 41–54, vorführt.

[35] Vgl. zu den Rachehandlungen in jüngerer Zeit insbes. OTTO NEUDECK: *Frevel und Vergeltung – Die Desintegration von Körper und Ordnung im Tierepos ›Reinhart Fuchs‹*, in: *Tierepik und Tierallegorese – Studien zur Poetologie und historischen Anthropologie vormoderner Literatur*, hg. von BERNHARD JAHN u. OTTO NEUDECK, Frankfurt a. M. 2004, S. 101–120, und VELTEN: *Schamlose Bilder*, Anm. 34.

Schläue und Urteil 93

Reinharts also nicht in allen Fällen aufgehoben, aber selbstverständlich leicht übertragbar: Den natürlichen Schwächen der Fabeltiere entsprechen in Schlauheitserzählungen mit menschlichen Akteuren Laster, die für den Geburts- oder Berufsstand oder für das als natürlich verstandene Geschlecht typisch und deshalb ebenfalls leicht kalkulierbar sind. Die Typisierung von Akteuren ist ein unverzichtbarer Bestandteil dieser Kalkulierbarkeit und damit der exemplifizierten Regularitäten des kulturellen Handlungswissens; in diesem Sinn ist sie ein unmittelbares Produkt der epistemischen Funktion allen exemplarischen Erzählens.

Die Laster determinieren stets die Handlungsziele der jeweiligen Co-Akteure und plausibilisieren im Rekurs auf den Topos der Erkenntnistrübung durch die Affekte, dass die affektgetriebenen Betrugsopfer das Handlungsziel des Schlauen nicht erkennen. Der Bär beispielsweise fürchtet Reinhart (v 1513), vergisst jedoch wegen des in Aussicht gestellten Honigs jede Vorsicht. Für den Handlungserfolg der Schlauheit braucht es gleichwohl außerdem eine geeignete Handlungssituation, die Reinhart ausnutzen, und eine Situationsdeutung, die er dem Bären einreden kann: Reinhart kennt einen Baum, der als Bärenfalle taugt, weil ein Bauer ihn durch einen Keil gespalten hat, und stellt ihn dem Bären als Bienenwohnsitz vor (v 1538–1593).

Die Erzählung lässt keinen Zweifel daran, dass Reinharts Handlungsziel bei der Interaktion mit dem Bären und der unmittelbar anschliessenden mit dem Kater nicht der Selbsterhaltung, sondern die Rache ist: Zwar entzieht er sich dabei jeweils der Ladung vor das Gericht des Löwen, wo ihn Todesurteil und Hinrichtung erwarten; der dritten Ladung durch den Dachs folgt er dann aber doch. Der Grund für die Rache ist, dass ihm Bär und Kater im Unterschied zum Dachs zuvor nach dem Leben getrachtet hatten; Reinharts Spott krönt seine Rache (v 1595–1604).[36]

Anders als die Ernährung lässt sich das Handlungsziel Rache nicht naturrechtlich legitimieren. Die Tiererzählung kann hier schlagend demonstrieren, dass der Mensch tatsächlich mehr zu fürchten ist als alle Tiere: Indem der Fuchs gar nicht mehr wie ein Tier, sondern nur noch wie ein Mensch agiert, übertrifft sein men-

---

[36] Vgl. dazu VELTEN: *Schamlose Bilder*, Anm. 34, S. 117–120. Reinharts Spott über den Bären steht der These, »dass Heinrichs fiktive Welt der Tiere alle Anzeichen einer Schamkultur aufweist« (S. 108), allerdings insofern entgegen, als es in der Situation kein Publikum und damit keine Öffentlichkeit gibt. Gegen eine dichotomische Zuspitzung der Unterscheidung zwischen ›shame cultures‹ und ›guilt cultures‹ (S. 106f.) lassen sich – so überzeugend Veltens Analyse des Schande-Dispositivs im *Reinhart Fuchs* gleichwohl ist – indes ohnehin Einwände vorbringen: Die öffentliche Schande konstituiert den Fehler nicht erst, sondern sanktioniert ihn; auch ›shame cultures‹ sind deshalb schwer ohne die Unterstellung zu beschreiben, dass die Einzelnen Konzepte richtigen und falschen Handelns in der Sozialisation internalisieren, das heißt Habitusmuster im Sinn praktischen Wissens lernen. Umgekehrt vertrauen ›guilt cultures‹ nicht allein auf die regulative Wirkung internalisierter Habitus-Muster, solange sie nicht auf öffentliche Bestrafung verzichten.

schliches Handeln das tierische an Bestialität. Die Urteilslenkung erfolgt dadurch, dass der Bär zuvor genauso niederträchtig gehandelt hat und Reinhart mit seiner Honiggier ein probates Handlungsinstrument zur Verfügung stellt. Es gibt weder einen Grund zur Sympathie mit dem Fuchs noch einen zum Mitleid mit dem Bären, sondern nur einen für das kühle Urteil der instrumentellen Vernunft, dass schlechte Schlauheit grösseren Handlungserfolg verspricht als schlechte Lasterhaftigkeit inklusive Einfalt. Mit der Vergiftung des Löwen am Ende verhält es sich genauso.

Wo gerade schon vom Gift die Rede ist, möchte ich zum Schluss noch einmal auf den vielgeschmähten Vergifter MACHIAVELLI zurückkommen. Die zahlreichen Beispielgeschichten, die er im *Principe* erzählt, dienen nicht allein dazu, das Axiom der menschlichen Schlechtigkeit zu belegen, sondern zeigen zugleich, worin das schlaue Handeln besteht, das er *prudenzia* nennt. Machiavelli hat diesen Begriff nicht nur von seiner langen tugendethischen Tradition – der aristotelischen *phronesis* und der thomistischen *prudentia* – abgelöst.[37] Im Unterschied zu Aristoteles und Thomas hat er den Begriff außerdem nicht in erster Linie in einem abstrakten Begriffssystem entfaltet,[38] sondern durch Handlungsdarstellung exemplifiziert. Möglicherweise liegt das daran, dass die Prozesse der Situationsdeutung, der Auswahl und Sequenzierung von Handlungsmitteln, der Vorausschau der Handlungsziele, Handlungsmittel und Handlungsschritte von Co-Akteuren in einem Begriffssystem tatsächlich nur schwer zu erfassen sind. Insbesondere lässt sich der Zusammenhang zwischen den vielen Variablen und ihrer zeitlichen Sequentialität in einem begrifflichen Modell des Handelns nicht eben leicht abbilden; die modernen soziologischen Handlungstheorien führen das mehr oder weniger freiwillig vor Augen.[39] Die

---

[37] Zur Diskursgeschichte der *prudentia* zwischen Thomas und Machiavelli vgl. BRIAN RICHARDSON: *Pontano's De Prudentia and Machiavelli's Discorsi*, in: *Bibliothèque d'Humanisme et Renaissance* 33 (1971), S. 353–357; VICTORIA KAHN: *Rhetoric, Prudence, and Skepticism in the Renaissance*, Ithaca, London 1985; EUGENE GARVER: *Machiavelli and the History of Prudence*, Madison 1987; CHRISTIAN LAZZERI: *Prudence, éthique et politique de Thomas d'Aquin à Machiavel*, in: *De la prudence des anciens compareé à celle des modernes – Sémantique d'un concept, déplacement des problématiques*, sous la direction d'ANDRÉ TOSEL, Paris 1995, S. 79–128; WOLFGANG KERSTING (Hg.): *Klugheit*, Weilerswist 2005; CARLO GINZBURG: *Pontano, Machiavelli and Prudence – Some Further Reflections*, in: *From Florence to the Mediterranean and Beyond – Essays in Honour of Anthony Molho*, ed. by DIOGO RAMADA CURTO u. a., Firenze 2009, S. 117–125.

[38] ARISTOTELES: *Nikomachische Ethik*, Anm. 20, S. 130–150 (VI; 1138b – 1145a); THOMAS VON AQUIN: *Die Liebe (2. Teil) – Klugheit*, Anm. 14, S. 192–238 (Sth. II–II qu. 47–56).

[39] Die Ausmaße der Komplexität sind umso leichter erkennbar, je höher das angestrebte Formalisierungsniveau ausfällt. Eindrücklich sind hier insbesondere die jüngeren Varianten der Rational-Choice-Theorien; vgl. etwa BERNHARD MIEBACH: *Soziologische Handlungstheorie – Ein Einführung*, Wiesbaden ³2010, S. 395–445.

Diskursivierung kulturellen Handlungswissens könnte deshalb auf Handlungsdarstellung angewiesen sein.⁴⁰

Die Vormoderne diskursivierte ihr kulturelles Handlungswissen, wie allem voran die Exempelsammlungen indizieren, mittels der Thesaurierung von Beispielerzählungen. Der Erkenntniswert des Beispiels beruht ja darauf, dass es keine Regel für seine Applikation impliziert; erst eine konkrete Situation, auf die es applizierbar ist, macht es zum Beispiel für etwas.⁴¹ Gerade deshalb konnte der Thesaurus exemplarischer Erzählungen ein Thesaurus des kulturellen Handlungswissens sein: Je mehr Geschichten man kannte, umso größer wurde die Wahrscheinlichkeit, dass die eine oder andere bei der Situationsdeutung, der Entscheidung über Handlungsziele, der Auswahl und Sequenzierung von Handlungsmitteln und den Kalkülen auf das Handeln von Co-Akteuren einen Erkenntniswert haben konnte. Jede exemplarische Erzählung war ein potentieller Beitrag zu diesem Thesaurus, und manche Erzähler – Boccaccio, Chaucer und andere mehr – haben selbst eine Thesaurusbildung unternommen. Machiavellis narrative Exemplifikationen der *prudenzia* sind ebenso ein Produkt des Prinzips wie, auf ihre eigene Weise, die Episodenreihen der Tierepen. Manche Erzähler haben versucht, zwischen den Axiomen der Tugend und denen der amoralischen Schlauheit zu lavieren, andere haben sich klar für die eine oder die andere Option entschieden.

Der Dichter des *Reinhart Fuchs* gehörte zu letzteren. Das Urteil über seinen Protagonisten lenkte er in erster Linie mittels der dargestellten Differenz zwischen dem Erfolg amoralisch schlauen Handelns und dem Misserfolg amoralisch unschlauen Handelns in einer amoralischen Welt. Gegenüber jedem Sympathiebegriff, der nicht schon unter der Voraussetzung ihrer Axiomatik konstituiert ist, müssen Erzählungen, die eine augustinisch-machiavellistische Sozio-Anthropologie aktualisieren, unvermeidlich widerspenstig bleiben: Nur wer ein Sympathisant ihres Weltmodells war, konnte ein Sympathisant ihrer Protagonisten sein. Narrative *discours*-Verfahren vermochten das gewiss zu unterstützen; dass sie es gegen eine mangelnde Übereinstimmung mit dem Weltmodell durchsetzen oder herbeiführen konnten, halte ich für unwahrscheinlich. Trotz der prinzipiell unbegrenzten Zurichtbarkeit

---

⁴⁰ Thomas von Aquino hat bei seiner Explikation des *prudentia*-Begriffs angemerkt, dass die Vernunft zwar aus Axiomen ableiten kann, welche Handlungsziele gut oder schlecht sind, und dass sie aus Axiomen ableiten kann, welche Handlungsmittel tugendhaft oder lasterhaft sind. Die Entscheidung über die konkreten Handlungsmittel ist seiner Einschätzung nach aber von der einzelnen Handlungssituation abhängig und deshalb nicht axiomatisierbar. Sie fällt auf der Basis von Erfahrungswissen, das als topisches Wahrscheinlichkeitswissen kein Gegenstand einer axiomatischen Moralphilosophie sein kann. – THOMAS VON AQUIN: *Die Liebe (2. Teil) – Klugheit*, Anm. 14, S. 201 (Sth. II–II qu. 47 art. 3 ad 2).

⁴¹ Vgl. dazu STEFAN WILLER u. a.: *Zur Systematik des Beispiels*, in: *Das Beispiel – Epistemologie des Exemplarischen*, hg. von JENS RUCHATZ u. a. Berlin 2007, S. 7–59.

aller Begriffe scheint mir derjenige der narrativen Urteilslenkung dem Rationalitätskonzept, das Erzählungen vom Erfolg amoralischer instrumenteller Vernunft zugrunde liegt, adäquater zu sein als derjenige der Sympathielenkung: Die Lektion wendete sich zu direkt an einen emotional und moralisch eher kühlen Verstand.

Hans Rudolf Velten

Schwankheld und Sympathie. Zu Strickers *Der Pfaffe Amis* und Frankfurters *Des pfaffen geschicht und histori vom Kalenberg*

1. Ein Forschungsproblem

Sind Schwankhelden ihrem Publikum sympathisch oder nicht? Die Frage könnte als obsolet angesehen werden, mit Verweis auf die historische Unzugänglichkeit von Rezeptionshaltungen oder die Durchlässigkeit von Gattungsnormen bei den jeweiligen Heldenfiguren. Jedoch erscheint es reizvoll, angesichts einer inzwischen durchaus beachtlichen Anzahl an Studien zur Sympathielenkung, zumindest die Verfahren für Sympathielenkung in einem bestimmten schwankhaften Text zu untersuchen, umso mehr, wenn sich die Gelegenheit ergibt, zu einem alten hermeneutischen Problem der Strickerforschung zurückzukehren: Wie ist die Hauptfigur der höfischen Verserzählung *Der Pfaffe Âmis* zu deuten? Soll der listige, durch und durch erfolgreiche Pfaffe Sympathie wecken, oder ist er im Gegenteil ein Träger von Negativität oder gar dem Bösen, und soll daher unsympathisch und abstoßend, als Negativbeispiel wirken? Eine dritte Möglichkeit, dass die Figur rein zweckrational handelt und somit gar keine moralische Wirkung intendiert sei, könnte ebenso in Betracht kommen. Ich möchte diese Fragen im Folgenden behandeln und neue Vorschläge zu ihrer Lösung machen. Zunächst werde ich die *discours*-Ebene untersuchen (und erst in einem zweiten Schritt zur *histoire* und den strukturellen Bedingungen für Sympathie kommen), indem ich die hervorzuhebenden Textstellen im Licht der widerstreitenden Forschungspositionen betrachte. Beginnen wir mit dem Prolog:[1]

---

[1] DER STRICKER: *Der Pfaffe Amis, Mittelhochdeutsch / Neuhochdeutsch.* Nach der Heidelberger Handschrift cpg 341 hg., übers. u. komm. von MICHAEL SCHILLING, Stuttgart 1994. Diese Ausgabe liegt auch allen folgenden Textzitaten zugrunde, Versangaben stehen jeweils nach den Zitaten. Schillings Textbasis ist Teil der sogen. Vulgatafassung des *Pfaffen Amis*; im Beitrag wird dann dort, wo es nötig wird, auch auf die in Handschrift R (Riedegger Handschrift) überlieferte Redaktion eingegangen. Zu dieser Hs. und der Überlieferung vgl. K. KAMIHARA (Hg.): *Des Strickers Pfaffe Amis*, Göppingen 1993, S. 1–23 sowie HANS-JÜRGEN LINKE: *Strukturvarianten der ›Amis‹-Überlieferung*, in: *Festschrift für Heinz Engels zum 65. Geburtstag*, hg. von GERHARD AUGST, Göppingen 1991, S. 23–45.

> *Nu saget uns der Stricker,*
> *wer der erste man wer,*
> *der liegen aneviench,*
> *und wie sin wille fur giench,*
> *daz er niht widersazzes vant.* (39–43)

Diese Aussage des Erzählers wird sinngemäß noch einmal in der Mitte des Textes wiederholt, wo es auch heißt, dass der Pfaffe Betrügereien ins Werk setzt:

> *Sol ich die trugeheit alle sagen,*
> *die er bi sinen tagen*
> *alle begangen hat*
> *mit werken und ouch mit rat*
> *der rede wurde aller zu vil.*
> *Davon ich itzt kurzen wil.*
> *Er was der erste man,*
> *der sulches triegens ie began.* (1315–21)

Doch derselbe Erzähler weiß auch ganz anders über Amis zu urteilen[2] – und zwar noch im zweiten Teil des Prologs:

> *Er vergap so gar, daz er gewan*
> *beide durch ere und durch got,*
> *daz er der milde gebot*
> *zu keinen zeiten ubergie.*
> *Er enphiench die geste unde lie*
> *baz dan imant tete*
> *und dan er stat hete.* (48–54)

Und später, nach der Kirchweihpredigt (nur in Hs R):

> *Do der phaffe riche wart,*
> *do gewan er solhe hohvart*
> *daz er mit sinem sinne*
> *nach græzerem gewinne*
> *iesa begunde ringen.* (R 491–95)

---

[2] Die Ambivalenz nicht nur der Handlungen der Hauptfigur, sondern auch der Erzählweise, wurde früh gesehen. Vgl. URSULA PETERS: *Bürgertum und Literatur im 13. Jahrhundert. Probleme einer sozialgeschichtlichen Deutung des ›Pfaffen Amis‹*, in: *LiLi* 7 (1977), S. 109–126, S. 123f. Erzähltheoretisch nuancierter und stärker auf die Wirkung der Figur konzentriert ist STEPHEN L. WAILES: *The ambivalence of Der Stricker's ›Der Pfaffe Amis‹*, in: *Monatshefte für deutschsprachige Literatur und Kultur* 90 (1998), H.2, S.148–160.

Ein äußerst freigebiger Pfarrer, dem das Gebot der *milte* so wichtig ist, dass er deswegen auszieht, um auf unmoralische und ungesetzliche Art und Weise Geld zu scheffeln,[3] dieser Pfarrer wird vom Erzähler dafür nicht verurteilt, sondern als *erster* Lügner und Betrüger hervorgehoben. Mehr noch, er wird für sein kluges Handlungswissen (*wisheit*) und die schlaue Übervorteilung (*karkheit*) seiner geizigen, habgierigen oder ruhmsüchtigen Kontrahenten gelobt. Allerdings scheint ihm sein Erfolg auch zu Kopf zu steigen, wie die letzte Textstelle nahelegt. Am Ende der Erzählung kommt es jedoch zu einer *conversio* des Protagonisten, indem er sich in ein Kloster zurückzieht, sein gesamtes Vermögen stiftet, zum Abt gewählt wird und schließlich das ewige Leben zum Lohn erhält.

Diese Widersprüchlichkeit der Hauptfigur, die schon in der Doppelrolle des Priesters / Pfaffen als Träger normativer Ordnungen und manipulativer Schwankheld angelegt ist, wurde in der Forschung zweifelsohne gesehen und diskutiert, sicherlich auch deshalb, weil sie zu erheblichen Deutungsschwierigkeiten führt. Wie soll man ein Werk auffassen, dessen Protagonist so unterschiedliche Bewertungen erfährt? »Das Werk und sein Held bleiben auf irritierende Weise ambivalent«[4], so äußert sich JOACHIM HEINZLE stellvertretend für viele Beobachter, und MICHAEL SCHILLING erkennt in den »widersprüchlichen Kommentaren des Erzählers zum Protagonisten« ein entscheidendes Interpretationsproblem des Textes.[5]

Man ist diesem Problem auf verschiedene Weise entgegen getreten, indem man etwa versucht hat, den Kontrast zwischen Rahmenteilen und Betrugsgeschichten zu harmonisieren – dergestalt, dass man die Angaben im Prolog ironisch las;[6] oder dass man seine Streiche bagatellisierte bzw. den unlauteren Gelderwerb als notwendig für die Funktion der Freigebigkeit rechtfertigte.[7] So unterstrich HEDDA RAGOTZKY

---

[3] Dass die Erwerbssucht (*fallacia*) nach mittelalterlicher Sündenauffassung zur *avaritia* gehört, hat Ulrich Ernst noch einmal unterstrichen: ULRICH ERNST: *Homo mendax – Lüge als kulturelles Phänomen im Mittelalter*, in: *Zeitschrift des Mediävistenverbandes* 9 (2004), H.2, S. 7ff.

[4] JOACHIM HEINZLE: *Vom hohen zum späten Mittelalter – Teil 2: Wandlungen und Neuansätze im 13. Jh.* Königstein 1984, S. 181.

[5] MICHAEL SCHILLING: *Nachwort zu der Stricker: Der Pfaffe Amis*, Anm. 1, S. 177–206, hier S. 190. Schilling erkennt »Widersprüchlichkeit auf verschiedenen Ebenen (Erzählerkommentare; Erzähleraussagen / erzählte Begebenheiten; Brüche auf der Handlungsebene) und interpretiert sie als narrative Signale an sein heterogenes Publikum«, S. 191–196.

[6] So rieten die Brüder Grimm, die dort formulierte Aussage, der Pfaffe habe *liegen und triegen* in die Welt gebracht, »nicht so ernst zu nehmen«. JACOB UND WILHELM GRIMM: Rezension zu Hagens Narrenbuch, in: WILHELM GRIMM: *Kleinere Schriften*, hg. von GUSTAV HINRICHS, Bd. II, Berlin 1882, S. 54.

[7] Am deutlichsten Straßner: »Die anhaltende Amoralität des Handelns mittels dieses Verstandes ist gemildert, zuletzt aufgehoben....«. ERICH STRASSNER: *Schwank*, Stuttgart 1968, S. 6; auf die Rechtfertigung des Betrugs durch seinen guten Zweck haben aus jeweils anderen Blickwinkeln BARBARA KÖNNEKER: *Strickers Pfaffe Amis und das Volksbuch von Ulen-*

die Angemessenheit der Forderung der *milte* im 13. Jahrhundert auch für einen Priester,[8] und RUPERT KALKOFEN sah im Priesterbetrug ein zwar böses, doch erlaubtes Mittel, wenn es darum ging, das moralische Ungenügen seiner Opfer satirisch zu entlarven.[9] Solche vermittelnden Ansätze, die dazu tendieren, den Pfaffen letztlich doch als Garanten einer moralisch noch zu rettenden »heilen« Welt zu erkennen, verstehen dann auch die Schwankkomik und die Erzählerironie als Kennzeichen einer ambivalenten Darstellung, um das Verständnis des Textes als lachende, unterhaltende Satire besser zu stützen.[10]

In anderen Deutungen herrscht jedoch die Auffassung vor, die Ambivalenz der Hauptfigur lasse keine Harmonie, sondern im Gegenteil große Skepsis gegenüber der dargestellten Welt erkennen: Dementsprechend unterstreicht RÖCKE in seiner sozialhistorischen und zugleich wirkungsästhetischen Deutung die negativen Aspekte der Figur. Er spricht von »rücksichtsloser Durchsetzung individueller Interessen«, »Realisierung des eigenen Vorteils«, »Verzicht auf Rücksichtnahme und kollektive Verpflichtungen«, »aggressive Komik der Denunziation, des Verletzens und Verhöhnens«, Ausprägungen eines *mundus perversus*, der nicht mehr gerettet werden könne.[11] Schon URSULA PETERS hatte im *Pfaffen Amis* eine Bewegung von der Geltung von Normen und Werten zu ihrer Mehrdeutigkeit und schließlichen Suspension gesehen.[12] Im Anschluss an Röcke liest HONEMANN den Schluss der Dichtung

---

spiegel, in: *Euphorion* 64 (1970), S. 242–280, S. 250ff. und THOMAS CRAMER: *Normenkonflikte im Pfaffen Amis und im Willehalm von Wenden – Überlegungen zur Entwicklung des Bürgertums im Spätmittelalter*, in: *ZfdPh Sonderheft* 93 (1974), S. 124–140 hingewiesen.

[8] Ragotzky betont in ihrer Stricker-Monographie die Angemessenheit der *milte* auch für einen Pfaffen, stellt bei den Antagonisten moralische Defizite fest und erkennt in der Pfaffenfigur eine vorbildliche Instanz, die die Ordnung wiederherstellt. HEDDA RAGOTZKY: *Gattungserneuerung und Laienunterweisung in Texten des Strickers*, Tübingen 1981, S. 141–167. Ähnlich bereits HERBERT KOLB: *Auf der Suche nach dem Pfaffen Amis*, in: *Struktur und Interpretation – Studien zur deutschen Philologie – FS für Blanka Horacek*, hg. v. ALFRED EBENBAUER u.a., Wien / Stuttgart 1974, S. 189–2011, S. 190. Fischer hatte den Amis als eine »Ausweggestalt« gegenüber den Aggressionen des Bischofs, als Leitfigur mit einer gewissen sozialtherapeutischen Funktion gegen die Kontingenzen der Wirklichkeit gesehen. HANNS FISCHER: *Zur Gattungsform des ›Pfaffen Amis‹*, in: *ZfdA* 88 (1957/58), S. 291–299: »Den Dummen bloßzustellen darf dem Klugen jedes Mittel recht sein, also auch das *triegen* (...)«. S. 294.

[9] »Der Priesterbetrug, der sich aufgeklärt zeigt über die Schlechtigkeit der Welt, ist insofern die höchste Form von Weltklugheit.« RUPERT KALKOFEN: *Der Priesterbetrug als Weltklugheit: eine philologisch-hermeneutische Interpretation des ›Pfaffen Amis‹*. Würzburg 1989, S. 142.

[10] So Wailes, der die Ambivalenzen des Textes auf seine Unterhaltungsfunktion zurückführt, vgl. WAILES: *The Ambivalence*, Anm. 2, S. 154–158.

[11] WERNER RÖCKE: *Die Freude am Bösen – Studien zu einer Poetik des deutschen Schwankromans im Spätmittelalter*, München 1987, S. 81.

[12] PETERS: *Bürgertum und Literatur*, Anm. 2, S. 119.

so, dass es Amis gelinge, selbst Gott zu betrügen, indem er den im Epilog stehenden Vers *do verdiente der pfaffe daz ewige leben* als unernste, ironische Wendung interpretiert. Dabei scheint er den Pfaffen Amis, ähnlich wie den *Reinhart Fuchs* des Elsässers Heinrich, als durchaus negative Figur einer strafenden Satiredichtung zu deuten, die die Schlechtigkeit der Welt zwar entlarven kann, doch dabei selbst moralisch defizient ist.[13]

Zwischen beiden Versuchen, die Ambivalenz des Protagonisten im Rahmen von ethischen Verhaltensmodellen in satirischer Rahmung zu erklären, stehen neuere Analysen, die ganz von moralischen Deutungen der Hauptfigur – aber auch vom Thema ironischen oder satirischen Sprechens absehen. So konzentriert sich etwa STROHSCHNEIDER völlig auf Strukturfragen der Dichtung, wobei ein Nebenprodukt der Interpretation die vollkommene Amoralität der Hauptfigur ist: gegenüber seinen Opfern ist »seine ratio [...] moralisch indifferent.«[14] Allerdings konzediert er der Figur hohe Handlungssouveränität und eine unhinterfragbare Positivität des sozialen Aufstiegs im Rahmungsteil (Prolog, Epilog). In dieser Perspektive erscheint weniger der Protagonist ambivalent, sondern die Struktur des Textes widersprüchlich zu sein, indem sie spannungsvoll zwischen Syntagma und Paradigma oszilliert.[15]

Die Einschätzung des Pfaffen als zwar positive, doch moralisch indifferente Figur kann das Problem seiner Deutung ebenso wenig lösen, da sie weder die *discours*-Ebene noch Aspekte der Rezeptionslenkung berücksichtigt.[16] Demgegenüber versuche ich im Folgenden, in einer narratologisch angelegten Analyse zu überprüfen, welche Steuerungsverfahren die Erzählung für die Wahrnehmung der Figur als

---

[13] VOLKER HONEMANN: *Unibos und Amis*, in: *Kleinere Erzählformen im Mittelalter*, hg. von KLAUS GRUBMÜLLER u.a., München 1988, S. 67–82, S. 79f. Im Anschluss an Honemann auch Böhm, die von »Scheinbekehrung« spricht: SABINE BÖHM: Der Stricker - Ein Dichterprofil anhand seines Gesamtwerkes, Frankfurt am Main 1995, S. 219. Auch Bumke hört in der Erzählerstimme Ironie heraus, doch etwas anders, denn er spricht von »hintergründiger« Ironie. JOACHIM BUMKE: *Geschichte der deutschen Literatur im hohen Mittelalter*, München 1990, S. 295.

[14] PETER STROHSCHNEIDER: *Kippfiguren – Erzählmuster des Schwankromans und ökonomische Kulturmuster in Strickers ›Amis‹*, in: *Text und Kontext. Fallstudien und theoretische Begründungen einer kulturwissenschaftlich angeleiteten Mediävistik*, hg. von JAN-DIRK MÜLLER, München 2007, S. 163–190, S. 178. Dass Amis eine »amoralische Figur« sei, hatte bereits Böhm gesehen. BÖHM: *Der Stricker* (Anm. 13), S. 75.

[15] STROHSCHNEIDER: *Kippfiguren*, Anm. 14, S. 173ff.

[16] Dass der Stricker als ›moralischer‹ Autor gilt und in seinen Werken starke rezeptionsleitende, meist lehrhafte Züge aufweist, die an zahlreichen adressatenbezogene Passagen belegt sind, muss hier kaum wiederholt werden. Vgl. dazu z. B. KLAUS GRUBMÜLLER: Zum Verhältnis von ›Stricker-Märe‹ und Fabliau, in: *Die Kleinepik des Strickers – Texte, Gattungstraditionen und Interpretationsprobleme*, hg. von EMILIO GONZALEZ u. VICTOR MILLET, Berlin 2005, S. 173–187, sowie einige andere Beiträge dieses Bandes.

sympathisch / unsympathisch auf der Rezeptionsebene bereithält. Begleitet der Erzähler den Pfaffen mit Sympathie oder mit Skepsis, wie sind die Erzähleraussagen zum Protagonisten einzuschätzen, welchen Bewertungen unterliegt die Figur, sodass sie beim Hörer eine bestimmte Wirkung erzielen? Diese Fragen möchte ich in zwei Schritten beantworten; zunächst untersuche ich den Text auf der *discours*-Ebene nach den bewährten Indizien und Verfahren der Sympathiesteuerung,[17] wobei neben Erzähler- und Figurenaussagen zur Hauptfigur auch die intendierten Rezipienten in den Adressen und Appellen des Prologs berücksichtigt werden. In einem zweiten Schritt sollen dann auch strukturelle *histoire*-Elemente, die zur Sympathie / Antipathie beitragen, analysiert werden, um im Anschluss auch mögliche Zeugnisse einer empirischen Rezeption der Erzählung bis in die Frühe Neuzeit zu berücksichtigen, um Aufschlüsse über Wahrnehmung und Wirkung der Sympathiesteuerung zu erhalten. Zum Schluss werden die Ergebnisse dieser beiden Teile gattungsgeschichtlich verortet, sodass auch die Relevanz genrespezifischer Merkmale überprüft werden kann. Dabei wird – und muss – berücksichtigt werden, welche Rolle die Schwankkomik bei diesen Ergebnissen spielt.

2. Sympathiesteuerung im *Pfaffen Amis*

Ich beginne mit Passagen, in denen der heterodiegetische Erzähler sich evaluativ über den Protagonisten äußert: die entscheidenden Eigenschaften des Pfaffen sind Gelehrsamkeit, Klugheit und scharfer Verstand, besonders erwähnt wird sein vorausschauendes Kalkül. Die erste Textstelle dieser Art befindet sich im Prolog di-

---

[17] Dabei stütze ich mich in erster Linie auf die mediävistischen Arbeiten zum Thema, vor allem FRIEDRICH MICHAEL DIMPEL: *Die Zofe im Fokus – Perspektivierung und Sympathiesteuerung durch Nebenfiguren vom Typus der Confidente in der höfischen Epik des hohen Mittelalters*, Berlin 2011, insbes. S. 92–126; ders.: *Hartmut – Liebling des Dichters? Sympathiesteuerung in der ›Kudrun‹*, in: *ZfdA* 141 (2012), S. 335–353; ders.: *Tabuisierung und Dunkelheit – Probleme der Sympathiesteuerung in der Melusine Thürings von Ringoltingen*, in: *Sympathie und Literatur – Zur Relevanz des Sympathiekonzeptes für die Literaturwissenschaft*, hg. von CLAUDIA HILLEBRANDT und ELISABETH KAMPMANN, Berlin 2014, S. 205–235; ferner die für Figurenrede und -zeichnung grundlegende Studie von GERT HÜBNER: *Erzählform im höfischen Roman – Studien zur Fokalisierung im ›Eneas‹, im ›Iwein‹ und im ›Tristan‹*, Tübingen 2003; sowie systematische Untersuchungen von MANFRED PFISTER: *Zur Theorie der Sympathielenkung im Drama*, in: *Sympathielenkung in den Dramen Shakespeares. Studien zur publikumsbezogenen Dramaturgie*, hg. von WERNER HABICHT und INA SCHABERT, München 1978, S. 20–34 und CLAUDIA HILLEBRANDT: *Das emotionale Wirkungspotenzial von Erzähltexten. Mit Fallstudien zu Kafka, Perutz und Werfel*, Berlin 2011.

rekt hinter der Namensnennung des Protagonisten und darf als eine Art nachhaltiger *primacy effect* bewertet werden[18]:

> *und hiez der pfaffe Amis,*
> *und was der buch ein wise man.* (46f.)

> *Nu was der pfaffe Ameys*
> *so listick unde weis,*
> *daz er sich vil wol versach*
> *des selben, des ouch da geschach.* (1175–78)

Diese positiven Eigenschaften werden ihm auch in Form eines implizit wertenden erzähltechnischen Mittels zugeschrieben, dass nämlich auch *die leute* seine Weisheit anerkennen: *Nu duht der pfaffe Ameys / die leute also weis* (309f.). Mit seiner kognitiven Brillanz gewinnt der Pfaffe auch Ehre und Ruhm: *Des wart der pfaffe geeret / und harte witen erkant.* Zu der Eigenschaft intellektueller Überlegenheit zählt auch seine überragende Redekunst, die der Erzähler mehrfach erwähnt: *Er waz mit worten also weis / Daz man in nirgent verwarf* (342f.).

Dies ist aber nur eine Seite der Wertattributionen, gewissermaßen die kognitiven Fähigkeiten des Pfaffen betreffend. Dazu kommen noch moralische Wertattributionen des Erzählers, die sich auf das Tugendfeld der *milte* erstrecken: Da ist vom gottgefälligen Leben des Pfaffen die Rede, aber auch von Ehre, die er durch das höfische Gebot der Freigebigkeit (deren Verschwinden der Erzähler im Prolog in einer *laudatio temporis acti* beklagt hatte) erringt. Später wird erzählt, dass der Pfaffe sein verdientes Geld immer nach Hause schickt – und damit seine Sorge für die Haushaltung und seine Gäste verdeutlicht: *Die sant er haim vil drate / und hiez der geste vil wol pflegen* (732f.), vorbildliche Verwirklichung der Grundsätze feudaler Vergesellschaftung.[19]

Insgesamt genießt der Pfaffe Amis die Zuwendung des Erzählers, die sich bis zu den beiden letzten Episoden, dem Maurer- und dem Edelsteinschwank in Konstantinopel konstant hält. Erst dann kommt es zu einer temporären erzählerischen Abkehr, was aber auch der komplexen Schwanktechnik dieser Episoden geschuldet ist. Die Zuwendung kulminiert in der Aussage, dass der Erzähler dem Pfaffen von Schuld freispricht: *An sin selbes schulden / geschach im libe unde wol, / als ich euch bescheiden sol* (1284–86). Auf der *histoire*-Ebene steht Amis von Anfang an als der unbestrittene Held im Zentrum, er tritt bis auf die letzten Episoden nie zurück und spielt in allen Episoden die Hauptrolle – ein einheitlicher Schwankheld. Diese Ein-

---

[18] Zur Rolle des *primacy effects* vgl. DIMPEL: *Die Zofe im Fokus*, Anm. 17, S. 116ff.
[19] Vgl. STROHSCHNEIDER: *Kippfiguren*, Anm. 14, S. 182.

heitlichkeit und Dominanz ist nicht nur Voraussetzung für die biographische Klammer des Schwankromans,[20] sondern auch die Bedingung der Möglichkeit, Sympathie auf der Rezeptionsebene zu generieren, was den an die Einzelschwänke gebundenen und untereinander sehr verschiedenen ›Opfern‹ oder ›Antagonisten‹ nicht vergönnt ist. Allein schon durch ihre Bezeichnungen ohne Eigennamen (*der bischof, der kunic, der ritter, eine gebeurinne* usw.) erscheinen sie als typenhafte Repräsentanten ihres Standes, was eine Haltung kritischer Distanz zu ihnen befördert – ganz im Gegensatz zur Hauptfigur. Gewissermaßen stellt sich bei diesen Nebenfiguren die Frage, ob sie überhaupt einer Sympathiesteuerung unterliegen, in weit geringerem Umfang.[21]

Gegen diese ›Sympathiefaktoren‹, wie ich sie nennen möchte, steht die zu Beginn erwähnte negative Attribution von Lug und Trug, welche sich gegen Mitte der Erzählung wiederholt und daher doppelt wiegt. Überraschend ist jedoch, dass außer diesen beiden Textstellen (in der Vulgata-Fassung) keine weiteren negativen Wertattributionen vom Erzähler vorgenommen werden. Eine Ausnahme ist die zitierte *hochvart*-Stelle aus der Riedegger Handschrift, auf die ich weiter unten noch eingehen werde. Nimmt man die Konversion und das gute Ende im extradiegetischen Epilog hinzu, überwiegen die positiven Erzähleraussagen zum Protagonisten insgesamt deutlich.

Schauen wir uns nun die Fokalisierungen der Figurenrede an. Es sind nicht viele, eine Situation, die nicht vergleichbar ist mit dem höfischen Roman. Doch immerhin treten drei längere Soliloquien auf, die als qualifizierende Selbstaussagen des Amis gewertet werden können, und eine partielle Innensicht der Figur vermitteln. Sie sind, wer hätte es bezweifelt, zwar widersprüchlich, folgen aber einer Tendenz. Die erste Selbstrede, als Denken qualifiziert, erscheint direkt nach der Bischofsepisode, nachdem sein guter Ruf dem Pfaffen immer mehr Gäste zugetragen hatte:

> *Er gedaht in sinem mute:*
> *›Swaz ich ie getete zu gute,*
> *daz verleus ich gerlichen,*
> *ob ich dem haus entwiche.*
> *Ich wer so gern dar inne.*
> *Swie ich das gut gewinne,*

---

[20] Einheitlichkeit des Schwankhelden (wie Einheitlichkeit der Antagonisten) sind zwei von Fischer genannte, wichtige Gattungskriterien. FISCHER: *Zur Gattungsform des ›Pfaffen Amis‹*, Anm. 8, S. 296.

[21] Dies könnte eine Gattungseigenheit des Schwankromans sein, denn im Tierepos ist es bereits etwas anders: Im *Reinhart Fuchs* des Elsässers Heinrich etwa sind mit Wolf und Löwe durchaus zwei weitere Protagonisten maßgeblich an der Fabel beteiligt.

> *also gewinnet e,*
> *dan ich de haus abgeste.*
> *Ich will nach gut werben.*
> *Min haus sol niht verderben.‹* (325–334)

An dieser für die folgende Schwankreihe entscheidenden Gelenkstelle wird der Auszug des Pfaffen *nach gut* ökonomisch und moralisch motiviert – *swaz ich ie getete zu gute* – damit das »endlose Fest« als Konsequenz der wieder aufgenommenen, vorbildlichen *milte* weitergehen kann.[22] Der Pfaffe macht sich also auf den Weg, um das Problem, wie er seinen Versorgungspflichten gegenüber den Gästen nachkommen könnte, zu lösen. Ansonsten würde sein Haus *verderben*, eine unangenehme Vorstellung, die noch einmal auf den altruistischen und somit moralischen Aspekt des Auszugs abzielt. Denn die Freigebigkeit ist »in der Vertikale transzendenter Normbegründungen (...) wie in der Horizontale innerweltlicher Sozialregulierung (...) gleichermaßen vorbildlich«, wie STROHSCHNEIDER unverkennbar formuliert.[23] Das Handeln des Pfaffen bleibt wie im Epilog, wenn Amis als fürsorglicher und für seine Mönche wirtschaftender Abt beschrieben wird, »je auf andere gerichtet: die Gäste der Pfarrei, den Wohlstand der coenobitären Gemeinschaft.«[24] Figurenaussage und Erzähleraussage über Amis' Handeln zum Wohl anderer fallen hier in eins, sodass das höfische Werteprinzip der *milte* in seiner Form der materiellen Fürsorge doppelt abgestützt erscheint.

Das zweite Soliloquium findet sich in Vers 1334, wo es heißt:

> *Er daht: ›Ich wil ein koufman*
> *werden nach gewinne*
> *und will mit minem sinne*
> *michel gut erwerben*
> *oder ich muz ersterben.*
> *Nu was hilfet mich min ringen*
> *an sust getanen sinnen:*
> *Als mir ein lutzel wider vert,*
> *so ist ez in dem haus verzert.*
> *Des muz ich immer arm sin.*
> *Ich will nu daz haus min*
> *nu al zu eren machen*
> *oder immer verswachen.‹* (1334–1350)

Hier kann man Verschiedenes erkennen: Zunächst wird zwar das Streben nach Gewinn (nach Art eines Kaufmanns) zugegeben, doch erscheint es keineswegs als

---

[22] RÖCKE: *Die Freude am Bösen*, Anm. 11, S. 51.
[23] STROHSCHNEIDER: *Kippfiguren*, Anm. 14, S. 173.
[24] Ebd., S. 182.

Selbstzweck, sondern wird durch die Zwangslage, die der Sprecher ohne Umschweife drastisch beschreibt, gerechtfertigt. Die Alternative zum Betrug wäre (in gegenüber der vorigen Textstelle gesteigerter Form) der Untergang (*oder ich muz ersterben, des muz ich immer arm sin*). Das Gewinnstreben des Kaufmanns steht in einem parodistischen Verhältnis zum ritterlichen Streben nach *êre*, einem weiteren axiologischen Wertprinzip der höfischen Gesellschaft.[25] Mit Gelderwerb kann der Pfaffe seinem Haus Ehre machen, eine Ehre, die er mit Risiko gewinnen will. Der Vergleich zum höfischen Roman gerade an dieser Stelle könnte darauf hindeuten, dass hier der Sympathievorschuss des ritterlichen Helden in die Abenteuer des Pfaffen parodistisch umgemünzt werden soll, indem der axiologische Wert der Ehre auf den Erwerb von Gut übertragen wird.

Etwas anders gelagert ist das dritte Soliloquium, welches ein Schlaglicht auf die inneren Beweggründe der fokalen Figur zu werfen scheint:

> *Weiz got, ich muz aber dar.*
> *Ich bin des worden gewar,*
> *swer gut erwerben kann,*
> *der wirt da schire ein richer man.*
> *Ich wil der selden schiben*
> *williclichen triben,*
> *seit si ir so vaste gat.* (1825–32)

Hier könnte der Pfaffe erstmalig als habgierig und hochmütig erscheinen. Die *rota fortunae* diente im Mittelalter häufig als Warnung vor der *superbia*, und daher interpretiert FASBENDER die Stelle als »potentielle Kritik an seinem Handeln«.[26] Der Pfaffe scheint hier das Rad zu überdrehen und in Anmaßung zu verfallen, mit der *superbia* werden axiologisch negative Wertattributionen aufgerufen, die an die *hohvart*-Stelle in R anschließen. Diese dritte Figurenrede würde, wie bereits bei den widersprüchlichen Wertungen der Erzählerstimme gesehen, ebenso auf Normkonflikte und Ambivalenzen bei der Figurenmodellierung hindeuten. Andererseits kann die Stelle auch anders gelesen werden: Unabhängig von seiner theologischen Deutung wird das Glücksrad in der mittelhochdeutschen Schwankliteratur gerade als Metapher für das Ergreifen persönlicher Chancen gesehen. So kommt es im *Studentenabenteuer A* zu einer radikalen Umdeutung des Rades, welches nun nicht mehr auf transzendente Werte verweist, sondern »auf das schnelle Ergreifen von Mög-

---

[25] Die These dass der *Pfaffe Amis* als parodistische Kontrafaktur eines höfischen Roman zu gelten hätte, wurde von verschiedenen Studien gestützt: KÖNNEKER: *Strickers Pfaffe Amis*, Anm. 7, S. 244ff.; Röcke: *Die Freude am Bösen*, Anm. 11, S. 83f.

[26] CHRISTOPH FASBENDER: »Hochvart« im ›Armen Heinrich‹, im ›Pfaffen Amis‹ und im ›Reinhart Fuchs‹ – Versuch über redaktionelle Tendenzen im Cpg 341, in: *Zeitschrift für deutsches Altertum und deutsche Literatur* 128 (1999), H.4, S. 394–408, S. 400.

lichkeiten, die im unsteten Wandel aufblitzen.«[27] Diese schwankhafte Auslegung des Glücksrads passt sehr gut zu Gattung und Tonart des Textes, und sie erhöht das Sympathiepotential der Hauptfigur, wenn auch in karnevalesker Brechung.

Seltener noch sind die Fokalisierungen der anderen Figuren: Der Bischof entlarvt sich in seiner Kritik am Lebensstil des Pfaffen selbst als habgierig und neidisch (Forderung an den Pfaffen, 62–70), was auch vom Erzähler bestätigt wird (*daz liez er niht ane neit* (59); *Ditz was dem bischof zorn* (83). Wenn sein Verhalten dem Pfaffen gegenüber auch nicht unzweifelhaft von negativen Sympathiesteuerungsverfahren gekennzeichnet ist, da dessen Freigebigkeit und Hofhaltung kirchenrechtlich einer Verletzung der Gehorsamspflicht gleichkommt,[28] so ist der Bischof dennoch eine Figur, die auf der Handlungsebene dem Protagonisten nicht allein im Wettstreit klar unterlegen ist, sondern ihm auch in den feudalethischen Wertattributionen diametral gegenübersteht. Er erscheint als zudringlicher, eifersüchtiger Vorgesetzter, der weniger von kognitiver Brillanz als von negativen Emotionen erfüllt ist, als lächerlicher Antagonist in einem karnevalesken Prüfungsritual. Dies wird auch am Ende der Episode deutlich, wenn der Tod des Bischofs *den armen pfaffen von der not [erlost]* (304f.) Interessant ist, dass er gegenüber Amis den Vorwurf des Lügens und Betrügens aus dem Prolog wieder aufnimmt: *Der bischof sprach: Ir liget.* (145) Doch da er als eine mit negativen Werten versehene Kontrahentenfigur eingeführt wurde, erscheinen seine Aussagen als interessegeleitet und wenig glaubwürdig.[29] Durch die fokalisierte Wiederholung des Bischofs der im Prolog gemachten Aussage des Erzählers wird jene abgeschwächt und könnte nun als ironisch erscheinen: Denn Lug und Trug werden hier in einem typisch schwankhaft-komischen Rahmen verwendet, der sich fundamental vom zunächst supponierten Ernst des Prologs

---

[27] SUSANNE REICHLIN: *Zeitperspektiven – Das Beobachten von Providenz und Kontingenz in der ›Buhlschaft auf dem Baume‹*, in: *Kein Zufall. Konzeptionen von Kontingenz in der mittelalterlichen Literatur*, hg. von CORNELIA HERBERICHS u. SUSANNE REICHLIN, Göttingen 2011, S. 245–270, S. 247. Reichlin vergleicht eine Textstelle des Märe *Studentenabenteuer A* mit der hier zitierten aus dem *Pfaffen Amis*.

[28] Vgl. WOLFGANG W. MOELLEKEN: *Der ›Pfaffe Amis‹ und sein Bischof*, in: *In hôhem prise. Festschrift in honor of Ernst S. Dick*, hg. von WINDER MCCONNELL, Göppingen 1989, S. 279–293. »Die bestehende Rechtslage deutet darauf hin, dass der Pfaffe durch Ausübung übertriebener Freigebigkeit seine Kompetenz überschritten hatte.« S. 290.

[29] Vgl. KÖNNEKER: *Strickers Pfaffe Amis*, Anm. 7, S. 289–91. Dass der Bischof vom Erzähler wie auch durch sein Verhalten mit tadelnswerten Eigenschaften wie Neid, Habgier, Ungerechtigkeit, geistiger Beschränktheit bedacht wird, hat Agricola bereits gesehen. ERHARD AGRICOLA: *Die Komik der Strickerschen Schwänke – Ihr Anlass, ihre Form, ihre Aufgabe*. Leipzig 1954, S. 198.

unterscheidet.³⁰ Fragen und Antworten des Initialschwanks stehen in einem scherzhaft-agonalen Verhältnis, dem Rätselwettstreit zueinander, was auch an der fokalisierten Aussage: *Swie hart ir mich betriget, / doch muz ichz gelouben e* – erkennbar ist (146f.). In diesem Rahmen erhält der fokalisierte Vorwurf des Lügens eine andere Wertigkeit als im von der Erzählerstimme regierten Prolog und subvertiert diesen gewissermaßen rückwirkend.

Fokalisierte Rede ist im Gesamttext zwar unterrepräsentiert, doch zeigen auch die anderen Antagonisten der Hauptfigur ihre moralische Defizienz, wenn sie als fokale Filter auftreten. Dies korrespondiert mit der Tatsache, dass sie ihren durch Amis zugefügten Schaden verdient zu haben scheinen. Ihr Unglück ist nicht »unverschuldet«,³¹ sondern sie haben es durch ihr Verhalten quasi selbst herbeigeführt. Wie »unverschuldetes Unglück« als ein wichtiges Sympathiesteuerungsverfahren angesehen werden kann, ist das »selbst verschuldete Unglück« ein Verfahren, um Sympathie eben nicht aufkommen zu lassen, denn es entspricht wie sein Gegenteil der poetischen Gerechtigkeit, wenn das Ergehen von Figuren von deren Verhalten selbst herbeigeführt wird.³² Allerdings wird dieses selbst verschuldete Unglück hier exemplarisch benutzt (keine Figur reflektiert darüber), sodass der Rezipient den Eindruck haben muss, der durch Amis angerichtete Schaden sei nicht sehr groß. Dies ist vor allem im Mittelteil erkennbar, wenn die Geschädigten den Betrug gar nicht bemerken: die Bäuerin mit dem Hahn, der Bauer mit den Fischen, das Ritterehepaar mit dem Tuch. Dort, wo der Schaden durch den Einsatz von Gewalt grö-

---

³⁰ In diesem Rahmen ist auch die Fremdbestimmtheit anzusehen, die Maria Müller in der Bischofsfigur erkennt: »Damit ist es dem Pfaffen gelungen, seinen Kontrahenten auf ein Feld zu manövrieren, das diesen zur Handlungsunfähigkeit verdammt. Der Bischof tappt in die Falle der Fremdbestimmtheit, die Karlheinz Stierle mit Berufung auf Jean Paul als objektive Voraussetzung für Komik hervorhebt. (...) Unterstützt wird diese Disposition durch die Sympathielenkung des Erzählers, der das wachsende Ausgeliefertsein des Bischofs süffisant markiert.« MARIA E. MÜLLER: *Vom Kipp-Phänomen überrollt – Komik als narratologische Leerstelle am Beispiel des zyklischen Erzählens*, in: *Historische Narratologie - mediävistische Perspektiven*, hg. von HARALD HAFERLAND u. MATTHIAS MEYER, Berlin / New York 2010, S. 69–97, S. 79.
³¹ Zum »unverschuldeten Unglück« vgl. DIMPEL: *Die Zofe im Fokus*, Anm. 17, S. 80–93.
³² Vgl. zur »poetischen Gerechtigkeit« den Beitrag von Harald Haferland in diesem Band (Poetische Gerechtigkeit, S. 181–225). Haferland macht auf die Möglichkeit des Lesers / Hörers aufmerksam, Unglück und Schuld zu parieren. Doch kaum ein Leser des *Pfaffen Amis* dürfte bei dieser Figurenzeichnung deren selbst verschuldetes Unglück in Zweifel ziehen, denn es handelt sich hier nicht um poetische Ungerechtigkeit: alle Gegenspieler des Pfaffen werden durch negative Wertattributionen gekennzeichnet und erfahren somit durch den Betrug keine Ungerechtigkeit. Hier ist noch nicht einmal Komik nötig, um ein Mitleidsgefühl für die Figuren »abzutöten«. Vgl. HAFERLAND, S. 221f.

ßer zu sein scheint (in den Kaufmanns-Schwänken am Ende), nehmen ihm der Einsatz komischer Mittel die Schärfe (Fremdbestimmung, Hyperbolik, Groteske).

Wie verhält sich nun die Hauptfigur bei Konflikten? Interessant ist, dass der Tun-Ergehen-Zusammenhang beim Protagonisten, blickt man auf die Rahmungsteile, gar nicht gestört ist: sein Ergehen ist nicht im Mindesten eine Strafe für irgendein Fehlverhalten, sondern im Gegenteil eine Belohnung für seine *milte*. In den Konflikten des Schwankteils ist sein Erfolg ein Resultat kognitiv bestimmtes Handeln: Amis verhält sich nicht nur vorausschauend und strategisch, sondern er ist auch furchtlos und ohne jegliche emotionale Regung, die seine Handlungen zum Scheitern bringen könnte. Dies unterscheidet ihn von den anderen Figuren, welche fast alle von ihren Affekten regiert werden und ihre Strafe verdient haben. Das mag ein Schwankmuster sein, doch ist es hier besonders kontinuierlich inszeniert: »Der Held nimmt die Position anstrengungsloser Überlegenheit ein«, wie KALKOFEN formuliert.[33] Es gibt somit auch keine Episode, in der Amis erfolglos wäre. Erfolg ist ein wesentlicher Bestandteil der Sympathiesteuerung, da er die Wertigkeit der Figuren in Relation zum gesellschaftlich gültigen Wert- und Normsystem anzeigt. Und er ist Teil des Tun-Ergehen-Zusammenhangs, welcher impliziert, dass die Welt dann im Lot ist, wenn gute Taten belohnt und böse bestraft werden. »Es liegt deshalb nahe, Erfolg als Indiz für Bonität und Misserfolg als Indiz für moralische Defizite zu verstehen«.[34] Wenn nun Amis eigentlich böse wäre, dann wäre sein Erfolg nicht verdient, sondern eine Inversion des Schemas. Doch die bisherige Untersuchung hat gezeigt, dass Amis eher positive Attributionen zugewiesen werden. So ist der Tun-Ergehen-Zusammenhang als Kern exemplarischen Erzählens zwar individualisiert, weil die Relation zwischen Normerfüllung und Lohn oder Normverstoß und Strafe anhand des erzählten Falls nicht als allgemeine Regel ausgegeben werden kann, wird aber nicht, wie im höfischen Roman, etwa im *Tristan* Gottfrieds von Straßburg, unterlaufen.[35] Geschieht dies im *Tristan* durch die Prämierung des axiologischen Werts der Liebe, so genießt Amis Glück und Ansehen auf Grund des in der Erzählung erkennbaren höchsten axiologischen Werts, der *gevüege kündikeit*. Damit hätten wir einen weiteren Aspekt für Sympathie, denn rationales Handeln, *gevüege kündikeit* und Lebensklugheit zählen beim Stricker zu den »zentralen und programmatischen Forderungen seiner Dichtungen.«[36]

---

[33] KALKOFEN, Der Priesterbetrug als Weltklugheit, Anm. 9, S. 172.
[34] GERT HÜBNER: *Erzählform im höfischen Roman. Studien zur Fokalisierung im ›Eneas‹, im ›Iwein‹ und im ›Tristan‹*, Tübingen 2003, S. 70. Anders aber Hübners Beitrag in diesem Band: *Schläue und Urteil*, S. 77–96.
[35] Ebd., S. 74.
[36] SCHILLING: *Nachwort zu: ›Der Pfaffe Amis‹*, Anm. 1, S. 192f. Vgl. auch die Beiträge in GONZALEZ / MILLET: *Die Kleinepik des Strickers*, Anm. 16.

Die narratologische Analyse hat ergeben, dass sowohl bei den nicht fokalisierten Beschreibungen des Protagonisten wie bei den fokalisierten Soliloquien jeweils widersprüchliche Aussagen vorhanden sind, bei denen jedoch eindeutig die positiven Aspekte überwiegen. Wertattributionen wie praktische Klugheit und Freigebigkeit, die auf axiologische Wertprinzipien sowohl der höfischen wie auch der städtischen Gesellschaft hinweisen, dominieren sowohl in den nichtfokalisierten als auch den fokalisierten Zuschreibungen. Deutlicher werden diese Attributionen noch im Vergleich zu den Antagonisten des Helden, welche vorwiegend negative Wertattributionen erhalten, vor allem der Bischof als erster Gegner. Die *gevüege kündigkeit* als axiologischer Wert löst in der Wertehierarchie bisherige höfische Werte ab und ist gleichzeitig Bedingung für stetigen Erfolg.

Was man aus dieser Analyse nicht ableiten kann, ist ein Verfall von jeglichen axiologischen Werte und intradiegetischen Wertattributionen (wie RÖCKE und HONEMANN angenommen hatten). Die Konkurrenz bzw. Widersprüchlichkeit positiver und negativer Wertattributionen im Text trägt in dieser Situation nicht dazu bei, die Sympathievorgaben für den Helden zu unterminieren, sondern sogar noch zu verstärken. Die nur im Prolog und an einer Stelle im Mittelteil geäußerte Kritik des Erzählers könnte nämlich als – vielleicht auch ironisch gemeinter – Spannungsfaktor gesehen werden, der den Protagonisten ambiguisiert und hervorhebt. Die Tatsache, dass Amis eine Mangelsituation überwinden und komplexe Schwierigkeiten bewältigen muss, lässt seine Transgressionen der Rechtsnorm eher lässlich und verständlich erscheinen. Ungleich den betrogenen Figuren auf der Handlungsebene kann der Rezipient gerade auch wegen dieser Konflikte und Schwierigkeiten Sympathie mit dem Protagonisten entwickeln, weil er durch die Informationen des Erzählers über die Strategien des Pfaffen genauestens unterrichtet ist und diese nachvollziehen kann – ganz im Gegenteil zu den Opfern des Pfaffen, die in ihren eigenen, vom Laster diktierten Strategien befangen sind.

Als Ergebnis kann somit die Modellierung des Protagonisten auf beiden Erzählebenen von *histoire* und *discours* als ambivalent festgehalten werden. Allerdings ist gleichzeitig auch eine klare Tendenz zur Sympathiesteuerung zu konstatieren, die sich aus zahlreichen Aspekten ergibt: *primacy effect*, serieller Handlungserfolg, finale Heilsgewissheit, Wertattributionen der Erzähler- und Figurenreden, Erfüllen des Tun-Ergehen-Zusammenhangs, komische Rahmungselemente wie Ironie. Es stellt sich nun die Frage, wie diese auf Ambivalenz beruhende Sympathiesteuerung im *Pfaffen Amis* zu verstehen ist. Welche Funktion erfüllt sie? Amis kann kein moralisches Vorbild, wie etwa Erec oder Wigalois, sein; er kann aber auch schwerlich als teuflisch oder böse wahrgenommen werden,[37] und es stellt sich die Frage, ob er überhaupt als eine »moralisch geprägte« Figur verstanden werden kann. Genau dies ist schwierig zu beantworten. Es genügt nicht, mit Hinweis auf die Struktur von »Schlauheitserzählungen« im *Pfaffen Amis* die Vermeidung von Antipathie, aber auch von Sympathie für die Hauptfigur zu konstatieren und Amis auf amoralisches Handeln festzulegen, wie Hübner dies in diesem Band in seinem Beitrag zum *Reinhart Fuchs* des Elsässers Heinrich vornimmt.[38] Denn anders als Reinhart tut Amis ja immerhin Gutes für andere, für die Gäste seines Hauses und für die Mönche im Kloster. Ein tugendhaft handelnder Pfaffe und Abt Amis in der Rahmenerzählung steht gewissermaßen einem amoralischen Schwankhelden Amis im Mittelteil gegenüber. Auf dieser »Hinterbühne« der paradigmatisch gereihten Schwankerzählungen (Strohschneider) agiert er vor allem clever und vernunftkontrolliert, da es ihm nur um die Realisierung des notwendigen Gewinns geht. Dabei nutzt er seine kognitive Überlegenheit gegenüber den Einfältigen aus.[39] Doch diese Episoden, in denen der Held immer wieder neuen Gegnern / Opfern gegenübersteht, deren Strategien er durchschaut und durch Schlauheit zu seinem Vorteil transformieren kann, sind typisierte, serielle schwankhafte Erzählungen, die nicht ›ernst‹ gemeint sind. Das unernste Erzählen des Strickers ist von Beginn an bemerkbar und setzt das gesamte Buch in einen komischen Rahmen. Maria E. Müller hat verschiedene komische Elemente herausgearbeitet: die parodistischen Bezüge zum Artusroman, die »Leitambivalenz« des ersten Betrügers, die sie als Komiksignal identifiziert, die Komik der Fremdbestimmtheit in den Schwankerzählungen nach Iser, die Ironie.[40] Es sind aber auch vor allem die Schwänke selbst mit ihrer ausgefeilten, immer komplexer werdenden Handlungs- und Situationskomik, welche dem unernsten, hyperbolischen Erzählen zugeschrieben werden müssen. Schwankhafte Erzählungen im Mittelalter besitzen deshalb auch einen gattungsspezifisch höheren Fiktionalitätsgrad als nicht-schwankhafte, weil ihr Erzähler seine Distanz zur erzählten Welt durch Mittel wie offensichtliche Lüge, Ironie, übertreibendes, satirisches und sarkastisches Sprechen deutlich macht. Gerade deshalb ist es die Lüge, die Amis als Schwankheld auszeichnet, die den Rezipienten einen Schlüssel zur Hand gibt, die Handlungen des Helden richtig zu deuten: Lüge wird hier nicht als Sünde verstanden, sondern als kunstreiches Mittel, seinen Vorteil gegenüber ande-

---

[37] So auch Böhm: *Der Stricker* (Anm. 13), S. 225: »Der Zugang über die Erzählhaltung hat ergeben, dass Amis vom Erzähler nicht verurteilt wird, aber auch nicht (…) gelobt und zum nachahmungswürdigen Vorbild erhoben wird.«

[38] Gert Hübner: *Schläue und Urteil – Handlungswissen im Reinhart Fuchs*, in diesem Band S. 92.

[39] Stephanie Jay Desmond: *Cheating and Cheaters in German Romance and Epic*, 1180–1225. Diss. Toronto 2013, S. 184.

[40] Maria E. Müller: *Vom Kipp-Phänomen überrollt* (Anm. 30), S. 80ff.

ren zu erlangen.[41] So realisiert sich der Sieg des Schlauen gegen den Dummen im Rahmen einer Situationsspaltung, einer Situation mit einem textinternen und einem textexternen Adressaten, mit Hilfe derer die Hörer / Leser auf die Seite des (trickreich lügenden) Betrügers gebracht wird, und zwar so effektiv, dass sie sich mit ihm (in seiner kognitiven Überlegenheit) identifizieren können.[42] Das Schwankmuster ist auch etwa in Mären des 13. Jahrhunderts erkennbar, wie Coxons Analysen zeigen: »Time and again the comic conflict in the narrative world is told in such a way as to satisfy the recipients' desire, as nurtured by the tales themselves, to see the clever triumph.«[43]

Wenn aber die Amoralität des Schwankhelden mit dem schwankhaften Erzählen ursächlich zusammenhängt, und wenn dieses Erzählen vor allem die – wie auch immer zweifelhaften – Erfolge des Helden gegenüber den Einfältigen zum Thema hat, dann ist Amis eine Figur, die nicht belehren, sondern allein unterhalten soll. Und es sind gerade die Erfolge des Pfaffen, sein geschickter Triumph, die ihn trotz seines amoralischen Verhaltens sympathisch machen sollen. Der Tun-Ergehen-Zusammenhang hat im Schwankteil für ihn – anders als für seine Gegner, deren Strategien moralisch defizient sind – keine Gültigkeit, ganz so, als müsse er sich für sein Handeln nicht verantworten bzw. rechtfertigen. Dazu passt auch, dass ihm Gott im Epilog alle Sünden verzeiht.

Damit sind wir bei einem weiteren, hier zumindest letzten Problem: was von diesen Beobachtungen ist auf gattungsspezifische Merkmale des Schwankromans zurückzuführen? Welche Bedingungen für Sympathiesteuerung, welche Wertmaßstäbe gelten in dieser von Komik beherrschten Gattung und welche Konventionen müssen beachtet werden? In einem klugen Aufsatz über die Farce auf dem Theater und ihre Publikumsstrategien schreibt Nichols: »Laughter involves the audience,

---

[41] Dietz zeigt mit Beispielen aus der Patristik, dass die Lüge auch schon im Mittelalter (Chrysostomos) ambivalent gesehen wurde, da sie von der Absicht des Lügenden abhängig war und in speziellen Situationen als *pia fraus* durchgehen konnte. Simone Dietz: *Die Kunst des Lügens – Eine sprachliche Fähigkeit und ihr moralischer Wert*, Reinbek 2003, S. 10–32. Vgl. zum Zusammenhang Lüge und Poetik des Schwanks Werner Röcke: *Überwältigung und Faszination – Die literarische Kunst der Lüge in Mittelalter und Früher Neuzeit*, in: *Homo Mendax*, hg. von Ulrich Ernst (Anm. 3), S. 155–168, S. 155ff.

[42] Rainer Warning und Konrad Ehlich haben diesen Begriff beide geprägt. Rainer Warning: Der inszenierte Diskurs. Bemerkungen zur pragmatischen Relation der Fiktion, in: *Funktionen des Fiktiven*, hg. von Dieter Henrich u. Wolfgang Iser, München 1983, S. 183–206, S. 192f.; Konrad Ehlich: Zum Textbegriff, in: *Text – Textsorten – Semantik – Linguistische Modelle und maschinelle Verfahren*, hg. von Annely Rothkegel u. Barbara Sandig, Hamburg 1984, S. 9–25.

[43] Sebastian Coxon: *Laughter and narrative in the later Middle Ages – German comic tales 1350 – 1525*, London 2008, S. 84.

granting license to free the spectator from moral or rational speculation.«⁴⁴ Lachen und sein Anlass, die Komik enthebt somit den Rezipienten vom psychischen Aufwand (würde FREUD sagen), moralische Konsequenzen zu ziehen. Dabei wird auch der Schelm von solchen moralischen Zwängen befreit und in seinem fiktiven Universum zum moralisch nicht Belangbaren, da er der Erfolgreiche, der Sieger ist. Und wenn dann noch Prolog und Epilog – wie augenzwinkernd auch immer – den Pfaffen als moralisch rechtschaffen darstellen, ist der Rezipient vollständig entlastet und kann den Druck der ambivalenten Figur ablachen. Das Lachen ist dabei jedoch gleichzeitig ein sanktionierendes, strafendes Lachen über die Unterlegenen (auch das erreicht der Erzähler), welches moralisch zulässig ist, denn die Opfer scheitern an den Ursachen ihrer falschen Strategien: Habsucht und Neid, Wollust und Hochmut, Geiz und Trägheit.⁴⁵

Lachendes Einvernehmen zwischen dem Helden und seinen Rezipienten und gleichzeitiges Lachen über seine Opfer⁴⁶ bedeutet eben auch, sich über die moralischen Verfehlungen des Helden hinwegzusetzen. Lachen gehört in einen unernsten Rahmen, und dieser Rahmen setzt moralische Normen aus. Was bleibt, ist die Überlegenheit des Gewitzten über den Naiven, und dieser wird dem lachenden Publikum sympathisch sein. Dies scheint für alle schwankhaften Erzählungen zu gelten, wie PEARCY zu den französischen Fabliaux anmerkt: »It is an axiom of the genre that audience sympathy in the fabliaux is always solicited for the duper figure (...), so that all fabliaux, in the very restricted sense implied by the foregoing discussion, end ›happily‹, and impart something of the comic enjoyment of witnessing the triumph over adversity of a favored, sympathetic figure, whose ›goodness‹ however is also narrowly and uniquely defined by the literary context and may seem ambiguous or even perverse by conventional Christian moral standards.«⁴⁷ Die Sympathie wird hier nicht moralisch, sondern aus dem Erfolg des Schlauen gegenüber dem Dummen und dem zugrundeliegenden komischen Prozess gewonnen. Ein erfolgreicher Schelm ist sympathischer als ein dummer und lasterhafter Gefoppter. Doch das La-

---

⁴⁴ STEPHEN G. NICHOLS: Four principles of medieval farce, in: *Lachgemeinschaften – kulturelle Inszenierungen und soziale Wirkungen von Gelächter im Mittelalter und in der frühen Neuzeit*, hg. von WERNER RÖCKE u. HANS RUDOLF VELTEN, Berlin / New York 2005, S. 191–208, S. 194 f.

⁴⁵ Der Topos der verspotteten Spötter findet sich in Predigt und Geistlichem Spiel im Mittelalter. Vgl. dazu Hildegard Elisabeth Keller: Lachen und Lachresistenz. Noahs Söhne in der Genesisepik, der Biblia Pauperum und dem Donaueschinger Passionsspiel, in: RÖCKE / VELTEN (Hg.): *Lachgemeinschaften*, Anm. 44, S. 33–60, S. 57 f.

⁴⁶ Vgl. HANS ROBERT JAUSS: Über den Grund des Vergnügens am komischen Helden, in: *Das Komische*, hg. von WOLFGANG PREISENDANZ und RAINER WARNING (= Poetik und Hermeneutik VII), München 1976, S. 103–133.

⁴⁷ ROY J. PEARCY: *Logic and Humour in the Fabliaux – an Essay in Applied Narratology*, Cambridge 2007, S. 84.

chen über sie ist auch nur möglich, weil ihr Leiden enthebbar ist – die Fiktionalität der Bestrafung wird ebenso mitreflektiert wie die Fiktionalität des Schwanks und seiner Figuren. Im Medium der Komik wird poetische Gerechtigkeit hergestellt und so die Taten des Pfaffen für gut geheißen.[48] Wenn der Schlaue über den Dummen, wenn auch mit etwas unlauteren Mitteln siegt, dann besteht die axiomatische Norm »Klugheit siegt über Einfalt« weiter, sie wird nicht verlacht, sondern gefeiert. Amis könnte von dieser Warte her gesehen gar nicht unsympathisch sein, im Unterschied zu Reinhart Fuchs. Denn seine Welt geht nicht unter, sie besteht weiter und er versöhnt sich mit ihr und sogar mit der Norm – wenn auch sehr ironisch.

4. Adressaten und empirische Rezipienten

Scheinen so die Sympathiesteuerungsverfahren im *Pfaffen Amis* sowohl auf eine Hervorhebung der Hauptfigur im Sinne ambivalenter Profilierung mit positiver Tendenz abzuzielen, als auch direkt die Handlungslogik des Schwankhelden als Identifikationsfigur des erfolgreich Schlauen zu nutzen, ist es bezüglich der Sympathie unumgänglich, die Frage nach dem intendierten und empirischen Publikum zu stellen. Die Entfaltung von Sympathieeffekten ist zwingend auf spezifische Dispositionen der Rezipienten angewiesen, denn Sympathie geht wie übrigens auch die Komik, immer vom Subjekt aus – sie kann niemals objektiv-ontologisch definiert werden. Keine Figur kann an sich sympathisch sein, sie muss es erst im Akt des Hörens oder Lesens werden. Dass die Adressaten und die Lenkung ihrer Rezeption für den Stricker eine wichtige Rolle spielen, zeigt der Prolog des *Pfaffen Amis*. Er ist nach rhetorischen Prinzipien als Gespräch mit dem Publikum aufgebaut, in dem ein professioneller Dichter (*Ich kan gefuger worte vil*) ein interessiertes Publikum (*Daz derzeige ich, wer si horen will*) adressiert (*Nu horet*) und ihm Versprechungen auf eine Ursprungserzählung macht (*Nu saget uns der Stricker / wer der erste man wer*). Der Erzähler spricht über den Moment des Erzählens und ruft damit den Rezeptionskontext mit Vortrag, Hören und Sehen auf, er gebraucht rhetorische Mittel (*captatio benevolentiae, laudatio temporis acti*), um sein Publikum günstig zu stimmen, er for-

---

[48] Daher zweifle ich auch an der These von Harald Haferland, der *Pfaffe Amis* demonstriere »auf hinterhältige Weise poetische Ungerechtigkeit«. Denn es ist zwar richtig, dass der Schwankheld seine Opfer mit unlauteren Mitteln übervorteilt, doch ist dies keineswegs »ungerecht«. Denn diese haben ihr »Ergehen« doppel »verdient«: durch ihre im Schwank sichtbar werdenden Laster, sowie durch ihre Einfalt (»Tun«). HARALD HAFERLAND: *Poetische Gerechtigkeit*, Anm. 32, S. 222.

miert eine »Kommunikationsgemeinschaft«.[49] Mehr noch: mit der Verknüpfung von Redekunst und Entlohnung, mit dem Beharren auf Illusionierungsfähigkeit scheint sich der Erzähler selbst mit seiner Hauptfigur und dessen Opfer mit seinen Zuhörern zu vergleichen.[50] Unabhängig davon, wieviel Selbstironie in einem solchen Vergleich enthalten sein mag, stärkt diese Verknüpfung wiederum die Sympathie des Publikums mit der Pfaffenfigur, wenn deutlich wird, dass durch die wohl scherzhafte Parallele mit dem Erzähler als Illusionsbildner deren negative Aspekte nun noch stärker in ironischer Brechung erscheinen.

Wie steht es aber mit den empirischen Rezipienten? Erfahrungsgemäß ist hier für mittelalterliche Kontexte kaum etwas zu holen, es sei denn, man kann Veränderungen in der Überlieferung feststellen. CHRISTOPH FASBENDER hat in einem Handschriftenvergleich die Nähe des *Pfaffen Amis* zu Hartmanns *Der arme Heinrich* in Cpg 341 festgestellt und vor dem Hintergrund einer Strickerschen Reimpredigt im selben Kodex *hochvart* als Zentralbegriff für beide Texte ausgemacht. Der Schreiber ß des Heidelberger Codex hätte dabei, so Fasbender, das Nomen *hohvart* (in Hs. R vorhanden) in *unnôthaft* gebessert, und somit »eine problematische Figur exkulpiert, diesmal wohl ohne semantische Mißdeutung. Der Cpg-Amis wird zum Kämpfer für die *milte*, wie Heinrich zum schuldlosen Sünder wurde. (…) Die Erzählungen werden in allen Fällen vom *hochvart*-Vorwurf in Schutz genommen«.[51] Die Argumentation Fasbenders erscheint schlüssig: der Schreiber versuchte, die Figur des Pfaffen positiver darzustellen als es in seiner Vorlage der Fall war und emendierte. Die Besserungen weisen auf ein Interesse an einer Glättung des Erzählten hin.

Doch warum hat, wenn es so war, der Schreiber ß das getan? Ich habe dazu folgende These: Offensichtlich war ihm die Figur des Pfaffen so sympathisch, dass er

---

[49] Vgl. ELIZABETH ANDERSEN: Die Norm des Komischen im ›Pfaffen Amis‹, in: *Text und Normativität im deutschen Mittelalter – XX. Anglo-German colloquium*, hg. von ELKE BRÜGGEN u.a., Berlin 2012, S. 321–332, S. 321.

[50] So die These Schillings in Der Stricker: *Der Pfaffe Amis* (Anm. 1), S. 198: »Die besondere Raffinesse dieser Parallelität zwischen Amis und dem Autor läge nicht nur in der gemeinsamen Methode der Illusionierung, sondern vor allem in der gemeinsamen Lebensform von clericus vagus und fahrendem Spielmann (als der sich der Erzähler ja im Prolog einführt)«. Die These weiterführend hat Mario Klarer gar vom Pfaffen Amis als »alter ego« des Strickers gesprochen: »So wird der betrügerische Pfaffe schließlich als Alter Ego des Strickers kenntlich – beide setzen sie *list* bzw. *kunst* ein, um vom Publikum angemessen entlohnt zu werden«. MARIO KLARER: Spiegelbilder und Ekphrasen: spekulative Fiktionspoetik im ›Pfaffen Amis‹ des Strickers, in: *Zur Bildlichkeit mittelalterlicher Texte*, hg. von HAIKO WANDHOFF, Berlin 2008, S. 80–106, S. 100.

[51] FASBENDER: *Hochvart im Armen Heinrich*, Anm. 25, S. 401: »Erneut lässt sich beobachten, wie er durch Wortersatz bzw. Umdichtung eine problematische Figur exkulpiert, diesmal wohl ohne semantische Mißdeutung«.

sie exkulpieren wollte. Dieser Schreiber war zunächst ein Leser: Wenn ihm der Pfaffe als negative Betrügerfigur erschienen wäre, wäre es vermutlich nicht zur Tilgung des *hochvart*-Vorwurfs gekommen. Der Schreiber engagierte sich somit für die Figur, die ihm sympathischer ist, als es der Text in R zulässt, und er griffe zu ihren Gunsten ein. Diese Beobachtung auf der Ebene der empirischen, beinahe noch zeitgenössischen Rezipienten führt noch weiter: offensichtlich war der Schreiber bereit, die moralischen Defizite der Amis-Figur zu minimieren und ihre Ambivalenzen zu tilgen – sie schienen ihm selbst wohl als irritierend und fehl am Platz. Offensichtlich las der Schreiber den *Pfaffen Amis* als unterhaltsame Schwankerzählung mit einem populären Helden, dessen moralische Fragwürdigkeit er ohne weiteres akzeptiert. Dies kann daran liegen, wie DESMOND gezeigt hat, dass Schwankhelden wie der Pfaffe Amis von ihrem Publikum keineswegs als nachahmenswert wahrgenommen oder auch nur moralisch bewertet wurden; sie sollten vor allem ihr Publikum unterhalten:

> Cheater stories are not meant to be imitated or evaluated. They are meant only to be enjoyed. The cheater's universe is a deliberate, self-conscious un-reality in which impossible objects and implausible situations exist and can be believed. In this non-serious forum, the wicked cheater can display even blasphemous or demonic characteristics, engaging in acts that the audience would find unacceptable in real life, while still remaining completely sympathetic.[52]

Das Engagement des Schreibers, den Text zu bessern, und damit problematische und negative Figurenanteile zu tilgen, könnte somit auf seine Sympathie mit einer bereits populär gewordenen Schwankfigur zurückgehen. FASBENDER bestätigt die Vermutung der älteren Forschung, dass sich der *Pfaffe Amis* und sein gleichnamiger Protagonist anhand der breiten Handschriftenüberlieferung großer Beliebtheit erfreuten;[53] und beliebt bleibt die Figur auch, wenn man sich die spätere Rezeptionsgeschichte bis zum Straßburger Druck von 1482 und zum *Ulenspiegel* ansieht. Mit Fasbender muss man von Besserung und Glättung der Widersprüche der Figur sprechen; doch ist dies ohne Sympathie des Schreibers für die Figur denkbar? Diese hätte im Verlauf des Rezeptionsprozesses allmählich etwas von ihrer Ambivalenz und Komplexität verloren, zugunsten einer neuen Einheitlichkeit des in verschiedenen komischen Rollen auftretenden Schalks, der »kurtzweilig zu lesen« ist.[54] Ich will diese These noch etwas weiter untermauern: Im Straßburger Druck wird die Figur

---

[52] DESMOND: *Cheating and cheaters*, Anm. 38, S. 219.

[53] FASBENDER; *Hochvart im Armen Heinrich*, Anm. 26, S. 399.

[54] So der Titel einer handschriftlichen Aufzeichnung des Augsburger Schreibers Valentin Holl 1524–26: *Ain lieplichs lesen, Gar kurtzweilig zu hören, von den geschichten, So pfaff Amyß, von der Statt Dranyß in Engelland geborn, getriben und gethon hatt* (Nürnberg, Germ. Nationalmus., Hs Merkel 2° 966, Bl. 191^r–199^r).

stärker als in den Handschriften fokussiert – die 14 Illustrationen zeigen sämtlich die Figur des Helden, der ostentativ und unverwechselbar in Szene gesetzt wird, eine dem Ulenspiegel-Druck ähnliche »ikonographisch eindeutig konturierte Konstante«.[55] Der Amis-Druck macht die Erzählung durch Gliederungen, zusammenfassende Zwischenüberschriften nicht nur kohärenter, sondern er betont auch die Heldenfigur, die als zentrale erzählerische Klammer fungiert und im neuen Begriff des *ofenturlichen man* auch eine faszinierende, schwanktypische Ausprägung erhält.[56] Im Moment der Produktion für einen literarischen urbanen Markt rückt die Hauptfigur als Sympathieträger stärker als im skriptographischen System ins Zentrum, mit allen Veränderungen und Effekten, die zuvor genannt wurden. Die Entwicklung zeigt, dass im Rezeptionsprozess die Variable »Sympathie mit der Heldenfigur« durchaus eine Rolle spielt, sowohl was die Überlieferung des Inhalts wie auch die Gestaltung medial differenter Textträger anbetrifft.

Es bleibt die Frage nach der Gattung: sind solche Veränderungen auf der medialen Ebene, die der Sympathie der Rezipienten für die Hauptfigur geschuldet sind, besonders in Schwankromanen möglich? Ist der Schwankheld per se sympathisch?

5. Sympathie im Schwankroman – der Pfaffe vom Kalenberg

Um diese Frage zu beantworten, möchte ich zum Abschluss den Blick vergleichend auf einen etwa 230 Jahre später entstandenen Schwankroman lenken, der ebenfalls eine Pfaffenfigur zum Protagonisten hat: Es ist ein Augsburger Druck von 1473, Philipp Frankfurters *Des pfaffen geschicht und histori vom Kalenberg*, gewissermaßen ein frühes Wiener Original. Der Protagonist erlangt als namenloser Student im initialen Fisch-Schwank die Gunst des Herzogs und somit die Pfarrei auf dem Kalenberg, um anschließend in der Doppelfunktion als listiger Priester und höfischer Spaßmacher eine Reihe von Abenteuern und Proben zu bestehen.[57] Der Schwankheld ist auch hier die gattungsökonomisch zentrale Instanz, die die Einzelschwänke in einem biographischen Schema verbindet. Diesem Erzählschema ist wie im

---

[55] JÜRGEN SCHULZ-GROBERT: *Das Straßburger Eulenspiegelbuch. Studien zu entstehungsgeschichtlichen Voraussetzungen der ältesten Drucküberlieferung*, Tübingen 1999, S. 65f. Das Stichwort »kurtzweil« für die Rezeptionshaltung der Ulenspiegel-Leser wird auf den *Pfaffen Amis* ausgedehnt, indem er im Vorwort als Vorläufer und Quelle angegeben wird.

[56] JOHANNES MELTERS: *»ein frölich gemüt zu machen in schweren zeiten...«* – *Der Schwankroman in Mittelalter und Früher Neuzeit*, Berlin 2004, S. 150–155.

[57] PETER STROHSCHNEIDER: *Schwank und Schwankzyklus – Weltordnung und Erzählordnung im ›Pfaffen vom Kalenberg‹ und im ›Neithart Fuchs‹*, in: *Kleinere Erzählformen im Mittelalter*, hg. von KLAUS GRUBMÜLLER u.a., Paderborn u. a. 1988, S. 151–171, S. 156.

Schwankteil des *Pfaffen Amis* die Notwendigkeit des Erfolgs als Wertmaßstab für Handlungen inhärent, auch im Kalenberger sind die Schwankhandlungen auf Wettkampf ausgerichtet, der erfolgreich bewältigt werden muss. Wie im Amis aber sind Ironiesignale zu erkennen, die den Wettkampf als unernstes Schwankmuster in einen fiktionalen Rahmen setzen.

Es liegen somit zwischen dem *Pfaffen Amis* und Frankfurters *Pfaffen vom Kalenberg* gattungs-, motiv- und figurenspezifische Parallelen vor, und auch die Sympathielenkung weist ähnliche Züge auf: der Pfaffe verdankt seinen Erfolg seiner Klugheit, List und Geistesgegenwart, wie sie bereits im Initialschwank bei der ersten Erwähnung auftreten, und wird dafür von seinem intratextuellen Gegenüber, dem Fürsten, belohnt:[58]

> *der was gar schnel vnd auch behent*
> *mit klugem syn vnd weisem list.* (36f.)

> *Ich mein, er was do nit ein nar,*
> *er was auch hoher kunst gelert*
> *Als ir hernach wol horen wert.* (220ff.)

List und kognitive Überlegenheit sind somit auch im Kalenberger die wichtigsten Kennzeichen und Wertattributionen der Figur. Und wie im *Pfaffen Amis* sind auch hier Ambivalenzen zu erkennen, denn die Figur weist auch bemerkenswert negative Aspekte auf: da spielt ein Student nicht nur die Rolle eines Pfarrers wie in einer Komödie, er kommt durch den Fürsten tatsächlich auch zu seiner Pfarre (*vnd half im, dass er priester wart* heißt es in Vers 218), gewissermaßen ohne das Sakrament der Weihe. Er überlistet die Bauern in mehreren Schwänken zum Zwecke eigener ökonomischer Vorteile, ohne dass er hier moralisch bewertet würde. Er ist ein amoralischer Held, der über seine Schlauheit die aktionale Kontrolle über die Handlungsverläufe behalten kann. Doch an dieser Stelle lassen sich fundamentale Unterschiede bemerken. Der Kalenberger braucht die Teleologie der Tugendhaftigkeit nicht mehr, die den Rahmenteil des *Pfaffen Amis* charakterisiert hatte, denn er kommt allein mit seinen kognitiven Fähigkeiten ans Ziel. Sein Handeln richtet sich insbesondere an ökonomischen Wertmaßstäben aus und darf bedenkenlos Normen überschreiten, ethische Wertattributionen eines ›guten‹ bzw. ›vorbildlichen‹ Handelns (wie die *milte*) sind nicht mehr zu erkennen. Doch es bleibt nicht beim reinen Erfolg über die ebenso wenig tugendhaften Gegner des Pfaffen (Bischof, Bauern, Fürst). Der Kalenberger macht sich in seinen Handlungen gleichzeitig selbst zum Narren: sein kluges Listhandeln führt zwar zum Erfolg, doch ist der ökonomische

---

[58] Ich zitiere aus: [Philipp Frankfurter]: *Die geschicht des pfarrers vom Kalenberg*, in: *Narrenbuch*, hg. von Felix Bobertag, Berlin / Stuttgart 1884, S. 7–86.

Anlass nur ein Schein – eigentlicher Kristallisationspunkt der Schwänke ist die Unterhaltung des Fürstenpaares durch *seltzam abenthür*. Die Komik dieser Abenteuer und die Selbstironie als Hofnarr fungieren als inner- wie außertextueller Lachanlass. Dies ist an einigen Szenen zu erkennen, in denen es nicht um listige Überlegenheit, sondern um skurriles Auftreten geht. So verwandelt der Pfarrer Rätselantworten in Handlungskomik, wenn er bei der Ankunft am Passauer Bischofshof mit einem Fuß im Steigbügel und mit dem anderen nebenher hüpfend auftritt; an den Fürstenhof in Wien kommt er *geritten und gefahren*, wenn er auf seinem auf dem Mistwagen stehenden Pferd sitzt; es hat karnevaleske Züge, wenn er kochen und heizen muss und nackt am Ufer der Donau seine Hosen wäscht, oder als Vogel-Engel auf dem Kirchturm steht und einen Flug über die Donau ankündigt. Solche Handlungen sind typisch für einen auf Lachen abzielenden professionellen Possenreißer, der sich zum Vergnügen seiner Herrschaft selbst zum Narren macht. Diese »Kunst«, wie es heißt, wird von Herzog und Bischof sehr geschätzt:

> *Die mähr an bischoff kam geflogen,*
> *der bischoff der war zu Bassaw,*
> *er sprach: gern ich den pfaffen schaw,*
> *dauon man mir viel hat geseit,*
> *mancher der redt auf seinen eidt,*
> *wie er so viel der kuensten kundt,*
> *nach im so schicket da an der stundt* (704–710)

In seltener fokalisierter Rede erfahren wir hier die innersten Wünsche des Bischofs: er ist auf den *seltzam hoffman* einfach neugierig, will dessen *künste* kennen lernen. Das im Amis noch eindeutig agonale Verhältnis zum Bischof ist hier einem spielerischen Scherzverhältnis zu Bischof und Fürstenpaar gewichen, innerhalb dessen ernsthaft scheinende Handlungen als Scherze offenbar werden, um Heiterkeit zu stiften.[59] Der Kalenberger hat gewissermaßen eine Doppelfunktion als Priester und Possenreißer. Er unterhält das Herzogspaar und den Hof, welche sein textinterner Adressat sind (internes Publikum). Sie haben Steuerungsfunktion für die Hörer und Leser des Schwankbuches (externes Publikum), indem sie das Modell einer Lachgemeinschaft vorgeben, welche sich zwar nicht in jedem Schwank aufs Neue mani-

---

[59] In der Sozialanthropologie werden *joking relationships* für bestimmte konfliktbehaftete Verwandtschafts- und Freundschaftsverhältnisse angenommen, um sie zu entschärfen. Vgl. dazu ALBERT R. RADCLIFFE-BROWN: *On joking relationships*, in: *The Social Anthropology of Radcliffe Brown*, hg. von ADAM KEMPER, London 1977. S. 174–188: »The joking relationship is a peculiar combination of friendliness and antagonism. The behaviour is such that in any other social context it would express and arouse hostility; but it is not meant seriously and must not be taken seriously. (…) To put it in another way, the relationship is one of permitted disrespect«. S. 174.

festiert, jedoch prinzipiell leitenden Charakter für den Gesamttext hat.[60] Diese Konstellation, die im Pfaffen Amis nicht vorhanden ist, kann als entscheidendes Sympathiesteuerungsverfahren gelten: Wie der Kalenberger dem Fürstenpaar als Spaßmacher sympathisch ist, so sympathisch wird er vermutlich dem Hörer und Leser des Schwankbuches. Dies wird auch an anderen Lachreferenzen deutlich: in V. 954 heißt es nach der Szene mit dem nackten, seine Hose waschenden Pfarrers: *zu ploß sich schier gelachet heet / mancher, dem es wart geseit.* Damit ist nicht nur der Herzog und sein Hof als innertextuelle Lachgemeinschaft gemeint, die Aussage kann sich auf alle anderen Personen innerhalb des Textes beziehen: Einen Schwank miterleben und ihn erzählen liegen somit auf der gleichen Ebene, der Text macht keinen kategorialen Unterschied.

Die Ambivalenz der Hauptfigur ist somit anders gelagert als im Pfaffen Amis, sie ist nicht aus positiven und negativen Wertattributionen zusammengesetzt, sondern aus unterschiedlichen intradiegetischen Handlungszielen des Betrugs und des Erheiterns, bei welchen jegliche moralische Dimension aufgehoben ist. Doch wie im *Pfaffen Amis* ist auch hier die Ambivalenz Kern der Sympathiesteuerung, die fast völlig ohne Erzählerbewertungen auskommt, denn das auktoriale Gerüst ist in diesem Text radikal ausgehöhlt. Er besteht zumeist aus Dialogen, die direkt aufeinander folgen, sodass man Zwischenbemerkungen des Erzählers oder selbst einleitende *inquit*-Formeln vermisst. Außerhalb dieser omnipräsenten Dialogstruktur ist fokalisierte Rede fast gar nicht zu erkennen. Frankfurter macht offenbar den bemerkenswerten Versuch, nach einem *primacy effect* fast ausschließlich durch Dialoge und fast ohne Innenweltdarstellung Sympathie mit dem Protagonisten zu steuern: er nutzt dabei den gattungsbedingten Bonus des überlegenen Helden, den erzählschemabedingten Erfolgszwang, und drittens die Ambivalenz von pragmatischer Schlauheit und Schwankkompetenz als intratextuellen wie extratextuellen Lachanlass.

Dies führt schließlich zu der Frage, ob der Schwankroman nicht axiologische Wertmaßstäbe aufhebt und Sympathieträger über spezifisch rezeptionsästhetische Funktionen – etwa die Fähigkeit zu unterhalten und Lachen zu erregen – definiert. Ungleich dem Amis ist der Kalenberger zu nichts verpflichtet, als das Lachen der Herrschaft zu bewirken. Seinen seelsorgerischen und pastoralen Pflichten gegenüber den Bauern kommt er von Anfang an nicht nach – im Gegenteil, wo er kann, setzt er sie dem Lachen des Hofes aus. Somit erscheint die Korrelation von axiologischen Wertmaßstäben und Handlungen nachhaltig suspendiert.[61] Nichts ist dem falschen

---

[60] Vgl. dazu HANS RUDOLF VELTEN: *Text und Lachgemeinschaft – Zur Funktion des Gruppenlachens bei Hofe in der Schwankliteratur*, in: RÖCKE / VELTEN: *Lachgemeinschaften*, Anm. 44, S. 125–143, S. 138ff.

[61] Das bedeutet, dass hier moralische Sympathiesteuerungsverfahren weniger wichtig als der finale Erfolg. Vgl. dazu HILLEBRANDT: *Das emotionale Wirkungspotential von Erzähl-*

Pfaffen heilig – schon gar nicht die hölzernen Apostelfiguren, die er zum Einheizen verwendet. Ein moralischer Tun-Ergehen-Zusammenhang ist nicht erkennbar. Bezüglich der Ambivalenz könnte man zugespitzt sagen, dass der Pfaffe Amis auch deshalb sympathisch wirken soll, *weil* er betrügen darf (die Lizenz dazu gibt ihm die Gattung), und der Kalenberger sympathisch wirken soll, *weil* er närrisch auftreten darf.

6. Fazit

Der Beitrag ging von der ambivalenten narrativen Darstellung des *Pfaffen Amis*, Held der gleichnamigen Erzählung des Strickers, und den daraus resultierenden widersprüchlichen Deutungen der Figur in der Forschung aus. Er setzte sich zum Ziel, über eine genaue Analyse der narrativen Verfahren der Sympathiesteuerung, der handlungslogischen und gattungsspezifischen Dispositionen der Figur zu einer Antwort auf die Frage zu gelangen, inwieweit der Stricker Bedingungen schuf, damit seine Hauptfigur mit Sympathie aufgenommen werde. In einem zweiten Schritt wurden die Ergebnisse mit Hinweisen auf die intendierten und empirischen Rezipienten abgeglichen, sowie mit der weiteren Gattungsgeschichte des Schwankromans, und zwar mit Philipp Frankfurters *Des pfaffen geschicht und histori vom Kalenberg* in Beziehung gesetzt.

Die Analyse der Erzähler- und Figurenaussagen zur Hauptfigur ergab eine ambivalente Modellierung des Protagonisten auf beiden Erzählebenen von *histoire* und *discours*, allerdings mit klarer Tendenz der positiven Sympathiesteuerung. Dies ergab sich aus zahlreichen Beobachtungen: *primacy effect*, serieller Handlungserfolg, finale Heilsgewissheit, Zuwendung des Erzählers, Wertattributionen der Erzähler- und Figurenreden, variabler Umgang mit dem Tun-Ergehen-Zusammenhang, komische Rahmungselemente wie Parodie und Ironie. Dabei wurde wiederum deutlich, dass die Ambivalenz sich auch aus den beiden unterschiedlichen Textteilen, der Rahmung (Prolog, Epilog) und der Schwankreihe ergibt. Liegt im Rahmungsteil die auf moralische Normen ausgerichtete Aufstiegsgeschichte eines freigebigen und klugen Pfarrers zum fürsorglichen Abt vor, der durch Beichte und Buße das Seelenheil erlangt, so erzählt die Schwankreihe von den Betrügereien eines amoralisch agierenden Helden, der mittels Listhandeln gegenüber moralisch defizitären Opfern das für den Unterhalt seines Hauses notwendige Geld erwirbt. Damit wird das gat-

---

texten, Anm. 17, S. 128: zum Lachen als einer »Artefaktemotion«: »Mich überzeugt es, dass die Komik die Gewichtung der Verfahren durchaus von der Figurenebene zugunsten der Metaebene verschiebt, auf der wohl die moralischen Sympathiesteuerungsverfahren weniger wichtig werden und Freude an Wiederholung, überlegener List, an Pointen mehr Gewicht erhalten«.

tungstypisch amoralische Schwankschema »Klugheit siegt über Einfalt«, das auf Lachen und Amüsement ausgelegt ist, mit einem Erzählschema des sozialen Aufstiegs verknüpft, welches auf moralische Vorbildlichkeit (*milte*) in der höfischen Gesellschaft ausgelegt ist. Durch diese enge Verknüpfung stehen sich beide Schemata konfrontativ gegenüber (was Ambivalenz erzeugt), sie kontaminieren sich aber auch (was Ambivalenz wieder abschwächt). Denn die Figur ist einerseits dem Guten verpflichtet, andererseits muss sie eine Reihe von Schwierigkeiten überwinden und ist hierin dem Erfolg mit allen Mitteln verpflichtet, den sie durch ihre kognitive Überlegenheit mühelos erlangt. Die Schwankreihe entwertet die Negativität des Helden dadurch, dass sie ihn als unbestreitbaren Sieger in einer Reihe von inszenierten Konflikten zeigt, in welchen dem amoralisch handelnden Pfaffen amoralisch handelnde Kontrahenten gegenüberstehen, deren selbst verschuldetes Unglück im komischen Modus kein Mitleid erregen mag (dies gilt m. E. auch für die Figuren der Schlussaventiuren, Maurer, Tuch- und Edelsteinhändler). Ein Beispiel für die Entwertung der Negativität des Pfaffen war der Vorwurf des *liegens* und *triegens* aus dem Mund der im schwankhaften Wettstreit unterliegenden Bischofsfigur. Vom Schwankschema aus gesehen, ist die Lüge kein Vergehen, sondern kunstvolle Technik.

Eine Reihe positiver Sympathiesteuerungsverfahren und die Abschwächung von Ambivalenz durch die Schwanklogik unterstützen somit die These, dass der Stricker seinen *Pfaffen Amis* insgesamt als Sympathieträger konzipiert hat. Dies wird auch von der Untersuchung der intendierten und empirischen Rezipienten bestätigt, welche gezeigt hat, dass a) die textinternen Adressaten im Sinne einer Kommunikationsgemeinschaft die Existenz von Sympathiesteuerung nahelegen, und b) ein Beleg empirischer Rezeption, die Abschrift des Schreibers ß in Cpg 341, den Pfaffen vom *hochvart*-Vorwurf entschuldet (was ebenfalls Ambivalenzen reduziert), und somit auf Engagement dieses Schreibers für die Figur hindeutet. Deren Wahrnehmung als Sympathieträger bestätigt auch die weitere Rezeptionsgeschichte im Druck. Ein abschließender Vergleich der Amisfigur mit dem Kalenberger Pfaffen Frankfurters zeigte eine anders gelagerte Ambivalenz der Wertattributionen, die fast ohne narrative Steuerungsverfahren auf der *discours*-Ebene auskommt und dennoch auf Sympathie ausgelegt ist. Hier ergibt sich die Bedingung für Sympathie allein aus dem schemabedingten Erfolgszwang des souveränen Schwankhelden, wobei ein neues Merkmal hinzukommt: die Handlungen sind nicht auf den Erwerb von Gewinn ausgerichtet, sondern auf das Amüsement des Fürstenpaares. So agiert hier der Schwankheld zweckhaft als Unterhalter, der intratextuell wie extratextuell Lachen auslösen soll, was die Korrelation zwischen axiologischen Wertmaßstäben und Handlungen nachhaltig suspendiert und was andererseits deutlich macht, in welch hohem Maße er als Sympathieträger über seine rezeptionsästhetischen Funktionen definiert wird. Wenn als herrschende Meinung angesehen werden muss, dass der

Pfaffe Amis die Gattung des Schwankromans begründet und so der erste Schwankheld der deutschen Literaturgeschichte ist, dann muss hinzugefügt werden, dass er der erste Held der deutschen Literaturgeschichte ist, der seinen Unterhaltungsauftrag mit der Sympathie und dem Engagement des Publikums für sich erfüllt hat.

Anna Mühlherr

Die ›Macht der Ringe‹. Ein Beitrag zur Frage, wie sympathisch man Iwein finden darf

In Chrétiens *Yvain* wie in Hartmanns *Iwein* sieht KARL BERTAU »das Angenehme, das seelisch Begehrte, das Erwünschte, auch und gerade: das unbewusst Erwünschte« als den eigentlichen Erzählzweck an, während die Moral, die Lehre, das zu demonstrierende Ethos demgegenüber »Verpackung« sei.[1] In diesem Sinne sei Lunetes Zauberring, mit dem sie den Helden vor dem sicheren Tod rettet (obwohl er ihren Herrn erschlagen hat), »eine ›affektische Vorstellungshilfe‹ für den erotischen Zauber des Helden (...). Wer diesen Helden kennt, muß bezaubert sein.«[2] Nun entwickelt Bertau diese Einschätzung nicht direkt von Chrétien oder Hartmann her, sondern vom mittelkymrischen Mabinogi von *Owein*. Bertau nimmt an, dass jemand aus dem Gedächtnis dasjenige niedergeschrieben habe, was ihm einmal über Yvain erzählt worden sei. Und nun kommt das Entscheidende: Die »Entstellungen«, die auf dem Weg von Chrétiens Version zum Aufschrieb aus dem Gedächtnis entstanden seien, folgten »der Spur einer unbewußten Wahrheit, die als *message* aus der Tiefenstruktur des Stoffes aufgenommen« worden sei.[3] Auf dieser Grundlage entfaltet Bertau denn auch seine Lektüre der Romane *Yvain* und *Iwein*.

Für Bertau weist die Tatsache, dass die Lunet der inselkeltischen Erzählung im Unterschied zur Lunete Chrétiens bzw. Hartmanns außer ihrem Überwältigtsein von dem Eindruck, den der Held auf sie macht, keinen weiteren Grund für ihre Rettungsaktion benennt, auf eine tiefere Wahrheit. Lunets Gabe des Zauberrings, mit dem sich der Held unsichtbar machen und so vor den Verfolgern retten kann, sei Antwort auf die Faszination, die von diesem Helden ausgehe. Bertau nimmt sich für seine Argumentation die Freiheit, den rhetorischen Begriff der Hyperbel über den angestammten Bereich hinaus »versuchsweise erweitern zu dürfen«: Es werden »ganze Szenen, ja schließlich ganze erzählerisch entfaltete Fabeln als hyperbolisch übertriebene[r] Ausdruck einer einfachen ›Wahrheit am Grunde‹« aufgefasst,[4] wie sie sich für ihn in der Korrespondenz von bezauberndem Helden und Zauberring ausdrückt.

---

[1] KARL BERTAU: *Der Ritter auf dem halben Pferd oder die Wahrheit der Hyperbel*, in: *PBB* 116 (1994), S. 285–301, hier S. 290.
[2] Ebd., S. 290.
[3] Ebd., S. 289.
[4] Ebd., S. 286.

Nun gibt es im Mabinogi *Owein* nur einen einzigen Ring, eben jenen, mit dessen Zauberkraft sich Iwein unsichtbar macht. Wenn diese Version näher an der ›Wahrheit am Grunde‹ sein soll als die komplexeren Fassungen des *Yvain* und des *Iwein*, kann nicht weiter überraschen, dass die zwei Ringe bei Chrétien und Hartmann – der zweite ist derjenige, den Laudine dem Helden in der Abschiedsszene gibt – bei Bertau ein und derselbe Ring sind. Deshalb stellten auch Laudine und Lunete eigentlich eine einzige weibliche Figur dar, die vom bezaubernden Helden bezaubert werde: »Versuchen wir, die beiden Ringe der kontinentalen Fassungen als strukturale Dubletten zu lesen, dann müssen wir auch Lunete und Laudine als strukturale Dubletten entziffern: Lunete als eine personal verselbständigte Allegorie der Liebe Laudines zum bezaubernden Helden.«[5]

Bertau hat als Erster den engen Bezug der beiden Ringe aufeinander gesehen und diesen Bezug interpretatorisch auch maximal ausgewertet.[6] In seine Interpretationsrichtung weist in der Tat der bei Chrétien ausgespielte Zaubercharakter auch des zweiten Rings, welcher von Hartmann zwar stark abgeschwächt, aber doch nicht völlig unterdrückt wird.

Wegen des für meine Argumentation im Folgenden zentralen Stellenwerts der zauberischen Kraft auch des zweiten Rings seien beide Versionen angeführt. Bei Chrétien[7] verspricht Laudine dem Helden in der Abschiedsszene bei der Ringübergabe

> *Que, se Des de mort vos deffant,*
> *Nus essoines ne vos atant*
> *Tant con vos sovandra de moi.*
> *Mes or metez an vostre doi*
> *Cest mïen anel, que je vos prest.*
> *Et de la pierre, ques ele est,*
> *Vos dirai je tot an apert:*
> *Prison ne tient ne sanc ne pert*
> *Nus amanz verais et leaus,*
> *Ne avenir ne li puet maus,*
> *Mes qu'il le port et chier le taingne*
> *Et de s'amie li sovaingne,*
> *Einçois devient plus durs que fers.*
> *Cil vos iert escuz et haubers.*
> *Et onques mes a chevalier*

---

[5] Ebd., S. 290f.

[6] Hinweis bei Friedrich Michael Dimpel: *Die Zofe im Fokus. Perspektivierung und Sympathiesteuerung durch Nebenfiguren vom Typus der Confidente in der höfischen Epik des hohen Mittelalters*, Berlin 2011 (Philologische Studien und Quellen 232), S. 210.

[7] Chrestien de Troyes: *Yvain*. Übersetzt und eingeleitet von Ilse Nolting-Hauff, München 1962 (Klassische Texte des romanischen Mittelalters in zweisprachigen Ausgaben 2). Im Folgenden wird der Text nach dieser Ausgabe zitiert.

Ne le vos prester ne baillier,
Mes par amor le vos doing gié. (vv. 2597–2613)

[...] daß, wenn Gott Euch nur vor dem Tode bewahrt, kein Unfall Euch zustoßen wird, solange Ihr noch meiner gedenkt. Doch steckt diesen meinen Ring hier an, den ich Euch reiche. Und was es mit dem Stein daran auf sich hat, will ich Euch redlich sagen: kein wahrer und treuer Liebender kann ins Gefängnis kommen, verwundet werden oder irgendein Ungemach erfahren, wenn er ihn nur trägt und werthält und seiner Freundin gedenkt, sondern er wird davon härter als Eisen. Dieser Stein wird Euch Schild und Panzer sein. Ich habe ihn noch nie einem Ritter überlassen, doch Euch gebe ich ihn aus Liebe.

Hartmann schwächt in seinem *Iwein*[8] die Zauberkraft sprachlich und sachlich ab, entkonkretisiert sie, aber er lässt sie gelten – und damit doch streng genommen auch ›wirken‹:

Sî sprach ›iu ist daz wol erkant
daz unser êre und unser lant
vil gar ûf der wâge lit,
ir enkumt uns wider enzît,
daz ez uns wol geschaden mac.
hiute ist der ahte tac
nâch den sunewenden:
dâ sol daz jârzil enden.
sô kumt benamen ode ê,
ode ichn warte iuwer niht mê.
unde lât diz vingerlîn
einen geziuc der rede sîn.
ichn wart nie manne sô holt
dem ich diz selbe golt
wolde lîhen ode geben.
er muoz wol deste baz leben
der ez treit und an siht.
her Îwein, nûne verliesetz niht.
sînes steines kraft ist guot:
er git gelücke und senften muot:
er ist sælec der in treit.‹ (vv. 2935–2955)

Wenn man Iwein als einen von Anfang an faszinierenden Helden ansieht, dann heißt dies – und diese Konsequenz zieht Bertau in aller Radikalität –, dass das fragwürdige Verhalten Iweins im ersten Handlungsteil und sein Weg der Rehabilitation

---

[8] HARTMANN VON AUE: *Iwein*. Text der 7. Auflage von G. F. BENECKE, K. LACHMANN, neu bearbeitet von LUDWIG WOLFF, Band 1: Text, Berlin 1968. Im Folgenden wird der Text nach dieser Ausgabe zitiert.

im zweiten Handlungsteil nur eine recht ›oberflächliche‹ und sozusagen eine moralisch unverdächtige Sinnbildungsmöglichkeit anbietet; was dem Publikum ›im Grunde genommen‹ gefallen muss, ist der Erfolg Iweins auf der ganzen Linie. Dem läge hier ein imaginär »Erwünschtes« zugrunde, welches man, »ohne geniert zu sein, öffentlich nicht eingesteht«[9], nämlich die Ehefrau eines Anderen zu begehren. Die Handlungskonstruktion der Erzählung wäre im Grunde darauf gerichtet, dass das Publikum im ›parteilichen‹ Mitgehen mit dem Helden, der – ohne dies freilich zu ahnen – den Ehemann der Frau, auf die sich sein Begehren richten wird, sogar selbst tötet, an dessen Erfolg partizipieren darf. Dass dies eine entschieden einseitige und Erzählzwecke hierarchisierende Lektüre darstellt, versteht sich von selbst; die Freiheit, die Bertau sich genommen hat, ist aber heuristisch und hermeneutisch produktiv – hieran lässt sich anknüpfen.

Ähnlich entschieden auf Zentrales zielend, aber mit völlig anderem Ergebnis, hat WALTER HAUG an den Momenten der Reibung zwischen Strukturlogik und Handlungsführung eine grundsätzliche Ambiguitätserfahrung als Chance der Rezeption herausgearbeitet. Wenn man mit Haug stärker vom Verhältnis der Gesamtkomposition und der konkreten erzählerischen Entfaltung her denkt, kommt es nicht so sehr darauf an, ein Wunscherfüllungsphantasma oder das Gegenteil davon – d.h. Vermittlung bzw. Bestätigung von Normen und Werten – als Erzählzweck freizulegen. Entscheidend ist vielmehr das Ambiguitätsvergnügen.[10] Hinter Haugs Grundeinsicht in die Ambiguität des literarischen Gebildes *Yvain* bzw. *Iwein* wird man nicht zurückgehen wollen. Doch eröffnen die von Bertau zur Untermauerung seiner These vom Wunschheldenstatus Yvains / Iweins ins Feld geführten strukturellen Beobachtungen die Möglichkeit, die Sympathiesteuerung im ersten Handlungsteil dieses Romans etwas umfänglicher als bisher zu behandeln. Gefragt werden soll nach der rezeptionssteuernden Kraft von am Text aufweisbaren Logiken im Zusammenhang mit den von Bertau exponierten Ringen.

Ich werde deshalb an seine Einsichten in Verweiszusammenhänge anknüpfen und sie weiter zu entwickeln suchen. Dabei soll diskutiert werden, welchen Spielraum die Rezipienten bei Chrétien und Hartmann haben, sich Yvain / Iwein, Lunete und Laudine zuzuwenden, sich ihr Handeln verständlich zu machen und es zu bewerten.

Zunächst aber sollen diejenigen Punkte herausgehoben werden, die Bertau sicherlich etwas zu entschieden zur bloßen Verpackung erklärt: die nicht gerade unerheb-

---

[9] BERTAU: *Ritter auf dem halben Pferd*, Anm. 1, S. 299.

[10] WALTER HAUG: *Chrétiens Yvain und Hartmanns Iwein. Das Spiel mit dem arthurischen Modell in der Komödie von ›Yvain‹ / ›Iwein‹*, in: *Erzählstrukturen der Artusliteratur. Forschungsgeschichte und neue Ansätze*, hg. von FRIEDRICH WOLFZETTEL u. PETER IHRING, Tübingen 1999, S. 99–118.

lichen Gegengründe gegen eine vorbehaltlose Sympathie mit dem Titelhelden in Chrétiens *Yvain* bzw. Hartmanns *Iwein*. Sie sind am ersten Teil des Romans zu entwickeln, auf den sich meine Überlegungen konzentrieren, also an der Erzählstrecke bis zum Fall Yvains / Iweins in den Wahnsinn. Anknüpfend an GERT HÜBNERS narratologisch elaborierte und präzise auf den Text zugreifende Monographie sei also kurz dargestellt, warum der Held trotz Protagonistenbonus keineswegs durchweg als Sympathieträger anzusehen ist (1.). Danach werde ich mit Bezug auf FRIEDRICH MICHAEL DIMPELS grundlegende Monographie die Zofe als den hauptsächlich aktiven weiblichen Gegenpart in den Mittelpunkt stellen. Dimpels Grundthesen zur Sympathiesteuerung bezogen auf Lunete seien kurz vorgetragen und kommentiert, denn wenn Lunete nicht nur vorbehaltlos, sondern begeistert für Iwein Partei ergreift und ihm zum Erfolg verhilft, ist dies indirekt ein Beitrag zur Frage, wie sympathisch Iwein gefunden werden kann. Dabei wird das Problem zu diskutieren sein, mit welchem Grad von Sicherheit man Szenarien der textseitigen Sympathielenkung bzw. rezeptionsseitigen Sympathieentstehung ›festschreiben‹ kann. Insbesondere das Kriterium der Zuverlässigkeit oder Unzuverlässigkeit einer Figur, was die Offenlegung der Beweggründe für ihr Handeln angeht, scheint doch weit subjektiver gefärbt, als dies dem Aufbau einer Argumentation, die einen strengen Nachweis führen will, zuträglich ist (2.). Schließlich werde ich drittens mit Rückgriff auf BERTAUS Einsicht in den Verweiszusammenhang, der die beiden Ringe betrifft, noch einmal anders auf die Frage nach der Sympathiesteuerung zusteuern: Könnte es sein, dass man, um den textuell verankerten Spielraum der rezeptionsseitigen Entwicklung von Sympathie abzuschätzen, auch paradigmatische Verweiszusammenhänge im Blick haben müsste, die ›über die Köpfe der erzählten Figuren hinweg‹ – und damit meine ich: einer figurenpsychologischen Fragerichtung nicht ohne Weiteres zugänglich – entstehen? Solche Zusammenhänge, die sich nicht selten über Dinge – in unserem Fall: Ringe – ergeben, stünden dabei nicht in Konkurrenz zu Analysen, die das Handeln und Verhalten der Figuren in den Mittelpunkt stellen, sondern sie könnten sie ergänzen, austarieren, relativieren. Sie möglichst umsichtig einzubeziehen würde nicht automatisch einen Zuwachs von Komplexität bedeuten. Es könnte sich auch ergeben, dass in der Betrachtung der über Äquivalenz- und Oppositionsbeziehungen organisierten paradigmatischen Vernetztheit von dinglichen Textelementen eine Evidenz oder Klarheit entsteht, die mit einem ausschließlich auf die erzählten Figuren konzentrierten Blick nicht zu gewinnen wäre. Sie könnte, so die Vermutung, auch einen entscheidenden (wenn auch eher unterschwelligen) Einfluss auf die rezeptionsseitige Wahrnehmung und Bewertung von Figurenverhalten und -handeln auf der syntagmatischen Achse haben (3.).

1.

Das »narrative Arrangement« fasst GERT HÜBNER bezogen auf den *Iwein* (aber all das lässt sich auch über den *Yvain* sagen) in seiner Monographie zur Erzählform des höfischen Romans wie folgt »pointiert« zusammen: »Die Erzählung tut so, als ob ihr Protagonist auf dem arthurischen Weg zu Frau und Land kommt, indem er heldenhaft einen Kampf besteht. Dabei situiert sie den Rezipienten zunächst konsequent an seiner Seite und erlaubt ihm nur dessen Sicht der Dinge. Ebenso signalisiert sie später jedoch, daß sein Erfolg auf einer Störung von Recht und Frieden und auf der Verstandeskraft einer Zofe beruht. Der Rezipient wird dabei im selben Maß wie der Protagonist mit einer anderen Sicht der Dinge konfrontiert.« So darf der »Rezipient, den die Fokalisierung leitet, [...] zufrieden sein über den Erfolg des Protagonisten; er darf, wegen der gegenläufigen Signale, nicht ganz so zufrieden sein mit der Fragwürdigkeit des Wegs, der zu diesem Erfolg führte.«[11]

Im Großen und Ganzen ist Hübner beizupflichten: Das ganze Ausmaß seiner Schuld ›erfährt‹ Iwein nach vollbrachter Tat und in der Falle sitzend – und der Rezipient hat dies zusammen mit der Figur zur Kenntnis zu nehmen: Die »Tötung Askalons« ist eine Schuld, die – so formuliert Hübner – »kein modernes Mißverständnis« darstellt, »sondern im weiteren Verlauf der Erzählung die Rede des Textes selbst« ist.[12] Und da Iwein ausschließlich durch die Hilfe der Zofe Lunete nicht nur lebend davonkommt, sondern sogar zum neuen Gatten der – durch seinen Totschlag zur Witwe gewordenen – Laudine und damit zum Landesherrn avanciert, relativiert sich der auf die eigene Tat gegründete Erfolg beträchtlich: Ohne fremde Hilfe hätte er sich nur in einem heldenhaften Sich-zur-Wehr-Setzen noch möglichst teuer verkaufen können.

Zwar wird man den Protagonistenbonus nicht wegdiskutieren wollen, aber die Art und Weise, wie Iwein die Rache für Kalogrenant als seine Aventiure ›ergreift‹, kann den Rezipienten von Anfang seines Handelns an stutzig machen. Warum um alles in der Welt bricht dieser Held heimlich auf, um gegen das von König Artus selbst festgesetzte Procedere eklatant zu verstoßen? Auf Kosten anderer, die von Artus etwa als Kämpfer gegen den Brunnenhüter benannt worden wären, geht es Iwein darum, die *êre* des Sieges um jeden Preis für sich zu verbuchen.[13] Motiviert wird dies zwar mit Furcht vor Schande, die er andernfalls aufgrund der Lästereien Keies zu ertragen hätte; aber wie man mit Keies Lästereien auch ganz ohne auf den

---

[11] GERT HÜBNER: *Erzählform im höfischen Roman. Studien zur Fokalisierung im ›Eneas‹, im ›Iwein‹ und im ›Tristan‹*, Tübingen / Basel 2003 (Bibliotheca Germanica 44), S. 189.

[12] Ebd., S. 185.

[13] Dies hebt programmatisch Franziska Küenzlen heraus: *Iwein*, in: FRANZISKA KÜENZLEN, ANNA MÜHLHERR u. HEIKE SAHM: *Themenorientierte Literaturdidaktik. Helden im Mittelalter*, Göttingen 2014, S. 132–157, hier S. 137f.

eigenen Kampfruhm zielendes Vorpreschen hätte umgehen können, führen Ginover wie auch Gawein vor. Und warum hätte Iwein den König Artus nicht um diesen Zweikampf bitten können, möglicherweise mit Ginover als Fürsprecherin? Es hätte – wie man schnell erkennen kann – andere gute Handlungsmöglichkeiten gegeben. Die Motivationslage für Iweins Alleingang ist also sehr dürftig; man wird als Rezipient zwar dem Helden seine Sympathien nicht versagen, doch wird man von Anfang an das von Hübner an anderer Stelle durchaus für den ganzen Text als Rezeptionshaltung nahegelegte ›Ja, aber‹ zumindest mit Blick auf den ersten Handlungsteil stets im Sinn haben.[14] Für den zweiten – den ich im Folgenden nicht näher betrachten werde – scheint mir Hübners Gesamteinschätzung plausibel: Der ›Modellrezipient‹ muss Partei für den Protagonisten ergreifen. Denn Laudines unabweisbar guter und sachlich sogar zwingender Grund[15] für die Verstoßung Iweins gerät aufgrund der Anlage der Erzählung, die Iwein favorisiert (hier greifen kompositorische Aspekte wie solche der Perspektivierung), ins Hintertreffen.[16] Und prompt ist ›zum Glück‹ Lunete noch einmal die alles entscheidende Helferin und bringt das Paar durch eine klug eingefädelte List wieder zusammen. Ganz anders aber sieht es zunächst im ersten Handlungsteil aus: Einige Aktionen und Verhaltensweisen des Helden tauchen ihn in ein nicht eben günstiges Licht. Zwei schon erwähnte Handlungen dieser Art stehen in engem Zusammenhang: erstens sein Alleingang im Ausgriff auf die Brunnenaventiure, die er für sich beansprucht; zweitens sein Nachsetzen um der dringend benötigten Trophäe willen, als der schon tödlich verletzte Askalon flieht.

Beim Versuch, dem Gegner noch etwas als Trophäe Vorzeigbares abzugewinnen, beugt sich Iwein unter dem Burgtor nach vorne, was ihm das Leben rettet. Sein Pferd wird durch das Fallgitter halbiert. Askalon entkommt in das Burginnere,

---

[14] HÜBNER: *Erzählform*, Anm. 11, S. 177: Die Erzählung vermeide »jeden archimedischen Punkt, auf den sich eine evaluative Hierarchie gründen ließe. Kein Urteil, weder das einer Figur noch das des Erzählers, scheint im *Iwein* unbestreitbar; die Erzählung legt ihrem Modellrezipienten das ›ja, aber‹ immer schon in den Mund.«

[15] Diesen Aspekt hat Volker Mertens in seiner konsequent von Laudine als Landesherrin her argumentierenden Monographie am schlüssigsten entfaltet: VOLKER MERTENS: *Laudine. Soziale Problematik im ›Iwein‹ Hartmanns von Aue*, Berlin 1974 (Beihefte zur Zeitschrift für deutsche Philologie 3).

[16] HÜBNER: *Erzählform*, Anm. 11, S. 201: »Ich glaube nicht, daß man die Funktion der Fokalisierung für die evaluative Struktur im *Iwein* trifft, wenn man mit einem Vielstimmigkeitskonzept operiert. Die Rezeption wird nicht in dem Sinne freigegeben, daß die Textstruktur dazu ermutigen würde, nach Belieben den einen oder anderen Standpunkt einzunehmen. Die Erzählung präsentiert zwar die Relativität der Standpunkte, und sie verweigert eine eindeutige Hierarchisierung der Begründungssprachen, aber sie privilegiert stets den Standpunkt des Protagonisten, und sie führt den Rezipienten recht streng durch die Relationen zwischen den Standpunkten.«

Iwein – nur aufgrund seiner Bewegung in Richtung des Fliehenden knapp dem Tod entkommen – sitzt gefangen. Iwein brauchte – dies ist die Motivation für seine Verfolgungsjagd – einen Beweis für den Sieg; die Ironie der Handlungskonstruktion liegt also darin, dass die Witwe des Getöteten und damit auch das Brunnenreich als Siegestrophäen fungieren werden; seine Gefangenschaft wird dabei zur Minnegefangenschaft transponiert. Zwar wird man mit dem Helden, wie fragwürdig sein Handeln auch immer sein mag, ›mitfiebern‹ und darauf hoffen, dass sein Begehren zum Ziel kommt. Doch zugleich ist im *Iwein* das Konstruktionsproblem auf der Grundlage des Motivs von der ›schnell getrösteten Witwe‹ maximal herausgekehrt.[17]

2.

Nicht aber diese Konstruktionslinien interessieren hier weiter. Genauer analysiert werden soll die Szene, die der Gefangensetzung Iweins folgt. Hier nun lernen wir Lunete kennen. Wie soll uns ihr Verhalten anmuten?

In dieser Szene spielt das schon erwähnte magische Requisit eine entscheidende Rolle: Ihre Herrin Laudine will den Mörder belangen, Lunete aber rettet ihn mit Hilfe des unsichtbar machenden Zauberrings. Indem Iwein, der auf etwas Vorzeigbares aus war, welches er dem Artushof hätte präsentieren können, mit der Hilfe Lunetes zu einem vollkommen Unsichtbaren wird, ist die Bedingung der Möglichkeit dafür geschaffen, dass Iwein – auch im Weiteren nur mit Lunetes Hilfe – Frau und Herrschaft erringt.

Lunetes Verhalten wird man gut finden, solange man unverbrüchlich auf der Seite des Protagonisten steht, rezipiert man aber die Erzählung umsichtiger und komplexer, wird man der Gegenseite, der anderen Perspektive – d.h. also Laudine und ihrem Hof – ihr Recht zugestehen. In diesem Sinne bezeichnet DIMPEL das Verhalten Lunetes als »Landesverrat«.[18] Lunete schlägt sich auf die Seite des Aggressors und Mörders. Warum tut sie das? GERT HÜBNER apostrophiert nun ausgerechnet diese Figur zum einen als »Stimme der Vernunft«, zum andern als »Geist der Erzählung«, was ungefähr auf dasselbe hinausläuft. Lunete arrangiert den Fortgang der Handlung im Sinne des Protagonisten, »Argumentation im Dialog stellt ihre epische Existenzform dar«.[19] ›Vernunft‹ meint hier einfach ihre *list*, mit der sie den Helden rettet und dann auch mit Erfolg plausible, ja ›zwingende‹ Grün-

---

[17] Vgl. SABINE SEELBACH: *Labiler Wegweiser. Studien zur Kontingenzsemantik in der erzählenden Literatur des Hochmittelalters*, Heidelberg 2010 (Beihefte zum Euphorion 58), S. 75–114.

[18] FRIEDRICH MICHAEL DIMPEL: *Zofe im Fokus*, Anm. 6, S. 206.

[19] GERT HÜBNER: *Erzählform*, Anm. 11, S. 138 u. S. 191.

de gegenüber der Herrin vorbringt, warum diese Iwein heiraten soll.[20] Dimpels Urteil ist deutlich distanzierter. Er konzentriert sich in seiner Monographie mit dem Obertitel ›Die Zofe im Fokus‹ konsequenterweise allein auf Lunete und lässt keine Interferenzen zwischen Protagonistenbonus und Lunetes Verhalten gelten, analysiert also das Verhalten der Zofe im Sinne FOTIS JANNIDIS' programmatisch ausschließlich fokussiert auf diese Figur und zielt darauf, in einer Kombination von folk psychology und relevantem historischem Wissen das Verhalten der Figur verständlich zu machen.[21] Ich zeichne seine Argumentation reduziert auf das wesentliche Gerüst nach und kommentiere sie.

Zunächst attestiert Dimpel dieser Figur Unzuverlässigkeit, was die von ihr vorgebrachten Gründe für ihre Hilfeleistung angeht. Sie seien, wie er – explizit im Einklang mit der Forschung – konstatiert, »auffallend schwach, wenn man sich vor Augen führt, daß damit die Hilfe für den Mörder ihres Herrn gerechtfertigt werden soll, während ihre Herrin nach Rache strebt. Zudem zeigt sich Lunete erstaunlich eigennützig: Wegen einer Freundlichkeit, die ihr, also nur einer Zofe, entgegengebracht worden ist, will sie angeblich zum Landesverrat bereit sein.«[22] Dies bezieht sich auf den folgenden Textpassus:

> *Min vrouwe hete mich gesant*
> *ze Britanje in daz lant.*
> *dâ gesprach ich den künec von ir:*
> *herre, daz geloubet mir,*
> *ich schiet alsô von dan*
> *daz mir dâ nie dehein man*
> *ein wort zuo gesprach.*
> *ich weiz doch wol daz ez geschach*
> *von miner unhöfescheit.*
> *alsô het ich ûf geleit,*

---

[20] Vgl. hierzu HERTA ZUTT: *Die unhöfische Lunete*, in: *Chevaliers errants, demoiselles et l'Autre. Höfische und nachhöfische Literatur im europäischen Mittelalter*, FS Xenja von Ertzdorff, Göppingen 1998 (GAG 644), S. 103–120. Zutt sieht in Lunetes *unhövescheit* ein Element der Komödie, welche die Suspension der Ethik hohen Stils ermögliche, so dass sie als Ratgeberin die Verbindung von Iwein und Laudine bewerkstelligen könne (S. 120). Ohne die grundsätzliche Nachvollziehbarkeit dieser Sichtweise in Abrede zu stellen, geht es mir darum, Lunete stärker als Vertreterin ihrer Herrin zu sehen, d.h. Lunetes *unhövescheit* wäre auf Laudine zurückzuspiegeln. Selbstverständlich ist *list* grundsätzlich nicht per se als ständisch ›niedrig‹ zu gewichten; auch hochgestellte Figuren wie der Titelheld im *König Rother* oder Irekel im *Partonopier und Meliur* Konrads von Würzburg sind extrem listig – nur dass dort jeweils das Handlungsziel eindeutig positiv gewichtet werden kann.

[21] DIMPEL: *Figur der Zofe*, Anm. 6, S. 136–143, mit Bezugnahme auf FOTIS JANNIDIS: *Figur und Person. Beitrag zu einer historischen Narratologie*, Berlin / New York 2004 (Narratologia 3).

[22] DIMPEL: *Figur der Zofe*, Anm. 6, S. 206.

> ichn wære ir gruozes niht sô wol wert,
> als man dâ ze hove gert:
> ich weiz wol, des engalt ich.
> herre, do gruoztet ir mich,
> und ouch dâ nieman mêre.
> do erbutet ir mir die êre
> der ich iu hie lônen sol.
> herre, ich erkenn iuch wol:
> iuwer vater was, deist mir erkant,
> der künec Urjên genant.
> ir sult vor schaden sicher sîn:
> her Îwein, nemet diz vingerlîn.
> ez ist umben stein alsô gewant:
> swer in hât in blôzer hant,
> den mac niemen, al die vrist
> unz er in blôzer hant ist,
> gesehen noch gevinden.
> sam daz holz under der rinden,
> alsam sît ir verborgen:
> irn durfet niht mê sorgen. (vv. 1181–1210)[23]

[23] Bei Chretien entsprechen diesem Passus die Verse 1004–1037: »Une foiz a la cort le roi / M'anvoia ma dame an message. / Espoir si ne fui pas si sage, / Si cortoise ne de tel estre, / Come pucele deüst estre; / Mes onques chavalier n'i ot, / Qu'a moi deignast parler un mot, / Fors vos tot seul, qui estes ci; / Mes vos, la voste grant merci, / M'i enorastes et servistes. / De l'enor, que la me feïstes, / Vos randrai ci le guerredon. / Bien sai, comant vos avez non, / Et reconeü vos ai bien: / Fiz estes au roi Uriien / Et avez non mes sire Yvains. / Or soiiez seürs et certains, / Que ja, se croire me volez, / Ne seroiz pris ne afolez. / Et cest mien anelet prandroiz / Et, s'il vos plest, sel me randroiz, / Quant je vos avrai delivré.« / Lors li a l'anelet livré, Si li dist qu'il avoit tel force, / Come a dessor le fust l'escorce, / Qui le cuevre, qu'an n'an voit point; / Mes il covient que l'an l'anpoint, / Si qu'el poing soit la pierre anclose, / Puis n'a garde de nule chose / Cil, qui l'anel an son doi a; / Que ja veoir ne la porra / Nus hon, tant et les iauz overz, / Ne que le fust, qui est coverz / De l'escorce, qui sor lui nest. (»Einst schickte mich meine Herrin auf Botschaft zum Königshof. Vielleicht war ich nicht so verständig, so höfisch, noch von solchem Rang, wie es sich für ein Fräulein ziemte; aber da war kein einziger Ritter, der auch nur ein Wort an mich richten mochte, außer Euch allein, der Ihr hier steht; nur Ihr wart so freundlich, mich dort zu ehren und mir zu dienen. Die Ehre, die Ihr mir dort erwiesen habt, will ich Euch jetzt vergelten. Ich weiß wohl, wie Euer Name ist, und habe Euch richtig erkannt: Ihr seid der Sohn des Königs Urien und heißt Herr Yvain. Nun seid dessen versichert und gewiß, daß man Euch, wenn Ihr mir folgen wollt, nicht fangen noch mißhandeln wird. Nehmt diesen meinen Ring und gebt ihn mir später zurück, wenn ich Euch befreit habe, ich bitte Euch darum.‹ Da hat sie ihm den Ring ausgehändigt, und sie sagte ihm, er habe die gleiche Kraft wie die Rinde, die das Holz bedeckt, so daß man nichts davon sieht; aber man müsse ihn so anstecken, daß man den Stein in der Faust verschlossen halte, dann habe der, der den Ring an seinem Finger trage, nichts mehr zu fürchten; denn niemand könne ihn sehen, so sehr er auch die Augen offenhalte, ebensowenig wie das Holz, das von der Rinde bedeckt wird, die aus ihm herauswächst.«)

Hier nun wäre aber, so möchte ich einwenden, auch zu berücksichtigen, dass im Zusammenhang einer politisch-diplomatischen Angelegenheit das Ignorieren einer Botin auch die Instanz trifft, die die Botin sendet. Boten stehen in metonymischer Relation zu denen, deren Botschaft sie ausrichten.[24] Deshalb werden sie – so steht zu erwarten – so prächtig wie möglich ausgerüstet.[25] Zwar wird dies hier nicht erzählt, aber wenn man den Text mit historischem Wissen lesen will, so scheint es wahrscheinlich, dass Lunete mit einem höchstmöglichen Aufgebot an ›Strahlkraft‹ des Laudine-Hofes zum Artushof geschickt wurde.[26] Letztlich wird damit etwas über Laudines Rang im Kräftespiel der politischen Mächte deutlich; dieser Rang kann nicht besonders hoch sein, das Brunnenreich ist ja auch eher ›hinterwäldlerisch‹.[27] Wie dem auch sei, die Missachtung Lunetes durch die Artusritter rückt auf jeden Fall den Artushof in ein nicht eben vorteilhaftes Licht.[28] Wenn man es so sieht, dann rettet Iwein als Einziger mit seinem Gruß nicht nur die Ehre des Artushofes, sondern er erweist auch als Einziger Laudine und dem ganzen Herrschaftsverband des Brunnenreichs die Ehre, die Botin zu grüßen. Dann aber ist sein ›Ausscheren‹ aus dem Gruppenverhalten hier eine politische und soziale Geste, die erstens sehr für Iweins Ritterlichkeit spricht und die zweitens als Gabe an Lunete und recht eigentlich an Laudine anzusehen ist. Der Logik von Geben und Wiedergeben,

---

[24] Vgl. etwa SABINE CHABR: *Komplexe Boten. Metonymisches Erzählen in Wolframs ›Parzival‹*, in: *Das Mittelalter* 15 (2010), S. 162–174, hier S. 166. Vgl. auch Chabrs Monographie: *Botenkommunikation und metonymisches Erzählen*, Zürich 2013 (Medienwandel – Medienwechsel – Medienwissen 23). Chabr argumentiert auf der Basis des maßgeblich von HARALD HAFERLAND entwickelten Konzepts des metonymischen Erzählens. Programmatisch ist der von ihm zusammen mit ARMIN SCHULZ verfasste Aufsatz: *Metonymisches Erzählen*, in: *DVjs* 84 (2010), S. 3–43.

[25] Sehr gut lässt sich das in Botenausrüstungsszenen sehen – etwa im *Rolandslied* oder im *König Rother*.

[26] Gegen ZUTT: *Unhöfische Lunete*, Anm. 20, S. 109, lese ich v. 1189f. folgendermaßen: Lunete attestiert sich selbst aufgrund ihrer Höflichkeit *unhöfescheit*, um den Artushof nicht zu kritisieren, so wie sie später ihre Verurteilung zum Feuertod nicht Iweins Schuld, sondern ihrem unglücklichen Stern anlastet (v. 4067f.).

[27] Gaweins Warnrede an seinen Freund Iwein betont ja genau dies (vv. 2807–2889). Es werden ja keine ›glanzvollen‹ Herrscherpflichten beschrieben, sondern ein eher Langeweile und Eintönigkeit verströmendes ›Sorgen‹ um das *hûs*. – Eine konträre Grundeinschätzung in Übereinstimmung mit denjenigen Forschungspositionen, die im Iweinroman das Brunnenreich als Gegengewicht zum kritisch beleuchteten Artusrittertum sehen, vertritt UTA STÖRMER-CAYSA: *Grundstrukturen mittelalterlicher Erzählungen. Raum und Zeit im höfischen Roman*, Berlin 2007, S. 51f.: »Ortsfestigkeit wird [...] mit der Konstellation einer Minimallandschaft aus Brunnen und Kapelle in der Nähe von Laudines Burg zu einem – durchaus positiv konnotierten – Gegengewicht zur Beweglichkeit der Artusritter erhoben.«

[28] So auch HÜBNER: *Erzählform*, Anm. 11, S. 184 Anm. 102, allerdings ohne Hinweis auf den metonymischen Bezug.

Gabe und Gegengabe gehorchend,[29] entscheidet Lunete angesichts des gefangengesetzten Iwein, ihm die Gabe mit ihrer Gegengabe zu vergelten: *dô erbutet ir mir die êre der ich iu hie lônen sol* (v. 1196f.). Ich würde also dazu neigen, Lunetes Aussage für zuverlässig zu halten: Iwein hat sich mit seinem individuell von der Gruppe abweichenden Verhalten, das nun gerade anders als das unfreundliche Gruppenverhalten aller anderen Artusritter als *hövesch* zu kennzeichnen ist, ein Verdienst erworben, auch und gerade mit Blick auf Laudine. Bemerkenswert ist in diesem Zusammenhang die paradigmatische Verweisstruktur hinsichtlich des Themas der Visualisierung: Iwein würdigt am Artushof als einziger Ritter Lunete des Blickes und Grußes, d.h. er macht sie im sozialen Sinne ›sichtbar‹. Umgekehrt macht nun Lunete, die damals am Artushof von allen außer Iwein ignoriert, d.h. nicht gesehen wurde, den gefangengesetzten Iwein zu seiner Rettung unsichtbar. Man muss nicht so weit gehen wie BERTAU, der Laudine und Lunete ineins setzt, aber mit Verweis erstens auf den Status von Boten und zweitens auf das Gabe-Gegengabe-Prinzip lässt sich das Urteil DIMPELS, es handle sich um fadenscheinig begründeten Landesverrat, doch abmildern: Lunetes selbstständiges Handeln hinter dem Rücken Laudines ist zwar eine – auch ungehörige – Kompetenzüberschreitung, aber sie ist keineswegs unmotiviert. Denn Lunete gibt Iwein in weit höherem Maße etwas dafür zurück, was nicht nur sie, sondern auch Laudine damals von ihm am Artushof bekommen haben.[30] Den weiteren Grund, den Lunete nennt – Iweins Unerschrockenheit und

---

[29] Zu diesem fundamentalen Prinzip vgl. die knappe Zusammenstellung von MÜHLHERR: *Einleitung*, S. 2 mit Anm. 20 u. S. 7f. zu: *Dingkulturen. Objekte in Literatur, Kunst und Gesellschaft der Vormoderne*, hg. von ANNA MÜHLHERR, HEIKE SAHM, MONIKA SCHAUSTEN u. BRUNO QUAST, Berlin 2016 (Literatur – Theorie – Geschichte 9).

[30] SILVAN WAGNER: *Erzählen im Raum. Die Erzeugung virtueller Räume im Erzählakt höfischer Epik*, Berlin / Boston 2015 (Trends in Medieval Philology 28), weist an dieser Stelle die Entstehung eines virtuellen Raumes auf (Elemente sind neben dem Zauberring auch ein Bett, welches plötzlich da ist, und eine Mahlzeit, für die Lunete sorgt): »Der Text zeichnet mit dem Ring, dem Bett und dem gemeinsamen Mahl [...] ein prägnantes Erinnerungsbild von *minne / gemach*, dessen Räumlichkeit konkret den Schutzbereich für Iwein stellt [...]. Dieser Erinnerungsraum ist auf Iwein und Lunete beschränkt, weil sie die beiden einzigen sind, die an der raumschaffenden Kommunikation – der Erinnerung Lunetes an die Begebenheit am Artushof – beteiligt sein können« (S. 208). Während Wagner in der Zerstörung des Bettes durch Iweins Verfolger ein Zeichen dafür sieht, dass dieser »von der (freundschaftlichen, gegenseitigen) Minne zwischen Iwein und Lunete« (S. 209) geprägte Erinnerungsraum nicht mehr restituiert und sofort durch einen neuen virtuellen Raum abgelöst werde, der nun »von der (erotischen, einseitigen) Minne Iweins zu Laudine« (ebd.) bestimmt sei, betone ich paradigmatische Zusammenhänge übergeordneter Art, in die ich Wagners sehr erhellende Ausführungen zur Entstehung virtueller Räume etwas anders einordnen würde. Der *gruoz*, den Iwein Lunete am Artushof zukommen lässt, ist m.E. nur dann ein Gruß, wenn er sichtbar soziale Anerkennung impliziert (jedenfalls wäre ein heimliches Grüßen keine einem Artusritter würdige Gabe gewesen); und er gilt der Botin einer Herrscherin.

Tapferkeit in seiner wenig hoffnungsvollen Situation – ist zwar der zunächst von Lunete angeführte Grund, aber er ist meines Erachtens logisch klar nachgeordnet.[31] Es zeigt sich, dass je nach den interpretatorisch hinzugezogenen Wissenselementen die von Lunete selbst explizierten Gründe für ihre Hilfeleistung als unzuverlässige oder als im Grunde zuverlässige Auskunft eingestuft werden können. Zu klären ist nun weiter die Frage nach dem für eine angemessene Interpretation eingeforderten historischen Wissen: Während mir die metonymische Relation von Herrin und Botin und die Gaben-Logik zu einem Verständnis verhilft, mit dem ich Lunetes Aussage als zuverlässig einstufe, geht Dimpel den umgekehrten Weg. Er zieht folgenden Schluss: Wenn die Aussage Lunetes unzuverlässig ist, dann muss dies die Rezipienten dazu anstacheln, nach der wirklichen Motivation ihres Handelns zu suchen. Dimpel findet die Antwort im Konzept des Agon im Sinne eines Kampfes der Höflinge um Einfluss auf die Figur des Herrschers.[32] Dieser Erklärungsansatz ist im Weiteren streckenweise durchaus sinnvoll anzuwenden, aber ganz zu Beginn scheint mir dieser Aspekt nicht zentral im Spiel – es sei denn anders als von Dimpel gemeint im Sinne eines ›Überbietens‹ des ersten Gebers durch die Gegengabe. Den agonalen Rangstreit am Hof des Brunnenreichs als einzige Triebfeder von Lunetes Handeln anzusetzen, wäre also eine Reduktion der im Text angelegten Möglichkeiten, Lunetes Handeln motiviert zu sehen und damit auch zu bewerten.

3.

Wenn man den Zusammenhang von Iweins Gruß und Lunetes Ringgabe ernstnimmt, dann liegt es aufgrund der Spiegelbildlichkeit der Geschichten, in welche die beiden Ringe eingebettet sind, auf der Hand, dass die zweite Ringgabe parallel zur ersten zu lesen ist. Hier würde ich nicht so weit gehen wie BERTAU; es sind durchaus zwei Ringe. Während Iwein durch den ersten Ring, der Gegengabe für seinen Gruß ist, gerettet wird und unter dieser Voraussetzung zu hoher *êre* und zu *minne* kommt, wird ihm im zweiten Fall nach seinem Fristversäumnis von Laudines Botin der Gruß explizit verweigert, die Ehe aufgekündigt und der Ring vom Finger gezogen; in der Folge verfällt er dem Wahnsinn.

Bei Chrétien ist die Botin mit der den Helden niederschmetternden Nachricht eine namenlose *dameisele* (v. 2705); Hartmann formt hier die Erzählung konzeptionell um: Bei ihm ist es Lunete, die an den Artushof geschickt wird, um Iwein zu

---

[31] ZUTT: *Unhöfische Lunete*, Anm. 20, S. 108, stuft sogar Lunetes Lob der Tapferkeit als »eine Komödie« ein, da sie den unsichtbar machenden Ring schon in der Hand hat.

[32] DIMPEL: *Zofe im Fokus*, Anm. 6, S. 208f., bezieht sich programmatisch auf HARALD HAFERLAND: *Höfische Interaktion*, München 1989, S. 73–120, und liest Lunetes Handeln strikt unter der Vorgabe des Rangstreits von Höflingen.

verstoßen und ihm den Ring vom Finger zu ziehen. Durch den Auftritt Lunetes in dieser Funktion hat Hartmann den Untreuevorwurf intensiviert. Es steht explizit im Raum, dass Iwein nicht nur Laudine verraten hat, sondern auch Lunete gegenüber die Gegengabe schuldig geblieben ist. Denn ausdrücklich sagt Lunete zu Iwein: *deiswâr uns* [d.h. Laudine und Lunete] *was mit iu ze gâch. dâ stüende bezzer lôn nâch dan der uns von iu geschiht* (vv. 3163–3165) – und nach beendeter Anklagerede zieht sie Iwein den Ring vom Finger. Damit ist bei Hartmann die Parallelität der Komposition (bei Chrétien wird strikt jeder der beiden Frauenfiguren exakt ein Ring zugeordnet) weniger klar; dafür ist – aufgrund des paradigmatischen Zusammenhangs zwischen der ersten und der zweiten Szene mit Lunete am Artushof – die Wucht, mit der Iwein niedergeschmettert wird, stärker. Denn dieselbe Figur, die er damals als Einziger durch seinen Gruß sichtbar gemacht und so symbolisch in die höfische Gemeinschaft eingeschlossen hat, grüßt ihn nun als Einzigen nicht, was seinen Ausschluss aus der Gemeinschaft einleitet. Er wird sich die Kleider vom Leib reißen und der Wildnis zulaufen.

Das chronologisch Früheste also, was wir in diesem Roman überhaupt über den Protagonisten erfahren (d.h. das erste Element der histoire), ist sein Ausscheren aus der Gruppe der Artusritter mit der noblen Geste des Grüßens der Botin Laudines; die erste Information allerdings, die wir vom Helden erzählt bekommen, ist sein heimliches Ausscheren aus der Gruppe der Artusritter, um sich eigenmächtig einen Vorteil der Akkumulation von *êre* zu verschaffen. Wenn man vom »primacy effect« ausgeht, »nach dem dem ersten Glied in einer Informationskette besonderes Gewicht zukommt«,[33] würde man zunächst trotz des Protagonistenbonus eine gewisse Skepsis des Rezipienten gegenüber der ethischen Vortrefflichkeit der Figur für wahrscheinlich halten können; gegengesteuert würde diesem Eindruck aber durch die nachträglich eingebrachte Erzählung Lunetes über ein früheres sehr lobenswertes Verhalten Iweins. Den ersten Ring bekommt Iwein als Gegengabe für sein integratives Verhalten gegenüber Lunete und damit auch gegenüber Laudine als Herrscherin über das Brunnenreich; abgesprochen und vom Finger gezogen wird ihm der zweite Ring wegen seiner zu starken Gebundenheit an die Artuswelt und an ihre Spielregeln der Akkumulation von *êre*: Mit seinem Freund Gawein zusammen ist er in die Ritterwelt integriert und in dieser zugleich als ›Zentrum‹ exponiert (vv. 3067–3074: Artus begibt sich zu Gawein und Iwein, die vor der Burg in Karidol ihr Zelt aufgeschlagen haben, nicht die beiden zu ihm!) und verliert dabei das ›randständige‹ Brunnenreich zu lange aus den Augen. Die Abgelegenheit des Brunnen-

---

[33] FRIEDRICH MICHAEL DIMPEL: *Tabuisierung und Dunkelheit. Probleme der Sympathiesteuerung in der ›Melusine‹ Thürings von Ringoltingen*, in: *Sympathie und Literatur. Zur Relevanz des Sympathiekonzeptes für die Literaturwissenschaft*, hg. von CLAUDIA HILLEBRANDT u. ELISABETH KAMPMANN, Berlin 2014 (Allgemeine Literaturwissenschaft 19), S. 205–235, mit einer äußerst instruktiven Übersicht über Sympathiesteuerungsverfahren, S. 208f., hier S. 209.

reichs macht die Landesherrschaft dort außerdem noch besonders unattraktiv; das Problem der Spannung zwischen mobiler Ritterexistenz und landesherrschaftlicher Gebundenheit, welches KLAUS SPECKENBACH herausgearbeitet hat, besteht jedenfalls ganz grundsätzlich.[34] In der Aufkündigungs- und Verurteilungsszene am Artushof sind also beide ersten Elemente der beiden Erzählordnungen (s.o.) ins Gegensätzliche verkehrt: Iwein hat damals als Einziger die Botin gegrüßt und wird jetzt aber als Einziger von ihr aus ihrem Gruß ausgenommen. Iwein ist um der Akkumulation von êre willen im Alleingang aus der Gruppe ausgeschert und verliert jetzt die überraschend reich akkumulierte êre wieder, denn er wird zum wahnsinnigen Waldmenschen.

Wenn man von hier aus noch einmal auf die Kraft der Ringe und deren Stellenwert für den Weg des Helden schaut, dann ergibt sich Folgendes: Der Held erhält aufgrund des frühesten Startpunkts seiner Geschichte (soziale Integration der Botin Laudines) mächtige Hilfe zurück, wogegen man einiges und sogar Gravierendes vorbringen kann. Dies kann aber dem Helden ›nichts anhaben‹. Macht der erste Ring ihn einfach unsichtbar, bringt der zweite ihn umgekehrt förmlich zum Strahlen: Zwar ist Iwein immer auch ein exzellenter Ritter, aber er hat eben auch noch einen Zauberring am Finger. Und genau dies ist fatal: Auf der Höhe seines Ruhms fällt es ihm zu spät ein, dass er aus der Gruppe der Artusritter hätte ausscheren und zu Laudine zurückkehren sollen. So ist es, wofür ich plädieren möchte, insbesondere dieser zweite Ring, welcher Iwein die Rückkehrfrist vergessen lässt. Denn Laudine ist als Geberin des Ringes, der ihn magisch ›schützt und bewahrt‹, metonymisch anwesend. Das heißt, dass dieser zweite Ring – und hierin liegt meine Neuakzentuierung gegenüber dem Gros der Forschung – nicht einseitig als Bedeutungsträger und Erinnerungssymbol (d.h. in seiner Repräsentationsfunktion) wahrgenommen werden sollte, sondern auch als Zauberding. Von diesem Aspekt des Magischen aus seien zwei Möglichkeiten der Sinnbildung angeboten. Die erste wäre: Nach Iweins glänzendem Turniersieg während der Hochzeitsfeierlichkeiten fordert der magische Ring als Zaubergabe Laudines beim Abschied zu Iweins Turnierfahrt im größeren Stil dasselbe noch einmal ein. Iwein soll sich, wenn er sich schon als Ritter bewähren will und wenn er der von Laudine in einzigartiger Weise Ausgezeichnete (niemals zuvor hat sie diesen Ring irgendjemandem gegeben) und mit Schutz Versehene ist, auch in höchstem Maße auszeichnen. Schade nur, dass das etwas zu lange dauert. Die zweite wäre: Erst als es für Iwein nichts mehr an Ruhm aufzuhäufen

---

[34] Die Abgelegenheit und Randständigkeit des Brunnenreiches macht diese Spannung also nur maximal sichtbar. – Klaus Speckenbach entwirft ein eher optimistisches Konzept der durch Iweins Weg demonstrierten Integrierbarkeit der drei Rollen von Ritter, Landesherr und Liebender. KLAUS SPECKENBACH: ›riter‹ – ›geselle‹ – ›herre‹. Überlegungen zu Iweins Identität, in: Erkennen und Erinnern in Kunst und Literatur, hg. von DIETMAR PEIL, MICHAEL SCHILLING u. PETER STROHSCHNEIDER, Tübingen 1998, S. 115–146.

gibt, d.h. als er im Zenit seiner Ritterkarriere steht, schlägt er auf dem Boden der Tatsache auf, dass er sich – in seinem Gelingensglück – hat zu weit ›davontragen‹ lassen. Schuld zurechnen wird man Iwein nun in dem Maße, wie man den Aspekt des Zauberrings in den Hintergrund und den Aspekt der Repräsentationsfunktion des Ringes als Zeichen der Liebe und als Anmahnung der Treue in den Vordergrund rückt.

Wenn man diese Lektüremöglichkeiten (Erfolgsdruck und Gelingensrausch) als legitim akzeptieren könnte, dann hätte dies Konsequenzen für die Modellierung der Rezeptions- und damit Sympathiesteuerung des *Iwein* bzw. *Yvain*. Unter Einbezug von historischem Wissen (Regeln der Botenkommunikation, Gabenlogik, Ernstnehmen von magischen Faktoren) wären Handlungszusammenhänge sowie vor allem auch paradigmatische Verweiszusammenhänge für Fragen der Sympathiebildung in Rechnung zu stellen, die bisher in der Forschung eher unterbelichtet geblieben sind. Wenn wir in unserem neuzeitlichen psychologischen Lesemodus auf die Iweinfigur sehen, dann kommt es uns unverständlich vor – und es wäre einigermaßen naheliegend, dies auf die Konstruktion des Romans zu schieben –, dass Iwein die geliebte Laudine, von der er sich mit großem Abschiedsschmerz getrennt hat, als Liebender zu lange aus den Augen verliert. Man könnte auch mit LUGOWSKI argumentieren, es käme auf die Kompatibilität auch gar nicht an, denn jeder der beiden erzählten Vorgänge verweise auf zeitlos Gültiges: Gestaltet werde einmal die Trennung zweier Liebender, zum andern das Versäumen einer absolut zwingenden Frist.[35] Doch plädiere ich für eine logische Vereinbarkeit der beiden Vorgänge und schlage vor, mit Logiken anderer Art zu rechnen, die sich unserem Verständnis von Figurenpsychologie nicht völlig erschließen und vielleicht überhaupt nicht psychologisch stimmig aufzuhellen sind. Man kann versuchen, von den eigenen heutigen Kategorien her unter Einschluss von ›ungewohnten‹ Faktoren der Erzählung Verständnismöglichkeiten durchzuspielen. Ein Musterfall ist eben dieser Ring, den Iwein von Laudine zum Abschied erhält und der sowohl Treuepfand als auch Zauberring ist. Er macht, so war zu überlegen, den Beschenkten gegenüber der Geberin vielleicht so lange ›autark‹, bis er auf dem absoluten Höhepunkt seiner Ritterkarriere Mangel und Sehnsucht spürt. Anders formuliert: Erst mit dem Schmerz Iweins darüber, dass Laudine abwesend ist und er die Frist versäumt hat, kann der von ihr geschenkte Ring von einem zauberischen Ring, in dem die Geberin anwesend ist,[36] in den Augen des Publikums zu einem Zeichen primär ihrer

---

[35] CLEMENS LUGOWSKI: *Die Form der Individualität im Roman. Studien zur inneren Struktur der frühen deutschen Prosaerzählung*, Berlin 1932.

[36] Der Herzenstausch-Komplex (vv. 2987–3028) kann hier nur kurz erwähnt werden, wo Hartmann als Erzähler die Zeichenhaftigkeit des Erzählten herausstellt. Bei der Übergabe des Rings lässt er Laudine selbst sprechen; ihre Rede schillert zwischen den Polen der Zauberkraft und des Erinnerungssymbols des Rings.

Abwesenheit werden. Vielleicht aber (da ich versuche, möglichst reichhaltig Logiken aufzuhellen, die zumindest vom Text angeboten sein könnten, sei auch diese Möglichkeit noch einmal festgehalten) fordert Laudines Ringgabe das ›Erringen‹ der größtmöglichen Ritterehre ihres Schützlings und Ehemanns Iwein als Gegengabe heraus, was aber zugleich das Fristversäumnis mit sich bringt. So oder so beobachten wir nur den Handlungsverlauf und sehen auf das Handlungsergebnis: Iwein, der es nicht zugelassen hatte, dass Lunete und mit ihr Laudine als sozial unsichtbar abgefertigt wurden, ist jetzt durch den Entzug der Huld Laudines, der sich als Vorgang im Abstreifen des zauberischen Fingerrings ausdrückt, *ûz ir gesihte* (v. 3230) – aus dem Gesichtsfeld der Artusgesellschaft – gerückt worden: sozial erledigt.

BERTAU hat also den Finger auf einen grundlegend wichtigen Punkt möglicher Bedeutungsbildung gelegt, den ich unter anderen Prämissen (d.h. ohne Rückgriff auf das Mabinogi als Verständnishilfe und ohne die beiden Ringe oder Frauenfiguren ineins zu setzen) modifiziere. Erst wenn Laudine für Iwein erklärtermaßen ›keine Option‹ mehr ist und er dem Wahnsinn verfällt, kann es zum weiteren Ziel werden, dass Iwein mit der Wiedergewinnung der Frau – ab da einziges Handlungsziel – auch die nicht so sehr attraktive Herrschaftsausübung im Brunnenreich als Aufgabe übernehmen kann: Laudines Ring wurde ihm ›gewaltsam‹ entrissen; der Löwe, den er später rettet und der über mehrere Episoden hinweg zu seinem Begleiter und Helfer wird, verschwindet dagegen unmarkiert aus der Geschichte. Iwein wäre so gesehen ein Held mit einer sehr charakteristischen ›Vita‹ (Frauen-›Held‹, Löwenritter); zugleich aber würden verallgemeinerbare Probleme des Verantwortung-Übernehmens, des Sich-Begrenzen-Müssens diskutiert. Je nach Temperament des Rezipienten könnte man eher das ambige Potential dieser Geschichte realisieren und auskosten (wie HAUG) oder aber sich (wie BERTAU) von der ›Strahlkraft‹ des Helden anstecken lassen, der aus einer augenscheinlich auswegslosen Lage als Gewinner hervorgeht. Dass man zum Helden des ersten Handlungsteils entschieden auf Distanz geht, ihm seine Verfehlungen verübelt und von hier aus begründet, warum er die Besserungsanstalt des zweiten Handlungsteils sehr nötig habe, wäre jedenfalls eine Grundhaltung, die nicht nur dem König Artus übertrieben hart vorkäme.[37]

4.

Meine Überlegungen seien, methodisch-theoretisch auf Grundsätzlicheres hin bezogen, in ihren Hauptlinien zusammengefasst: Mit Rekurs erstens auf die Logik

---

[37] Artus lässt Iwein suchen, nachdem dieser schon in den Wald entflohen ist (vv. 3240–3248). Er übernimmt also keineswegs das vernichtende Urteil der Botin Laudines über Iwein.

von Gabe und Gegengabe und zweitens auf das metonymische Verhältnis von Herrschaft, Herrscher und Boten des Herrschers habe ich vorgeschlagen, den von Lunete zur Rettung Iweins eingesetzten unsichtbar machenden Ring als eine Gegengabe, d.h. als eine Replik auf die in Lunetes Begründung in Erinnerung gerufene von Iwein geleistete Gabe (Grüßen und damit Sichtbarmachen Lunetes als Laudines Botin am Artushof) zu verstehen. Dann kann man von hier aus beobachten, wie mit dieser anfänglich gesetzten Relation kompositionell-erzählerisch weitergespielt wird, vor allem indem sie auch in umgekehrter Spiegelbildlichkeit aufgerufen wird: Nachdem ihm vor versammelter Artusrunde der zweite Ring vom Finger gezogen wird, verschwindet Iwein aus dem Blickfeld der höfischen Gesellschaft. Es werden also auf discours-Ebene paradigmatische Bezüge sichtbar, denen umso mehr Gewicht zukommt, je stärker man die metonymischen Logiken der Erzählabläufe (Lunete als Laudines Botin am Artushof, Gabe und Gegengabe) im Eingang der Dichtung in Rechnung stellt.

Den Ring, den Iwein von Laudine in der Abschiedsszene erhält, liest die Forschung bisher unwillkürlich im neuzeitlichen Lektüremodus in seiner Repräsentationsfunktion (Ring als Zeichen der Verbindung der beiden Liebenden, Ring als Erinnerungszeichen an geschuldete *triuwe*). Nur wenn man ihn in dieser Funktion versteht, kann man Iwein mit Entschiedenheit ethisch-moralisch schuldig sprechen. Plädiert man stattdessen für ein Verständnis des Rings als ein magisches Ding, kann man auf Gegebenheiten und Handlungsdynamiken verweisen, innerhalb derer das Fristversäumnis stärkeren ›Ereignischarakter‹ hat, wodurch die Iweinfigur moralisch entlastet wird. Diese alternativen Lektüremöglichkeiten lassen sich auf HANS ULRICH GUMBRECHTs Charakterisierung der mittelalterlichen Kultur abbilden, als deren Spezifikum er ein eigentümliches Mit- und Nebeneinander herausstellt: Im Mittelalter, so vermutet er, könnte es sich um einen »Ausnahmefall eines ausbalancierten Verhältnisses zwischen Präsenz- und ›Bedeutungskultur‹«[38] handeln. Während der erste Zauberring nichts ›bedeutet‹, sondern ›bewirkt‹, so dass man sagen könnte, seine starke Präsenz lösche die Sichtbarkeit des Trägers aus, verhält es sich beim zweiten Ring tendenziell andersherum: Seine Bedeutungsfunktion (Zeichen für die Verbindung von Laudine und Iwein etc.) ist als sehr stark anzusetzen – nur dass damit der magische Charakter nicht verschwindet. Man hätte also im Nacheinander der beiden Ringe eine kleine Mikro-›Literaturgeschichte‹ erfasst, wie sie sich von Gumbrechts Ansatz her schreiben ließe.

---

[38] HANS ULRICH GUMBRECHT: *Präsenz-Spuren. Über Gebärden in der Mythographie und die Zeitresistenz des Mythos*, in: *Präsenz des Mythos. Konfigurationen einer Denkform in Mittelalter und Früher Neuzeit*, hg. von UDO FRIEDRICH u. BRUNO QUAST, S. 1–15, hier S. 15.

Wenn man nun auch Gumbrechts Vermutung aufnimmt, dass magische Relikte der Präsenzkultur unter den Bedingungen der modernen ›Bedeutungskultur‹ zu ›special effects‹ mutieren,[39] kann man eine solche Entwicklung schon bei Hartmann angedeutet sehen. Dieser schaltet anlässlich der Errettung Iweins mit dem Mittel des magischen Rings folgenden Erzählerkommentar ein: *bî sîner* [d.h. Iweins] *genist nim ich war, unz der man niht veige enist, sô nert in vil cleiner list* (vv. 1298–1300). Sobald der Zauberring unter Ausnutzung der semantischen Ambiguität von *cleine*[40] fiktionalisiert wird, gerät er zu einem ›special effect‹, der nur im Raum der Erzählung zu haben ist.

Wenn man mit BERTAU auf der einen Seite Iwein durchaus einen bezaubernden Helden nennen kann und wenn auf der anderen Seite mit sehr einleuchtenden Gründen auch Iweins Schuld als Problemkern des *Iwein* zu konstatieren ist, so lässt sich dies verdichtet im zweiten Ring in seiner Präsenz- und Bedeutungsfunktion dingfest machen.

Solche Mischungsverhältnisse, die gerade keine ›Kippfiguren‹ produzieren, sondern Spannungsfelder, innerhalb derer sich Rezeptionsvorgänge bewegen können, wären beim Ausloten der Spielräume der publikumsseitigen Beobachtung einer Figur in Rechnung zu stellen.

---

[39] Gumbrecht vermutet, »dass solche Präsenz-Spuren in dem Maße zu einem Gegenstand der Sehnsucht geworden sein könnten, wie sich unser moderner Alltag in eine fast vollkommen ›bedeutungskulturelle‹ Umwelt verwandelt hat« (ebd.).

[40] Erstens kann man *cleine* als litotische Formulierung verstehen: Wenn der Held nicht umkommen soll, muss man gegebenenfalls ein magisches Ding benutzen, d.h. einen ›special effect‹ einbauen. Zweitens schwingt bei diesem Wort potentiell die Bedeutung ›sorgfältig‹ mit, *cleine list* wäre dann auch auf das Arrangement der Erzählung zu beziehen.

Matthias Meyer

Wie man zu seinen Protagonisten auf Distanz geht und ihnen dennoch Sympathie verschafft. Konrad von Würzburg und Heinrich von dem Türlin

Sympathiesteuerung ist kein leichtes Thema. Es betrifft Fragen nach der Rezeption literarischer Charaktere ebenso wie das je unterschiedliche Verhältnis zwischen einem Ich und Figuren einerseits, realen Personen andererseits und den jeweiligen Mechanismen der Sympathieerzeugung, schließlich ob und wie solche Prozesse überhaupt steuerbar sind. Und letztlich zielt es auf die philosophisch kaum zu beantwortende Frage der Erkennbarkeit von subjektiven Positionen überhaupt:

> How can we be sure that the emotion (that is, the feeling in the soul or at least in the privacy of one's own stream of consciousness) which you have when you are running away from a Rottweiler, is the same as the one I have when I am in the same situation?[1]

Lyons stellt damit eine generelle (und gleichermaßen skeptizistische wie berechtigte) Frage zur Empathie und weist darauf hin, dass wir nicht wissen können, ob Empathie – eine der Grundlagen von Sympathie – nicht schlicht eine Illusion ist. Dennoch konnte in zahlreichen Beiträgen gezeigt werden, dass empathische Introjektion oder Projektion eines der zentralen Elemente des Prozesses der Charakterformung ist. Charakterformung meint dabei jenen Prozess, in dem aus Sätzen literarische Charaktere werden.[2]

---

[1] WILLIAM LYONS: *The Philosophy of Cognition and Emotion*, in: *Handbook of Cognition and Emotion*, S. 21–44, Zitat S. 32. Vgl. dazu auch THOMAS NAGEL: *What is it like to be a bat?*, in: *Mortal Questions*, Cambridge u. a. 1979, S. 165–80.

[2] Vgl. hierzu besonders: JAMES PHELAN: *Reading People, Reading Plots – Character, Progression, and the Interpretation of Narrative*, Chicago / London 1989; URI MARGOLIN: *The What, the When, and the How of Being a Character in Literary Narrative*, in: *Style* 24 (1990), S. 453–68; MATTHIAS MEYER: *Struktur und Person im Artusroman*, in: *Erzählstrukturen der Artusliteratur – Forschungsgeschichte und neue Ansätze*, hg. von FRIEDRICH WOLFZETTEL, Tübingen 1999, S. 145–163; MATTHIAS MEYER: *It's hard to be me – Walewein / Gawein as hero*, in: *Arthurian Literature XVII – Originality and Tradition in the Middle Dutch Roman van Walewein*, hg. von BART BESAMUSCA und ERIK KOOPER, Cambridge 1999, S. 63–78; HARALD HAFERLAND: *Psychologie und Psychologisierung – Thesen zur Kon-*

Dabei ist es deutlich schwieriger, gegenüber einem literarischen Charakter Empathie zu entwickeln als gegenüber einer ›wirklichen‹ Person, da ein literarischer Charakter ein Gebilde rein aus Worten ist und die der empathischen Reaktion günstigere visuelle Ebene der Kommunikation fast vollständig ausgeschaltet wird. Man kann das Privileg des literarischen Charakters, das in der Möglichkeit besteht, dessen Innenleben vor den RezipientInnen auszubreiten, auch als Konterkarierung dieser visuellen Fehlstelle begreifen. Dies macht deutlich, warum Texte, die gerade die Innenperspektive des literarischen Charakters weitgehend ausschließen, im Gegenzug das mit großem visuellen Detailreichtum angereicherte szenische Erzählen als probates Darstellungsmittel nutzen. Es ist dabei ein Fehler anzunehmen, dass empathische Introjektion oder Projektion als Rezeptionsweise durch einen besonders formelhaften literarischen Charakter unterbrochen oder verhindert wird, wie ihn Schemaliteratur zu jeder literarischen Epoche aufweist und zu der wohl James Bond-Romane ebenso gehören wie der Artusroman.[3] Denn analog zum Fiktionskontrakt, den die RezipientInnen mit sich selbst und mit dem Autor eingehen, gibt es einen vergleichbaren ›Subkontrakt‹ zur Rezeption literarischer Charaktere, außertextuelles Wissen im Leseprozess zurückzustellen. Dazu gehört u. a., gegen das Wissen vorzugehen, dass der literarische Charakter die Handlung, in der er sich befindet, überleben wird: So ist die lebensbedrohliche Situation, in die James Bond regelmäßig am Schluss eines Romans gerät, eben eine lebensbedrohliche; so ist Gaweins Todesangst im *Roman van Walewein* eine wirkliche – auch wenn ihr Überleben am Ende aus einer Außenperspektive völlig klar ist. Dieses Phänomen des *anomalous suspense*, der Spannung trotz eines durch außertextuelles Wissen gesicherten Wissens um das *happy ending*, haben GERRIG und ALLBRITTON unter dem Stichwort ›Immersion‹ abgehandelt: »What is needed is an account of how we become *immersed* in literary worlds – so that certain types of information remain excluded from our appraisal of character. *Anomalous suspense* motivates a strict demarcation between information that readers apply within the literary world and information that

---

stitution und Rezeption von Figuren – Mit einem Blick auf ihre historische Differenz, in: *Erzähllogiken in der Literatur des Mittelalters und der Frühen Neuzeit*, hg. von FLORIAN KRAGL und CHRISTIAN SCHNEIDER, Heidelberg 2013, S. 91–117.

[3] Ursprünglich wurde der Begriff Schemaliteratur als neutralere und präzisere Ersatzbildung zu Trivialliteratur in die Debatte eingeführt. Der Begriff zielt sehr deutlich auf Literatur ab, die einem bestimmten festgelegten und wiederholbaren (und wiederholten) Schema folgt; der Artusroman ist ein Grenzfall der Schemaliteratur, da sich das Chrestien-Hartmannsche Schema in der von der Forschung suggerierten Deutlichkeit nie durchgesetzt hat; der große viktorianische Roman ist ebenfalls ein (Grenz-?)Fall der Schemaliteratur, wie der Detektivroman oder der James-Bond-Roman. Zum Terminus cf. HANS DIETER ZIMMERMANN: *Schema-Literatur – ästhetische Norm und literarisches System*, Stuttgart u. a. 1979 (Urban-Taschenbücher 299).

readers apply from outside of it.«[4] Genauer untersucht werden müsste das Wechselspiel zwischen Immersion und dem durch sie verdrängten Wissen: Kann man die lebensbedrohliche Situation eines Gawein oder James Bond nicht nur anders, sondern vielleicht sogar besser genießen als die eines weniger deutlich ›gesicherten‹ literarischen Charakters, oder stehen beide Typen letztlich unter dem gleichen Fiktionsvorbehalt?

Die empathische Verbindung zu einem literarischen Charakter ist eng mit der Frage der Sympathiesteuerung verknüpft, aber sie ist bekanntlich nur ein Teil von ihr, denn neben der direkten Darstellung, besonders von Innenwelten oder szenischen Details, treten Erzählerkommentare, intradiegetische Reaktionen sowie Wertungen auf stilistischer Ebene – dazu später mehr – hinzu.[5] Gattungsmerkmale spielen ebenso hinein wie Fragen nach der intertextuellen Verortung von Charakteren und Situationen. Wichtig ist ebenfalls der Textverlauf; bei den zentralen Protagonisten ist dabei besonders die Frage der Auswirkungen des *primacy effects* interessant und wie mit ihnen narrativ umgegangen wird.[6] Auch

---

[4] RICHARD J. GERRIG und DAVID W. ALLBRITTON: *The Construction of Literary Character – A View from Cognitive Psychology*, in: *Style* 24 (1990), S. 380–91, S. 389.

[5] Es ist kein Zufall, dass die Sympathielenkung für das Drama weit besser untersucht ist, als für erzählende Texte, da die körperliche Präsenz für Sympathie extrem wichtig zu sein scheint; vgl. etwa: *Sympathielenkung in den Dramen Shakespeares – Studien zur publikumsbezogenen Dramaturgie*, hg. von WERNER HABICHT und INA SCHABERT, München 1978. Relativ brüsk erklärt Finnern Sympathie schlicht als Kombination von Empathie und Erzähler-/RezipientInnenstandpunkt: SÖNKE FINNERN: *Narratologie und biblische Exegese – eine integrative Methode der Erzählanalyse und ihr Ertrag am Beispiel von Matthäus 28*, Tübingen 2010, S. 195–197. Grundlegend wohl für alle BeiträgerInnen dieser Tagung: FRIEDRICH MICHAEL DIMPEL: *Die Zofe im Fokus – Perspektivierung und Sympathiesteuerung durch Nebenfiguren vom Typus der Confidente in der höfischen Epik des Mittelalters*, Berlin 2011; vgl. ferner *Sympathie und Literatur – Zur Relevanz des Sympathiekonzeptes für die Literaturwissenschaft*, hg. von CLAUDIA HILLEBRANDT, Berlin 2014.

[6] Die Formulierung eines *Law of Primacy* geht auf Lund zurück; allerdings haben sich seine Ergebnisse nicht in dieser Ausschließlichkeit reproduzieren lassen: FREDERICK HANSEN LUND: *The Psychology of Belief – A Study of its Emotional and Volitional Determinants*, in: *Journal of Abnormal and Social Psychology* 20 (1925/26), S. 63–81, 174–196, darin bes.: *IV The Study of Primacy in Persuasion*, S. 183–191: »Thus the first time a subject is presented to us we tend to form an opinion, and we do so in accordance with the influences present to shape it. Later such an opinion may gain a certain amount of emotional content if it is contradicted. This follows, not only because of its personal reference, but because we would not have our ideas appear fragile or inconsequential.« (Lund, S. 190). Zur Kritik an Lund cf. CLYDE HENDRICK und RUSSELL A. JONES: *Primacy-Recency in Personality Impression Formation*, in: dies.: *The Nature of Theory and Research in Social Psychology*, New York 1972, S. 196–250 [enthält den Abdruck wichtiger Artikel von ANDERSON / BARRIOS, ANDERSON, HENDRICK / COSTANTINI], hier S. 201; zur Wahrnehmungskonstanz cf. auch JÜRGEN JAHNKE: *Interpersonale Wahrnehmung*, Stuttgart u. a. 1975, S. 108–111.

wenn ich im Folgenden kaum darauf eingehen werde, so will ich doch hier festhalten, dass mich bei mittelalterlicher Literatur besonders die Frage beunruhigt, wie die Realisierung in einem mündlichen Vortrag diese Prozesse beeinflusst, auch wenn meine Beispiele aus Texten stammen, die sicher schriftliterarisch konzipiert wurden und denen die schriftbasierte Rezeption mehr oder weniger deutlich eingeschrieben ist.

Mein erstes Beispiel ist der viel diskutierte Romanbeginn des *Partonopier*-Romans Konrads von Würzburg, der ganz auf die Perspektive des Protagonisten ausgerichtet ist.[7] Die erste Person, die genannt wird, ist König Clogiers von Frankreich, der in gut 20 Versen als perfekter König eingeführt wird; danach folgt der erste Hinweis auf dessen *swester barn*, dessen Tugenden in 5 Versen gepriesen werden, bevor es heißt: *sîn keiserlîchiu süeze jugent / was aller missewende frî.* (262f.) Diese Diskrepanz zwischen dem königlichen Onkel und der kaiserlichen Attribuierung des Neffen macht deutlich, dass es sich bei ihm um den Protagonisten handeln wird. Im Anschluss daran werden zunächst seine Mutter (Lucrête), sein Alter (13 Jahre) und seine Herrschaftsgebiete (die Grafschaften Angers und Blois) genannt, bevor sein eigener Name fällt. Diese Technik, d.h. die Sperrung zwischen erster Nennung der Figur und Nennung des Eigennamens, ist nicht selten.[8] Der Abstand zwischen beiden beträgt im *Partonopier* 25 Verse – das ist nicht viel, fällt aber auf, weil die anderen Figuren jeweils sofort genannt werden. Noch einmal wird das Adjektiv *keiserlîche* mit dem Protagonisten in Verbindung gebracht: wurde je eine *keiserlîchiu fruht* gesehen, dann er; es folgen weitere hypertrophe Lobesfiguren, bevor die Handlung – markiert durch das Wort *âventiure* – einsetzt.

Der Roman beginnt bekanntlich mit einer Eberjagd, in der Partonopier sich mit *horn und einem jagespiez* (350) als *unverzaget* und *ellentrîch* (348, 351) erweist. Weiter heißt es: er *blies / nâch meisterlîchen prîse / dô fremde jagewîse, / daz man sô wilde nie vernam* (354ff.). Natürlich ist es Partonopier, der den Eber eigenhändig erlegt, und alle freuen sich darüber, besonders der königliche Onkel. Schließlich spricht die Jagdgesellschaft: *wâ gehôrte ie muoter barn / daz ein drîzehenjaeric knabe / sô griulich swîn gevellet habe / als der junge süeze kneht?* (396ff.) Daraufhin zerlegt Partonopier den Eber, spielt noch einmal auf dem Jagdhorn und gibt den Hunden ihren Teil *als ein jegermeister hôch* (413). Die aber, anstatt zufrieden zu

---

[7] *Konrads von Würzburg Partonopier und Meliur*. Aus dem Nachlasse von Franz Pfeiffer hg. v. KARL BARTSCH. Mit einem Nachwort von Rainer Gruenter, Berlin 1970 (Nachdruck der Ausgabe Wien 1871).

[8] Zum Typus der späten Erstnennung von Namen vgl. das Kapitel 9.2.2 von MICHAEL GERSTENECKER: *Poetologie der Personennamen im deutschen Artusroman*, Diss. Wien 2012 (online-Zugriff über usearch.univie.ac.at).

sein, haben Blut geleckt und jagen einem weiteren Eber hinterher – Partonopier merkt, dass dies seinem Onkel nicht gefällt, folgt den Hunden und wird so von der Jagdgesellschaft getrennt. Damit beginnt der Weg durch den Wald und in die Angst, der den Protagonisten an den Ort seiner Bestimmung führt, an dem er schlussendlich doch den bereits zu Beginn behaupteten *keiserlichen* Status erhält.

Ohne dass ich dies im Detail nachgezeichnet habe, fällt in der Jagdszene die Adjektivregie Konrads auf, der Knabe, Pferd und Ausrüstung permanent mit positiven Attributen, das Wildschwein mit negativen und ›wilden‹, wie dem immer wiederholten *grimme*, belegt. Zu der beinahe penetrant positiven Bewertung Partonopiers durch den Erzähler tritt die der intradiegetischen Umwelt: Der König freut sich, die Jagdgesellschaft bewundert. Taten und Kommentare bauen den Helden auf, sie zeigen besser als auktoriale Behauptungen sein Können und seine Wirkung auf seine Mitwelt.[9] Das tun auch intertextuelle Bezüge, denn die Szene liest sich einerseits wie ein Zitat, andererseits wie eine Umkehrung der Jagdszene aus Gottfrieds *Tristan*: In beiden tut sich der junge Held im Rahmen einer Jagdgesellschaft hervor, in beiden spielt er seltsame, noch nie gehörte *jagewisen*, in beiden zerlegt er das Wild vorbildlich und in beiden wird er als *jegermeister* tituliert oder mit diesem in engen Bezug gesetzt – kurz: In beiden wird ein junger Protagonist im Medium der Jagd als gesellschaftliches Idol hingestellt. Was sich unterscheidet, ist die Richtung: Führt das Auftreten als fremder Jäger bei Tristan zur Integration in den Hof seines Onkels, so leitet die Jagdszene Partonopiers seine Entfremdung vom Hof des Onkels und seine Ausgliederung aus der höfischen Welt ein.

Durch die Tristan-Referenz wird Partonopier eine Aura gegeben, die der Heilsbringer-Aura des jungen Tristan entspricht. Dies ist die Folie, vor der Vereinzelung und Demontage des Helden erfolgen. Mehrfach ist in der Forschung der folgende Weg durch den Wald und im Boot, in die menschenleere Stadt und ins Bett der Meliur als ein Steigerungsweg durch und in die Angst beschrieben worden – zuletzt von GEROK-REITER, die die Bettszene als höchsten Angstzustand beschrieben hat.[10] Sie geht davon aus, dass diese Angstschilderung für die

---

[9] Man kann hier auf den alten Gegensatz von *showing* vs. *telling* verweisen, wie ihn WAYNE C. BOOTH: *Rhetoric of Fiction*, Chicago 1961, stark gemacht hat. Gleichzeitig wird deutlich, wie hier über Nebenfiguren die Sympathie der RezipientInnen auf die Hauptfigur gelenkt wird.

[10] Vgl. ANNETTE GEROK-REITER: *Die Angst des Helden und die Angst des Hörers – Stationen einer Umbewertung in mittelhochdeutscher Literatur*, in: *Angst und Schrecken im Mittelalter – Ursachen, Funktionen, Bewältigungsstrategien in interdisziplinärer Sicht*, hg. von ANNETTE GEROK-REITER und SABINE OBERMEIER, Berlin 2007 (Zeitschrift des Mediävistenverbandes 12), S. 127–143, hier S. 139–143.

RezipientInnen nicht nur nachvollziehbar ist, sondern dass diese von der Angst miterfasst werden. Dies mag sein – doch steuert der Erzähler immer wieder dagegen.

Als Partonopier von der Jagdgesellschaft getrennt wird, erfährt man zunächst nur summarisch, dass er sich unter eine Eiche setzt und emotional durch *leit unde zorn* (482) affiziert sowie *vil trûric* (483) ist. Erst als es Nacht wird, ändert sich die Erzählhaltung; die Darstellung und damit unsere Wahrnehmung des Helden werden detaillierter. Wir erfahren, dass er auf den Bäumen Eidechsen und wilde Tiere sieht (524f.). Dies ist verbürgt, da der bislang zuverlässige Erzähler es uns berichtet – und es ist keine sehr unwahrscheinliche Behauptung.[11] Im folgenden Vers findet unvermittelt ein Wechsel zu wörtlicher Rede statt[12] und mit ihr wandelt sich die Szenerie grundlegend: Man hört nicht nur einen klagenden Helden (was angesichts der Tatsache, dass ein 13jähriger Junge allein im Wald ist, selbst nach mittelalterlichen Vorstellungen noch als altersgemäßes Verhalten gelten kann; auch Tristan weint und klagt in der Einsamkeit des cornischen Strandes),[13] man hört auch einen ängstlichen Partonopier, der sich vor den Untieren des Waldes wie Krokodil und Basilisk fürchtet – die Stelle ist berühmt-berüchtigt (530–539):[14] Der Erzähler kommentiert:

> *Die rede treip der junge. [...]*
> *in hete daz irre wilde pfat*
> *erschrecket in dem muote.*
> *der edele und der guote,*
> *der hövesche und der klâre,*
> *was noch ein kint der jâre*
> *und was gevaren selten ê:*

---

[11] Der Einwand, dass Eidechsen in unseren Breitengraden nicht nachtaktiv sind, scheint mir gering zu gelten, da sie immerhin in unseren Breitengraden vorkommen und zur Erfahrungswelt der RezipientInnen gehören.

[12] *Die rede treip der junge. / sin wol gespraechiu zunge / got alsus tiure bat.* (551–553).

[13] GOTTFRIED VON STRASSBURG: *Tristan*, V. 2482ff. (Gottfried von Straßburg: *Tristan und Isold*, hg. von FRIEDRICH RANKE, Dublin / Zürich 1967). Gottfried kommentiert auch das Weinen Tristans als für Kinder angemessenes Verhalten: *wan kint kunnen anders niht / niwan weinen, alse in iht geschicht.* (V. 2485f.). Tristan und Partonopier sind in den genannten Szenen in etwa gleichaltrig; vgl. GISELA WERNER: *Studien zu Konrads von Würzburg ›Partonopier und Meliur‹*, Bern / Stuttgart 1977, S. 100–102.

[14] Cf. auch MARIANNE STAUFFER: *Der Wald – Zur Darstellung und Deutung der Natur im Mittelalter*, Bern 1959 (Studiorum Romanicorum Collectio Turicensis X), die für den altfranzösischen *Partonopeus* auf die Zwischenstellung des Waldes (und seiner Tierwelt) zwischen den Topoi Jagdwald und ›Ardennenwald‹, der den *chansons de geste* entstammt, und dem Märchenwald verweist (S. 31–34).

dar umbe entsaz er deste mê
den wüesten ungehiuren walt. (551; 554–561)

Der Erzähler schaltet sich mit deutlicher Markierung ein: Nach der Darstellung aus der Perspektive des Protagonisten weist er zunächst noch einmal ausdrücklich darauf hin, dass es sich um die Sicht seines Helden handelt, der zudem noch jung und unerfahren ist.[15] Dann werden die Gründe des Erschreckens genannt: Der Wald ist unwegsam und ein Verirren ist leicht möglich, Bären und Wildschweine sind gefährlich. Im nächsten Schritt weist der Erzähler ein weiteres Mal auf die Idealität des Helden hin, um sicherzustellen, dass keine massive Abwertung seines plötzlich ängstlichen Protagonisten vermittelt wird. Im gleichen Atemzug – und damit gleich gewichtig – wird die Jugend des Helden und seine, im eigentlichen Wortsinn, Unerfahrenheit betont: Da er nicht reisegeübt ist, erschreckt ihn die Situation, in die jeder mittelalterliche Reisende leicht gerät, besonders. Auch der psychische Ort dieses Dramas wird explizit genannt: *erschrecket in dem muote* (555). Es geht um Partonopiers Innenleben, die Regungen im Zentrum seiner geistigen Vermögen. Damit wird seine Angst verortet und gleichzeitig ihre Auswirkung angezeigt. Sie beeinflusst unter anderem die Wahrnehmungs- und Erkenntnisfähigkeit Partonopiers. Konrad setzt mit diesem Erzählerkommentar ein Distanzsignal, das mit der Unvereinbarkeit zweier Topoi spielt: dem des *puer senex* und in jungen Jahren bereits perfekten Helden und dem der Unerfahrenheit und Beeindruckbarkeit der Jugend.[16] Es geht um

---

[15] Er kann hier nicht nur auf mittelalterliches Wissen um Kinder rechnen, die z.B. ängstlicher sind als Erwachsene, sondern ganz konkret auf das Wissen des Publikums um Tristan setzen. Hier (wie auch in weiteren Passagen, etwa in der Darstellung der Verliebtheit während des Turniers vor Schiefdeire) werden intertextuelle Bezüge zur Darstellung des Innenlebens verwendet.

[16] Ich habe diese Interpretation bereits an anderer Stelle vertreten (MATTHIAS MEYER: *Wilde Fee und handzahmer Herrscher – Ritterliche und herrscherliche Identitätsbildung in Konrads von Würzburg ›Partonopier und Meliur‹*, in: *Die Welt der Feen im Mittelalter*, hg. von DANIELLE BUSCHINGER und WOLFGANG SPIEWOK, Greifswald 1994 (Wodan 47), S. 109–124, S. 109–111), andere mehr oder weniger zeitgleich ähnlich (SUSANNE RIKL: *Erzählen im Kontext von Affekt und Ratio – Studien zu Konrads von Würzburg ›Partonopier und Meliur‹*, Frankfurt a. M. u. a. 1996 (Mikrokosmos 46), S. 35f.). Ein schwerwiegender Einwand gegen diese Lesart liegt in der Tatsache, dass sich später offenkundig wirklich diese Tiere (plus Löwen, Panther und Einhörner) in den Ardennen finden, wenn nämlich Partonopier sich im passiven Selbstmordversuch in die Einöde zurückzieht. Hier berichtet Konrad von einem Kampf des Pferdes des Protagonisten mit einem Löwen, außerdem sieht Irekel, die Partonopier sucht, nicht nur das noch frische Blut des Löwen, sondern auch etliche der genannten Tiere. Zwei interpretatorische Lösungen drängen sich auf: Partonopiers Ängste haben Realitätsmächtigkeit erhalten, das Unbewusste des Helden hat die Ardennen mit einer mythischen Menagerie belebt, oder es handelt sich um die

diese Ambivalenz, die man in der folgenden Erzählsequenz immer wieder finden kann: Die positiven Merkmale werden aufrechterhalten, gleichzeitig wird jedoch Distanz erzeugt.

Beim Weg auf das Schiff verfährt der Erzähler berichtend; unter starkem Einsatz epischer Vorausdeutungen wird aber eine ominöse Atmosphäre erzielt. Durch die ganze Sequenz hindurch hält Konrad bei seinem Publikum die Erinnerung an Partonopiers Jugend wach, da er seinen Protagonisten immer wieder als *kint*, als *der junge schoene knabe, der junge helt* oder ähnliches bezeichnet.

Dabei lässt Konrad die Innenperspektive zwischenzeitlich außer Acht. Sie wird erst wieder eröffnet, als Partonopier am nächsten Morgen auf dem mittlerweile sich auf hoher See befindenden Schiff aufwacht. Letztlich wiederholt sich nun die gleiche Dynamik von Innenperspektive, Angstschilderung, impliziter Aufforderung zu empathischen Reaktionen der RezipientInnen und Distanzierung des Erzählers:

> *Partonopier vil ungemeit*
> *wart hie von gemachet,*
> *wand als er was erwachet*
> *und er bevant diu maere,*
> *daz von dem stade waere*
> *daz schif gegangen ûf den sê,*

Ardennen des Minne- und Abenteuerromans, in denen nun die mediterrane Tierwelt der Gattung ihren Ort findet, während es zu Beginn die Ardennen der *matière de France* sind. Letzterer Punkt ist nicht von der Hand zu weisen, da bei Konrad des Öfteren der Wechsel des Gattungsparadigmas zu einer veränderten Realitätskonstitution im Roman führt. In der zweiten Stelle ist das Paradigma des Minne- und Abenteuerromans eindeutig vorherrschend und damit auch seine Tierwelt, die z.B. die Existenz von Löwen geradezu herausfordert. Zu Beginn aber überwiegt eindeutig die Struktur des Feenmärchens und der *chansons de geste*. Mit Bachtinschen Begriffen ausgedrückt: In der ersten Szene befindet sich Partonopier noch in der ›realen‹ Welt und ist erst auf dem Weg in die zeitlose Wunderwelt der Fee, in der zweiten Szene herrscht der Chronotopos der Abenteuerzeit vor. Deswegen ist, auch gegen den scheinbaren ›Beweis‹ der innertextuellen Existenz von Krokodilen in den Ardennen, festzuhalten, dass diese in den Ardennen des Beginns nicht existieren. So kann Konrad mittels seines Erzählers die beschriebene Distanzierung vom *point of view* seines Protagonisten vornehmen. – Die Frage nach der Tierwelt der Ardennen wird nicht einfacher, wenn man auf die erhaltene französische Version P schaut (5873–5886) in der Uraque sich zunächst weigert, diesen wilden Wald zu betreten, und erst als ein Seemann erklärt, er verfüge über Zaubersprüche, die wilden Tiere zu bändigen, geht sie gerne in den Luxuszoo Ardennen – allerdings ohne Krokodile. WOLFGANG OBST: *Der Partonopierroman Konrads von Würzburg und seine französische Vorlage*, Diss. Würzburg 1976, S. 163, weist darauf hin, dass Konrad den amoenen (und damit zoo-artigen) Charakter der Ardennen betont und »den Tierbestand [...] um einige Exemplare bereichert.«

dô wart im alse rehte wê
ze muote daz er weinte
und jâmers vil erscheinte,
sam die knaben und diu kint,
diu fruo zen noeten komen sint,
der si wâren ungewone. (674–685)

Zunächst berichtet der Erzähler, dass Partonopier von (berechtigter) Angst vor der gefährlichen Schifffahrt betroffen ist und ihm nun erst recht *ze muote* Schmerz entsteht.[17] Die Folge dieses Schmerzes ist das Weinen, das erneut als normales Vorkommnis bei Kindern und männlichen Jugendlichen erläutert wird, die sich in bislang ungewohnter Bedrängnis finden. Diese Passage ist wichtig, denn sie zeigt in ihrer exkulpierenden Wortwahl die Schwierigkeiten, denen sich Konrad mit seiner Zentrierung auf Partonopier gegenübersieht. Sein wundervoller Held gerät nicht nur von einer merkwürdigen Situation in die nächste, er äußert sich auch meist durch Weinen und Furcht. Diese Tränen sind – anders als viele Tränen der mittelalterlichen Epik – keine Tränen, die in der Öffentlichkeit vergossen werden: Partonopier weint privat, allein, auf dem Boot.[18] Gerade deswegen schickt Konrad konterkarierend den Erzähler ins Feld, um die Situation einmal mehr mit dem Hinweis auf die Jugend des Helden zu entschuldigen sowie mit den Sentenzen über die Fährnisse der Seefahrt zu objektivieren.[19]

[17] Für die ganze Passage der Vereinzelung und den Beginn der Feengeschichte cf. die genaue Auflistung der stilistischen Mittel der Angstdarstellung bei RIKL: *Erzählen im Kontext von Affekt und Ratio*, Anm. 14, S. 38–55.

[18] Der immerhin mögliche Einwand, dass eine literarische Figur nie nur privat weinen kann, weil immer das Publikum und der Erzähler dabei sind, ist wohl nicht zulässig; hätte der Erzähler, der über die Tränen Partonopiers durchaus reflektiert, den öffentlichen Charakter von Partonopiers Tränen betonen wollen, hätte er das mit einer Publikumsapostrophe tun können. Eine Sequenz in der Art: ›*Nu seht, wie der weinet* – könnt ihr ihm die Bitte um eine glückliche Landung abschlagen?‹ wäre durchaus vorstellbar (man denke an die Interaktion des Erzählers der *Crône* mit den Damen im Publikum über die aufgewertete Keie-Figur und deren Schicksal). Dann würden Partonopiers Tränen den Charakter einer öffentlich unter Tränen vorgebrachten Bitte haben und so innerhalb der etwa von Althoff herausgearbeiteten rituellen oder symbolischen Inszenierungen von Herrschaft eine Funktion haben (vgl. etwa GERD ALTHOFF: *Zur Bedeutung symbolischer Kommunikation in Frieden und Fehde*, Darmstadt 1997). Das ist hier aber nicht der Fall.

[19] Konrad gestaltet die Szene auf dem Boot als opernhaftes Eidolon. Partonopier spricht eine Verzweiflungsarie, die einmal mehr mit physisch ausgedrückten Emotionen beginnt: Die schnelle Fahrt ängstigt den *jungelinge stolz* (726), der deswegen Hitzewallungen und Schweißausbrüche erfährt. Wieder begründet der Text die *sorgen* durch ein kausal verknüpfendes *des* (726) mit dem Bericht über das Verhalten des Bootes. Partonopier ringt seine Hände und drückt seine emotionale Zwangslage physisch aus: *vil jâmers er bescheinte* (732). Neues folgt erst im nächsten Erzählerkommentar, in dem die Einsamkeit

Die Szene der Vereinzelung im Wald und die der Schifffahrt nach Schiefdeire stellen die erste zentrale Gelenkstelle im Roman dar. Mit der Einordnung Partonopiers in die karolingische Dynastie zu Beginn des Romans wird das Paradigma der *chansons de geste* abgerufen und dadurch Partonopier als jugendlicher, königsgleicher Held, Kämpfer und Jäger als Protagonist des Textes etabliert. Die Vereinzelung erfolgt nun nicht in Form der klassischen Vereinzelung eines Aventiureritters, Partonopier mutiert nicht zum Helden eines (nachklassischen) Artusromans.[20] Mit der Institutionalisierung des Kindheitsparadigmas wird nicht nur der *Tristan*, sondern auch die Gattung Minne- und Abenteuerroman evoziert.[21] Der Held dieses Gattungsschemas ist, anders als der des Artusromans und der *chansons de geste*, nicht aktiv, sondern prinzipiell passiv und leidensbereit.[22] Strukturell argumentiert, haben wir es in der *chanson de geste* und im Minne- und Abenteuerroman mit zwei Protagonistenmodellen zu tun, die sich gegenseitig ausschließen. Werden sie dennoch in einer Figur realisiert, führt dies bekanntlich zu ›Brüchen‹ in der Figurengestaltung, worauf bereits Armin Schulz hingewiesen hat.[23]

Die Spezifik des Erzählens von Konrad äußert sich nun darin, dass er diesen Wechsel nicht als Bruch inszeniert, sondern versucht, den Übergang mittels der vermittelnden Funktion des Motivs der *kintheit* des Protagonisten kontinuierlich zu gestalten. Vorbild für dieses Verfahren könnte der auffällige Gebrauch dieses Motivs in Gottfrieds *Tristan* gewesen sein. Sehr häufig wird in dieser kurzen Passage der Vereinzelung und des Wegs zu Meliur an Partonopiers Jugend und Unerfahrenheit erinnert. Diese Anspielungen folgen mit geradezu manischer Konsequenz auf jede emotionale Äußerung Partonopiers, sie werden durch Hin-

Partonopiers als schlimmstes Moment seines Bootsaufenthaltes genannt wird. Das Motiv der Einsamkeit Partonopiers erhält im Folgenden bekanntlich beinahe leitmotivischen Charakter, verweist auf den Zusammenbruch seiner sozialen Existenz und bereitet den Tabubruch vor.

[20] Für die Vereinzelung des Musterritters Gawein in der ersten Wunderkette der *Crône*, in der er weitaus beunruhigendere Vorgänge zu gewärtigen hat, gelten völlig andere Parameter; cf. JOHANNES KELLER: *Diu Crône Heinrichs von dem Türlin – Wunderketten, Gral und Tod*, Bern u. a. 1997 (Deutsche Literatur von den Anfängen bis 1700, 25), S. 33–40, und das nächste Beispiel.

[21] Cf. ARMIN SCHULZ: *Poetik des Hybriden – Schema, Variation und intertextuelle Kombinatorik in der Minne- und Aventiureepik*, Berlin 2000 (PhQuSt 161), S. 48–50.

[22] Deswegen ergeben sich unproblematische Transitionen eher zwischen Artusroman und *chansons de geste*, wie viele altfranzösische und mittelhochdeutsche Beispiele zeigen. Vgl. auch Fußnote 24.

[23] Dass es solche Brüche auch in modernen Texten häufig gibt, wird dabei gerne übersehen. Das mag zum einen daran liegen, dass sie weniger häufig in ›hochrangigen‹ Texten als vielmehr in Texten auftreten, die ›trivialen‹ Genres angehören; cf. die Beispiele bei GERRIG und ALBRITTON: *Literary Character and Cognitive Psychology*.

weise auf Gedanken an seine Mutter und den heimatlichen Hof noch untermauert. In der Darstellung lassen sich deutliche Abstufungen erkennen. Für die Begründung der Angst des Protagonisten wechselt Konrad in die Figurenperspektive, danach wird in einer Mischung aus auktorialem Erzählstil und Psychonarration erzählt. Für die Erneuerung der Angst auf dem Schiff wechselt Konrad wieder verstärkt zum *point of view* des Protagonisten. Die RezipientInnen sind an entscheidenden Stellen des Textes vom Erzähler allein gelassen, sie werden auf die Figurenperspektive zurückgeworfen und sind ihrem begrenzten Wissen und ihren eingeschränkten Wahrnehmungsmöglichkeiten ausgeliefert. Und genau diese Einschränkungen werden immer wieder deutlich gemacht. Wenn dann diese Figur als defizitär gekennzeichnet wird, entsteht eine paradoxe Situation: Die RezipientInnen werden zwar stark an sie gebunden, doch gleichzeitig wird Distanz erzeugt. Dies hat zwei Effekte:

1. Dieses hier paradigmatisch vorgestellte Verfahren ist ein Paradebeispiel für die von Simon sogenannte »erzähltechnische *Simulation* von Innerlichkeit«.[24] Dieser Ansatz geht – richtigerweise – davon aus, dass die Kombination der Erzählschemata das primäre Problem ist, mit dem sich Konrad von Würzburg hier beschäftigt und aus dem heraus sich psychologisches Erzählen entwickelt. Allerdings hat bereits Schulz darauf hingewiesen, dass nicht jede Kombination widerstreitender Erzählschemata notwendigerweise zu diesem Resultat führt.[25] Die Analyse der Eingangssequenz hat gezeigt, wie genau Konrad das Nebeneinander von auktorialem Erzählen und dem *point of view* des Protagonisten setzt, der in Psychonarration oder ohne weitere Einschaltung des Erzählers direkt vermittelt wird. Diese Arbeit an der Figur lässt sich mit dem Bemühen um Kohärenz in-

---

[24] RALF SIMON: *Einführung in die strukturalistische Poetik des mittelalterlichen Romans – Analysen zu deutschen Romanen der matière de Bretagne*, Würzburg 1999, S. 128.
[25] SCHULZ: *Poetik des Hybriden*, Anm. 19, S. 93f. Schulz spricht ganz ähnlich vom »Eindruck einer ›psychologischen‹ Motivierung der schemadeterminierten Erzählhandlung« (S. 93). Ein Problem (das ähnlich auch für Simon gilt), liegt in der Ausschließlichkeit, mit der das strukturale oder schemaorientierte Erzählmodell in sein Recht gesetzt wird. Das Zitat von Schulz lässt sich pointiert so auflösen: Psychologie gibt es nur dann, wenn sich die Handlung nicht mehr durch Erzählschemata erklären lässt. Demgegenüber ist – nicht nur mit Blick auf mittelalterliche Literatur, sondern allgemein – festzuhalten, dass hier zwei unterschiedliche Ebenen vermischt werden. Die Erzählschemata gehören zur narrativen Tiefenstruktur, sie generieren (bewusst oder unbewusst) die Handlung. Psychologie (und ›Psychologie‹) ist ein Teil dieser Handlung, der aus der Perspektive der Schemata aus prinzipiell akzidentell ist. Deswegen ist die zitierte Aussage unsinnig, denn trotz eindeutiger Schemadetermination kann psychologische Motivierung vorhanden sein. Die Begründung von durch Erzählschemata oder andere extrinsische Gründe geforderten Handlungen ist sogar eine der wichtigsten Funktionen der Motivierung durch die Innenschau der Figuren.

nerhalb des gattungsparadigmatisch begründeten Wechsels der Protagonistengestaltung erklären. Das probate Mittel zur Kohärenzerzeugung ist an dieser Stelle das Appellieren an das Wissen des Publikums über das Wesen der Kindheit und Adoleszenz, womit gleichzeitig (bei einem erwachsenen Publikum) Distanz erzeugt wird. Dieses Wissen umfasst den vorgestellten Textstellen nach typische Verhaltensmuster und Reaktionen auf die Umwelt, die durch die spezifisch kindliche oder adoleszente Innerlichkeit bestimmt sind. Kurz gesagt: Man wird zur Empathie mit der Angst aufgefordert, erhält aber gleichzeitig ein Distanzangebot, zugleich ein positives Sympathiesteuerungsverfahren für den Protagonisten, da man sich der Angst entziehen kann – und weiß (aber nur, wenn man es will), dass er der Angst in der narrativen Progression entwachsen wird.

2. Es gibt noch eine weitere Ebene der Sympathiesteuerung, die schwerer zu fassen ist: Die Sprache selbst – die natürlich in einer mündlichen oder laut lesenden Realisation eine noch stärkere Rolle spielen kann: Als die Jagdgesellschaft den bereits das zweite Wildschwein jagenden Partonopier im Wald sucht, suchen sie *Partonopieren, / den klâren und den fieren* (493f.). Wenig später heißt es über den verängstigten Helden: *ûf den boumen er dâ sach / egedehse und wildiu tier. / ›ei waz tuon ich Partonopier...* (525f.) – eine Reimbindung, die in der Waldszene häufiger auftritt. Das ist, für mich, ein deutlicher semantischer Abstieg in der Reimbindung, der innerhalb von 30 Versen erfolgt. Auf mich wirkt das sogar komisch. Ob dies hörbar wurde und wie stark es wirkte, kann ich nicht einschätzen und wird man heute, unter vollständig geänderten Rezeptionsbedingungen, kaum einschätzen können, doch will ich es festhalten und finde, es wäre einer genaueren Untersuchung wert.[26]

Ich lese also die permanenten Hinweise auf die Jugend und Unerfahrenheit des Protagonisten als Mittel der Sympathiesteuerung, um zu erreichen, was man nicht wirklich von einem ritterlichen Publikum erwarten kann: die Empathie mit einem ängstlichen Helden. Die Anlagen, die als erstes von Partonopier berichtet werden, weisen natürlich darauf hin, dass es sich bei dieser Angst um ein Durchgangsstadium handelt, und in der Tat entwickelt er sich ja im letzten Romandrittel zu dem perfekten Helden, der er schon zu Beginn zu sein scheint. In diesem Zusammenhang erscheint es mir alles andere als zufällig, dass der Prolog prominent mit einer Anweisung an den *bescheiden jungelinc* (2) beginnt, der *getihte gerne hoere* (3).[27]

---

[26] Vgl. meine Argumentation zum möglichen komischen Stil im Artusroman: MATTHIAS MEYER: *Vom Lachen der Esel – Ein experimenteller Essay auf der Suche nach dem komischen Stil im Artusroman*, in: LiLi 43, 2013, S. 86–103.

[27] Ich kann dem hier nicht weiter nachgehen, aber dieser Hinweis – den man einerseits als Rezeption der Aussagen von Thomasin von Zirklaere zur höfischen Literatur le-

Der rezeptionsorientierte Mehrwert dieser Erzählweise liegt in der spezifischen Haltung gegenüber den als bedrohlich erfahrenen Ereignissen. Sie werden einerseits plausibilisiert, die RezipientInnen werden in sie hineingezogen – und damit erhalten wir den vermutlich ersten über eine lange Textpassage als ängstlich inszenierten Protagonisten der mittelhochdeutschen Literatur (allenfalls Flore könnte ähnlich interpretiert werden). Gleichzeitig erhält das Publikum die Möglichkeit, sich vom Grauen als Teil einer spezifischen biographischen Situation zu distanzieren. Im weiteren Romanverlauf wiederholt sich dieses Schema in den Frankreichszenen erneut. Auch hier wird Partonopier zum problematischen Protagonisten, zu dem der Erzähler immer wieder – wenn auch weniger häufig – auf Distanz geht. Diese Distanz möchte ich als ›mittlere‹ Distanz bezeichnen. Ich versuche damit genau die Ambivalenz zwischen der durch die Erzählhaltung geradezu erzwungenen Empathie und der Distanzierung durch den Erzähler zu benennen.[28]

Ein etwas anders gelagerter Fall ist mein zweites, chronologisch früheres Beispiel, bei dem es um Gawein als Protagonisten der *Crône* Heinrichs von dem Türlin geht. Auch hier, so meine These, wird die Nähe der RezipientInnen zum Protagonisten gelockert. Dies beginnt vielleicht – ich bin mir hier aber unsicher – mit dem exzentrischen Einsatz des Romans über die große Tugendprobenszene, der Becherprobe, nachdem der Prolog geradezu emphatisch König Artus in den Mittelpunkt gestellt hat. Dieser Einstieg erzeugt einen starken *primacy effect* für Artus. Gawein, dessen Protagonistenrolle sich erst im Romanverlauf herauskristallisiert, tritt zunächst zusammen mit Artus auf, als beide sich über das Abschneiden ihrer Damen in der Tugendprobe unterhalten: Beide werden eindeutig als Ensemble eingeführt, sie reagieren gleich, beide sprechen und beide sind betrübt über das Ergebnis der Probe (oder belachen es – je nachdem, wel-

---

sen kann – könnte andererseits belegen, dass die höfische Literatur als eine Art *all ages literature avant la lettre* anzusehen ist.

[28] In anderen Szenen im Roman sieht das sicher anders aus: Bei der Entdeckung des Tabubruchs wird Partonopier eindeutig negativ gewertet, in den Schlachtszenen eindeutig positiv. Der Roman hat ja – gerade aufgrund seiner ausführlichen Innenweltdarstellung – immer wieder Interpretationen hervorgerufen, die sich um Fragen der mittelalterlichen Individualität bemühen; vgl. etwa CHRISTOPH HUBER: *Brüchige Figur. Zur literarischen Konstruktion der Partonopier-Gestalt bei Konrad von Würzburg*, in: *Literarische Leben.* hg. von MATTHIAS MEYER / HANS-JOCHEN SCHIEWER. Tübingen 2002, S. 283–308, ANNETTE GEROK-REITER: *Individualität. Studien zu einem umstrittenen Phänomen mittelhochdeutscher Epik.* Tübingen; Basel 2006, S. 247–290, FRIEDRICH MICHAEL DIMPEL: *Die Zofe im Fokus,* Anm. 5, S. 349–388; zu Simon und Schulz bes. S. 350f.

cher Handschrift man folgt[29]). König Artus wird nach der Tugendprobe der erste Protagonist der *Crône*, wird aber gleich zu Beginn der Artushandlung relativ stark demontiert, während Gawein gleichzeitig aufgebaut wird. Nach Abreise des Boten mit dem Becher wird der Rest des Hoftags nur summarisch berichtet. Danach erreicht die Botschaft über ein Turnier den Hof, die Ritter sind von der Möglichkeit alle sehr angetan – und Gawein spricht: *Ez wird vil starch vngemach / Meinem herren, wirt er sein gwar, / Vnd lat üns nimer chomen dar. / Des schült ir gewis sein* (3223ff.). Gawein entwickelt in der Folge den Plan des heimlichen General-Aufbruchs: Sei man erst einmal im Wald von Breziljan, habe man gewonnen, da Artus ihnen dorthin nie folgen würde. Die ganze Situation ist zum einen wohl komisch, zum andern völlig unerwartet: Welcher Artus hat etwas gegen die Turnierteilnahme seiner Ritter, welcher Gawein, gerade noch gemeinsam mit Artus inszeniert, hintergeht den König so? Mehr als das: Wieso glauben alle Ritter – und in Extension wohl auch das Publikum – Gawein? Die unwidersprochene Figurenrede dient hier als Gelenk, das den ›klassischen‹ Zustand des Artushofes mit dem neuen Zustand von Heinrichs aktueller Erzählsituation verbindet. Es ist kein Zufall, dass dieses völlig neue Bild durch Gawein erzeugt wird, der Artus beinahe gleichgestellt ist (was zumindest gattungsgeschichtlich korrekt ist), denn nur ihm nimmt man dies ab.

Im Rahmen seiner folgenden Abenteuer wird Gawein bekanntlich mit Amurfina verheiratet. Diese Ehe wird durch mehrfachen Zauber begleitet, unter anderem durch einen Minnetrank, der Gawein entweder zum Minnenden macht, ihn sterben oder sein Selbst verlieren lässt.[30] Da er bereits liebt (und als Gawein nicht sterben kann), verliert er seine Identität und glaubt, schon 30 Jahre in Amurfinas Burg zu sein. In dieser Situation schaltet sich der Erzähler häufig ein, räsoniert über die Leerstelle, die Gawein als Kämpfer hinterlässt, schreibt viel über Frau Minne und auch darüber, dass Gawein nun *wirt* geworden sei. Vor allem Letzteres ist auf der Folie von Gaweins Rat an Iwein, die intertextuell präsent ist, alles andere als ein Lob der Gawein-Figur. Gleichzeitig aber wird

---

[29] HEINRICH VON DEM TÜRLIN: *Die Krone (Verse 1–12281)* – Nach der Handschrift 2779 der Österreichischen Nationalbibliothek nach Vorarbeiten von ALFRED EBENBAUER, KLAUS ZATLOUKAL und HORST P. PÜTZ, hg. von FRITZ PETER KNAPP und MANUELA NIESNER, Tübingen 2000 (Altdeutsche Textbibliothek 112). Heinrich von dem Türlin: *Die Krone (Verse 12282–30042)* – Nach der Handschrift Cod. Pal. germ. 374 der Universitätsbibliothek nach Vorarbeiten von Fritz Peter Knapp und Klaus Zatloukal, hg. von ALFRED EBENBAUER und FLORIAN KRAGL, Tübingen 2005 (Altdeutsche Textbibliothek 118). Die ganze Szene vv. 1272–1328; in der Wiener Handschrift klagen Artus und Gawein, in der Heidelberger Handschrift lachen beide (1319); beide Lesarten ergeben einen guten Sinn.

[30] Der – in der ganzen Szene reichlich überflüssige – Trank wird in seiner Auswirkung beschrieben 8637–8659.

Gawein als *ander Artus* bezeichnet, was die negativen Konnotationen der Bezeichnung *wirt* für Gawein konterkariert. Dieser Erzählereinschub, der Gaweins *wirt*-Dasein ambivalent kommentiert, dauert ungefähr 100 Verse (8734–8831), was angesichts der Länge der *Crône* kurz zu sein scheint, angesichts von Heinrichs Erzählstil aber durchaus lang ist, denn Heinrich schaltet sich selten in längeren Digressionen ein.

Die ganze Episode dauert nur 15 Tage, bis Gawein wieder zum Bewusstsein seines alten Selbst gelangt und weiter auf Aventiure reitet. Dennoch ist die Szene wichtig, weil sie ein erstes Beispiel dafür bietet, dass Gawein nicht eindeutig positiv, sondern ambivalent inszeniert wird – allerdings bietet sie kein Beispiel für das, was ich als ›mittlere‹ Distanz im Erzählen bezeichnen würde, denn eigentlich wird in der ganzen Szenen nicht erzählt, sondern räsoniert.

In der ersten Wunderkette ist das anders. Bekanntlich reitet Gawein hier in den Wald *Auenturos* (13932). Eigentlich ist er zusammen mit den anderen Artusrittern auf dem Weg zu einem Turnier, verliert sie aber beim Dahinreiten. Gawein ist *in gedencken* 13945) und lässt seinem Pferd die Zügel schleifen. Erst als er zur Vesperzeit heftige Kampfgeräusche hört, bemerkt er, dass er alleine ist. Er möchte dem Lärm folgen, da er glaubt (*want*, 13968), dass dort die Tafelrunder turnieren. Noch bevor er das vermeintliche Turnier erreicht, begegnet er einer namenlosen Variante der Sigune-Figur, die über Parzivals Frageversäumnis klagt. Gaweins Reaktion ist merkwürdig (und die Passage vielleicht auch verderbt):

Nü hat Gawein ir hertzeleit
Vernomen und nit gesehen.
Er begann ir sere nach sehen,
Wenn es jne rürende began,
Dass er sie hett für gelan
Vngefraget dieser mere. (14010ff.)

Doch als Gawein ihr nachreiten will, kann er sie nicht erreichen, gleichzeitig hört er wieder den Turnierlärm und möchte die anderen Artusritter nicht verfehlen, so lässt er die Erscheinung ziehen.

Ich weiß nicht, was der zweite Vers des Zitats genau bedeuten soll: Er verweist aber auf eine nicht vollständige Wahrnehmung. Gleichzeitig werden Zweifel an der Richtigkeit von Gaweins Verhalten geweckt – oder weiter geschürt, denn wenn ein ›Verdenken‹ im Sattel sicher etwas für das Publikum Normales ist (man denke nur an das Hausen-Lied *Ich denke underwilen*, MF 51,33), so ist die Länge dieses Verdenkens doch auffällig. Gawein wird hier als kaum reaktionsfähig geschildert – ein Zustand, den er die ganze Wunderkette und den ersten Gralbesuch hindurch beibehält. Gawein begegnet in der ersten Wunderkette einer Reihe von merkwürdigen Bildern, die mit phantasmagorischen Wesen und Situationen angereichert sind. Auf der Suche nach den Waffen ohne Kämpfer reitet Gawein immer weiter und kommt so von einem Bild zum anderen – und bei jedem Weiterreiten hält der Erzähler fest, dass Gawein nicht fragt, dass er deswegen nicht verstehen kann und dass er auch nicht eingreift, weil er Angst hat, sein Ziel aus den Augen zu verlieren. Der Erzähler berichtet an einer Stelle sogar, dass Gawein darüber klagt, dass er nicht sehen kann, was aus den Figuren der Bilder wird (14226–14229). Nach dem letzten und spektakulärsten Wunderkettenbild heißt es: *Gawein gewann vil manigen gedang, / Da er sahe diese geschiht.* (14401f.) Nur: Welche Gedanken Gawein sich macht, das bleibt den RezipientInnen verschlossen, wie überhaupt in der ganzen Wunderkette, die so eng an Gawein gebunden ist, genau seine Reaktionen und Gedanken nicht berichtet werden – die Gedanken der Figur, der wir diese merkwürdigen Szenen erst verdanken. Dadurch wird Gawein für die RezipientInnen undurchsichtig; sein passives Verhalten, das ja zumindest ein Grunddogma ritterlichen Verhaltens bricht, ist erklärungsbedürftig, ohne dass wir eine Erklärung dafür erhalten.[31] Der Erzähler deutet jedenfalls an, dass Gawein sich hätte anders verhalten können:

> *Nuo getorst er sich sùmen niht,*
> *Das er da noch hette gefragt,*
> *Vnd hatt sin niht bedragt,*
> *Getorst er es han gewagt.* (14403ff.)

Setzt man die gedankenvolle Gedankenlosigkeit Gaweins in Kontrast zu der auch vom Erzähler unkommentierten Bilderfülle der Wunderkette, die wie ein Wald von Zeichen und geradezu wie eine Aufforderung wirkt, gedeutet zu werden, so verlieren in dieser Szene die RezipientInnen die enge Bindung an den Protagonisten: Gawein handelt nicht – und er denkt auch nicht, zumindest nicht für die RezipientInnen sichtbar. Gawein wirkt – und das in seiner ersten großen Szene im zweiten Romanteil – merkwürdig überflüssig, die Ereignisse treten quasi an seine Stelle, sie werden aber, anders als im *Partonopier*, der von seiner Angst affiziert wird und uns mit seiner Angst infizieren kann, als für den Protagonisten folgenlos erlebt. Das Resultat ist eine surreale, unverständliche Welt der

---

[31] In der zweiten Wunderkette wird Gawein ausdrücklich zur Passivität aufgefordert. Angeregt durch Dimpels Überlegungen zur Wertungsübertragung könnte man nun überlegen, ob diese Aufforderung auch auf die erste Wunderkette übertragen werden kann. Dies ist mir zumindest zweifelhaft, weil die erste und dritte Wunderkette mit der Welt des Grals, die zweite mit der Welt der Saelde verbunden sind und hier deswegen möglicherweise andere Gesetze anzusetzen sind. (Vgl. Friedrich Michael Dimpel: *Wertungsübertragung und Kontiguität – Mit zwei Beispielen zur Wertung des Frageversäumnisses im ›Parzival‹*, in: *Journal of Literary Theory (JlT)* 8:2 (2014), S. 343–367.)

Zeichen, die potentiell bedrohlich, aber weder innerfiktional noch für die RezipientInnen in der Progression des Erzählens zu entschlüsseln ist.[32] Gawein verschwindet hinter den Ereignissen, wird und wirkt distanziert – und kann vielleicht deshalb das folgende erste Frageversäumnis unbeschadet überstehen.

Protagonisten eines höfischen Romans – das ist die axiologische Setzung – sind immer sympathisch. Sie sind es auch, wenn sie allen höfischen Werten widersprechen. Distanzierungen vom Protagonisten entstehen nur, wenn der Erzähler daran arbeitet und sie aktiv herbeiführt. In beiden Werken wird dies durch distanzierende Äußerungen zum Verhalten des Protagonisten erzeugt. Im Falle Partonopiers sind die Erzählereinschübe darauf aus anzuzeigen, dass der Paroxysmus der Angst, der den Protagonisten ergreift, erklärbar ist; sie dienen dazu, die eigene Arbeit des Erzählers, der ja gerade alle Register zieht, die RezipientInnen zur Empathie mit Partonopier zu zwingen, zu relativieren. Konrad tut das, um die Pathologie der Angst, die er so genau beherrscht, mit einem Vorbehalt zu versehen: Ihr seid nicht von solcher Angst bedroht, ihr seid ja erwachsen. In der *Crône* liegt der Fall anders: Gawein verhält sich merkwürdig und diese Merkwürdigkeit wird nie erklärt. Ich glaube nicht, dass der Hinweis auf die eingeforderte Passivität in der zweiten Wunderkette hier exkulpierend wirken kann, zumal der Erzähler explizit dagegen Stellung nimmt und einräumt, dass Gawein hätte fragen können. So wird hier letztlich eine verrätselte Atmosphäre erzeugt, zu der Gaweins Undurchsichtigkeit und das Fehlen von Erzählererklärungen gleichermaßen beitragen. Ich habe das Wort Atmosphäre mit Absicht verwendet. Denn beide Beispiele verbindet nicht nur ein gewisses Maß an Distanzierung zu den Protagonisten, sondern auch, dass hier jeweils eine Atmosphäre erzeugt wird, in der das Unheimliche Gestalt annehmen kann, und dazu muss – offenkundig – als Voraussetzung an der Sympathieschraube justiert werden.

---

[32] Diese Bewegung von der Entschlüsselung hin zur Phantastik macht auch Johannes Keller in seinen Arbeiten zur Wunderkette durch: JOHANNES KELLER: *Diu Crône Heinrichs von dem Türlin*, Anm. 18; ders.: *Fantastische Wunderketten*, in: *Das Wunderbare in der arthurischen Literatur – Probleme und Perspektiven*, hg. von FRIEDRICH WOLFZETTEL, Tübingen 2003, S. 225–248.

Sebastian Coxon

ein kurzweil von einem edelman: Zur Rezeptionslenkung und Sympathiesteuerung in den Schwankmären Hans Rosenplüts

Dass Rezeptionslenkung auch den Erzählverfahren von Schwankmären im späten Mittelalter zugrunde liegt, leuchtet ein.[1] Man sollte aber nicht vergessen, dass ohne die Lachbereitschaft der Zuhörer und Leser die komische Funktionalität dieser Texte kaum in Kraft treten konnte. Insofern hat MARIA [E.] MÜLLER recht, wenn sie Komik als »narratologische Leerstelle« bezeichnet, denn der »Prozess einer spezifisch erzählerischen Erzeugung von Komik« scheint nur unter bestimmten textexternen Voraussetzungen zu existieren.[2] Hinzu kommt, dass komische Texte nicht selten als anspruchslose Literatur wahrgenommen werden, d.h. als Literatur, in der die narrativen Strategien der Sympathielenkung und der implizite Erwartungshorizont der Rezipienten sich decken und folglich kaum der Analyse wert sind.[3] Bei der überwiegenden Mehrzahl spätmittelalterlicher Schwankmären gilt erst recht der Eindruck, die Rezeptionslenkung brauche nur noch die bereits vorgegebenen Sympathien und Antipathien der Zuhörer zu bestätigen und zu verstärken. Aber das bedeutet nicht, dass sie nicht unter diesem Gesichtspunkt zu analysieren wären. Erst aufgrund einer näheren Betrachtung der Regeln eines solchen anspruchslosen Erzählens wird man auf historisch adäquate Weise erkennen können, welche (erzähltechnische) Aspekte beim Prozess der literarischen Komisierung im Spätmittelalter ausschlaggebend waren.

Nur so viel vorweg: Schwankmären im Spätmittelalter stehen in einer langlebigen, man möchte fast sagen, zähen literarischen Tradition, deren Erzählmuster

---

[1] Grundsätzlich zur Rezeptionslenkung und Sympathiesteuerung als Erzählfunktionen vgl. FRIEDRICH MICHAEL DIMPEL: *Die Zofe im Fokus. Perspektivierung und Sympathiesteuerung durch Nebenfiguren vom Typus der Confidente in der höfischen Epik des hohen Mittelalters*, Berlin 2011 (Philologische Studien und Quellen 232), S. 64–126.

[2] MARIA E. MÜLLER: *Vom Kipp-Phänomen überrollt: Komik als narratologische Leerstelle am Beispiel zyklischen Erzählens*, in: *Historische Narratologie. Mediävistische Perspektiven*, hg. von HARALD HAFERLAND und MATTHIAS MEYER, Berlin 2010 (TMP 19), S. 69–97, hier S. 69, 71.

[3] MANFRED PFISTER: *Zur Theorie der Sympathielenkung im Drama*, in: *Sympathielenkung in den Dramen Shakespeares. Studien zur publikumsbezogenen Dramaturgie*, hg. von WERNER HABICHT und INA SCHABERT, München 1978 (Münchener Universitäts-Schriften 9), S. 20–34, demzufolge diejenigen Texte aufzuwerten seien, in denen es zu einer gewissen »Ent-Automatisierung von Einstellungsschemata« (S. 32) kommt.

und Motivik zum großen Teil den allermeisten Rezipienten schon vertraut waren.[4] Einmal vorausgesetzt, dass solche Gattungserwartungen beim Prozess der Sinnkonstitution eines jeden Textes eine Rolle gespielt haben, bleibt es zu ermitteln, welche Konsequenzen dies für die narrative Ausgestaltung der jeweiligen Schwankgeschichte hat; oder (in der Begriffssprache der historischen Narratologie) wie der Wechsel der zwei Verarbeitungsrichtungen von *top-down* und *bottom-up-processing* bei diesen Texten funktioniert.[5] Zur schnellen Orientierung in diesen Kurztexten dient außerdem die zumeist eindeutige Kennzeichnung und Bewertung der Figuren als überlegen oder unterlegen, positiv oder negativ. Ein solches Erzählverfahren hängt von sehr unterschiedlichen Fokalisierungs- und Fokussierungstechniken ab, die nicht nur Distanzierung, sondern auch Identifizierung auf Seiten der Rezipienten in Anspruch nehmen. Lässt sich ein gemeinsames Ziel dieses Erzählens als kollektives Rezipientengelächter auffassen, kommt dieses Vergnügen durch gewisse Erzählwirkungen zustande, die sowohl empathische als auch gegenempathische Rezipientenemotionen implizieren.[6] Da aber die eingesetzten positiven und negativen Lenkungsverfahren nicht immer monologisch-einsinnig sind, geben sich auch hier ambivalente, wenn nicht sogar widersprüchliche Wirkungspotentiale zu erkennen.

Dieser Themenbereich soll nun anhand von zehn Schwankmären aus dem späteren fünfzehnten Jahrhundert erläutert werden, für dessen Autorschaft Hans Rosenplüt in Erwägung gezogen wird.[7] Bei der Erkundigung von den erzähltechnischen Regeln spätmittelalterlicher Schwankmären bieten sich diese Texte aus mehreren Gründen an. Im fünfzehnten Jahrhundert stellt das schwankhafte Märe einen weit etablierten Kurztexttypus dar. Hans Rosenplüt selbst dürfte im Bereich der literarischen Komik (sei es in der Form von Priameln, Reden, Mären oder Fastnachtspielen) als ein ausgewiesener Meister gelten.[8] Die ihm zugeschriebenen Mären, die

---

[4] Vgl. auch Udo Friedrich: *Spielräume rhetorischer Gestaltung in mittelalterlichen Kurzerzählungen*, in: *Geltung der Literatur: Formen ihrer Autorisierung und Legitimierung im Mittelalter*, hg. von Beate Kellner, Peter Strohschneider und Franziska Wenzel, Berlin 2005 (Philologische Studien und Quellen 190), S. 227–249. Eine Gesamtinterpretation dieser Traditionsbildung liefert Klaus Grubmüller: *Die Ordnung, der Witz und das Chaos. Eine Geschichte der europäischen Novellistik im Mittelalter: Fabliau – Märe – Novelle*, Tübingen 2006.

[5] Dimpel: *Sympathiesteuerung*, Anm. 1, S. 101–103.

[6] Zur literarischen Komik und Rezipientenemotion vgl. Sebastian Coxon: »*Lieber Meister, erzürnent Euch nit*«: *The comic power of emotions in ›Dil Ulenspiegel‹*, in: *Machtvolle Gefühle*, hg. von Ingrid Kasten, Berlin 2010 (Trends in Medieval Philology 24), S. 120–138, hier S. 120–122.

[7] Textausgabe: *Die deutsche Märendichtung des 15. Jahrhunderts*, hg. von Hanns Fischer, München 1966 (MTU 12), S. 124–238.

[8] Ingeborg Glier: *Hans Rosenplüt als Märendichter*, in: *Kleinere Erzählformen im Mittelalter. Paderborner Colloquium 1987*, hg. von Klaus Grubmüller, L. Peter Johnson und Hans-Hugo Steinhoff, Paderborn 1988, S. 137–149.

übrigens nicht selten in zwei Fassungen überliefert werden, bearbeiten weitverbreitete Erzählstoffe, die im altfranzösischen Fabliau wie auch in früheren deutschen Mären wenn nicht sogar in der lateinischen Exempeltradition zu greifen sind, so dass man den Gedanken nicht los wird, es lag Rosenplüt nah, sich diese literarische Tradition anzueignen. KLAUS GRUBMÜLLER zufolge treibe Rosenplüt immerhin »die sadistische Drastik der späten Märendichtung auf die Spitze« mit gewalttätigen und obszönen Geschichten, die eine chaotische und brüchige Welt darstellen und somit einen Verlust des Ordnungsoptimismus im Spätmittelalter wiederspiegeln.[9] Damit ist freilich nur wenig über die narrativen Bausteine eines solchen Erzählens ausgesagt. Wie *erzählt* der ›Märenmeister‹ Hans Rosenplüt? Das ist die Frage, die im Folgenden beantwortet werden soll.

1. Erzählgeschehen

In der Forschung herrscht Konsens: Schwankhaftes Erzählen verfügt über eine (relativ) beschränkte Anzahl an zumeist zweiteiligen Erzählmustern und Erzählstrukturen (List und Gegenlist; Provokation und Vergeltung), die einem agonalen Handlungsprinzip Konturierung und Pointierung verleihen.[10] Die strukturelle Hervorhebung der zweiten Handlungsphase (der Gegenlist, der Vergeltungsaktion), die inhaltlich durch Kipp-Effekte und Schärfe gekennzeichnet wird, verdankt sich vermutlich der weitverbreiteten Denkfigur des Tun-Ergehen-Zusammenhangs,[11] was aber nicht heißen soll, dass normwidriges Verhalten auf der Figurenebene immer bestraft wird. Dass der narrative Schluss einen entscheidenden Beitrag zur Sinnkonstitution in diesen Texten leistet, liegt auf der Hand. Dennoch sollte man sich vor Augen halten, dass das typisierte Erzählgeschehen als Ganzes eine rezeptionssteuernde Funktion ausübt, die sich auf die dynamische Abwechslung von unterschiedlichen Steuerungsverfahren stützt.[12]

Rosenplüts Märe *Die Wolfsgrube* erzählt von einem *edelman* (2), dessen *weib* (3) einen *pfaffen* (7) für eine Liebesnacht heimlich zu sich einlädt. *heimlich* (15) darüber informiert, lässt der Edelmann jedoch eine tiefe Wolfsgrube *für die hindern tür* (19)

---

[9] GRUBMÜLLER: *Novellistik*, Anm. 4, S. 313.
[10] HERMANN BAUSINGER: *Bemerkungen zum Schwank und seinen Formtypen*, in: *Fabula* 9 (1967), S. 118–136.
[11] DIMPEL: *Sympathiesteuerung*, Anm. 1, S. 80–91.
[12] Diese Steuerungsverfahren sollen »den Prozess der Aneignung einer Erzählung durch den Rezipienten« beeinflussen, sie müssen es aber nicht; dazu (in Auseinandersetzung mit WALTER HAUG) RÜDIGER SCHNELL: *Erzählstrategie, Intertextualität und ›Erfahrungswissen‹: Zu Sinn und Sinnlosigkeit spätmittelalterlicher Mären*, in: *Wolfram-Studien* 18 (2004), S. 367–404.

des Schlosses ausgraben, in die, eins nach dem anderen, ein Wolf, der Priester, die Magd der Ehefrau und schließlich diese selbst hineinstürzen. Vor der versammelten Bekanntschaft klagt der Edelmann seine Frau an und droht sie zu töten, bevor er sich mit ihr versöhnen lässt. Der Priester allerdings wird weniger nachsichtsvoll behandelt: ihm werden *bed hoden* (164) ausgeschnitten; den einen muss jetzt die Magd zur Mahnung an ihre Untreue an einer Halskette tragen, der andere wird der Ehefrau zuliebe als grausames *memento mori* über dem Ehebett aufgehängt.

Solch grausam-groteske Wiederherstellung von Ordnung wird insofern gerechtfertigt, als das ehebrecherische Vorhaben der Ehefrau ebenso normwidrig wie unmotiviert erscheint: am Anfang der Erzählung gibt es keinen Hinweis auf irgendeine Unzulänglichkeit ihres adligen Ehemanns. Hinzu kommt, dass das Arrangement des Ehebetrugs mit dem Priester, welches in zusammengeraffter Form (6–14) dargestellt wird, alles andere als listig wirkt: [der Priester] *solt dahinden klopfen an / so hett sich dann gelegt ir man* (13–14). Zur narrativen Privilegierung der Vergeltungsaktion, die das Erzählgeschehen ab Vers 15 beherrscht, gehört unter anderem eine sich schnell entwickelnde Informationspolitik, welche die untreue Ehefrau immer eindeutiger benachteiligt: *die frau west nicht umb die mer* (32); *sie weßt doch nicht umb die gefangen mer* (104); *und weßt doch nicht umb das gescheft* (106). Der auf der Rezeptionsebene entstehende Informationsvorsprung schließt jedoch gewisse Überraschungseffekte nicht aus.

Überraschend wirkt es etwa, wenn die listige Erklärung des Edelmanns, er lasse seine Knechte *ein tiefe gruben* (22) graben, um einen Wolf zu fangen, sich auf der Handlungsebene unvermutet bewahrheitet:

> *da kam ein wolf, den hungert hart.*
> *der naschet nahent zu der hürd,*
> *und ob im ichts zu essen würd.*
> *wie pald er gen der gens schnapt,*
> *die hürd da vorn nidergnapt,*
> *das er vil in die gruben zwar.* (42–47)

Damit werden mehrere mögliche Handlungskonsequenzen in Aussicht gestellt. Es kann zum Beispiel noch nicht ausgeschlossen werden, dass der Edelmann nach dem Wolf selbst in die Grube hineinfallen wird.[13] Aber sobald sich die Rezipienten darüber im klaren sind, dass diesem einsichtsvollen Ehemann (*ich weiß wol, das wir mer vahen*; 52) ein solches Missgeschick nicht zuteil sein soll, entpuppt sich der Wolf als narrativ eingesetzte Chiffre für das ungezügelte viehische Verhalten des Priesters.

---

[13] Vgl. etwa die (spätere) Umschreibung solcher komischer Erzähllogik bei Johannes Pauli: *Also kumpt es offt, das einer einem ein gruob grebt, vnd felt er selber darin* (*Schimpf und Ernst*, hg. von HERMANN ÖSTERLEY, Stuttgart 1866 [StLV 85], Nr 494, S. 287).

Gegen Schluss der Erzählung, als *drei menschen und ein wildes tier* (136) in der Grube gefangen liegen, stellt es sich natürlich heraus, dass es eben nur die Menschen sind, die als lasterhaft (139), böse (159) und falsch (168) bezeichnet werden müssen. Folgerichtig wird ausschließlich von der Bestrafung der Ehefrau, des Priesters und der Hausmagd erzählt: auf den Wolf wird nicht mehr hingewiesen.[14]

Die Ereignisse um die Wolfsgrube werden ansonsten so strukturiert, dass sie leicht berechenbar sind. Als kurz nach dem Wolf der Priester *in das tife loch* (65) hineinfällt, lässt sich eine Art Kettenreaktion erahnen, die mit dem Unfall der auf die Suche geschickten Magd (*und vil auch in die gruben zwar*, 93) eingelöst wird. Zugleich bedarf es keiner großen kognitiven Leistung, um zu erkennen, dass diese Serie in den Absturz der nach Priester und Magd suchenden Ehefrau (*und vil auch hinab an die schar*, 121) kulminieren wird. Abgesehen davon, dass solche ›mechanische‹ Wiederholung komisch wirkt, indem alle drei Figuren, eine nach der anderen, dieselbe Erniedrigung erleiden, scheint es hier vor allem um die Auslösung der Schadenfreude auf Rezipientenebene zu gehen.[15] Auf Kosten des Priesters soll also noch heftiger gelacht werden, wenn dieser sich sodann über seine üble Lage laut beklagt: *o, das ist ein pöser koch, / und der mir das hat angericht* (66–67). Weder der Hausmagd noch der Ehefrau wird eine solche Rede zugewiesen; bei diesen Handlungsträgern liegt die Betonung eher darauf, was vor dem jeweiligen Absturz gesprochen und gedacht wird, d.h. wie die Pläne der lüsternen Ehefrau zunichtegemacht werden und wie diese Figur durch ihr eigenes Misstrauen gegen den Pfaffen und ihre treue Magd – *sie vorcht, sie mechten daniden ein haufen* (110) – sich selbst zu Fall bringt.

Die durch diesen Handlungsverlauf begünstigte Perspektivierung setzt sich bis zum Erzählschluss fort. So bilden die herbeigeholten Freunde und Verwandten des Edelmannes eine gesellschaftliche Instanz, die ihm als Ehemann das Recht zugesteht, seine Frau zu verstümmeln bzw. zu töten, wenn sie sich dieses Verbrechens noch einmal schuldig macht (149–156). Bei der Thematisierung körperlicher Bestrafung werden gewisse Rezipientenerwartungen erweckt, die durch das kulturelle Wissen dieser literarischen Tradition bekräftigt werden: der Priester wird nicht ohne Verstümmelung entkommen. Und so geschieht es: *er ließ im außschneiden bed ho-*

---

[14] Vgl. die einfallsreiche Interpretation von HANS-JÜRGEN BACHORSKI: *Das aggressive Geschlecht: Verlachte Männlichkeit in Mären aus dem 15. Jahrhundert*, in: *Zeitschrift für Germanistik* 8 (1998), S. 263–281, der den Wolf als Versinnbildlichung für den »naturhaften Trieb« (S. 269) auffasst, der nicht aus der Welt zu schaffen ist: »Und so dürfte er [der Wolf] auch weiterhin um die Burg schleichen, mit grimmigem Hunger, und auf eine neue gute Gelegenheit lauern«.

[15] HENRI BERGSON: *Le Rire: Essai sur la signification du comique*, Paris 1900: »Est comique tout arrangement d'actes et d'événements qui nous donne, insérées l'une dans l'autre, l'illusion de la vie et la sensation nette d'un agencement mécanique« (S. 53).

den (164). Damit wird diese Figur aus der narrativen Welt quasi ausgelöscht; es geht nur noch um den Vollzug zweier grotesker Ermahnungsaktionen. Auch hier kommt die untreue Ehefrau erst nach der untreuen Magd an die Reihe, auch hier also mischt sich das Rezipientenvergnügen der Überraschung (an der unerhörten Bestrafung der Hausmagd mittels des einen Hodens [165–170]) mit dem Vergnügen der schadenfrohen Vorfreude (auf die Bestrafung der Hausfrau mittels des anderen Hodens [171–178]). Dass kein Wort mehr über die Folgen der Verstümmelung für den Priester verloren wird, deutet schon auf das Hauptanliegen des auktorialen Erzählers hin.

Aus dieser Lektüre der *Wolfsgrube* ergeben sich drei Schwerpunkte für die Analyse des Erzählgeschehens – unter dem Aspekt der Rezeptionslenkung – bei den sonstigen Schwankmären von Hans Rosenplüt:

[1] Figurenkonstellationen: Die jeweilige Figurenkonstellation bestimmt in einem hohen Maße die Handlungserwartungen auf Seiten der Rezipienten. Die Drei-Figur-Konstellation – (a) Ehemann, (b) Ehefrau, (c) Liebhaber – stellt sicherlich das Grundschema dar.[16] Wenn ein Text davon abweicht, kommt es sowohl zu Spannungen als auch zur produktiven Sinnkonstitution. Verwiesen sei auf *Die Tinte*, eine Erzählung *von eim münch und von einer frauen* (3), in der nie so recht deutlich wird, ob die lüsterne Frau verheiratet ist oder nicht. Angeblich soll die Aufmerksamkeit der Rezipienten in erster Linie auf die *püberei* (111) innerhalb des Klosters gelenkt werden, die in einem absurden Missverständnis gipfelt. Insofern hat die Frau offensichtlich keine Schwierigkeiten, nachts das Haus zu verlassen: *und hub sich in das kloster schnell* (29). Der Mönch dagegen macht sich Sorgen: *wann ich forcht ser, ir würt mir feln / und möcht euch dahaim nit außsteln* (33–34). Wer ansonsten bei der Frau *dahaim* sein soll, wird vom Erzähler nirgends erklärt.

[2] Rezeptionsästhetik: Die erzählstrategische Bedeutung von Überraschungseffekten kann man auch daran ablesen, dass sie nicht selten zur Entstehung von Erzähllücken führen. So wird im *Hasengeier* nicht erzählt, woher der Knecht es alles weiß, was er zur Ehefrau zu sagen hat, obwohl der Auftrag vom Edelmann gerade ein solches Wissen voraussetzt: *er nam den geier und gab in seinem knecht / und sprach: ›so schenck in irem man / und sag ir, was der vogel kan‹* ([I] 52–54).

---

[16] Vgl. etwa in *Der Bildschnitzer von Würzburg*: *ainem klugen man* ([Fassung I] 3), *das allerschönst weib* (10), *der brobst vom tum* (12). Anzitiert wird dieses Schema auch im *Fahrenden Schüler*, indem der Protagonist *Zu einem paurn* ([I] 5) einkehrt, wo er dessen *frau* (9) und ihren *pfaff* (10) überrascht. Im *Hasengeier* dagegen tritt nach schemagerechter Einführung von *edelman* ([I] 1), *weib* (1) und *pfaffen* (15) *ain ander edelman* (21) auf, der sich anstelle des Ehemannes an dem ehebrecherischen Paar rächt; in der Tat spielt der erste Edelmann keine Rolle mehr im Erzählgeschehen.

Dass an dieser Stelle etwas ganz Entscheidendes übersprungen wird, scheint eher unwichtig zu sein; wichtig stattdessen ist, dass die Rezipienten erst im selben Augenblick wie die Ehefrau erfahren, was für magische Gaben der Vogel haben soll (*er kan warsagen*; 65) und wovor man den sprechenden Vogel hüten muss, will man nicht, dass er stirbt: *verbietend meden und den knaben, / das im kains prunze unders gsicht* ([II] 88–89). Die komische Wirkung dieser absurden Einzelheiten wird sodann erhöht und mit Schadenfreude vermengt, sobald die lüsterne (aber schrecklich dumme) Ehefrau den Knecht beim Wort nehmen will: *nun secht mir zu, so muß er sterben, / ist besser, dann das wir verderben* (103–104).

Von nicht minderer Bedeutung dürfte jedoch der ästhetische Reiz von äußerst stilisierten Strukturierungen gewesen sein, d.h. von Wiederholungen und Aneinanderreihungen, deren komische Logik eine kognitive ›Herausforderung‹ an die Rezipienten stellt. Das hervorragende Beispiel dafür hat man bekanntlich im *Fünfmal getöteten Pfarrer*, in dem der Leichnam eines zufällig ums Leben gekommenen Priesters immer wieder und auf unterschiedliche Weise getötet wird. Alles in dieser Erzählung, einschließlich deren viel diskutierte Thematik, wird dieser Erzählstruktur untergeordnet.[17] Was dabei auffällt, ist daher weniger die Schilderung von einer fug- und sinnlosen Welt (d.h. die ernste Thematik) als die ostentative Erzählstruktur (der Spielcharakter) selber, die die Rezipienten einlädt zu erraten, wo und wie diese Ereigniskette zu Ende gebracht werden soll.[18] Der komischen Logik der schwankhaften Handlung zufolge endet der tote Priester in der Kirche, wo er, als Leichnam, in einem Umkippen des bisherigen Geschehens den Tod einer alten Frau verursacht, bevor er mit dieser zusammen (?) *zu der erden* (303) bestattet wird.

[3] Narrative Schlüsse: Der narrative Schluss vermittelt (offensichtlich) den letzten Eindruck des Geschehens; er stellt einiges in den Vordergrund und blendet anderes aus, profiliert diesen Handlungsträger und lässt jenen zurücktreten. Der Ausgang kann als rezeptionssteuernd aufgefasst werden, indem die Erzählung zum Schluss entweder die unterlegenen Figuren und deren Schaden und / oder eben die Überlegenen und deren Freude bzw. Gewinn fokussiert. In der *Disputation* führt also die Niederlage der Juden unausweichlich zu deren Vertreibung aus der Stadt (393–395), während die Christen feiern. Mitleid oder Sympathie kommt in diesen zehn Rosenplütschen Erzählungen kaum zum narrativen Ausdruck, dies lässt sich überhaupt nicht mit dem ausgeprägten Antagonismus von Rosenplüts schwankhafter Erzähllogik vereinbaren. Mitleid mit der gefoppten Hausmagd in *Spiegel und Igel* zum Beispiel hat nur die (dumme) Hausfrau ([I] 68–72) und gerade nicht der Wirt (81–

---

[17] SCHNELL: *Sinn und Sinnlosigkeit*, Anm. 12, S. 372–379.
[18] Zum Spielcharakter literarischer Komik im Mittelalter vgl. LAURA KENDRICK: *Chaucerian Play: Comedy and Control in the Canterbury Tales*, London 1988, S. 55–57.

84); und am Ende des *Barbiers* wird die negative Sympathiesteuerung als poetologisches Prinzip geradezu versinnbildlicht,[19] als der verlachte Ich-Erzähler von der Magd seiner enttäuschten Liebhaberin schließlich seinen Lohn empfängt:

> *da pracht sie mir ain narrenkapp,*
> *do stond geschriben an ›du lapp‹.*
> *zwai oren waren dran gereckt*
> *und gelb federn darauf gesteckt.*
> *des schemet ich mich also hart*
> *und rait hinweg da auf die fart.* ([I] 175–180)

2. Figurendarstellung

Handlungsführung und Figurendarstellung beziehen sich aufeinander. Die narrativen Strategien, die im zweiten Handlungsteil der *Wolfsgrube* eingesetzt werden, um den Edelmann zu profilieren, erweisen sich dabei als sehr unterschiedlich:

Über weite Strecken der Handlung hinaus wird der Edelmann als die fokale Figur in Szene gesetzt, dessen Status als überlegene Wahrnehmungsinstanz durch einen spezifischen Raumkontext nahegelegt wird: von oben schaut er nämlich aus dem Fenster seines Schlafgemaches (37–39) auf die Wolfsgrube und die Opfer seiner List hinunter. Als Folie fungiert zugleich die Nebenfigur seines besten Knechts (36), den er bei sich hat und dem er es immer wieder verbietet, hinunter zur Grube zu gehen.[20] Mittels dieser Äußerungen kommentiert der Edelmann das unerhörte Geschehen, wobei seine Selbstbeherrschung und Geduld hervorgehoben werden. Im Gegensatz dazu disqualifizieren sich seine Gegenspieler durch ihre heftigen emotionalen Reaktionen auf Ereignisse, die außer Kontrolle geraten sind: als etwa die Ehefrau vergeblich auf Priester und Magd wartet, wird den Rezipienten ein Bewusstseinsbericht gewährt – eine Mischform von Gedankenrede und Erzählereingriffen, in dem sowohl die beschränkte Perspektive der Ehefrau als auch ihre Angst, die Magd schlafe selber mit dem Priester, mehrmals betont werden.[21] An keiner

---

[19] Anders dazu BACHORSKI: *Verlachte Männlichkeit*, Anm. 14, S. 275.

[20] *der knecht wolt pald laufen dar. / ›nicht‹, sprach der herr, ›pei deinem leib‹ / [...] / der knecht wolt aber herab laufen / und meint den pfaffen schlahen und raufen. / ›nit‹, sprach der herr, ›es ist noch nit zeit‹ / [...] / der knecht wolt aber laufen dar. / ›nit‹, sprach der herr, ›bleib heroben / und laß uns got danken und loben‹* (48–50, 73–75, 94–96).

[21] *Da nu die meit nit kam pei zeit, / sie gedacht, der weg der wer nit weit. / die meit lag auch da in dem strauß. / die frau die sach zum venster auß, / ob sie die meit sech laufen her. / sie weßt doch nicht umb die gefangen mer. / sie gedacht: ›mein man der leit und schleft‹, / und weßt doch*

Stelle im Verlauf dieser Erzählung wird der Edelmann mittels Gedankenrede dargestellt. Bei jeder gesprochenen Äußerung des Edelmannes jedoch nimmt seine Autorität zu, und diese Strategie wird auch im Schlussteil der Handlung fortgesetzt, als er vor seinen Freunden die schwerwiegende Anklage gegen seine eigene Frau erhebt (*secht an, freund und gesellen*; 137) bzw. den Priester zur Bestrafung verurteilt (*wer pöslich dint, dem sol man lan, / als ie die weisen haben getan*; 159–160). D.h. nur seine Stimme wird an dieser Schlüsselstelle direkt wiedergegeben; zum Schluss haben die anderen Figuren nichts mehr zu sagen.

Wie in der *Wolfsgrube* könnte man die Figurendarstellung in jedem von Rosenplüts Schwankmären unter die Lupe nehmen, um eine Vielfalt an positiven und negativen Lenkungsverfahren aufzudecken. Dass man dabei mit Ambiguitäten und Differenzierungen durchaus zu rechnen hat, soll hier anhand von drei ›Problemfällen‹ vorgeführt werden:

[1] Namenspolitik: Dass Figuren in Schwankmären als soziale Typen bzw. kulturelle Typen konzipiert sind, steht außer Frage. Dass eine solche Figurenkonzeption Namensnennung nicht unbedingt ausschließt, bezeugt Rosenplüts *Spiegel und Igel*: eine Erzählung von zwei derben Streichen, die ein Knecht und eine Hausmagd anhand eben eines Spiegels und eines Igelpelzes einander spielen. Bei der Einführung der Figuren wird innerhalb weniger Verse eine Namensnennung (als positive Lenkung) strategisch eingesetzt, um den Knecht und dessen Perspektive auf das nachfolgende Geschehen den Rezipienten zu empfehlen:

In ainem dorf saß ain man,
als ich hievor vernomen han,
der het ain diern und ain knecht.
zu dinst warn si im gerecht.
der knecht was genant Herolt.
er het die maid im herzen holt.
er pulet umb si frue und spet,
und das si seinen willen tet. ([I] 1–8)

Distanzierend wirkt es dagegen, dass die Magd an dieser Stelle nicht näher identifiziert wird. Denn auch diese Figur hat einen Namen, aber er wird lediglich – nach erlittener Schmach – in der direkten Rede anderer Figuren und nicht auf der Erzählerebene ausgesprochen: Wirtin: *Diemut, dir ist so wee* (63); Wirt: *nun sprich ich es nicht umb das geschest. / ›nu bleibt es doch nit unterwegen. / dieweil mich nit irrt wint noch regen, / ee wil ich selber hinab laufen.‹ / sie vorcht, sie mechten daniden ein haufen* (99–110).

idoch, Diemut (81);[22] Herolt: *Diemut, / und tust du das, dein dink wirt gut* (95–96); Herolt: *hör auf, Diemut, ich beger der stangen* (119). Eine solche erzählerische Priviligierung des Knechts lässt sich auch im zweiten Handlungsteil auffinden, wo Diemut sich an Herolt entsprechend zu rächen weiß.[23] Für Irritation sorgt also der Umstand, dass Rosenplüt auf der *discours*-Ebene mit derselben Namenspolitik (zugunsten des Knechts) fortfährt, während es auf der *histoire*-Ebene zu einer Art Ausgleich zwischen den beiden Kontrahenten kommt.[24]

[2] Vorgetäuschte Emotionen: Zu den Streichen, die in diesen Mären inszeniert werden, gehören theatralisch anmutende Rollenspiele, wo listige Figuren Emotionen wie Zorn, Ekel oder Entrüstung vortäuschen, um dumme Gegner von ihren wahren Absichten abzulenken. In Rosenplüts *Knecht im Garten*, dem das Erzählschema vom *mari cocu battu et content* zugrundeliegt, gipfelt das komische Geschehen (schemagerecht) in einem Dialog zwischen (listiger) Ehefrau und (einfältigem) Ehemann, in dem das Weib so tut, als ob sie den Knecht, ihren Liebhaber, hassen würde:

> *die frau begond in zorn jehen:*
> ›*getraut er mir einer sölchen ere,*
> *er gewints als gut mit mir nimmermere,*
> *als ers gehabt hat pißheer.*‹ (178–181)

Dass ihr Zorn aber nur vorgetäuscht ist, geht gerade nicht aus dieser Emotionserwähnung hervor, sondern wird erst durch den größeren Erzählzusammenhang bzw. durch die abschließende Erzähleräußerung klargemacht: *also ward der man von der frauen geleicht* (191). Abgesehen davon, dass eine solche narrative Ökonomie uns bei der Interpretation knapper Emotionserwähnungen zu denken geben sollte,[25] scheinen vorgetäuschte Emotionen eine andere Rezeptionssteuerung zu implizieren als ›echte‹. Dies belegt nicht zuletzt ein späterer Bamberger Druck (1493) des *Knecht im Garten*, wo die Erzählung schließlich entschärft und deren evaluative Textstruktur

---

[22] Auch der Knecht wird kurz zuvor vom Wirt beim Namen genannt: *hab dank, mein knecht Herolt* (77).

[23] *der han nun an zu krehen ving. / der Herolt zu der maid hin ging* (109–110).

[24] Diese Namenspolitik hat Rosenplüt tatsächlich aus seinem Quellentext, dem *Spiegel*, übernommen, in dem es bei der Erniedrigung und Einschüchterung der Hausmagd bleibt: *der knecht hieß Herolt* (5); *Herolt wart des gewar* (33); *Herolt der vil frech* (49); Wirtin: *Demud, was wirret dir?* (73); Wirtin: *Demud, tut es dir nit wee?* (75); Wirt: *habe dank, Herolt* (95); Wirt: *auf mein treue, Diemud* (101). Text zitiert nach FISCHER: *Märendichtung*, Anm. 8, S. 48–51.

[25] Zu Emotionserwähnungen im allgemeinen vgl. RÜDIGER SCHNELL: *Narration und Emotion. Zur narrativen Funktion von Emotionserwähnungen in Chrétiens* ›*Perceval*‹ *und Wolframs* ›*Parzival*‹, in: *Wolfram-Studien* 23 (2014), S. 269–331.

umgestaltet wird,[26] in dem die souveräne Ehefrau durch ›echtes‹ Erschrecken und einen Tiervergleich herabgesetzt wird:

> *Er* [der Knecht] *must sein lebentag bey im* [dem Wirt] *bleiben / Des selbigen erschrack die fraw schnel / Sam wenn eim esel der sack empfeld* (190d–190f).

[3] Schamloses bzw. uneigentliches Sprechen: Gehören Derbheit und sexuelle Obszönität einerseits zu den bekanntesten stilistischen Merkmalen von Rosenplüts Mären,[27] so ist es andererseits kaum zur Kenntnis genommen worden, das derb-profane bzw. obszöne Ausdrücke und Metaphern größtenteils als Erzählerrede (vgl. III unten) eingesetzt werden. Im Prinzip fungiert schamloses Sprechen auf Figurenebene dennoch als eines jener Mittel, mit denen Identifikation oder Distanz, Sympathie oder Antipathie erzeugt werden können.[28] Je ausführlicher aber die jeweilige Aussage, desto größer scheint das Wirkungspotential der obszönen Metaphorik zu sein; d.h. der ästhetische Aspekt der literarischen Kommunikation vermag über die Figurenzeichnung hinauszugehen. Im *Fahrenden Schüler* zum Beispiel versetzt der Anblick des ›Teufels‹ den Bauern in Schrecken, wie er selbst dem listigen Schüler erklärt:

> *der paur sprach:* ›*solt ich nit erschrecken?*
> *er trug an im ein langen stecken.*
> *daran sach ich zwu schleudern hangen,*
> *die glunkerten an seiner stangen.*
> *darin hett er zwen michel stein,*
> *die klopften im umb sein pein.*
> *ich besorgt, er wölt mein da remen*
> *und wollt mir meinen leip da nemen.*‹ ([I] 161–168)

---

[26] Dadurch wird der in diesem Text inszenierte Ordnungszusammenbruch stark relativiert; zu diesem Interpretationsansatz vgl. WALTER HAUG: *Schwarzes Lachen: Überlegungen zum Lachen an der Grenze zwischen dem Komischen und dem Makabren*, in: *Semiotik, Rhetorik und Soziologie des Lachens: Vergleichende Studien zum Funktionswandel des Lachens vom Mittelalter zur Gegenwart*, hg. von LOTHAR FIETZ, JOERG O. FICHTE und HANS-WERNER LUDWIG, Tübingen 1996, S. 49–64, hier S. 58.

[27] DAVID BLAMIRES: *Sexual comedy in the* ›*Mären*‹ *of Hans Rosenplüt*, in: *Trivium* 11 (1976), S. 90–113.

[28] So bietet sich in der *Wolfsgrube* die böse Frau dem Priester als Ware an: *[...] / sprich, woll er kumen, das er trab, / die weil der kramer offen hab / und die pfenwert kaufkun sein, / der kramer wol schir legen ein* (87–90).

Die obszöne Metapher – Geschlechtsteile des völlig nackten Priesters als enorme Schleuderwaffe – hebt die Dummheit des Bauern zunächst noch einmal hervor,[29] bevor die rhetorische Kunstfertigkeit des Autor-Erzählers in den Vordergrund gerückt wird.[30] Tatsächlich haben wir es hier mit zwei unterschiedlichen Lenkungsverfahren zu tun, die auf zwei unterschiedlichen Textebenen zu verorten sind. Die Wirkungen dieser witzig-dummen Rede hängen aber auch von der variierenden Überlieferung ab. So kommt in der zweiten Textfassung das Erkennen bzw. Nichterkennen des Priesters der Figurenschilderung noch weiter zugute, indem die (einsichtige) Ehefrau – im Gegensatz zu ihrem Ehemann – dem (listigen) Studenten zu der tollen Aufführung und erfolgreichem Betrug gratuliert: *du bist in guter schul gewesen / und hast die rechten bücher gelesen* (175–176). In der ersten Fassung dagegen wird nur noch zu dritt gefeiert; die Dummheit des Bauern wird nicht mehr thematisiert.

3. Autor-Erzähler

Ausschlaggebend für die Rezeptionslenkung dürfte schließlich die Textfunktion des Autor-Erzählers sein, die in der Regel bei Rosenplüt sehr zielgerichtet eingesetzt wird. Im Prinzip werden die Anfangspartien bzw. Prologe aufs Wesentliche beschränkt. So wird in den ersten Versen der *Wolfsgrube* floskelhafte Publikumsanrede mit Protagonisteneinführung kombiniert:

> *Nu schweigt, so wil ich heben an*
> *ein kurzweil von einem edelman,*
> *wie in sein weib wolt effen und törn,*
> *als ir hernach wol werdet hörn.* (1–4)

Allerdings fällt hier auf, dass die Erzählerperspektive relativ unvoreingenommen oder ›offen‹ zu sein scheint. Zwar wird der Edelmann (2) gut patriarchalisch an erster Stelle eingeführt, aber es wird ohne weiteres nicht ganz deutlich, welche Richtung diese komische Ehezwisterzählung nehmen soll. Textrezipienten, die sich in dieser literarischen Tradition auskennen, werden auf diese Weise auf mehrere mögliche Erzählmotive (»Listiges Arrangement des Ehebetrugs«, »Geglückte Entdeckung und Bestrafung des Ehebruchs«, »Eheliche Kraft- und Treueproben«) hinge-

---

[29] Umso lächerlicher wirkt es, dass der Bauer seines schamlosen Sprechens unbewusst ist, da er nicht einmal erkennt, was er sieht.

[30] Zur »rhetorischen Selbstreferenz« von Metaphernspielen vgl. FRIEDRICH: *Spielräume rhetorischer Gestaltung*, Anm. 4, S. 235–242.

wiesen, gegen welche sie das sich rasch entfaltende Erzählgeschehen abzuwägen haben.[31]

Mit oder auch ohne formelhafte Erzähleräußerungen und Publikumsanreden werden am Anfang dieser (Rosenplütschen) Erzählungen immer wieder gewisse Figuren und Figurenkonstellationen in den Vordergrund gestellt. Zuerst an die Reihe kommen immer männliche Protagonisten (Ehemänner) oder Autoritätsfiguren (Hauswirte), deren Status im Verlauf der jeweiligen Geschichte entweder aufrechterhalten oder unterminiert wird. In der Regel aber fängt die Rezeptionslenkung bzw. die (negative) Sympathiesteuerung mit solcher Figurenzeichnung an, wie etwa im *Wettstreit der drei Liebhaber*:

> *Ein pauer in eim dorfe saß.*
> *(nun merket von im fürpaß:)*
> *der het die allerschönsten frauen,*
> *als sie ein man solt aneschauen.* (1–4)

Dass ausgerechnet ein Bauer mit der schönsten Frau verheiratet ist, stellt einen provozierenden Ordnungsverstoß dar, der die Untreue der Ehefrau (*mit bulschaft was sie also milt*; 5) erklärt und zugleich auf Produktionsebene das Erzählen vom sexuellen Abenteuer der drei Liebhaber implizit rechtfertigt.[32] Der Ausgang der folgenden Handlung wird den Rezipienten dennoch vorenthalten, was typisch für Rosenplüts Erzählpraxis ist.[33] Explizite thematische Erläuterungen kommen am Anfang dieser Erzählungen auch nicht vor.

In der *Wolfsgrube* gibt es zwischen Promythion (1–4) und Epimythion (179–192) keine eigentlichen Erzählereingriffe, obwohl diese in anderen Texten durchaus aufzufinden sind.

Solche Erzählereingriffe bestehen in der Regel aus knappen Publikumsanreden (*nun hort, secht*),[34] die bei spärlicher Einsetzung entscheidende Momente im Erzählgeschehen hervorheben, wie zum Beispiel der (erste!) Tod des Priesters im *Fünfmal getöteten Pfarrer: nu hort zu, was do geschach. / ich waiß nit, wie er* [der Schuster] *so leppisch stach* (35–36). Anhand dieses Textmaterials wird deutlich, dass es bei diesem Typus der Erzählerrede nicht so sehr darauf ankommt, was der Erzähler sagt, sondern dass der Erzähler an einer bestimmten Stelle überhaupt ein-

---

[31] Zur Motivik HANNS FISCHER: *Studien zur deutschen Märendichtung*, 2. durchgesehene und erweiterte Auflage, besorgt von JOHANNES JANOTA, Tübingen 1983, S. 94–97.

[32] Vgl. auch BLAMIRES: *Sexual comedy*, Anm. 27, S. 98–100.

[33] Eine Ausnahme stellt in dieser Hinsicht der Prolog der *Tinte* dar: *Sweigt ein weil und horcht her, / so wil ich euch sagen ain neus mer. / von eim münch und von einer frauen, / wie das in wurd ir er verhauen, / das sie zu schanden wurn vorn leuten, / als ich euch wil hernach pedeuten* (1–6).

[34] *Der Wettstreit der drei Liebhaber* 146; *Die Disputation* 32.

greift. Dass auf diese Weise die Aufmerksamkeit der Rezipienten auch auf die Erzählstruktur gelenkt werden kann, belegt etwa Rosenplüts *Spiegel und Igel*, wo die Racheaktion der Hausmagd D[i]emut durch Erzähleraussagen eingeklammert wird: *nun horet, wes sie sich bedacht* ([II] 88); *also rach sich die meit mit dem igel, / als sie der knecht hette geefft mit dem spigel* (119–120).

Rezeptionssteuernd auf Erzählerebene mutet allerdings die spielerisch obszöne Metaphorik an, anhand derer der Erzähler (der *Wolfsgrube*) die Lüsternheit der Ehefrau schildert:

> *sein frau sich heimlich des vermaß,*
> *das sie einen pfaffen zu ir zilt,*
> *dem wolt sie leihen iren schilt,*
> *darein man mit solchen spern sticht,*
> *davon man selten awee spricht.* (6–10)

Inwieweit stimmt aber dieses Bild des ritterlichen Tjostierens (8–10) das Publikum gegen die Frau des Edelmanns? Sind »schilt« und »sper« ganz übliche ›obszöne‹ Metaphern,[35] so stehen sie hier im krassen Widerspruch zur klerikalen Identität des erwünschten Nebenbuhlers, der den (ausgerechnet) adligen Ehemann betrügen soll. Andererseits wird gerade dieser unmittelbare narrative Zusammenhang durch die ungewöhnliche Länge (3 Verse) der Erzähler-Erläuterung verdrängt. Mittels solcher metaphorischen Wendungen wird nicht zuletzt auch das kulturelle Wissen der Textrezipienten angesprochen, denn an dieser Stelle scheint das schwankhafte Märe an derselben literarischen Ästhetik teilzunehmen wie das (Nürnberger) Fastnachtspiel.[36] Nur: diese Ausdrucksweise wird auf Erzählerebene nicht fortgeführt; in der *Wolfsgrube* geht es letztendlich um die Bestrafung von Untreue; daher wird komisch obszöne Metaphorik schließlich durch grausamen ›Realismus‹ und eigentliche Bezeichnungen ersetzt: *er ließ im außschneiden bed hoden* (164).

Zum schamlosen Sprechen der Rosenplütschen Mären-Erzähler gehören mehrere zumeist bildhafte Ausdrücke für Geschlechtsteile und Geschlechtsverkehr, die vom Einzelwort (Penis: *unker, wasserstang*; Vagina: *fotzen, schramen*)[37] und konventionellen Phrasen (*die untern taschen, die raue taschen, des untern gaden*)[38] bis zu einfallsreicheren Redewendungen reichen: *ir fensterlein, / do die pruchmaisen kriechen ein*

---

[35] Vgl. Rosenplüts *Wettstreit der drei Liebhaber: der edelman ruckt herfür sein spieß / und reit in iren rauchen schilt* (120–121); *Spiegel und Igel: des nam sein sper gar grossen schaden* ([I] 116).

[36] Dazu JOHANNES MÜLLER: *Schwert und Scheide: Der sexuelle und skatologische Wortschatz im Nürnberger Fastnachtspiel des 15. Jahrhunderts*, Bern 1988 (Deutsche Literatur von den Anfängen bis 1700: 2).

[37] *Der Hasengeier* (I) 122, (II) 114; (I) 114, (II) 106.

[38] *Spiegel und Igel* (I) 22, (II) 22 , (I) 115.

(*Spiegel und Igel* [I] 107–108).³⁹ Das Interesse an solchen Formulierungen geht gelegentlich so weit, dass es zur sprachlichen Übereinstimmung zwischen Figuren und Erzähler führt:

> *die frau do zu dem knecht sprach:*
> ›*nu kreuch herfür, es ist zeit,*
> *der acker ungeschnitten leit,*
> *und tracht, das er werd geschniten.*‹
> *do ließ er sich nit lang piten*
> *und schneid, do er nit het gepaut.* (*Der Knecht im Garten* 134–139)

Dadurch, dass der Erzähler den Euphemismus des Ackerschneidens aus der Rede der Ehefrau aufgreift, geht er eine rhetorische Wendung ein, die die Rezipienten ablenken bzw. unterhalten soll.⁴⁰ Dieses Angebot fungiert vermutlich auch als eine Bremse für Sympathie (für den betrogenen Ehemann). Gerade dieses Steuerungsverfahren bestimmt auch den Erzählduktus im derben *Wettstreit der drei Liebhaber*, in dem jegliche Spur moralischer Entrüstung fehlt und sowohl Erzählfiguren als auch Erzähler eine Lust an derartiger Metaphorik an den Tag legen.⁴¹

In der *Wolfsgrube* schließlich erläutert der Autor-Erzähler den thematischen Inhalt seiner Erzählung im Epimythion (179–192), indem er sein Zielpublikum etwas näher bestimmt:

> *Das will ich allen reinen frauen schenken,*
> *das sie auch daran gedenken*
> *und dise ergangen sach für sich nemen*
> *und sich vor solchen sünden schemen,*
> *damit sie verliesen ir zucht und er.* (179–183)

Der narrative Fokus auf die Bestrafung von Frau und Magd erklärt sich aus diesem moralischen Anliegen. Aber nicht einmal dieses Gebot der Moral kommt ohne negative Sympathiesteuerung aus, wenn der Autor-Erzähler seine Gleichgültigkeit ge-

---

³⁹ Vgl. auch Müller: *Schwert und Scheide*, Anm. 36, S. 93.
⁴⁰ Vgl. auch Friedrich: *Spielräume rhetorischer Gestaltung*, Anm. 4: »Deutlich rückt Rosenplüt die Sprachebene in den Vordergrund und formuliert den plot zu einem Sprachspiel um« (S. 244).
⁴¹ Der erste Liebhaber (Priester) behauptet, er möchte nur *ein wenig* [würz] (73) von der Wirtin bekommen; aus dessen Lüge macht der Erzähler seinerseits eine obszöne Metapher: *[und] greif ir zu dem federpuschen. / den fant er do niden bei dem pein. / darin so mul er die würz so klein* (80–82). Der zweite Liebhaber (Edelmann) dagegen führt ein neues metaphorisches Feld ein: *ich bring mein fül her von der weid. / das hat geweidnet also woll* (142–143); dieses greift der Erzähler später auf, um den Erfolg des dritten Liebhabers (Bauer) zu beschreiben: *und er im* [dem Wirt] *doch in der wiesen grast* (213).

gen unbelehrbare Frauen zum Ausdruck bringt: *volgen sie nit meiner ler, / so gereut es sie vil ee dann mich* (184–185). Beim Ehrverlust setzen solche Frauen sogar ihr Seelenheil aufs Spiel: *damit sie verliesen ir eren kran, / die den reinen frauen ist bereit / pei got dort in der ewigkeit* (188–190). Demgegenüber wird der Verfasser der Erzählung selber mittels Gebet und Benennung in den allerletzten Versen begünstigt: *da helf uns got hin mit seiner güt. / also hat gedicht Hanns Rosenplüt* (191–192).

Die Thematik dieser Erzählungen wird, wenn überhaupt, lediglich in der Form einer *moralisatio* reflektiert, die grundsätzlich mit Rosenplüts Autorsignatur abgeschlossen wird.[42] In einem letzten Akt der Rezipientenlenkung wird damit die handwerkliche Qualität der jeweiligen Erzählung als ›Rosenplüt-Produkt‹ bestätigt, obwohl der übliche Standort dieser Signatur den Gefahren der variierenden Überlieferung im besonderen Maße ausgesetzt war.[43] Als kühnster Versuch, die sympathische Identifikation mit dem Autor-Erzähler zu problematisieren, dürfte Rosenplüts Ich-Erzählung von dem *Barbier* gelten,[44] wo die schamlos-komische Schilderung des sexuellen Versagens (*da wurden mir die hoden schwer, / das ich vor onmacht kaum belib* [I] 150–151) gleichzeitig die literarische Kunstfertigkeit des Dichter-Ichs veranschaulicht.[45]

4. Schlussbemerkungen

Bei dieser Diskussion von Rezeptionslenkung in Hans Rosenplüts Schwankmären ging es immer wieder um Distanzierung und negative Sympathiesteuerung. Wenn, wie RÜDIGER SCHNELL lehrt, bestimmte typische Handlungskonstellationen prototypische Emotionen generieren, dann haben wir es in dieser literarischen Tradition vor allem mit Antipathie bzw. Schadenfreude zu tun, die auf Kosten von Figurentypen wie dem dummen Ehemann, der lüsternen Frau und dem buhlerischen Priester erfolgt.[46] Das wäre eine Quelle des von diesen Texten implizierten komischen Vergnügens. Eine andere wäre mit dem ästhetischen Reiz der literarischen Konstruiert-

---

[42] Im *Fahrenden Schüler* besteht der Textabschluss lediglich aus solcher Autornennung: *er dankt ir und im, in beiden / so ser auß allem seinem gemüt. / so hat gedicht Hanns Rosenplüt* (180–182).

[43] In einer der sechs Handschriften der *Wolfsgrube* zum Beispiel lautet der Schlussvers: *Sagt der schreiber den got behüt* (Gießen Cod. 1264, fol. 18v).

[44] Zu solchen Ich-Erzählungen im allgemeinen vgl. SONJA GLAUCH: *Ich-Erzähler ohne Stimme: Zur Andersartigkeit mittelalterlichen Erzählens zwischen Narratologie und Mediengeschichte*, in: *Historische Narratologie*, Anm. 2, S. 149–185.

[45] Als ›Glanzstück‹ derb-profaner Motivik und Metaphorik ist der *Barbier* in der Forschung immer noch nicht zureichend gewürdigt worden; vgl. aber BLAMIRES: *Sexual comedy*, Anm. 27, S. 101–103; und BACHORSKI: *Verlachte Männlichkeit*, Anm. 14, S. 274–275.

[46] SCHNELL: *Narration und Emotion*, Anm. 25, S. 324, Fn. 144.

heit in Verbindung zu bringen, die sich aus Kipp-Effekten und schwankhafter Erzähllogik, Rhetorik und derb-profanen Sprachspielen zusammensetzt – einem Reiz im Übrigen, dem die Thematik dieser Texte nicht selten untergeordnet zu sein scheint.

Bei der Verwendung des Begriffs ›Rezeptionslenkung‹ sollte man sich jedoch über den Rezeptionsmodus des jeweiligen Texts oder literarischer Tradition im Klaren sein. Für Rosenplüts Mären dürften wir uns zuhörende *und* lesende Rezipienten vorstellen. In beiden Fällen wird es sicherlich textexterne Faktoren gegeben haben, die alles andere als folgenlos für die textinternen Steuerungsverfahren waren, wie sie hier beschrieben worden sind. Vieles können wir natürlich nicht mehr wissen. Im Hinblick auf die Sammelhandschriften von Rosenplüts Werken wäre es aber vielleicht nicht ganz abwegig, die verschiedenen Textüberschriften unter diesem Gesichtspunkt zu analysieren.[47] Es wird wohl einen Unterschied gemacht haben, ob ein Märe mit dem Titel *Ein Spruch von eynem Edel Man* (Dessau Georg Hs. 150) ausgestattet wird, oder *Vonn der Wolffs grubenn* (Weimar Hs. Q 565) oder sogar *Nun volgtt hernach ain spruch der sagtt von ainem Edelman der hett ain frawnn die bullt ain pfaffnn Vnd die fand er in ainer wolffgrubnn* (Nürnberg Hollsche Hs.)!

---

[47] Zur Methode vgl. NICOLA ZOTZ: *Sammeln als Interpretieren: Paratextuelle und bildliche Kommentare von Kurzerzählungen in zwei Sammelhandschriften des späten Mittelalters*, in: ZfdA 143 (2014), S. 349–372.

Harald Haferland

Poetische Gerechtigkeit und poetische Ungerechtigkeit

1. Gerechtigkeit / Ungerechtigkeit in Poesie und Literatur
2. Poetische Gerechtigkeit. Zur Geschichte von Konzept und Begriff
3. Wirkungsmechanismen und Schematismus
4. Poetische Gerechtigkeit in der Volkserzählung (*folktale*, Märchen)
5. Poetische Ungerechtigkeit

1. Gerechtigkeit / Ungerechtigkeit in Poesie und Literatur

In der Welt sollte es gerecht zugehen. Schon Hiob erträgt sein ungerechtes Schicksal nicht. In einer Welt ohne Gott erkennt man indes, dass es allenfalls kleine Inseln der Gerechtigkeit gibt. Sie werden notwendig sozial geschaffen: Ohne Sozialität besitzt Gerechtigkeit keinerlei Bedeutung, und auch im Rahmen von Sozialität bleibt Gerechtigkeit potentieller Gewaltausübung nachgeordnet; sie kommt nur zum Zuge, wo Gewalt ausbleibt. Immerhin bedeutet Gerechtigkeit hier viel, und sie ist schon in kleinsten Ausschnitten der Alltagsinteraktion – z. B. in *adjacency pairs* – wirksam.[1] Allerdings gelingt es kaum einer Gesellschaft, gesamtgesellschaftliche Gerechtigkeit auch nur annähernd herzustellen; am ehesten wohl noch jenen Gruppen von Jägern und Sammlern mit einem offenen Verteilungsschlüssel für die erjagte und gesammelte Nahrung. Vermutlich reicht ein elementares Gerechtigkeitsgefühl, das sich schon bei frühen Menschen Geltung verschafft, sogar weit in die Stammesgeschichte des Menschen zurück.[2] Doch schon der Versuch, Gerechtigkeit im konkreten Umgang miteinander

---

[1] Interaktionspartner sehen sich zu einer Orientierung ihrer Interaktion an Relevanzgesichtspunkten unter wechselseitiger Konzession von abgestimmten Zeiteinheiten genötigt. Das gelingt nicht ohne einen kleinformatigen Gerechtigkeitsrahmen, in dem man den jeweils anderen zu Wort kommen lässt. Man könnte von Elementargerechtigkeit sprechen.

[2] FRANS DE WAAL: *Primaten und Philosophen – Wie die Evolution die Moral hervorbrachte*, München 2011. Nach Aristoteles bestünde ein solches Gerechtigkeitsgefühl in einer erst mittels der Sprache möglich werdenden Orientierung am Gerechten und Ungerechten (*Politik*, 1253a10f.).

beim Gütertausch (kommutative oder arithmetische Gerechtigkeit bzw. Tauschgerechtigkeit) herzustellen[3] und gar noch mit einer Gesamtgerechtigkeit für soziale Verbände (distributive oder proportionale Gerechtigkeit bzw. Verteilungsgerechtigkeit) abzustimmen und zu vereinbaren,[4] war immer schon prekär und wird immer prekärer, je größer die sozialen Verbände werden.[5] In modernen Gesellschaften drohen sich zudem bei dem Versuch, Gerechtigkeit über revolutionäre Prozesse herzustellen, Ungerechtigkeiten den Weg zu bahnen. Denn soziale Gerechtigkeitsinseln setzen immer auch voraus, dass Willige bereit sind, sie zu betreten oder ihre Satzungen zu respektieren; jemanden zur Gerechtigkeit zu zwingen, läuft auf ein soziales Paradox hinaus.

Ähnlich wie Gerechtigkeit stellen vielleicht auch die Freiheit, moralisch und rechtlich konform zu handeln, und sogar die Willensfreiheit nur sozial unverzichtbare Fiktionen dar.[6] Sie werden im Übrigen zu einem Zeitpunkt virulent, zu dem rechtliche und andere Ausgangsbedingungen längst schon Fakten geschaffen haben, die es für negativ Betroffene schwer machen, noch in die Fiktion einzusteigen. Warum sollte jemand, der schon bei seiner Geburt elementar benachteiligt wurde, die Rechtsnormen seiner Gesellschaft oder eine hierbei vorausgesetzte Gerechtigkeitsfiktion achten? Wenn also auch Gerechtigkeit nur eine soziale Fiktion[7] sein sollte oder immerhin ein Konstrukt, dann immerhin ein so basales, dass sie – und auch ihr Fehlen, wie dann auch komisch zugespitzte Unge-

---

[3] Der am Markt erzielte Preis kann kein in irgendeinem relevanten Sinn gerechter Preis sein. Spätmittelalterliche Forderungen nach einem gerechten Preis und moderne Lehren vom ungleichen Tausch haben das kritisiert.

[4] Vgl. die Unterscheidung von kommutativer und distributiver Gerechtigkeit bei ARISTOTELES: *Nikomachische Ethik*, 1130b30–1133b28. Einführend zu – auch weiteren – Arten / Unterscheidungen der Gerechtigkeit ARTHUR KAUFMANN: *Rechtsphilosophie*, München ³1997, Kap. 10.

[5] Bekanntlich steigt heute die Einkommensungleichverteilung gerade in den entwickelten Ländern exponentiell an. Das Verhältnis von Umgangs- und dem Herrscher überantworteter und sakralisierter Gesamtgerechtigkeit ist aber schon in frühen Kulturen ein zentrales Thema. Vgl. etwa die Hinweise bei JAN ASSMANN: *Herrschaft und Heil – Politische Theologie in Altägypten, Israel und Europa*, Frankfurt am Main 2002, Kap. 3 und passim.

[6] Vgl. zur Willensfreiheit etwa die Positionen von Wolf Singer und Günther Roth: WOLF SINGER: Verschaltungen legen uns fest – Wir sollten aufhören, von Freiheit zu sprechen, in: Hirnforschung und Willensfreiheit – Zur Deutung der neuesten Experimente, hg. von CHRISTIAN GEYER, Frankfurt am Main 2004, S. 30–65; GERHARD ROTH / MICHAEL PAUEN: *Freiheit, Schuld und Verantwortung. Grundzüge einer naturalistischen Theorie der Willensfreiheit*. Frankfurt am Main 2008.

[7] Im Sinne etwa von ARNOLD GEHLEN: *Urmensch und Spätkultur – Philosophische Ergebnisse und Aussagen*, Frankfurt am Main 1977, Kap. 39 und 40.

rechtigkeit – immer schon Gegenstand der Poesie und Literatur war und ist.[8] Allerdings geht es dabei nicht um den Tausch von Gütern oder um Einkommens- und Besitzverteilung, sondern um das Zumessen sozialer Folgen für vorgängige Handlungen, dabei oft auch um Glück oder Unglück bzw. um Schicksalsfolgen mit, aber auch ohne Rückbindung an vorhergehendes Tun. Es geht also um einen Gerechtigkeitsrahmen, der so etwas wie Belohnung oder Bestrafung vorsieht. Und es geht um einen Zeitrahmen, der über einen Lebensabschnitt oder sogar die Lebensspanne reicht – dies ist naheliegend bei dramatischen oder narrativen Plots, die sich über eine dargestellte oder erzählte Zeit erstrecken.[9] Nicht Einmalhandlungen zählen, sondern Handlungssummen und -komplexe und ihre Beantwortung durch die Mitmenschen, durch eine höhere Instanz und / oder das Schicksal. Zu beachten ist, dass sich die Gerechtigkeitsfrage auch im Vergleich zweier oder mehrerer sich kreuzender Lebensläufe stellt, die aneinander gemessen werden können; hierbei fällt verdientes oder unverdientes Glück / Unglück besonders leicht ins Auge.

Beim Zumessen von Folgen kann moralische Kausalität zum Zuge kommen[10] oder ein schwächerer, gerade noch vom Gerechtigkeitsgefühl her abgesicherter und wie immer ausgeprägter Konnex zwischen den Handlungskomplexen und den Folgen.[11] Eine Art Schicksalsdistribution regiert auch eine im Plot vereinigte Mehrheit von Lebensläufen, wie immer sie gegeneinander abstechen. Es kann aber auch nur darauf hinauslaufen, dass das Gerechtigkeitsgefühl des Rezipienten dazu bewegt werden soll, ein Gerechtigkeitsmanko im Plot durch einen gerechten Affekt zu parieren.[12] In diesem Sinne lässt sich Gerechtigkeit

---

[8] Vgl. als Sammlung von Analysen zur übergreifenden Thematik mit einem offeneren Fiktionsbegriff SUSANNE KAUL / RÜDIGER BITTNER (Hg.): *Fiktionen der Gerechtigkeit. Literatur – Film – Philosophie – Recht*, Baden-Baden 2005.

[9] Dramatische Plots holen den Zeitrahmen, wenn sie der aristotelischen Regel der Einheit von Ort, Zeit und Handlung folgen, über Rückblenden ein.

[10] HANS KELSEN: *Vergeltung und Kausalität*, Wien, Köln, Graz 1982 (zuerst 1941), hat die weitgehende These vertreten, dass sich der Begriff der Kausalität (Naturkausalität) überhaupt erst aus dem sozialen Vergeltungsdenken ableite. Ich verstehe moralische Kausalität (Vergeltung) als Begriff mit einer engeren Bedeutung und poetische Gerechtigkeit als Begriff mit einer weiteren, und natürlich auf die Poesie gemünzten, Bedeutung. Dass Robert Lovelace in Richardsons *Clarissa* im Duell getötet wird (s. dazu unten), kann in Bezug auf das Leiden und den Selbstmord Clarissas nicht als moralisch kausal, wohl aber als poetisch gerecht gelten.

[11] Demgemäß spricht Assmann (Anm. 5) von konnektiver Gerechtigkeit, die an Handlungen gerechte Folgen bindet.

[12] Zur evolutionären Entfaltung eines Gerechtigkeitsgefühls sowie zur poetischen Gerechtigkeit als Wirkungsfaktor und bloßer Erwartung von Rezipienten vgl. KARL EIBL: Poetische Gerechtigkeit als Sinngenerator, in: SEBASTIAN DONAT u. a. (Hg.): *Poetische Gerechtigkeit*, Düsseldorf 2012, S. 215–240.

grundsätzlich doppelt verorten: in den Plots bzw. Texten und / oder in den intendierten wie auch empirischen Rezipienten – beides steht aber in einem Rapport zueinander.

Vom Schicksal ist hier in einem alltagssprachlichen Sinn die Rede. Die Verlockung ist allezeit groß, es als ausgleichende Gerechtigkeit zu begreifen, die einen zugleich kommutativen und distributiven Aspekt besitzt und Folgen vorgängiger Handlungen individuell sowie sozial abgewogen zumisst; so tröstlich wird poetische Gerechtigkeit bei der Konstruktion von Plots denn auch oft konzipiert. In Plots wird dann ein finaler Richtungssinn eingebaut, der entsprechend gerechte Ausgänge vorsieht. Aber es gibt auch konträre Schicksalskonzeptionen, die keinerlei Konnex zwischen Handlungskomplexen und den Folgen ansetzen (bei Zufall, Glück / Unglück) oder sogar einen kontrafinalen Richtungssinn vorsehen: Was man auch tut, führt gerade das Gegenteil herbei, und Handlungsintentionen werden konterkariert. Dies wäre im Rahmen des genannten Rapports nur noch durch einen Gerechtigkeit bergenden Affekt der Rezipienten auszugleichen.

Poetische Gerechtigkeit[13] ist bereits in Volkserzählungen oder Märchen vom mittellosen Helden anzutreffen, der unbekümmert und also ohne Beachtung einer Ungleichverteilung von Gütern in die Welt zieht und sein gerechtes Glück macht. Er gleicht seine Benachteiligung aus, überwindet Gefährdungen und wird am Ende belohnt; dies legt nahe, dass das, was als *american dream* geläufig ist, ein Traum ist, der immer schon überall geträumt wird. Dabei erscheint aber das Glück mehr oder weniger stark mit einem Gerechtigkeitsgefühl assoziiert. Andere Volkserzählungen setzen mit Unrechtszuständen ein (Protagonisten sind hier oft Heldinnen), achten dann aber strikt auf gerechte Ausgänge: die Guten werden belohnt und die Schlechten bestraft, wenn sie nicht aus der Geschichte verschwinden. Auch poetische Großgattungen wie die Tragödie und der Roman

---

[13] Vgl. eine umfassende Aufarbeitung zur Geschichte des Konzepts und des Begriffs der poetischen Gerechtigkeit bei WOLFGANG ZACH: *Poetic Justice – Theorie und Geschichte einer literarischen Doktrin – Begriff - Geschichte - Komödienkonzeption*, Tübingen 1986. Danach ist erschienen: MARTHA NUSSBAUM: *Poetic Justice – The Literary Imagination and Public Life*, Boston 1995; WULF SEGEBRECHT: *Über ›Poetische Gerechtigkeit‹ – Mit einer Anwendung auf Kafkas Roman ›Der Proceß‹*, in: *Die Literatur und die Wissenschaften 1770–1930 (FS Walter Müller-Seidel)*, hg. von KARL RICHTER, JÖRG SCHÖNERT und MICHAEL TITZMANN, Stuttgart 1997, S. 49–67; HARTMUT REINHARDT: Artikel *Poetische Gerechtigkeit*, in: *Reallexikon der deutschen Literaturwissenschaft*, Band 3, hg. von JAN-DIRK MÜLLER u. a. Berlin, New York 2003, S. 106–108; LI-FEN KE: *Poetische Gerechtigkeit? Die literarische Darstellung der Gerechtigkeit in der deutschsprachigen Literatur von Schiller bis Schlink – Mit einem interkulturell vergleichenden Blick auf die chinesischsprachige Literatur*, Frankfurt am Main u. a. 2008; SUSANNE KAUL: *Poetik der Gerechtigkeit – Shakespeare – Kleist*, München 2008; DONAT u. a. (Anm. 12).

werden vom Handlungsumriss und zumindest von der Sympathielenkung her oft durch mitgedachte Gerechtigkeit oder ihr Fehlen regiert, besonders kleinere Gattungen wie der Witz und die schwankhafte Kurzerzählung dagegen oft durch poetische Ungerechtigkeit. Es scheint, als würden solche Gattungen sich teilweise komplementär darin ausrichten, ob in ihren Plots Gerechtigkeit nur vorübergehend Kontingenzen ausgesetzt ist, ob sie gar riskiert und doch zuletzt wieder eingeholt wird – sei es auch nur in der Anteilnahme von Rezipienten – oder ob sie vielmehr umgekehrt über Komik ausgeschaltet wird. Wird sie das, so ist das Moment des Bösen, das besonders bei schwarzem Humor mit und unter dem Lachen quittiert und gebilligt wird, nur dann mit dem Gefühl einer Ungerechtigkeit assoziiert, wenn man zum Verlachen kognitiv auf Distanz geht.

Oft sind in den komplementär ausgerichteten poetischen Gattungen Figurentypen daraufhin angelegt, gerecht / ungerecht zu handeln oder behandelt zu werden. Die Gattungen werden von Vorerwartungen ummantelt, die das Figurenhandeln und den Plot mit moralischen Tabus oder bedingten moralischen Freiräumen belegen. Die Vorerwartungen wiederum werden auf Seiten der Dichtungen durch die Konstruktion der Plots und durch eine sie begleitende Figurendarstellung bedient.[14] So werden Wirkungsmechanismen angestoßen.

Poetische Gerechtigkeit muss nicht immer so plakativ hergestellt werden wie in unverhohlen moraldidaktischer Dichtung, sie muss nicht überdeutlich im Handlungsschema / Plot oder auch nur über moralisierende Erzähler- oder Figurenbemerkungen zu den Figuren realisiert sein. Andererseits geschieht es nicht leicht, dass sie überhaupt keine Rolle mehr spielt, es sei denn eben in Gattungen, die sie gezielt verabschieden und sich aufs Gegenteil verlegen. Fasst man sie begrifflich weit – und so ist es hier beabsichtigt –, dann ist es poetisch gerecht, wenn schon das Zutrauen einer Figur in ihr Handeln belohnt wird und wenn dann allemal eine gute Tat eine adäquate Beantwortung findet. Eine sehr elementare Form poetischer Gerechtigkeit liegt deshalb schon dann vor, wenn der Protagonist, dem man aufgrund einer latenten Voreingenommenheit immer schon Erfolg wünscht, auch Erfolg hat und sein Widersacher Misserfolg. Hier-

---

[14] Ich unterscheide im Folgenden summarisch den Plot (*fabula*, μύθος) und zum Plot hinzukommende und im Prinzip fakultative (informative und axiologische) Darbietungs- und Darstellungsformen eines den Ohren und Augen von Zuschauern / Zuhörern oder der Wahrnehmung von Lesern gebotenen Stückes bzw. einer Erzählung. Zuschauer, Zuhörer und Leser bringen den Figuren positive oder auch negative Empathie entgegen. Über Empathie gehen hinaus Anteilnahme, Parteinahme, Sympathie, Mitleid u. a. m. Sofern solche Rezipientenreaktionen weniger durch den Plot als durch hinzukommende Darstellungsformen abgerufen werden, können sie einer je kleinteiligeren gestalterischen Lenkung unterliegen. Der Begriff der Identifikation kann für die folgenden Überlegungen ausgespart bleiben.

bei fallen das Gute und das Gerechte noch zusammen; poetische Gerechtigkeit muss in keinem weitergehenden Sinn gerecht sein. Dies ist ein Umstand, der auch ausgebeutet werden kann, wenn der Erfolg nämlich ungerecht zustande kommt. Dann überlagert die in der Regel an die Plotposition gebundene Gerechtigkeitszuschreibung ein dem Protagonisten anzurechnendes ungerechtes Handeln: Positionsgerechtigkeit dominiert im Handlungsverlauf zustande kommende Ungerechtigkeit. Wenn es Dichtungen aber ganz anders nur darauf anlegen, das Gerechtigkeitsgefühl des Rezipienten zu stimulieren, indem sie etwas Ungerechtes erzählen, dann kann poetische Gerechtigkeit immerhin wirkungsästhetisch noch eingeholt werden.

Der poetische Umgang mit Gerechtigkeit ist in Anbetracht eines weit gefassten Begriffs poetischer Gerechtigkeit sehr vielfältig und unterliegt einem signifikanten historischen Wandel. In ihrem gegenüber dem Geltungsbereich von sozialer Gerechtigkeit noch einmal verkleinerten Ausschnitt misst die Poesie einen Raum menschlichen Handelns aus, dessen bis in die Rezipientenreaktionen hinein verlängerte Dimensionen historisch erst nach und nach erschlossen werden. Dabei wird auch soziale Gerechtigkeit in ihrer grundsätzlichen Gefährdung immer deutlicher sichtbar.

2. Poetische Gerechtigkeit. Zur Geschichte von Konzept und Begriff

ARISTOTELES fordert in seiner *Poetik*,[15] dass in der Tragödie vortreffliche Männer keinen Umschlag vom Glück ins Unglück erfahren sollten: so etwas errege nämlich nicht Furcht und Mitleid / Mitgefühl (die später kanonisierten Begriffe dafür sind an dieser Stelle φόβος und ἔλεος[16]), sondern sei einfach nur grauenerregend (μιαρός) und deshalb, so die Implikation, für den Zuschauer ganz unerträglich. Es verletzt nämlich – ohne dass Aristoteles dies ausspricht – die Erwartung bzw. das Tabu, dass es auf der Welt und bei der Nachahmung ihrer Händel nicht maßlos ungerecht oder eben grauenerregend zugehen sollte. Damit ist poetische Gerechtigkeit im Spiel, sie wird allerdings nur über einen Extremfall poe-

---

[15] ARISTOTELES: *Poetik*, hg. von MANFRED FUHRMANN, Stuttgart 1994, Kap. 13.

[16] Sie sind schon vor Aristoteles als Begriffe für Wirkungsaffekte von Dichtungen überhaupt im Gebrauch. So heißt es bei Gorgias (5. Jh. vor Chr.), dass von der Dichtung »auf die Hörer schreckenerregender Schauder [περίφοβος] ein[dringt] und tränenreiche Rührung [ἔλεος] und wehmütiges Verlangen, und in Fällen von Glück und Unglück für fremde Angelegenheiten und von fremden Personen leidet die Seele stets vermittelt durch Reden [= Dichtung] ein eigenes Leiden«. (GORGIAS VON LEONTINOI: *Reden, Fragmente und Testimonien – Griechisch – Deutsch*, übers., mit einer Einleitung und Anmerkungen, hg. von THOMAS BUCHHEIM, Hamburg 1989, S. 9).

tischer Ungerechtigkeit, d. h. also ex negativo, bestimmt und besteht in der Rücksichtnahme auf ein implizites Gerechtigkeitsgefühl der Zuschauer, das sich geltend machen könnte. Umgekehrt sollten nach Aristoteles Niederträchtige keinen Umschlag vom Unglück ins Glück erfahren dürfen. Hier bricht sich sein Systematisierungsbedürfnis Bahn, denn in diesem Fall handelt es sich – wie er selbst auch klarstellt – gar nicht um einen tragischen Plot. Da solche schlechten Menschen schon kein Glück verdienten, führe es andererseits auch zu keinem Affekt auf Seiten des Publikums, wenn sie umgekehrt vom Glück in ein Unglück gestürzt würden, das sie ohnehin verdienten. In diesem Fall scheint poetische Gerechtigkeit im positiven Sinne immerhin anzuklingen, wenn auch nur für die Strafwürdigen. Es bleibe also nur, so Aristoteles weiter, dass in einer Tragödie ein vortrefflicher Mann eine Verfehlung (ἁμαρτία) begangen habe / haben müsse.[17] Außerdem müsse es sich bei ihm um einen Mann mit großem Ansehen handeln, der wie Ödipus, Thyestes, Alkmeon, Orestes, Meleager, Telephos u. a. m. aus einer vornehmen Familie stamme; hieraus sind dann in der Frühen Neuzeit die Ständeklausel einerseits[18] und die Fallhöhe andererseits[19] abgeleitet und als obligatorische Wirkungsmomente der Tragödie bestimmt worden, die die Wirkung verstärken und bestimmte Affekte herbeiführen sollten.

Aristoteles will die Tragödie beschreiben und kein Konzept poetischer Gerechtigkeit.[20] Dennoch ist ein solches Konzept unausgesprochen im Spiel, da er

---

[17] Zu den Differenzierungen der Verfehlung (wissentlich / unwissentlich, schuldhaft / schuldlos), auf die ich nicht weiter eingehe, vgl. den Kommentar von ARBOGAST SCHMITT: ARISTOTELES: *Poetik*, übers. und erl. von ARBOGAST SCHMITT, Berlin ²2011, S. 450–476.

[18] Die Ständeklausel etwa noch bei JOHANN CHRISTOF GOTTSCHED: *Versuch einer kritischen Dichtkunst*, Darmstadt 1982 (Nachdruck der 4. Auflage 1751), nach dem die griechische Tragödie die Absicht hatte, »durch die Unglücksfälle der Großen, Traurigkeit, Schrecken, Mitleiden und Bewunderung bey den Zuschauern erwecken. Aristoteles beschreibt sie derowegen, als eine Nachahmung einer Handlung, dadurch sich eine vornehme Person harte und unvermuthete Unglücksfälle zuziehet« (S. 606). Der Begriff der Ständeklausel ist allerdings viel jüngeren Datums. Vgl. GERTRUD M. RÖSCH: Artikel *Ständeklausel*, in: *Reallexikon der deutschen Literaturwissenschaft*, Bd. 3, hg. von JAN-DIRK MÜLLER u. a. Berlin, New York 2003, S. 494–496.

[19] Vgl. CHARLES BATTEUX in seinem *Cours de belles lettres ou principes de la littérature* (Paris 1747–1750): »Ohne zu rechnen, daß sie [die heroischen Helden der Tragödie, H. H.] eben solche Menschen sind, als wir, und uns folglich durch das Band der Menschlichkeit rühren: so macht auch noch die hohe Stufe, worauf sie stehen, ihren Fall merkwürdig [d. h. denkwürdig].« Zitiert nach der deutschen Übersetzung des *Cours: Einleitung in die schönen Wissenschaften – Nach dem Französischen des Herrn Batteux*, mit Zusätzen vermehret von KARL WILHELM RAMLER, Leipzig 1762, Bd. 2, S. 270.

[20] Deshalb kommt der Begriff etwa im Kommentar von SCHMITT (Anm. 17) gar nicht vor.

durch die Einführung einer Verfehlung flagrant ungerechte, grauenerregende Plots ausgeschlossen wissen will, die die Zuschauer nachhaltig verstören würden.[21] Die Zuschauer bringen eine Voreinstellung mit, in die die Erwartung poetischer Gerechtigkeit schon integriert ist.[22] Außerdem erklärt Aristoteles einen poetisch ungerechten Handlungsverlauf – bei Glückswendungen für die, die kein Glück verdient haben – wie auch einen gerechten Handlungsverlauf – bei Unglück für die, die es verdient haben – für nicht tragödiengemäß. Implizit zeichnet sich deshalb poetische Gerechtigkeit ab, auch wenn Aristoteles das Konzept weder benennt noch bestimmt.

Beide, Tragödie und poetische Gerechtigkeit, sind indes auch nicht leicht zur Deckung zu bringen. Vor allem ergeben sich Probleme mit dem Verhältnis von Verfehlung und Schicksal: Wie groß schätzt man die Verfehlung des Ödipus ein, um sein furchtbares Schicksal überhaupt zu rechtfertigen, abgesehen davon, dass er für die Kernkonstellation seiner ›Schuld‹ gar nichts kann?[23] Und funktioniert nicht auch der Plot einer Schicksalserzählung vielmehr so, dass der Protagonist – so sehr sich Sophokles bemüht, die Uneinsichtigkeit des Ödipus herauszustreichen – vom Schicksal allemal auch ohne eigene Verfehlung ereilt wird?[24] Es ereilt ihn ja gerade, indem er ihm auszuweichen sucht, sodass es auf eine Verfehlung gar nicht ankommt. Dasselbe problematische Verhältnis gilt auch für andere Tragödien und ihre Plots.[25] Aristoteles scheint ein kritisch angemessenes Ver-

---

[21] Als Gegenbegriff zu μιαρός (›grauenhaft‹) verwendet Aristoteles φιλάνθρωπον (›menschenfreundlich‹) (*Poetik*, 1452b38f.; 1456a21). Beide Begriffe messen den Raum aus, in dem Zuschauer bereit sind, sich auf den Plot einzulassen oder nicht. Beide Begriffe lassen sich insofern mit poetischer Gerechtigkeit in Verbindung bringen, als sie eine Erwartungsnorm der Zuschauer beschreiben, in die poetische Gerechtigkeit eingelassen ist.

[22] Zwischen ihrem Gerechtigkeitsgefühl und den Tragödien besteht ein Rapport: »[...] die Dichter richten sich nach den Zuschauern und lassen sich von deren Wünschen leiten.« (*Poetik*, 1453a34f.) Deutlicher wird ein solcher Rapport natürlich in der wirkungsästhetisch orientierten *Rhetorik* des Aristoteles ausformuliert.

[23] Vgl. zur komplexen Interpretationsgeschichte MICHAEL LURJE: *Die Suche nach der Schuld – Sophokles ›Oedipus Rex‹ – Aristoteles' Poetik und das Tragödienverständnis der Neuzeit*, München, Leipzig 2004.

[24] Eine Schicksalserzählung besteht darin, dass der Protagonist ein durch eine Offenbarungsinstanz vorausgesagtes Schicksal erleidet, indem er ihm zu entgehen sucht. Vgl. ROLF WILHELM BREDNICH: Artikel *Schicksalserzählungen*, in: *Enzyklopädie des Märchens*, Bd. 11, Berlin, New York 2004, Sp. 1386–1406. Das Schicksal des Ödipus stellt einen prominenten Fall dar, aber es gibt eine Reihe weiterer, parallel konstruierter Plots in Erzähldichtungen, die aus Schicksalserzählungen abgeleitet sind.

[25] Dass sich die antike Tragödie nicht mit Aristoteles uniform beschreiben lässt, hat u. a. schon Scaliger moniert, auch in Bezug auf den *exitus infelix*, der gar nicht immer vorliegen muss: JULIUS CAESAR SCALIGER: *Poetices libri septem*, Faksimile-Neudruck der Ausgabe Lyon 1561, Stuttgart, Bad Cannstadt 1964, III 96.

hältnis von Verfehlung und Schicksal ins Auge zu fassen, das er an einer Reihe von Tragödien beobachten konnte. Je ausgeglichener es ausfällt, desto mehr würde es aber die mitleiderregende Wirkung einer Tragödie mindern. Er arbeitet sich an zwei unterschiedlichen und doch aufeinander bezogenen Beschreibungsebenen ab: der Ebene des Tragödienplots und der Ebene der Wirkung auf die Zuschauer.[26] Zuschauer reagieren auf eine übersteigerte Ungerechtigkeit im Tragödienplot dadurch, dass sie sich abwenden. Eine grundsätzliche Beobachtung dürfte darin bestehen, dass Zuschauer für Protagonisten, für die sie Empathie entwickelt haben, kein gänzlich ungerechtes Schicksal akzeptieren. Dies macht aber gerade die Tragödie aus: ein Stück weit müssen Verfehlung und Schicksal in einem Missverhältnis stehen, denn sonst liefe es nur auf die Bestrafung eines Strafwürdigen hinaus. Beide Momente stehen im Widerspruch zueinander. Die Tragödie bewegt sich also auf einem schmalen Grat, um einerseits beim Zuschauer das Mitgefühl mit dem Protagonisten zu erhalten und diesen doch in ein schreckliches Schicksal zu schicken, das nicht gerecht sein kann und deshalb Mitleiden provoziert. Da die Tragödie und eine implizite Forderung nach poetischer Gerechtigkeit nicht zur Deckung zu bringen sind, bleibt der Beschreibungsversuch des Aristoteles zwiespältig.

Schon vor Aristoteles zeichnet sich das Konzept der poetischen Gerechtigkeit sehr viel klarer bei PLATON ab. Er will in der *Politeia* für das ideale Gemeinwesen verbieten lassen, dass die Dichter und Redner den gerecht Handelnden ins Elend stürzten und den unrecht Handelnden zum Glück gelangen ließen.[27] Damit setzen Dichter und Redner für ein funktionierendes Gemeinwesen nach Platon falsche Signale. Er fordert, anders als Aristoteles, einen poetisch gerechten Plot, der Belohnung und Bestrafung je nach den Verdiensten und Verfehlungen der Figuren verteilt. Die Dichtung droht hier genauso reglementiert zu werden wie das platonische Staatswesen. Doch das Konzept der poetischen Gerechtigkeit zeichnet sich klar ab: Wer sich verdient gemacht hat, muss belohnt werden, wer sich verfehlt hat, bestraft. Dieses ideologische Konzept zielt an der Tragödie vorbei, was Aristoteles korrigieren zu wollen scheint. Und es ist ein Konzept, das auf Reglementierung der Poesie angelegt ist und sie unweigerlich in Schemadichtung abgleiten lässt. Wenn man negativ bestimmte poetische Gerechtigkeit (es darf nicht ungerecht zugehen) von positiv bestimmter (es muss gerecht zugehen) unterscheidet und abhebt, dann lässt allerdings negativ bestimmter der Dichtung einen ungleich größeren Spielraum, dessen Ränder im

---

[26] SCHMITT (Anm. 17), S. 476–478, macht deutlich, dass es sich dabei nicht um empirisch-kontingente Zuschauer handelt, sondern um solche, die ein adäquates Verständnis des Bühnengeschehens entwickeln.

[27] PLATON: *Politeia*, 392af.

Zuge der Entwicklung des Gerechtigkeitsgedankens in der Dichtung immer weiter hinausgeschoben werden. Es darf zur Not immer weniger gerecht zugehen. Andererseits wird Gerechtigkeit als Problem immer schärfer herausgearbeitet.

Erst THOMAS RYMER hat in seinem theaterkritischen Brief *Tragedies of the Last Age* (1678) zum längst vorhandenen Konzept als erster auch den Begriff der poetischen Gerechtigkeit (*poetic[al] justice*) geprägt,[28] und das Problem der poetischen Gerechtigkeit wird danach im 17. und 18. Jahrhundert besonders in England intensiv diskutiert.[29] Rymer bezieht sich seinerseits nur auf die gerechte Bestrafung des schuldig gewordenen Helden der Tragödie, was zweifellos einem verkürzten Tragödienkonzept entspricht. Hier hat sich in der Geschichte der Poetik (und) der Tragödie das Gerechtigkeitskonzept dazwischengeschoben, denn bei Aristoteles war durchaus nicht davon die Rede, dass das Schicksal des Helden als gerechte Bestrafung ausfallen müsse, es soll nur nicht grauenhaft sein.[30] Schnell greift nun aber die Diskussion über die Tragödie hinaus und bezieht auch den Roman mit ein. Das ist nur angemessen, denn soweit poetische Gerechtigkeit eine Eigenschaft von Plots und ihren Ausgängen ist, ist das Konzept auch für alle Gattungen zu veranschlagen, die auf Plots beruhen, d. h. allemal für Epik und Dramatik. Darüber hinaus ist es natürlich auch eine Eigenschaft der angestoßenen Rezipientenreaktionen.

Für den Roman erwartet man auch schon vor Rymer, dass er ungeachtet aller Verwicklungen am Ende die Tugend auszeichnen und das Laster strafen möge. So z. B. der Bischof DANIEL HUET im Jahre 1670: *La fin principale des Romans [...] est l'instruction des Lecteurs, a qui il faut toûjours faire voir la vertu couronnée; & le vice chastié.*[31] Und PHILIP SYDNEY will 1595 in der *Apology for Poetry* nur dem Dichter zubilligen, was man gemeinhin dem Historiker zugestehe: dass man nämlich in seiner Darstellung *should see virtue exalted and vice punished*.[32] Huet

---

[28] THOMAS RYMER: *Tragedies of the Last Age [...]*, London 1678, Nachdruck Menston (Yorkshire) 1972, S. 23f., 37 u. ö.

[29] Vgl. eine umfassende Aufarbeitung der Diskussion mit zahlreichen Belegen bei ZACH (Anm. 13), bes. S. 67–96 und passim. Zur Vorgeschichte des Konzepts vgl. ebd., S. 37–66.

[30] *Poetik*, 1452b35; 1453b9f.

[31] P. D. HUET: *Traité de l'origine des romans*, Faksimileausgabe nach der Erstausgabe von 1670 und der Happelschen Übersetzung von 1682, Mit einem Nachwort von Hans Hinterhäuser, Stuttgart 1966, S. 5.

[32] *Now, to that which commonly is attributed to the praise of histories, in respect of the notable learning is gotten by marking the success, as though therein a man should see virtue exalted and vice punished – truly that commendation is peculiar to Poetry, and far off from history.* SIR PHILIP SIDNEY: *An Apology for Poetry (or The Defence of Poesy)*, hg. von ROBERT W. MASLEN, Manchester, New York 2002, S. 93.

und Sydney bemühen dieselbe topische Kurzformel.³³ Die in dieser Formel aufgehobene Doktrin kann sich für den Roman auch schon auf den Konstantinopler Patriarchen PHOTIOS aus dem 9. Jahrhundert berufen, dessen *Bibliothek* – eine große Sammlung von Lesefrüchten antiker Klassiker aus verschiedenen Bereichen – in der lateinischen Übersetzung seit dem 16. Jahrhundert viel gelesen wird. Photios hält an einer Stelle fest, dass im antiken Liebesroman die Übeltäter am Ende der verdienten Strafe (*merita poena*) nicht entkommen, während die Unschuldigen gerettet (*servare*) werden.³⁴ Tatsächlich trifft eine derartige Beobachtung auf den antiken Liebesroman zu. In diesem Sinne hatte allerdings auch schon Aristoteles auf das Epos – die *Odyssee* – und seine im Übrigen gegen das Einheitsgebot des Theaters verstoßende doppelsträngige Handlung hingewiesen, in der die Guten ein gutes und die Schlechten ein schlechtes Ende fänden.³⁵

Das Konzept der poetischen Gerechtigkeit läuft hierbei allerdings leicht auf eine erzählte Wunschwelt hinaus, wenn es auf diese Weise positiv bestimmt wird. Eine negative Bestimmung hat sich oben dagegen für die Tragödie abgezeichnet: In kritischen Fällen darf der Bogen nicht überspannt werden, es darf nicht so abschreckend ungerecht zugehen, dass die Zuschauer am grauenhaften

---

³³ Sie ist auch in Bezug auf die Tragödie verbreitet. Vgl. GEORG PHILIPP HARSDOERFFER: *Poetischer Trichter*, Nachdruck der Ausgaben Nürnberg 1650/1648/1653, Darmstadt 1975, Zweiter Teil, S. 83: »Das Trauerspiel sol gleichsam ein gerechter Richter seyn / welches in dem Inhalt die Tugend belohnet / und die Laster bestraffet.« Bei Scaliger (Anm. 25) findet sich die Belohnungs-Bestrafungs-Formel nicht, Harsdörffer bezieht sich stattdessen auf JULES DE LA MESNARDIÈRE: *La Poétique*, Paris 1639, wo in der vierten Frage (S. 166–178) Fragen der *iustice du Theatre* behandelt werden. Vgl. dann etwa auch SIEGMUND VON BIRKEN: *Teutsche Rede- bind- und Dicht-kunst*, Nachdruck der Ausgabe Nürnberg 1679, Hildesheim, New York 1973, S. 330f.: »Der Held / welchen man als Hauptperson vorstellet / muß ein Förbild aller Tugenden / und zwar erstlich gekränkt seyn / aber endlich ergetzet werden. Ist er aber ja ein Tyrann oder Böswicht / so soll ihm seine Straffe auf dem Fus nachfolgen [...].«

³⁴ PHOTIUS CONSTANTINOPOLITANUS: *Myriobiblon sive bibliotheca librorum [...]*, hg. von DAVID HOESCHEL (gr.) und ANDREAS SCHOTT (lat.), Rouen 1653, Sp. 363: *Ex ipsis vero purissimum, ut et è caeteris huius farinae fictis narrationibus duplex parari, eáque non modica utilitas potest. Primum quidem, quod hinc, etsi qui injuste quidpiam admiserunt, effugere saepius videantur, tandem tamen meritas dare poenas, discas. Insontes deinde multos, ingentibus vicinos periculis, praeter spem omnem saepenumero servari.* (›Ganz besonders aus dieser Erzählung [sc. dem Roman des Antonius Diogenes über die unglaublichen Dinge jenseits von Thule, H. H.] wie auch aus anderen fiktiven Erzählungen mit solchem Stoff können zwei Dinge von nicht geringem Nutzen gelernt werden. Erstens, dass diejenigen, die unrecht gehandelt haben, dennoch – auch wenn sie immer wieder zu entkommen scheinen – schließlich eine verdiente Strafe ereilt. Dann dass viele Unschuldige in größter Not und gegen jede Hoffnung errettet werden‹),

³⁵ *Poetik*, 1453a30f.

Schicksal eines Betroffenen keinen Anteil mehr nehmen wollen – auch wenn in der Geschichte der Tragödie der Schrecken dann durchaus oft die Oberhand gewinnt. Das Konzept ist damit hinsichtlich der Erwartungen sowohl an die Tragödie wie auch an den Roman längst etabliert, wenn es ab dem 17. Jahrhundert zunächst in England intensiv diskutiert und problematisiert wird.

Auf die Probe gestellt wird es durch SAMUEL RICHARDSONS monströsen Briefroman *Clarissa, or, the History of a Young Lady* (1748), der die unschuldige Heldin den Tod suchen lässt, nachdem sie Opfer der Niedertracht (vollständige Missachtung ihrer persönlichen Integrität, Vergewaltigung u. a. m.) des ihr von ihrer Familie aufgezwungenen Eheanwärters Robert Lovelace wurde. Richardson berichtet im Postscript von vielen Leserinnen, die ihm schon während des Schreibprozesses Leserbriefe schrieben und Clarissa am Ende gern glücklich gesehen, d. h. den Ausgang des Romans lieber als *a fortunate ending* gehabt hätten.[36] Leserinnen, die sich das poetische Unrecht einer im Unglück endenden Heldin nicht antun (lassen) wollten, gingen Richardson denn auch in größerer Zahl verloren. Sie sahen die Norm, über die Aristoteles das Ausbrechen eines Tragödienplots aus dem durch negativ bestimmte poetische Gerechtigkeit umrissenen Raum vermieden wissen wollte, nicht mehr gewahrt, ohne dass sie sich hierbei auf Aristoteles berufen hätten: Sie folgten ihrer Leseerfahrung und -erwartung.

In der vorausgehenden Diskussion des Begriffs der poetischen Gerechtigkeit ist immer klar, dass es in der Welt nicht gerecht zugeht und die Geschichtsschreibung sehr wohl das Unrecht darzustellen hätte, nicht aber die Dichtung. Diese müsse auch an das theologische Problem der poetischen Rechtfertigung einer Welt denken, in der die Tugend unter die Räder komme. Richardson schließt sich hiergegen allerdings dem prominentesten englischen Kritiker der Doktrin, THOMAS ADDISON, an.[37] Gott stelle die Menschheit auf die Probe und habe Gutes und Böses so miteinander vermischt, dass wir genötigt seien *to look forward for a more equal distribution of both*.[38] Wir müssen also die Rechtfertigung einer ggf. ungerechtfertigten (Teil-)Welt schon Gott überlassen und uns um das

---

[36] SAMUEL RICHARDSON: *Clarissa, or, the History of a Young Lady*, London 2004, S. 1495.

[37] Zu Addison vgl. ZACH (Anm. 13), S. 80, 220–231.

[38] RICHARDSON (Anm. 36), S. 1495. Ähnlich Addison 1711 im *Spectator* (in der Übersetzung der Gottschedin): »Wir sehen, daß Gutes und Böses in diesem Leben allen Menschen gleich durch wiederführt; und wie es die Hauptabsicht des Trauerspiels ist, Mitleiden und Schrecken in den Gemüthern der Zuhörer zu erregen: So werden wir ja diesen großen Endzweck stören, wenn wir die Tugend und Unschuld allezeit als belohnt und glücklich vorstellen wollen.« *Der Zuschauer*. Aus dem Englischen übersetzt von LUISE ADELGUNDE VIKTORIE GOTTSCHED, Erster Theil, 40. Stück, Leipzig 1739, S. 188.

bemühen, was in unserer Hand steht. Gleichwohl verschaffe er, so Richardson weiter, dem Leser doch noch Befriedigung, wenn Clarissa am Ende in großem Seelenfrieden, ja glücklich den Tod annehme und wenn dann auch Lovelace im Duell sterbe.[39] Das zeigt, wie Richardson den Schreibprozess unter dem Eindruck der erwarteten Leserreaktionen und der Doktrin noch umzubiegen und poetische Gerechtigkeit herzustellen sucht. Eine entscheidende Überlegung zielt aber daneben auf die neu eingestellte Wirkungsästhetik: ein (bedingt) unglückliches Ende schließe ja keineswegs das Mitleiden des Lesers aus, vielmehr verstärke es die Wirkung beim Leser:

> *Und wer, dem es mit seinem Bekenntniße des Christenthums ein Ernst ist, wird den [triumphalen, H. H.] Tod der Clarißa nicht vielmehr beneiden, als bedauren: da ihre Gottseligkeit von ihrer ersten Kindheit an, ihre weit und breit geübten Werke der christlichen Liebe, ihre standhaftige Tugend, ihre christliche Demuth, ihr versöhnliches Gemüth, ihre Leutseligkeit, ihre Ergebung in den göttlichen Willen, nur durch den Himmel allein belohnet werden konnten?*[40]

Im Bedauern des Lesers wird unwillkürlich die Gerechtigkeit, die bisher immer vom Plot garantiert werden sollte, wieder hergestellt. Zugleich sucht Richardson das Vertrauen des Lesers auf Gott zu stärken, der einen gerechten Ausgleich durch Aufnahme der Protagonistin im Himmel herstellen werde.

Eine ähnliche, nur auf den Leser zielende Überlegung bringt im selben Jahr (bei Erscheinen des 7. Bandes der Übersetzung 1751) JOHANN CHRISTOPH GOTTSCHED in einer Vorlesung, in der er auf den in England insbesondere auch im von Addison mit herausgegebenen *Spectator* geführten Streit eingeht: »Es wohnt Gott Lob! in den Herzen aller Menschen ein billiger Richter, der auch an fremden Leiden, wenn es nur unverschuldet ist, ungeheuchelt Anteil nimmt.«[41] Da-

---

[39] Davon handelt der letzte Brief des Romans, d. h. der 537. Brief.

[40] So die sehr schnell erscheinende achtbändige deutsche Übersetzung der *Clarissa* (1748–1753, die ersten vier Bände übersetzt JOHANN JACOB MICHAELIS): SAMUEL RICHARDSON: *Clarissa – Die Geschichte eines vornehmen Frauenzimmers*. 7. Teil. Göttingen 1751, S. 894–907 (Anhang), hier S. 904f., die den *triumphant death* Clarissas in der Vorlage (Anm. 36), S. 1498, verkürzt: *And who that are in earnest in their profession of Christianity but will rather envy than regret the triumphant death of Clarissa, whose piety from her early childhood; whose diffusive charity; whose steady vitue; whose Christian humility; whose forgiving spirit, whose meekness, whose resignation, HEAVEN only could reward?*

[41] Vgl. GOTTSCHED: *Akademische Vorlesung über die Frage: Ob man in theatralischen Gedichten allezeit die Tugend als belohnt, und das Laster als bestraft vorstellen müsse?*, in: JOHANN CHRISTOPH GOTTSCHED: *Gesammelte Schriften*, hg. von EUGEN REICHEL, 6 Bde, Berlin o. J. (1905), Bd. 6, S. 265–284, hier S. 282. Zu Gottscheds Argumentation vgl. auch WOLFGANG RANKE: *Theatermoral – Moralische Argumentation und dramatische Kommunikation in der Tragödie der Aufklärung*, Würzburg 2009, S. 232–243.

mit ist die poetische Gerechtigkeit kein im Plot sichergestellter gerechter Ausgang mehr, sondern sie ist hinausverschoben in die Reaktion des Lesers oder Zuschauers, der den gerechten Affekt ggf. allein in seinem Herzen birgt. Darin besteht ihre charakteristische Reduktionsform. Nicht im Handlungsverlauf wird Gerechtigkeit hergestellt, sondern dieser ist als Appell an das Gerechtigkeitsgefühl des Rezipienten zu verstehen. Allenfalls macht der Dichter – wie schon Richardson – durch den Fall haltloser Charaktere in Verbindung mit dem Unglück der HeldInnen kleine Konzessionen an die Lesererwartungen, und vielleicht mildert er das Unglück der HeldInnen durch ihren gewonnenen Seelenfrieden. Die Sympathien sind gleichzeitig klar verteilt.

Dass man durch unverdientes Unglück ein Gerechtigkeitsgefühl, Anteilnahme und Mitleiden provozieren und durch dargestellte Infamie Solidarität mit dem Betroffenen hervorrufen kann, haben allemal ab der zweiten Hälfte des 18. Jahrhunderts Hunderte von Trauerspielen und Romanen ausgereizt. Zieht man eine Linie bis in die Trivial- und Schemaliteratur des 19. und 20. Jahrhunderts und den Film, sind es viele Tausende. Dabei zeigt sich, dass auch die Reduktionsform poetischer Gerechtigkeit neuer Schematisierung zuneigt, wenn sie den vordergründigen Schematismus gerechter Ausgänge ausschaltet. CORNELIA MÖNCH hat für das Bürgerliche Trauerspiel die Schemavarianten einer Grundform ›Lohn der Tugend und Strafe des Lasters‹ herausgearbeitet.[42] Danach gibt es neben dieser Grund- und Ausgangsform die wirkungsästhetisch effektiven Schemavariationen ›Untergang der Tugend – Strafe des Lasters‹, ›Rettung der Tugend ohne Strafe des Lasters‹, ›Untergang der Tugend – Triumph des Lasters‹ sowie Schema-Umgehungsvarianten mit gutem und schlechtem Ausgang. Im Einzelnen lässt sich hier deutlich erkennen, dass eine solche Gattung sich ausfaltet, indem Schemaerwartungen erfüllt, aber auch enttäuscht werden, wobei sich das Schema vielfach differenzieren kann. Letztlich kommt es aber nicht dazu, dass die elementaren Wirkungsmechanismen gänzlich beseitigt werden (sollen). In ihrer Reduktion auf eine intendierte Rezipientenreaktion wird Gerechtigkeit nicht preisgegeben; auch dann noch nicht, wenn das Laster triumphiert und die Tugend untergeht. Gerade die hierdurch hervorgerufene Frustration elizitiert eine moralische Ausgleichshandlung.

Verallgemeinert man die Geltung etwa der genannten Ausgangsform ›Lohn der Tugend und der Strafe des Lasters‹, so wäre in Abschwächung der Schemapositionen und Handlungskerne nicht mehr von Tugend und Laster oder von Belohnung und Bestrafung zu sprechen, sondern es könnte etwa heißen: ›Erfolg des Protagonisten und Misserfolg des / der Gegenspieler(s)‹ (die Schemavarian-

---

[42] CORNELIA MÖNCH: *Abschrecken oder Mitleiden – Das deutsche Bürgerliche Trauerspiel im 18. Jahrhundert*, Tübingen 1993.

ten wären entsprechend umzuformulieren). Man entfernt sich damit von den moraldidaktischen Intentionen der Aufklärungszeit und nähert sich einer allgemeinen Bestimmung wirkungsästhetisch effektiver Plots. Poetische Gerechtigkeit lassen solche Plots je nur mehr im Sinne einer weitgefassten Bestimmung des Konzepts erkennen.

Je mehr sich Anfang des 19. Jahrhunderts die Regelpoetik zurückzieht und je stärker die Unwägbarkeiten neuer Lebenswelten die mimetische Aufmerksamkeit von Theaterdichtern und Romanautoren beanspruchen, desto mehr wird nun aber auch die poetische Gerechtigkeit abgetan, wo sie nicht in Vergessenheit gerät. Es erscheint dagegen im 19. Jahrhundert wirklichkeitsgerecht, die Wirklichkeit auch in ihren gerechtigkeitsindifferenten Momenten zur Geltung zu bringen. Der realistische Roman des 19. Jahrhunderts erzeugt die Teilnahme des Lesers durchaus nicht mehr durch die unmittelbare Lenkung seines Affekts. FLAUBERT hat dies mit einer geforderten Unparteilichkeit der Darstellung dezidiert und vielleicht am eindrücklichsten zum Ausdruck gebracht.

Je ne me reconnait le droit d'accuser personne. Je ne crois même pas que le romancier doive exprimer son opinion sur les choses de ce monde. Il peut la communiquer, mais je n'aime pas à ce qu'il la dise. (Cela fait partie de ma poétique, à moi.)
Je me borne donc à exposer les choses telles qu'elles me paraissent, à exprimer ce qui me semble le Vrai. Tant pis pour les conséquences. Riches ou pauvres, vanqueurs ou vaincus, je n'admets rien de tout cela. Je ne veux avoir ni amour, ni haine, ni pitié, ni colère. Quant à de la sympathie, c'est différent. Jamais on n'en a assez. – Les Réactionnaires, du reste, seront encore moins ménagés que les autres, car ils me semblent plus criminels.
Est-ce qu'il n'est pas temps de faire entrer la Justice dans l'Art? L'impartialité de la Peinture atteindrait alors à la Majesté de la Loi, – et à la précision de la Science?[43]

---

[43] GUSTAVE FLAUBERT: *Correspondance.* Bd. 3 (Jan. 1859 – Dez. 1868), hg. und komm. von JEAN BRUNEAU (Bibliothèque de la Pléiade), Paris 1991, S. 786–787 (Brief an George Sand vom 10. August 1868), hier S. 768 (»Ich erkenne mir nicht das Recht zu, irgend jemand an etwas Schuld zu geben. Ich glaube nicht einmal, daß der Romancier seine Meinung über die Dinge dieser Welt ausdrücken soll. Er kann sie vermitteln, aber ich mag es nicht, wenn er sie sagt. (Das gehört zu meiner Poetik.) Ich beschränke mich also darauf, die Dinge so darzustellen, wie sie mir erscheinen, das auszudrücken, was ich für das Wahre halte. Die Folgen sind mir gleich. Ich will weder Liebe, noch Haß, noch Mitleid, noch Zorn empfinden. Was die Sympathie betrifft, so ist das etwas anderes: davon hat man nie genug. Die Reaktionäre werden im übrigen noch weniger geschont als die anderen, denn sie erscheinen mir noch verbrecherischer. Ist es nicht an der Zeit, die Gerechtigkeit in die Kunst eintreten zu lassen? Die Unparteilichkeit der Schilderung würde dann die Majestät des Gesetzes erreichen – und die Genauigkeit der Wissenschaft!« GUSTAVE FLAUBERT: *Briefe,* hg. und übersetzt von HELMUT SCHEFFEL. Zürich 1977, S. 533). – Flaubert lässt demnach neben der Unparteilichkeit der Darstellung (*impartialité de la peinture*) immerhin noch die Sympathie (*sympathie*) zu. Vgl. zur Präzisierung der Begriffe der *impersonailté, impassibilité,* und der *impartialité* bei Flaubert GERHARD WALTER FREY: *Die ästhetische*

Das in der Aufklärung intendierte Wirkungsmoment erscheint durch eine solche Erzählprogrammatik neutralisiert. Flaubert markiert einen signifikanten Einschnitt in der Entwicklung des Konzepts der poetischen Gerechtigkeit: *Faire entrer la Justice dans l'Art* heißt, unparteilich zu bleiben, der Wirklichkeit gerecht zu werden und mit einem sezierenden Blick auf die Verhältnisse zu schauen, ohne sie und die durch sie Betroffenen zu verurteilen. Verfahrensgerechtigkeit ist gefragt, nicht moralisches Urteilen oder Verurteilen; Kunst und Poesie stellen keinen Gerichtshof dar. Kunst kann verstehen helfen, mehr soll sie nicht.

Flaubert will Emma Bovary keine Schuld zuweisen, obwohl oder wenn er ihr Unglück erzählt. Er konzediert andererseits, dass ein Mitgefühl (*sympathie*) mit ihr gewahrt bleiben darf. Sonst könnte auch der Rezeptionsakt in Gefahr geraten. Womit Aristoteles bei der Beschreibung der Tragödie kämpft, faltet sich nach dem Durchgang durch die Entwicklung und Verabschiedung des Konzepts poetischer Gerechtigkeit deutlicher aus: Unglück darf, wenn es denn in der Dichtung dargestellt wird, als Unglück bestehen bleiben, ein gerechter Ausgleich muss nicht eintreten, sonst droht sich gerechte Langeweile zu verbreiten. Einer Schuld bedarf es nicht zwingend, selbst grausames Unglück könnte noch durch die Anteilnahme des Lesers pariert werden, sogar ohne dass dies als vordergründiges Wirkungsmoment ausgespielt werden muss. Poetische Gerechtigkeit erscheint ganz in den Leser verschoben, der Plot verlässt sich, solange der Leser involviert bleibt, einzig auf dessen stärker oder schwächer abgerufene Empathie und Anteilnahme (Flaubert spricht von Sympathie[44]), die seinen Verstehensprozess unterfüttert. Hierin ist zuletzt noch aufgehoben, was Aristoteles ›Mitleiden‹ nennt, und der Prozess der Erzähl- und Dramengeschichte besteht darin, mittels der sich entwickelnden Rhetorik des Erzählens und des Darstellens auf der Bühne weiterhin Empathie und Anteilnahme abzurufen.[45]

Begriffswelt Flauberts – Studien zu der ästhetischen Terminologie der Briefe Flauberts, München 1972, S. 161–202.

[44] Es entspricht einem verbreiteten Sprachgebrauch, den Begriff der Sympathie primär auf Mitmenschen zu beziehen, mit denen man in unmittelbarem Kontakt steht, und eher nicht auf fiktive Figuren. Da dieser Gebrauch aber nicht zu einer Sprachregelung in der Literaturwissenschaft geführt hat, ist es legitim, den Sympathiebegriff neben vergleichbaren Begriffen wie Anteilnahme und Empathie zu verwenden.

[45] Vgl. als Überblicke RÜDIGER ZYMNER (Hg.): *Handbuch Literarische Rhetorik*, Berlin, Boston 2015; PETER W. MARX (Hg.): *Handbuch Drama: Theorie, Analyse, Geschichte*. Stuttgart 2012, bes. Kap. 2.

3. Wirkungsmechanismen und Schematismus

Empathie kann als anthropologische Universalie gelten, die auch von der Dichtung beansprucht wird. Im Alltag führt sie Verstehen herbei und induziert dadurch, dass (Gefühls-)Zustände anderer miterlebt werden, ggf. auch eigene Gefühle; und zwar weniger im unmittelbaren Kontakt miteinander, bei dem sich etwa Sympathie entwickelt, sondern eher aus einer Beobachterposition heraus[46] (wobei sich eine Beobachterrolle sicher auch in den unmittelbaren Kontakt einschalten kann und Sympathie umgekehrt auch aus einer Beobachterrolle heraus entwickelt werden kann). Sieht man jemanden im Wettkampf einen wohlverdienten Sieg erringen oder sieht man jemanden infolge gegnerischer Unfairness unterliegen, so kann man über Empathie hinaus an beidem auf unterschiedliche Weise Anteil nehmen.[47] Sind Empathie und szenisches Verstehen erst einmal gegeben, dann können Anteilnahme, Parteiergreifen und unter dem Gesichtspunkt aufkommender Spannung auch etwa Mitfiebern zum Zuge kommen. Das alles wird nicht nur durch reale Alltagsepisoden, sondern natürlich auch durch Plots abgerufen, die solche Episoden nachstellen.[48] Dabei mag sich differenzieren, worin / wodurch jeweils Siegen und Unterliegen realisiert sind. Plots dürften allerdings häufiger schematisiert erscheinen als vergleichbare Alltagsepisoden schon schematisiert erlebt werden. Das garantiert zunächst eine erhöhte Wirkung.

Poetische Gerechtigkeit kommt in einem elementaren Sinn ins Spiel, wenn das Siegen gerecht erscheint und das Unterliegen ungerecht. Bereits Volkserzählungen spielen das aus (s. u.). Narrativ entfaltet werden gerechtes Siegen und ungerechtes Unterliegen oft durch partielle Überlagerung, wenn der Protagonist vor seinem Sieg durch Unfairness zu unterliegen droht oder – mit der Betonung von Befriedigung anstatt von Spannung – nach einer Benachteiligung triumphiert. Auf diese Weise stellt sich ein über eine bloße Einzelszene hinausreichender elementarer Plot her, der erkennbar final ausgerichtet ist. Poetische Gerechtigkeit und Finalität sind eng assoziiert, und Finalität wird insbesondere durch Schematisierung realisiert. Es ist in der Regel gut zu wissen, dass ein Plot gut ausgeht. Die Erwartung kann allerdings enttäuscht werden, auch daran gewöhnt

---

[46] Vgl. FRITZ BREITHAUPT: *Kulturen der Empathie*, Frankfurt am Main 2009, bes. S. 76–82, der den Begriff der Empathie entsprechend zu schärfen und abzugrenzen versucht.

[47] Und zwar am gerechtfertigten Siegen wie am ungerechtfertigten Unterliegen statt am ungerechtfertigten Sieg und der gerechtfertigten Niederlage. Es ist keine große Sache, dies von Situationen zu unterscheiden, in denen man selbst siegt oder unfair unterliegt. Die Überlegungen von BREITHAUPT (Anm. 46) beruhen auf dieser Unterscheidung.

[48] BREITHAUPT (Anm. 46), entwickelt eine Theorie narrativer Empathie in Kap. 4.

man sich. In beiden Fällen kann die Handlung schematisiert auf ein Ende zulaufen und auch bei einem unglücklichen Ende noch einen Affekt anstoßen, der das Gerechtigkeitsgefühl evoziert, nicht nur in Form einer Partei-, sondern auch einer ausgleichenden Anteilnahme. Es scheint nicht ganz leicht, die Endbetonung von Plots preiszugeben, während alle Handlungs- und Erzählzüge auf dem Weg dorthin einer Schematisierung ausweichen mögen. Leicht erstreckt sich eine Schematisierung aber auch bis ins Detail einzelner Erzählzüge.

Formen der empathischen Anteil- und Parteinahme lassen sich zweifellos in die Stammesgeschichte des Menschen zurückverfolgen[49]: Dichtung ist insofern (auch) ein Vehikel, aus der Stammesgeschichte herrührende Affekte abzurufen.[50] Eine plausible Begriffsstrategie besteht darin, sich mit der klassischen Rhetorik an ein *movere* bzw. *moveri* zu halten und mit vielfachen Valenzen und Abtönungen einzelner bewirkter Affekte zu rechnen.[51] In Hinsicht auf das Gerechtigkeitsgefühl ist indes entscheidend, dass es zu einem Rapport zwischen dem auslösendem Plot und der vom Rezipienten abgerufenen Partei- und Anteilnahme kommt. Wenn der in die Stammesgeschichte zurückreichende Affekt auch kein Gegenstand der literaturwissenschaftlichen Analyse sein kann, sind doch in Dichtungen Wirkungsmechanismen niedergelegt, die auf stammesgeschichtlich herzuleitende Dispositionen von Rezipienten abgestimmt sind. Deshalb lässt sich in beide Richtungen schauen: an den Plots kann man die Wirkungsmechanismen ablesen, an den Rezipienten ihren Erfolg. Poetische Gerechtigkeit ist beiden Seiten zuzurechnen: ein Plot stellt sie her – oder auch nicht – und ruft den zugehörigen Affekt vom Rezipienten ab, ob dieser dem Protagonisten gerechten Erfolg wünscht und angesichts einer Gefährdung Partei für ihn ergreift

---

[49] Vgl. zur Empathie z. B. FRANS DE WAAL: *Das Prinzip Empathie – Was wir von der Natur für eine bessere Gesellschaft lernen können*, München 2011. Entsprechende Rückblenden sind nicht selbstverständlich. In der deutschen Literaturwissenschaft hat insbesondere KARL EIBL einen solchen Gesichtspunkt zur Geltung gebracht. Vgl. ders. *Animal poeta – Bausteine der biologischen Kultur- und Literaturtheorie*, Paderborn 2004.

[50] Von Attrappen spricht KATJA MELLMANN: *Literatur als emotionale Attrappe. Eine evolutionstheoretische Lösung des ›paradox of fiction‹*, in: *Heuristiken der Literaturwissenschaft. Disziplinexterne Perspektiven auf Literatur*, hg. von UTA KLEIN, KATJA MELLMANN und STEFFANIE METZGER, Paderborn 2006, S. 145–166; dies.: *Emotionale Wirkungen des Erzählens*, in: *Handbuch Erzählliteratur. Theorie, Analyse, Geschichte*, hg. von MATÍAS MARTÍNEZ, Stuttgart 2011, S. 68–74, hier, S. 68f.

[51] GEORG WÖHRLE: Artikel *Movere*, in: *Historisches Wörterbuch der Rhetorik*. Band 5. Tübingen 2001, Sp. 1498–1501; KATJA MELLMANN: *Literaturwissenschaftliche Emotionsforschung*, in: ZYMNER (Anm. 45), S. 173–192, hier S. 178–182. Empirische Evidenz für *being moved* suchen WINFRIED MENNINGHAUS u. a.: *Towards a Psychological Construct of Being Moved*, 2015. Als Open-Access-Artikel zugänglich unter der URL: http://journals.plos.org/plosone/article?id=10.1371/journal.pone.0128451 (13.11.2015).

oder ob er Anteil an ihm als ungerecht Betroffenem nimmt.[52] Signifikant ist die schon bei der Plotkonstruktion erfolgende Überzeichnung und Schematisierung poetisch gerechter und ggf. ungerechter Ausgänge gegenüber Alltagssituationen, die nicht immer eindeutige Konstellationen etwa von Sieg und Niederlage hergeben oder ermitteln lassen. Je stärker indes Alltagssituationen in der Dichtung Gewicht erhalten, desto mehr schwächen sich deshalb poetische Gerechtigkeit / Ungerechtigkeit und eine ihnen folgende Schematisierung ab. Umgekehrt verlieren schematisierte, poetisch gerecht / ungerecht verlaufende und ausgehende Plots keineswegs ihre Wirkung. So erscheint absehbar, dass sich zwei Tendenzen wie auch Segmente der Poesie und Literatur in der Moderne ausprägen: die eine durch Abbau, die andere durch Beibehaltung und ggf. raffinierteres Ausspielen von Schematisierungen.

Auffällig ist, dass ein zur poetischen Gerechtigkeit konsequent konträr stehendes Plotmodell zumindest für Großgattungen seit der Aufklärung nur ganz am Rande realisiert wird, da es nur eine sehr ausgesuchte Leser- und Zuschauerschaft bindet: Dass das Böse – wenn es so etwas gibt –, das Grausame, Abscheuliche und Grauenerregende, dass konsequent amoralischer Libertinismus in einer Welt ohne Gott triumphieren darf und gleichzeitig keine ausgleichende Gegenreaktion oder Anteilnahme im Rezipienten herausfordern soll, trifft man mit der Aufklärung auch an (DE SADE), aber es bleibt in einer Randlage.[53] Die eigene Welt des Abweichenden, Abirrenden oder ›Abartigen‹ nachvollziehbar zu machen – nach dem Vorgang etwa von NABOKOVS *Lolita* oder BRETT EASTON ELLIS' *American Psycho* – oder das Ausreizen bloßen Horrors stellen neue Formen auf diesem Wege in Literatur und Film des 20. Jahrhunderts dar, die sich ihre Rezipienten herangezogen haben. Hier kommt es zu einer manifesten Transgression der aristotelischen Norm, das Miaron zu vermeiden. Aristoteles und seine Nachfolger haben allerdings übergangen, dass das Grauenerregende immer schon zum Spektrum poetischer Möglichkeiten gehört.[54] Schon die Tragödie

---

[52] BREITHAUPT (Anm. 46), S. 175–185, demonstriert das am Beispiel von Fontanes *Effi Briest*.

[53] Auf die »poetisierende Behandlung des Criminalverbrechens« in der ersten Hälfte des 19. Jahrhunderts hat anhand einer Reihe von Beispielen etwa schon KARL ROSENKRANZ: *Ästhetik des Hässlichen*, Nachdruck der Ausgabe Königsberg 1853, Darmstadt 1973, S. 327f., hingewiesen.

[54] Etwa um abzuschrecken. Dies tun z. B. seit je sog. Schreckmärchen. Vgl. zum Erzähltyp WALTER SCHERF: *Die Herausforderung des Dämons. Form und Funktion grausiger Kindermärchen – Eine volkskundliche und tiefenpsychologische Darstellung der Struktur, Motivik und Rezeption von 27 untereinander verwandten Erzähltypen*. London u. a. 1987. Zur Forschungsgeschichte ebd., S. 17–22.

hält sich in ihrer Geschichte nicht immer an die Vorgaben des Aristoteles.[55] Außerdem ist das Verruchte und Böse unter dem Deckmantel eines zum Lachen anregenden Plots oder seiner Pointe immer schon poetisch zulässig, wenn auch nicht in hochliterarischen Gattungen wie der Tragödie und dem Roman, sondern in unauffälligen kleinen Gattungen.[56] Solche Gattungen lassen indes erkennen, dass poetische Gerechtigkeit nur die eine Seite von Literatur und Dichtung bis zur Moderne bestimmt. Die leicht zu übersehenden narrativen Kleinformen pflegen poetische Ungerechtigkeit in einer Weise, dass man hier die andere Seite von Literatur und Dichtung zu fassen bekommt. Sie führt eine vielleicht abgeschattete, aber komplementäre Existenz, und in einzelnen Fällen entfalten sie sich auch zu narrativen Großformen (s. u.).

Soweit poetisch gerecht / ungerecht verlaufende und ausgehende Plots in Schematismus abgleiten, verlieren sie sich ab dem 19. Jahrhundert aus dem avancierten und avantgardistischen Segment der Literatur. Aber auch vorher gibt es Versuche, sich Zwängen eines poetisch zu rechtfertigenden Handlungsverlaufs zu entziehen. Solche Zwänge speisen sich aus verschiedenen Quellen, durchaus nicht nur aus intendierten oder zu vermeidenden Rezipientenreaktionen. So lässt sich die rhetorische Epideiktik (*genus demonstrativum*), nachdem sie im Mittelalter forciert für das Erzählen fruchtbar gemacht wird,[57] leicht als ein Hilfsmittel auffassen, poetische Gerechtigkeit herzustellen oder zu unterstreichen. Denn sie empfiehlt z. B., die Beschreibung von Figuren sowohl, was das Äußere, aber auch, was ihre inneren Eigenschaften anbetrifft, auf Lob und Tadel (*ad laudem vel ad vituperium*) hin einzurichten.[58] Im Lob und im Tadel müssten sich dann auch Verdienst und Versagen widerspiegeln, wie Erzählhandlungen es bereithalten. Dies legt im Vorhinein nahe, die Figuren schon auf Verdienst und Versagen hin zu erzählen, um Lob oder Tadel auch erfolgreich anbringen zu können. Die Folge davon ist, dass das Mittelalter vielfach schematisiert erzählt. Aber nicht

---

[55] Das barocke Trauerspiel stellt Grausamkeit offensiv heraus, ohne allerdings einen positiven Wirkungsaspekt preisgeben zu wollen. HANS-JÜRGEN SCHINGS: *Consolatio Tragoediae – Zur Theorie des barocken Trauerspiels*, in: *Deutsche Dramentheorien I. Beiträge zu einer historischen Poetik des Dramas in Deutschland*, hg. von REINHOLD GRIMM, Wiesbaden ³1980, S. 19–56, spricht von der »schroffsten Kollision zwischen der Praxis des barocken Trauerspiels und der aristotelischen Theorie« (S. 46).

[56] LUTZ RÖHRICH: Artikel *Grausamkeit*, in: *Enzyklopädie des Märchens*, Bd. 6, Berlin, New York 1990, Sp. 97–110, hier Sp. 108, verweist in diesem Sinn auf den Schwank und den Witz, die in der narrativen Folklore ein langes Vorleben haben dürften. S. dazu auch unten.

[57] Vgl. ERNST ROBERT CURTIUS: *Europäische Literatur und lateinisches Mittelalter*, Bern, München ⁸1973, S. 77–81.

[58] MATTHÄUS VON VENDOME: *Ars versificatoria*, in: Ders., *Opera*. Bd. 3, hg. von FRANCO MUNARI. Rom 1988, 1,74 (S. 95).

nur die rhetorische *descriptio* führt dies herbei, sondern schon die Nötigung etwa der höfischen Literatur, höfisch Vorbildliches zu erzählen.

Ein instruktives Beispiel, dass man sich solchen Zwängen auch widersetzen kann, bietet Gottfrieds von Straßburg *Tristan*.[59] Gottfried ist mit der zeitgenössischen Rhetorik vertraut; mit dem Konzept der poetischen Gerechtigkeit ist er dagegen nicht in Berührung gekommen. Wenn er sich dennoch an ihm abarbeitet,[60] so liegt das auch an seinem Stoff oder Plot: Tristan soll als Werber seines Onkels Marke, des in Kurneval / Cornwall residierenden Königs, diesem die irische Königstochter Isolde zuführen, damit sie Markes Gattin werden kann. Noch bevor er sie übergeben kann, entspinnt sich eine Liebe zwischen den beiden, und Isolde bleibt nicht mehr Jungfrau. Am Hof Markes beginnt deshalb ein Betrugs- und Versteckspiel, das auch nach der Hochzeit Isoldes mit Marke andauert. Die Liebenden leben ihre Liebe im Geheimen aus – immer wieder durch Nachforschungen Markes in die Enge getrieben –, und als Marke die Augen vor dem Zustand nicht länger verschließen kann, werden sie verbannt. Nach ihrer Rückkehr wird dieser Zustand irgendwann unerträglich – Tristan muss den Hof verlassen. In der Fremde stellt er sich als Söldnerkrieger zur Verfügung, gerät in eine neue Liaison und wird irgendwann im Kampf verletzt. Gottfried kann diesen Teil des Stoffs nicht mehr ausarbeiten. Isolde soll Tristan mit ihren medizinischen Kenntnissen heilen. Aber er stirbt, bevor Isolde ihn erreicht, weil er infolge einer falschen Benachrichtigung die Hoffnung auf ihr Kommen verliert. Isolde stirbt dann an seiner Seite. Ein Tröstungsmotiv korrigiert beider Unglück für die Hörer: die auf den Gräbern gepflanzten Rosenbüsche verschlingen sich ineinander.

Der prekäre Plot besitzt gleich mehrere Ansichten, über die er in der Arbeit am Stoff vordergründig poetisch ›gerecht‹ gemacht werden könnte, indem Lob oder Tadel verteilt wird bzw. die Figuren positiv oder negativ bewertet werden: 1. Marke versagt als König auf der ganzen Linie, so dass er betrogen zu werden verdient. 2. Die Liebenden haben sich durch den Ehebruch und die ausgelebte Sexualität versündigt und verdienen deshalb den Tod. 3. Isolde ist eine Unperson, die einen Mordversuch (an ihrer Dienerin Brangäne) unternimmt, eine instrumentelle Frömmigkeit pflegt und zwei Männern zu Diensten ist. 4. Tristan ist ein heuchlerischer Werber, der seinen ihm wohlgesonnenen Onkel hintergeht. 5. Die höfische Gesellschaft ist nicht reif, der Macht der Liebe gerecht zu werden und die Liebenden in ihrer Not und ihrem Glück zu würdigen. 6. Liebe

---

[59] Ich verzichte für diesen wie auch für die im Folgenden angesprochenen Texte auf eine Anführung der z. T. äußerst umfangreichen Sekundärliteratur.

[60] Das zeigt sich indirekt u. a. daran, dass sein Umgang mit rhetorischen Mitteln, hier etwa der *descriptio*, oft Ambivalenzen erkennen lässt.

stellt den höchsten Wert auf Erden dar und triumphiert deshalb noch über den Tod. 7. Liebe unter falschen Bedingungen kann nicht glücken. 8. Liebesglück ist vergänglich und je nur momenthaft zu realisieren. 9. Liebe rechtfertigt Unrecht.

Dies sind noch nicht alle Alternativen, über die der *Tristan* in eine Schematismus-Falle hätte hineinlaufen können. Gottfried wählt letztlich keine von ihnen, obwohl fast alle vorübergehend anklingen.[61] So aber neutralisieren sie sich auch gegenseitig, während Gottfried sich auf der anderen Seite um die Wahrung von Anteilnahme für die unglücklichen Liebenden bemüht. An ihnen und an Marke kann sich keine Gerechtigkeitsregel bewähren. Auch Wertungen finden keinen endgültigen Halt, so dass Gottfrieds Erzählen in moralischer Ambivalenz verbleibt. Eine Orientierungsgröße gibt es aber dennoch: Er beschreibt die Struktur der Welt und des Weltlaufs.

Der Weltlauf ist aus Syzygien aufgebaut, aus fest zusammengehörigen Gegensätzen, die zusammen erfahren werden und zusammen ertragen werden müssen. Gottfried fasst sie auch terminologisch: er spricht von *conterfeit* (Pl.), wobei er die usuelle Bedeutung (*contrafactum* = ›Nachahmung‹, ›Konterfei‹) durch eine selbstgemachte Bedeutung ersetzt.[62] Was er meint, ist unschwer zu erkennen, wenn er solche Gegensätze durch den ganzen Text hindurch immer wieder aufruft: *muoze/unmuoze, swære/fröude, linge/misselinge, stætiu linge/werndez leit, guot/übel, guotiu sache/ungemach, sælekeit/leit, leben/tot, liep/leit, wunne/nôt* und viele andere mehr. Der *Tristan* ist – markiert auch durch die äußerliche Gliederung eines durch den Text hindurchgeführten Initialenspiels – programmatisch angelegt als von Tristan wie dann auch von ihm und Isolde durchlebte Folge gepaar-

---

[61] WALTER HAUG: *Gottfrieds von Straßburg* ›Tristan‹. *Sexueller Sündenfall oder erotische Utopie?*, in: Ders., *Strukturen als Schlüssel zur Welt – Kleine Schriften zur Erzählliteratur des Mittelalters*. Tübingen 1989, S. 600–611, hat etwa Nr. 2 und Nr. 8 von ihnen in zugespitzter Form gegenübergestellt.

[62] GOTTFRIED VON STRASSBURG: *Tristan und Isold*, hg. von WALTER HAUG und MANFRED GÜNTER SCHOLZ. Mit dem Text des Thomas, hg., übers. und komm. von WALTER HAUG, 2 Bde. Berlin 2011, vgl. V. 5081f., 10257–62. – Gottfried könnte sich an Augustinus (*De ordine* I 7; II 4; *De civitate dei* XI 18; XIX 13; *Confessiones* VII 13; VIII 3) und dessen Erbschaft aus Manichäismus und Neuplatonismus orientiert haben. Augustinus wendet auf die Beschaffenheit der Welt rhetorische Termini an, da Gott die Welt quasi wie ein Lied geschaffen habe. Also besteht sie aus *antitheta, opposita* oder – nach Augustinus noch treffender – aus *contraposita* (*De civitate dei* XI 18). Dazu zitiert Augustinus Stellen u. a. aus der biblischen Weisheitsliteratur: *Contra malum bonum est et contra mortem uita; sic contra pium peccator* (Eccl 33,15). Gottfried wiederum entwirft auch in seinem Spruch über das gläserne Glück in der Manessischen Liederhandschrift (hier fälschlich Ulrich von Liechtenstein zugewiesen) eine analoge Auffassung der Geschehensstruktur der Welt, mit der auf Seiten ihrer Bewohner *smerzen, kumber* und *nôt* einerseits sowie *vröide* und *senfte* andererseits korrespondieren. Nie lösen sich die Gegensätze ineinander auf, sondern sie reproduzieren sich immer nur neu. Dies gilt auch für die erzählte Welt des *Tristan*.

ter gegensätzlicher Zustände. Die erzählte Welt ist bis in kleinste Details hinein durchweg bestimmt durch diese Gegensätze.

Gottfried kämpft mit seinem Plot. Vom Konzept der poetischen Gerechtigkeit her würde man erwarten, dass er ihn gerecht macht, etwa indem er die Liebenden für ihr amoralisches Handeln bestraft werden lässt (s. oben Nr. 2) oder indem er – gewagter – der Liebe den höchsten Wert zumisst (Nr. 6). Das entspräche einem schematisierten Konzept poetischer Gerechtigkeit. Aber er tut etwas ganz anderes, indem er die Geschehensstruktur der Welt herausarbeitet und Tristan und Isolde zu Opfern eines charakteristisch strukturierten Schicksals werden lässt. Hierfür ist, sei es im Stoff oder in der Entwicklung narrativer Gattungen im Mittelalter, noch keine Schematisierung etabliert, überhaupt sind unglückliche Ausgänge noch nicht erwünscht und werden nur als Bestrafung geduldet. Tristan und Isolde sind indessen durch das Schicksal signifikant Betroffene; für andere mag sich das Glück dagegen je nur zu einer anderen Taktung der Gegensätze entscheiden, ohne dass indes die grundsätzliche Binarität des Weltlaufs preisgegeben werden könnte; das hatte schon Augustinus postuliert (s. Anm. 62). Hörer oder Leser haben es nicht einfach mit Liebenden zu tun, die ihre Liebe auf Kosten anderer ausleben; schon der Liebesbeginn ist von Gottfried als Zufallsprodukt und als nicht selbstverschuldet bzw. als beider Absicht konträr entgegenstehend dargestellt.[63] Auch andere einfache Lösungen verweigert Gottfried. Hörer und Leser müssen allerdings auch in der Lage sein, die gepaarten Gegensätze *sament in eineme herzen* zu tragen und zu ertragen. Gottfried stellt sich im Prolog deshalb jemanden mit einem *edelen herzen* vor, bei dem über die Empathie mit den Liebenden eine kathartische Wirkung gerade auch dann eintreten kann, wenn sich zu seinem eigenen Unglück auch noch ein erzähltes bzw. das im *Tristan* erzählte Unglück gesellt. Wenn ein solcher Hörer / Leser nämlich erkennt, was die Welt aus ihren Bewohnern und das wankelmütige Glück aus den Betroffenen macht, kann das in solchen Erzählungen zugemutete Unrecht – auch wenn es eigenes Leid verdoppelt – geradezu als Labsal erfahren werden. Sachlich ist Gottfried gar nicht weit von ARISTOTELES entfernt – auch Furcht und Mitleiden stellen Gegensätze dar, die in der Katharsis ausagiert werden können.[64] Und andererseits versucht er wie später FLAUBERT, wenn auch auf

---

[63] Zu weiteren Zufallsmomenten vgl. FRANZ JOSEF WORSTBROCK: *Der Zufall und das Ziel – Über die Handlungsstruktur in Gottfrieds ›Tristan‹*, in: *Fortuna*, hg. von WALTER HAUG und BURGHART WACHINGER, Tübingen 1995, S. 34–51.

[64] Auch CHRISTOPH HUBER: *Empathisches Erzählen und Katharsis in Gottfrieds ›Tristan‹*, in: *DVjs* 88 (2014), S. 273–296, will den Begriff der Katharsis an den *Tristan* herantragen. Er erkennt aber nur eine einsinnige ›Wertsetzungspolitik‹ Gottfrieds zugunsten der Liebenden und nicht deren prekären Status als exemplarisch Betroffene. Auch das narrativ-rhetorische Schillern von Gottfrieds Erzählen wird eingeebnet.

andere Weise, analytisch zu erzählen und eingefahrene Schematisierungen zu umgehen. So erscheint poetische Gerechtigkeit schon bei Gottfried in den Hörer / Leser ausgelagert, der zu affektiven Kurzschlüssen Zuflucht suchen, aber auch kognitiv auf Distanz dazu gehen und zu verstehen suchen kann.

Dieses Beispiel zeigt, dass man mit dem Konzept der poetischen Gerechtigkeit nicht einfach evolutionistisch verfahren kann, auch wenn es sehr wohl eine Sachgeschichte hat, in der es sich ausfaltet und schließlich verflüchtigt. Immerhin zeichnen sich, wenn man über eine größere Strecke hinweg auf die einzubeziehenden poetischen Erzeugnisse schaut, schematische Bauformen ab, die tendenziell abgebaut werden, wobei sie wiederum im Segment der Schemaliteratur erhalten bleiben. Ihre Herkunft liegt aber in der einfachen Volkserzählung.

4. Poetische Gerechtigkeit in der Volkserzählung (*folktale*, Märchen)

In Volkserzählungen wird poetische Gerechtigkeit besonders markant herausgestellt, wenn sie Unrecht korrigiert. Sie hat hier schon eine lange Vorgeschichte, wenn sie dann in den poetologischen Bemühungen u. a. von Platon und Aristoteles eine Rolle zu spielen beginnt. Ich unterstelle bei dieser Annahme, dass es unterhalb der Hochliteratur schon in der Antike einen breiten Erzählstrom volkläufigen Erzählens gibt, der vielfach Plots enthält, die sich im Wandel der Zeiten und über die Kulturen hinweg gewiss ein sehr unterschiedliches Aussehen geben. Sie bleiben aber unter wechselnden Einkleidungen oft wiedererkennbar erhalten.[65] In ihnen bekommt man Ausgangsformen poetischer Gerechtigkeit zu fassen. Über eine übersichtlich bemessene Erzählstrecke hin bedarf es von Seiten der Plot-Konstrukteure wie auch der Erzähler einer Entscheidung, wie die erzählte Welt eingerichtet sein und wie das Handeln der Figuren begleitet werden soll, und hierbei ist Gerechtigkeit ein Faktor, der den Erzählern und Erzählgemeinschaften besonders am Herzen liegt. Das lässt sich wiederum über die Kulturen hinweg beobachten.

Gerechtigkeit ist in elementarer Weise zunächst konkret an die Figuren gebunden oder in ihnen festgeschrieben: der Protagonist hat einen Protagonisten-

---

[65] Neuere Bemühungen in der Nachfolge der historisch-geographischen Methode der Märchenforschung verwenden phylogenetische Rekonstruktionsmethoden und rechnen mit einer auch Jahrhunderte währenden mündlichen Tradierung annähernd kohärent bleibender Plots. Vgl. zum *Rotkäppchen*-Erzähltyp (ATU 333, oft kombiniert mit ATU 123 [Wolf und Geißlein]) JAMSHID J. TEHRANI: *The Phylogeny of Little Red Riding Hood*, 2013. Als Open-Access-Artikel zugänglich unter der URL: http://journals.plos.org/plosone/ar=ticle?id=10.1371/journal.pone.0078871 (10.11.2015). ATU 123 ist etwa schon in einer äsopischen Fabel repräsentiert, die Verbreitung reicht bis in den Fernen Osten.

bonus⁶⁶ und der Gegenspieler – ob Drache, ob Stiefmutter oder ob zum Inzest nötigender Vater usw. – einen Gegenspielermalus. Kein Mitglied der jeweiligen Erzählgemeinschaften scheint auf die Idee gekommen zu sein, dass das ungerecht sein könnte und etwa die Stiefmutter auch Mitgefühl verdient, da sie in der Wirklichkeit ihrerseits nur eine von der hohen Müttersterblichkeit mittelbar Betroffene war und sich nach dem Tod ihrer Vorgängerin mit vorgefundenen Umständen abfinden musste.⁶⁷ Solche Überlegungen sind allerdings unverträglich mit dem Schematismus von Volkserzählungen. In Hinsicht auf den oder die Gegenspieler kommt es zu einer strikten Empathie-Blockade.⁶⁸ Bonus und Malus wirken sich im Handlungsverlauf ohne Rücksicht auf mildernde Umstände aus, sie dominieren den Plot. Man kann auch umgekehrt formulieren: Der Plot begünstigt immer den Protagonisten und bestraft immer den Gegenspieler, eben deshalb schlägt sich beider Erfolgsquote – bezogen auf eine größere Menge an Erzählungen – in einem von vornherein bestehenden Bonus und Malus nieder. Komplexe und negativ endende Plots wie beim unverschuldeten finalen Unglück erhalten wenig Spielraum. Umgekehrt aber greifen die grundlegenden Wirkungsformeln des Protagonistenbonus und Gegenspielermalus noch lange, man fasst sie auch noch bei Clarissa Harlowe und Robert Lovelace.

Protagonistenbonus und Gegenspielermalus bilden die wohl grundlegendsten Klauseln allen Erzählens, und sie kommen vermutlich poetischen Universalien gleich: sowohl Dichter wie auch Zuhörer / Leser stehen dem Protagonisten ursprünglich immer schon wohlwollend und einem Antipoden immer schon ablehnend gegenüber.⁶⁹ Diese Art Grund- und Vorverständigung besitzt eine außerordentliche Kraft, die sich noch bis weit in die Romanliteratur hinein nicht

---

⁶⁶ Hinweise zum Begriff bei FRIEDRICH MICHAEL DIMPEL: *Die Zofe im Fokus – Perspektivierung und Sympathiesteuerung durch Nebenfiguren vom Typus der Confidente in der höfischen Epik des hohen Mittelalters*, Berlin 2011, S. 95–98.

⁶⁷ In Rechnung zu stellen ist das Alter der Figur der missgünstigen Stiefmutter im Märchen. Die weite Verbreitung z. B. des Märchens *Van den Machandelboom* über Europa hinaus spricht für ein höheres Alter. Vgl. JOHANNES BOLTE, GEORG POLÍVKA: *Anmerkungen zu den Kinder- und Hausmärchen der Brüder Grimm*, Nachdruck Hildesheim 1963, Bd. 1, S. 412–423, zur Verbreitung des Figurentyps im Märchen ebd., S. 421f. Schon in der *Alkestis* des Euripides (V. 304f.) taucht eine solche Stiefmutter auf. Andererseits findet sie sich auch etwa in den zahllosen, bis nach Ostasien verbreiteten oder möglicherweise von dort kommenden Varianten des *Aschenputtel / Cinderella*-Erzähltyps, auf den ich gleich zu sprechen komme.

⁶⁸ Mit diesem Begriff charakterisiert BREITHAUPT (Anm. 46), S. 170f., 192 u. ö., die auffällige Benachteiligung des / der Gegenspieler(s).

⁶⁹ Gewichtige Ausnahmen sind z. B. exemplarisch negative Protagonisten als Warnfiguren in Warnerzählungen oder Schreckmärchen. Vgl. REIMUND KVIDELAND: Artikel *Schreckmärchen*, in: *Enzyklopädie des Märchens*, Bd. 12, Berlin, New York 2007, Sp. 190–192. Vgl. auch Anm. 54.

verliert. Gerechtigkeit wird hierbei über eine Art narrativer Tautologie erzeugt: Weil der Protagonist gut ist, hat er Erfolg und verdient ihn auch, und weil er Erfolg hat, muss er gut sein. Ist eine Protagonistin gefährdet, so widerfährt ihr Gerechtigkeit, und diese widerfährt ihr, weil sie gut ist. Immer schon gibt es mündliche Erzähler, die dies in ihrem und durch ihren Vortrag engagiert verdeutlichen.[70] Wenn sich über komplexere Konstruktionsskelette sowie über Erzählrhetorik entfaltete Buchdichtungen aus Volks- oder anderen mündlichen Vorgängererzählungen ablösen und zu literarischer Form heranwachsen, begleiten den Protagonisten weiterhin Sympathielenkung,[71] gesteuerte Empathie[72] und Formen gezielter Lenkung der narrativen Aufmerksamkeit (Fokalisierung).[73]

Mein folgendes Beispiel – der *Aschenputtel / Cinderella*-Erzähltyp (ATU 510[74]; KHM 21[75]) – entstammt dem Zaubermärchen als einer der neben dem Tiermärchen vermutlich ältesten Erzählgattungen der Menschheit. Man kann sehr grob zwei große Gattungen des Zaubermärchens unterscheiden: die des ausziehenden Helden, der den / die Gegenspieler – in der Regel Wesen aus einer / der Gegenwelt – ausschaltet und glücklich sein (Lebens-)Ziel erreicht (dazu gleich).[76] Dagegen steht die *Reward-and-Punishment*-Erzählung, die einen gleich zu Beginn und oft für eine weibliche Protagonistin eintretenden, durch Gegenspieler verursachten Unrechtszustand durch Lohn und Strafe in einen mo-

---

[70] Vgl. LINDA DÉGH: *The Creative Practices of Storytellers*, in: dies., *Narratives in Society – A Performer-Centered Study of Narratives*, Helsinki 1995 (FFC 255), S. 33–46, hier S. 43, fasst die Involviertheit solcher Erzähler zusammen: »The degree of identification with the story and its hero [...] distinguishes narrators from each other. For some, the tale is a subjective experience, a complete adaptation of the hero's personality and viewpoint; the narrator struggles and suffers with the hero, is killed and resuscitated and rises victoriously above evil opponents.«
[71] Vgl. mit einem Forschungsüberblick hierzu DIMPEL (Anm. 66).
[72] Vgl. mit einem Forschungsüberblick hierzu VERENA BARTHEL: *Empathie, Mitleid, Sympathie – Rezeptionslenkende Strukturen mittelalterlicher Texte in Bearbeitungen des Willehalm-Stoffs*, Berlin, New York 2008.
[73] Vgl. GERT HÜBNER: *Erzählform im höfischen Roman. Studien zur Fokalisierung im ›Eneas‹, im ›Iwein‹ und im ›Tristan‹*, Tübingen, Basel 2003.
[74] HANS-JÖRG UTHER: *The Types of International Folktales – A Classification and Bibliography*, 3 Bde, Helsinki 2011 (= ATU).
[75] BRÜDER GRIMM: *Kinder- und Hausmärchen*, hg. von HEINZ RÖLLEKE, 3 Bde, Stuttgart 1980 (= KHM).
[76] Ein solcher Typ wiegt vor in der bei VLADIMIR PROPP: *Morphologie des Märchens*. Frankfurt am Main 1975, zugrunde liegenden Sammlung von Alexander N. Afanassjew, so dass Propps Analyse darauf beruht.

ralisch gerechtfertigten Zustand überführt.[77] Vielleicht ist *Aschenputtel* das bekannteste Märchen überhaupt, und der zugehörige Typ (wie überhaupt die Gruppe der *Reward-and-Punishment*-Erzählungen mitsamt der Untergattung einer ›unschuldig verfolgten / heimgesuchten Heldin‹, zu der ATU 510 gehört) ist über die ganze Welt verbreitet.[78] Frühe fernöstliche Belege gehen ins 9. Jahrhundert zurück,[79] einzelne Motive weisen in die europäische Antike[80] und der Figurentyp des Tierhelfers und Tierzeugen[81] wie auch das gelegentlich integrierte Motivszenario der ›Magischen Flucht‹[82] weisen in vorhistorische Zeit zurück.

Das Plotschema gestaltet sich (nach KHM 21) folgendermaßen: Ein Mädchen wird nach dem Tod seiner Mutter innerhalb der Familie von den Stiefschwestern und der Stiefmutter in eine Randposition gedrängt und beschämt. Die Hilfe von Tieren, die die Reinheit der Protagonistin verbürgt, erlaubt dieser, eine mit großer Willkür auferlegte schwierige / unlösbare Aufgabe zu bewältigen (sie muss z. B. Linsen aus der Asche lesen), ihre Stiefschwestern bei einem Auswahlprozess auszustechen und schließlich die Hand eines Königssohns zu gewinnen.

---

[77] Vgl. HEDA JASON: *Whom does God favour? The Wicked or the Righteous?* (FFC 240) Helsinki 1988. Jason untersucht die Märchentypen AaTh 676 (entspricht ATU 954), AaTh 480 (ATU 480), AaTh 613 (ATU 613), AaTh 563 (ATU 563).

[78] RAINER WEHSE: Artikel *Cinderella* (AaTh 510A), in: *Enzyklopädie des Märchens*. Bd. 3. Berlin, New York 1981, Sp. 39–57, s. zu den Verbreitungsnachweisen Sp. 53–56.

[79] NAI-TUNG TING: *The Cinderella-Cycle in China and Indo-China* (FFC 213), Helsinki 1974, S. 38f., erwägt in Anbetracht der frühesten belegten *Cinderella*-Version von Duan Chengshi (Tuan Ch'eng-Shih) aus dem Jahr 853 eine Herkunft des Erzähltyps aus dem nordvietnamesischen Raum.

[80] Das Motiv der Schuhprobe taucht bei Strabon (1. Jh. vor Chr.) auf (vgl. WEHSE [Anm. 78], Sp. 41): STRABON: *Geographica* 17, 3, 33 (*The Geography of Strabo*. With an English Translation by Horace L. Jones. 8 Bde. London 1917–1932, Bd. 8, S. 92f.) und im Mittelalter u. a. im *König Rother*: *König Rother*. Nach der Ausgabe von Theodor Frings und Joachim Kuhnt. Halle / Saale 1954, V. 2169–2280. – Das Motiv des Auslesens von Linsen oder Getreide ist bei Apuleius (2. Jh. nach Chr.) belegt: *Metamorphosen* IV 28–VI 24, hier VI 10. – Das Motiv des identifizierenden Gegenstandes (Schuh, Kamm usw.) oder Körperteils (Haar) ist noch älter: CHRISTINE GOLDBERG: Artikel *Pars pro toto*, in: *Enzyklopädie des Märchens*, Bd. 10, Berlin, New York 2002, Sp. 590–595 (der älteste Beleg findet sich im 2. vorchristlichen Jahrtausend im ägyptischen Zweibrüdermärchen).

[81] CARL LINDAHL: Artikel *Dankbare (hilfreiche) Tiere*, in: *Enzyklopädie des Märchens*, Bd. 3, Berlin, New York 1981, Sp. 287–299. Ein sehr altes Motiv bildet auch die Tierverwandlung (soweit sie in den Varianten von ATU 510 vorkommt, was öfter der Fall ist: MANOUELA KATRINAKI: Artikel *Tierverwandlung*, in: *Enzyklopädie des Märchens*, Bd. 13, Berlin, New York 2010, Sp. 653–658, hier Sp. 656).

[82] ANTTI AARNE: *Die magische Flucht – Eine Märchenstudie*, Helsinki 1930 (FFC 92), zur Alterseinschätzung S. 130–154.

Da die Stiefschwestern Aschenputtel missgünstig zur Küchenarbeit abdrängen, aus der heraus sie zur Königsbraut avanciert, triumphiert hier am Ende die verfolgte Unschuld gegen die verfolgende Missgunst. Im Grimmschen Märchen ist die Strafe grausam: die hilfreichen Tauben picken den Stiefschwestern am Ende die Augen aus.[83] Tiere bilden im Zaubermärchen oft ein Korrektiv zur Konfliktebene zwischen den Menschen – sie spenden Solidarität und sorgen für eine höhere Gerechtigkeit. Strukturell heißt das, dass die Erzählung das eingetretene Unrecht kompensiert und Strafe für die Unrechttäter sowie Lohn oder ein glückliches Ende für die Protagonistin herbeiführt. Der Protagonistenbonus wird durch die Handlungsstruktur bedient. Man empfindet Empathie nur mit der unterdrückten Protagonistin, und die Parteinahme für sie wird durch den Handlungsverlauf befriedigt. Die Erzählung hält also den Anfangszustand wach und führt ihn auf ein final darauf bezogenes Ende zu.

HEDA JASON hat für die *Reward-and-Punishment*-Erzählung mit der Untergattung der unschuldig verfolgten Heldin ein Strukturmodell vorgeschlagen: da der Eintritt des Unrechtszustandes am Ende revidiert und ausgeglichen wird, spricht Jason vom Disäquilibrium und Äquilibrium als den beiden Zuständen.[84] Das unterstellt eine im Hintergrund wirkende ideologische und teleologische (finale) Struktur der notwendigen Äquilibration eines aus dem Gleichgewicht geratenen Zustandes.[85] Gegenüber Aschenputtel setzen die Stiefschwestern Unrecht, im Erzählverlauf wird es aufgehoben, die Stiefschwestern werden bestraft: nicht

---

[83] In der bei den Brüdern Grimm aufgenommenen Version von *Schneewittchen* (ATU 709, KHM 53) muss sich die Stiefmutter in glühenden Pantoffeln aus Eisen zu Tode tanzen. In Thompsons *Motif-Index* erhält man einen Eindruck von hunderten strafwürdigen Taten (Q 200–399) mitsamt ihren Bestrafungsarten (Q 400–599) in Volkserzählungen: STITH THOMPSON: *Motif-index of folk-literature – A classification of narrative elements in folktales, ballads, myths, fables, medieval romances, exempla, fabliaux, jest-books, and local legends*, Revised and enlarged, Bloomington 1955–1958.

[84] JASON (Anm. 77), S. 24–28, 137–147. Ich vereinfache die differenzierte Analyse Jasons sehr weitgehend. Vgl. zur Gerechtigkeit in Volkserzählungen auch RAINER WEHSE: Artikel *Gerechtigkeit und Ungerechtigkeit*, in: *Enzyklopädie des Märchens*, Bd. 5, Berlin, New York 1987, Sp. 1050–1064, hier Sp. 1055f., mit weiteren Beispielen, sowie STITH THOMPSON: *The Folktale*, Berkeley, Los Angeles, London 1977, S. 133f.

[85] In allen Zaubermärchen geht es um Problemlösen, in den *Reward-and-Punishment*-Erzählungen besonders um »restoration of social justice, establishment of economic equality, punishment of wrongdoers« (Jason [Anm. 77], S. 147). Nicht immer kommt eine Bestrafung von Übeltätern zustande. Im Fall des ›Mädchens ohne Hände‹ (ATU 706, KHM 31) – einem anderen Vertreter der Untergattung der ›unschuldig verfolgten Heldin‹ – begeht der inzestuöse Vater der Protagonistin ausgesuchte Grausamkeiten. Er schneidet seiner Tochter die Hände ab – die aber später mit übernatürlicher Hilfe wieder nachwachsen –, ohne dafür zur Rechenschaft gezogen zu werden. Dies steigert aber nur die Empathie mit der betroffenen Heldin.

nur dadurch, dass sie sich selbst schädigen (indem sie sich Teile vom Fuß abschneiden, um in den Schuh schlüpfen zu können, der nur Aschenputtel passt), sondern indem eine dritte Instanz Vergeltung übt. Die Heldin wird dagegen belohnt und darf den Königssohn heiraten. Noch die Grundform des Bürgerlichen Trauerspiels (›Lohn der Tugend und der Strafe des Lasters‹, s. o.) gibt diesem Schematismus Raum.

Über die Eingriffe von Tieren als ausgleichender Gerechtigkeit werden Lohn und Strafe vermittelt.[86] Tiere bilden eine Art *Deus* bzw. *Dei ex machina* des Zaubermärchens, da sie besonders leicht zur gerechten Auflösung eines Knotens herbeibemüht werden können. Sie bilden die zentrale intradiegetische Instanz poetischer Gerechtigkeit. Die Beliebtheit des Zaubermärchens rührt zweifellos auch daher, dass hier Plotknoten mithilfe übernatürlicher Agenten und Agentien, an die / deren Wirkung man noch glaubt, auf eine für den Hörer befriedigende Weise und narrativ schnell und leicht aufgelöst werden können. HANS KELSEN hat von den Tieren als Vergeltungsinstanz gerade für die Weltbilder jener Kulturen gesprochen, in denen solche Plots ursprünglich erdacht wurden.[87]

Die *Reward-and-Punishment*-Erzählungen bilden eine Ursprungsform poetischer Gerechtigkeit. In einer neueren Sammlung von hundert tamilischen Märchen findet sich auch eine *Cinderella*-Variante.[88] Der Herausgeber schließt angesichts der Gestalt der oft von Analphabeten erzählten Texte, dass dabei eine nicht an eine einzelne Kultur gebundene, sondern universale Moral zum Zuge komme.[89] Die soziale Funktion des Märchenerzählens bestehe in der Vergewisserung der Gemeinschaften über diese gemeinsam geteilte Moral. Denn Märchen, bzw. *folktales*, seien *moral fictions*, in denen die Erzähler, selbst wenn sie sich ihrerseits narrative Freiheiten herausnähmen, darin nur soweit erfolgreich seien, soweit ihnen ihr Publikum zu folgen bereit sei.

---

[86] Vgl. INGO SCHNEIDER: Artikel *Strafe*, in: *Enzyklopädie des Märchens*, Bd. 12, Berlin, New York 2007, Sp 1348–1357; MAX LÜTHI: Artikel *Belohnung, Lohn*, in: *Enzyklopädie des Märchens*, Bd. 2, Berlin, New York 1979, Sp. 92–99.

[87] KELSEN (Anm. 10), S. 88.

[88] Vgl. STUART BLACKBURN: *Moral Fictions – Tamil Folktales in Oral Tradition*, Helsinki 2001 (FFC 278), vgl. zu ›Cinderella‹ (ATU 510A) Nr. 26. Natürlich kann eine solche Variante zu irgendeinem Zeitpunkt im 20. oder schon im 19. Jahrhundert aus einer schriftlichen Märchensammlung entlehnt sein, sie kann aber auch einem mündlichen Repertoire angehören, das weiter zurückdatiert.

[89] Z. B. spielt eine karmatische Gerechtigkeit in den Erzählungen keinerlei Rolle, obwohl sie in der Religion der Erzählgemeinschaften eine zentrale Rolle spielt. Ebd., S. 278.

> A teller's intention must, of course, enter into some kind of rapport with the listener's reception; if not, if the dissonance between intention and reception is too great, communication breaks down [...].[90]

Die Zuhörer packen dann ihre Sachen und gehen nach Hause. Dieser schon von Aristoteles formulierte Rapport[91] besteht ersichtlich in enger Führung der Handlung fort bis zu Samuel Richardson, wenn er seine Leser verliert; und was die Autonomisierung des Wirkungsaspekts infolge seiner Verschiebung in die Hörer- oder Leserreaktion hinein anbetrifft, auch über ihn hinaus, wenn nur die Leser dies verkraften. Eine / ein zu Unrecht zugrunde gehende(r) Protagonist(in) evoziert allezeit die größte Anteilnahme; in diesem Wirkungsmoment existiert poetische Gerechtigkeit fort.

Ähnlich elementar wie bei der *Reward-and-Punishment*-Erzählung wird poetische Gerechtigkeit beim ausziehenden Helden realisiert, der den oder die Gegenspieler ausschaltet und glücklich sein Lebensziel erreicht. Statt dass es hier zu einer Äquilibration eines aus dem Gleichgewicht geratenen Zustandes kommt, ist im Helden eine Art Ferment wirksam, das ihm gelingen lässt, was er anpackt. Dahinter steht aber ein elementares Gerechtigkeitskonzept, das den Helden für sein Zutrauen in die Welt und sein erfolgreiches Handeln belohnt. Dieses Konzept kommt leicht mit Gerechtigkeitskonzepten überein, wie sie oft schon in der jeweiligen kulturellen Umgebung und überhaupt in vielen Kulturen verwurzelt sind. So ist etwa in den Kulturen des Alten Orients ein Gerechtigkeitskonzept verbreitet, das vorsieht, dass ein Handeln,

> sei es im Guten oder im Bösen, eine unsichtbare Substanz hervorbringt, die wie eine Hülle den Täter begleitet und eines Tages in ein entsprechendes Ergebnis für ihn ausmündet. Der Mensch wird also als ein vom Schöpfer unausgefüllter Entwurf verstanden, der sich durch seine Taten seinen Weg (däräk) schaffen, sich sein Schicksal bereiten soll.[92]

---

[90] Ebd., S. 273.
[91] Vgl. oben Anm. 22.
[92] So KLAUS KOCH: *Sädaq und Ma'at – Konnektive Gerechtigkeit in Israel und Ägypten?*, in: *Gerechtigkeit – Richten und Retten in der abendländischen Tradition und ihren altorientalischen Ursprüngen*, hg. von JAN ASSMANN u.a., München 1998, S. 37–64, hier S. 56. Vgl. zur Prägung des Begriffs des Tun-Ergehen-Zusammenhangs zuerst KLAUS KOCH: *Gibt es ein Vergeltungsdogma im Alten Testament*, in: Ders., *Spuren des hebräischen Denkens – Beiträge zur alttestamentlichen Theologie, Gesammelte Aufsätze* I, hg. VON BERND JANOWSKI und MARTIN KRAUSE, Neukirchen-Vluyn 1991, S. 65–103 (zuerst 1955). Zusammenfassend: GEORG FREULING: *›Wer andern eine Grube gräbt...‹ – Der Tun-Ergehen-Zusammenhang und sein Wandel in der alttestamentlichen Weisheitsliteratur*. Neukirchen-Vluyn 2004. Der Tun-Ergehen-Zusammenhang ist ausschließlich person- oder figurbezogen, er bezieht sich nicht oder kaum auf Mehrpersonen- oder Mehrfigurenkonstellationen.

In diesem enggestrickten Tun-Ergehen-Zusammenhang – was man tut, findet einen adäquaten Ausgleich – sind es keine beispringenden Tierhelfer mehr, die den gerechten Ausgleich herzustellen verhelfen. Stattdessen rückt Gott auf die übergeordnete Position; zunächst aber ist der Einzelne auf sich gestellt. Er erntet, was er gesät hat – oder wie es sonst noch in Redensarten heißt. Danach wird jedes Ergehen als Replik einer gerechten Instanz / Weltordnung auf vorhergehendes Tun zurückbezogen. Im zweiten Makkabäerbuch betrifft dies z. B. den historischen König Antiochus Epiphanes, der im Elend und unter entsetzlichen Schmerzen endet, *ganz wie er sie anderen zugefügt hatte* (2. Makk 9,28) – *es geschach jm eben recht* übersetzt Luther Vers 9,6.[93] Dass jemandem etwas zu Recht oder recht geschieht, wenn er vorher entsprechend gehandelt hat, entspricht sicher einer weit über den Alten Orient hinausreichenden Gerechtigkeitsintuition.[94] Gegen negativ bestimmte Fälle, die wie im Fall des Antiochus Epiphanes als Warnexempel der historischen Belehrung dienen, stehen positiv bestimmte Fälle des / der Gerechten, der für sein Handeln belohnt wird.

Eine kardinale Erweiterung des Tun-Ergehen-Zusammenhangs besteht – in entfernter Analogie zur modernen reduktiven Verschiebung der poetischen Gerechtigkeit in ein bloßes Wirkungsmoment – darin, dass sich der »Horizont der Handlungsfolgen bis ins Jenseits ausdehnt, die Rechnungen also nicht – wie etwa bei Hiob – im Diesseits aufgehen müssen«[95]. Im Alten Orient bleibt die Gerechtigkeit primär am Tun haften, ob es sich um Privatpersonen oder Könige handelt, und wenn das Tun sich nicht in der Welt sichtbar mit einem gerechtem Ergehen verbindet, dann sorgen Gott oder die Götter im Jenseits dafür.

Diese Art Gerechtigkeit dürfte in Volkserzählungen vom ausziehenden Helden eine Vorform besitzen, die dann in der religiösen Umwelt des Alten Orients nur ihre Fortsetzung und eine religiös motivierte Ausdeutung findet. Es ist nicht schwer, den Protagonisten an dem zu messen, was er getan hat; dasselbe gilt für Gegenspieler und weitere Figuren. Der Tun-Ergehen-Zusammenhang erscheint geradezu auf Protagonisten und ggf. Einzelfiguren zugeschnitten, auch weil er sich schon als Entwurfsregel für die Figurenkonstitution funktionalisieren lässt. Gerechtigkeit wird hierbei nicht im Sinne gerechter Verteilung von Lohn und

---

[93] D. MARTIN LUTHER: *Biblia – Das ist die gantze Heilige Schrift, Deudsch auffs new zugericht.* Wittenberg 1545, hg. von HANS VOLZ, 3 Bde, München 1974, Bd. 2, S. 1923.

[94] GERHARD VON RAD: *Weisheit in Israel*, Neukirchen-Vluyn 1970, S. 165–181, verweist auf die griechische Tragödie.

[95] JAN ASSMANN: *Ma'at – Gerechtigkeit und Unsterblichkeit im Alten Ägypten*, München 1990, S. 285. Assmann verfolgt den Tun-Ergehen-Zusammenhang für das Alte Ägypten in verschiedene Dimensionen des sozialen Zusammenhangs bis hin zur Gerechtigkeit der Weltordnung und verallgemeinert ihn zu einer von ihm so genannten konnektiven Gerechtigkeit, die das Tun mit einem auf dem Fuße folgenden Ergehen verbindet.

Strafe zwischen mehreren Mitspielern hergestellt, sondern je allein auf das sich über die Plotdauer erstreckende Handeln einer Person / Figur bezogen. Der Plot bildet die Hülle, in der sich im Verlauf der Plotdauer ein gerechter Ausgleich zwischen Handlungen und Handlungsfolgen für den Protagonisten vollzieht. Gegen negativ bestimmte Fälle stehen hier – im Sinne des Tun-Ergehen-Zusammenhangs – allerdings viel häufiger Erfolgskarrieren in einer Art ›Glücksmärchen‹,[96] die den Protagonisten belohnen. Für beide Fälle bietet sich der Tun-Ergehen-Zusammenhang geradezu als narratologisches Analyseinstrument an.[97]

Vergleicht man Erfolgskarrieren sowie auch Belohnungen / Bestrafungen – wie das Zaubermärchen sie in seinen Untergattungen bereithält – mit Romanplots, so fällt ein charakteristischer Unterschied ins Auge: Volkserzählungen sind vergleichsweise schematisch auf Erfolgsbildung ausgerichtet sowie auf Äquilibration eines moralischen Disäquilibriums. Damit verbunden ist ein einsträngiger, linearer Verlauf in einer Welt quasi zeitlosen Seins,[98] den man als Plotdauer bezeichnen kann.[99] Diese Dauer ist nicht als messbare Zeit repräsentiert, sondern nur als Nacheinander der den Plot bildenden Handlungsausübungen. Beim Roman erscheint indes der lineare Verlauf aus der Plotdauer herausgelöst und ver-

---

[96] So die für Zaubermärchen gefasste Begriffsprägung von WILHELM WUNDT: *Völkerpsychologie – Eine Untersuchung der Entwicklungsgesetze von Sprache, Mythus und Sitte*, Bd. 5, Leipzig 1914, S. 120–155; vgl. auch ELISABETH BLUM: Artikel *Glück*, in: *Enzyklopädie des Märchens*, Bd. 5, Berlin, New York 1987, S. 1299–1305, sowie dies.: Artikel *Glück und Unglück*, in: Ebd., Sp. 1305–1312.

[97] So versteht ihn HÜBNER (Anm. 73), S. 69f. u. ö.

[98] So die Formulierung von CLEMENS LUGOWSKI: *Die Form der Individualität im Roman*, Mit einer Einleitung von HEINZ SCHLAFFER, Frankfurt am Main 1976, S. 28 u. ö. Solche Zeitlosigkeit umkreist phänomenologisch immer wieder auch Max Lüthi in seinen Arbeiten zum Märchen, vgl. z. B. ders.: *Es war einmal ... Vom Wesen des Volksmärchens*, Göttingen 1962, S. 28f. WILHELM F. H. NICOLAISEN: *Time in Folk-Narrative*, in: *Folklore Studies in the Twentieth Century – Proceedings of the Centenary Conference of the Folklore Society*, hg. von VENETIA J. NEWALL, Suffolk 1980, S. 314–319, bezieht sich präzisierend auf derartige Charakterisierungen und stellt klar, dass Volkserzählungen natürlich die gesamte sprachliche Bandbreite von Zeitangaben nutzen (›dann‹, ›als‹, ›am nächsten Morgen‹, ›am Abend‹, ›nach drei Wochen‹, ›nach vielen Jahren‹ usw.), nur keine gemessene und an Änderungen festgemachte Zeit damit verbinden: »Timelessness here means the removal of the events to be narrated from the datable, calendar bound, documentable chronology of history. It also indicates the absence of any physiological, architectural, genealogical or other outward changes usually expected as the result of the passage of time.« (S. 317)

[99] Vgl. HARALD HAFERLAND: ›Motivation von hinten‹ – Durchschaubarkeit des Erzählens und Finalität in der Geschichte des Erzählens, in: *Diegesis – Interdisziplinäres E-Journal für Erzählforschung / Interdisciplinary E-Journal for Narrative Research* 3.2 (Themenheft ›Historische Narratologie‹) (2014), S. 66–95, hier S. 85f.

selbstständigt: es läuft ein ggf. in mehreren Strängen gebündelter Prozess auf ein Ende zu; die verbrauchte und nun messbare Zeit erzählt der Roman anhand der Veränderungen etwa von Figuren und Umständen, von denen das Zaubermärchen keinerlei Notiz nimmt. Poetische Gerechtigkeit bleibt aber weiter am erzählten Ende haften, schließlich allerdings nur mehr in der Wirkung bzw. als Wirkungsmoment erhalten. Mit dem sog. realistischen Roman wird auch dieses Wirkungsmoment noch eingeklammert.

Ungeachtet solcher Differenzen bedeutet Erzählen hier wie dort Komplementbildung zur erfahrbaren Wirklichkeit. Es schafft inselhafte imaginäre Welten, in denen es befriedigend gerecht zugeht oder durch die Gerechtigkeit mental evoziert wird. Je nach Ausgestaltung des Komplements vermögen sie mit der Wirklichkeit zu versöhnen. In der Moderne besetzt die Trivialliteratur immer noch dieses Segment des Imaginären. Allerdings gibt es eine Verfallszeit für die in ihm zum Einsatz gebrachte poetische Gerechtigkeit. Im 19. Jahrhundert spaltet sich ein Erzählen ab, das anderen Regeln folgt. Immer schon aber gibt es auch ein kurzatmiges Erzählen, das sich der Ungerechtigkeit verschrieben hat.

5. Poetische Ungerechtigkeit

Alle Kinder halten an der Klippe, nur der Peter geht noch einen Meter.
Alle bleiben am Abgrund stehen, nur nicht Adelheid, die geht zu weit.
Alle Kinder fahren Eisenbahn, nur nicht Sabine, die liegt auf der Schiene.
Allen steht das Wasser bis zum Hals; außer Heiner, der ist kleiner.

Solche Sprüche sind zu vielen im Umlauf und lassen sich in erheblicher Menge sammeln,[100] sie sind leicht gemacht. Der arme Peter passt nicht auf – und dürfte den Tod finden, wie auch Adelheid, Sabine und Heiner. Der Tod steht unmittelbar bevor, wird aber nicht beim Namen genannt. Deshalb wirkt ein solcher Spruch im Präsens noch etwas drastischer, als wenn er ins Präteritum transponiert würde. Aber zumindest Heiner trifft gar keine Mitschuld an seinem Tod; eine Struwwelpeter-Moral, die sich in den ersten zwei Sprüchen abzuzeichnen

---

[100] Weit über fünfzig annähernd gleich gebaute Sprüche sind unter folgender URL abzurufen: www.seitz-online.de/witze/allekind.htm (20.09.15). In der Regel fangen sie mit ›Alle Kinder [...]‹ an, aber ›Kinder‹ kann auch einmal fehlen. Auch kommt gelegentlich das Präteritum anstelle des Präsens vor. Charakteristisch ist die Ausgrenzung eines aus der Reihe tanzenden oder der Regel nicht gehorchenden Opfers (›Alle [...], nur/außer X‹), aber die Opferrolle kann auch preisgegeben werden und es muss auch nicht immer der Tod eintreten; auch gibt es obszöne Varianten und andere Abweichungen. Den Hinweis auf diese Spruchform verdanke ich der noch nicht publizierten Dissertation von MAREIKE VON MÜLLER zu schwarzer Komik.

scheint, kommt nicht durchweg zum Zuge. Der Witz besteht nicht darin, dass Heiner wie Struwwelpeter oder Hans Guckindieluft dafür bestraft wird, dass er nicht aufpasst oder laufend etwas falsch macht. Vielleicht ist das aber auch nur die Folge einer Verselbstständigung der formalen Struktur solcher Sprüche, die dazu übergeht, Opfer am Fließband des Reimens zu produzieren. Eine besondere Abscheulichkeit besteht darin, dass es in der Regel Kinder sind, die zu Tode kommen.

HENRI BERGSON ist in seiner Komiktheorie von der Beobachtung ausgegangen, dass Komik auf elementare Weise mit sozialen Korrekturen zu tun hat:

> Ein Mann läuft auf der Straße, stolpert und fällt. Die Passanten lachen. Ich glaube, man würde nicht lachen, wenn man annehmen könnte, er habe sich plötzlich entschlossen, sich hinzusetzen. [...] es ist die Ungeschicklichkeit, die uns lachen macht.[101]

Lächerlich sei – so Bergson – »eine gewisse mechanisch wirkende Steifheit in einem Augenblick, da man von einem Menschen wache Beweglichkeit und lebendige Anpassungsfähigkeit erwartet«[102]. Bergson schlägt einen großen Bogen und knüpft hieran eine rudimentäre Sozialtheorie. Soziale Gruppen bzw. Horden, aus denen wir alle herstammen, achten darauf, dass ihre Mitglieder mit wachem Sinn durchs Leben gehen. Sonst störten solche Mitglieder die Gruppenkohäsion, gäben den Zusammenhalt der Gruppe preis und müssten in freier Wildbahn mit dem Schlimmsten rechnen. Sie müssen korrigiert und zur Ordnung gerufen werden. Nicht nur durch obenauf liegende Bestrafung, sondern auch durch ein von tief unten kommendes Lachen. Das Lachen ist so elementar sozialisiert, dass es wie ansteckendes Gähnen unter der Bewusstseinsschwelle liegt und »für sich selbst undurchsichtig ist«[103]; wie das Gähnen synchronisiert aber auch Lachen das Verhalten von Gruppenmitgliedern.[104] Die Gesellschaft an sich – und in uns – verlangt also nicht nur, dass man gemeinsam müde wird (Gähnen), sondern auch, dass man gemeinsam wach bleibt (Lachen). Sie fordert Anpassung an gemeinsame Aufmerksamkeit und Wachheit,[105] sie reguliert sich selbst durch ei-

---

[101] HENRI BERGSON: *Das Lachen – Ein Essay über die Bedeutung des Komischen.* Zürich 1972 u. ö., S. 15.

[102] Ebd., S. 16.

[103] So HELMUTH PLESSNER: *Philosophische Anthropologie – Lachen und Weinen – Das Lächeln. Anthropologie der Sinne,* Frankfurt am Main 1970, S. 74.

[104] Zum Zusammenhang zwischen Lachen und Gähnen vgl. ROBERT PROVINE: *Yawning – The yawn is primal, unstoppable and contagious, revealing the evolutionary and neural basis of empathy and unconscious behavior,* in: American Scientist 93 (2005), S. 532–539, hier S. 538, und die dort angeführte weitere Literatur.

[105] BERGSON: *Das Lachen* (Anm. 101), S. 21.

nen in unsere Natur eingelassenen Gruppenreflex[106]: »Das Lachen ist eine bestimmte soziale Geste, die eine bestimmte Art des Abweichens vom Lauf des Lebens und der Ereignisse sichtbar macht und gleichzeitig verurteilt.«[107] Auch wenn man für sich allein lachen sollte, lacht die Gesellschaft aus einem, und man tut es immer nur als *animal sociale*.[108] Ein solches Lachen könnte Peter und Adelheid betreffen, die nicht aufpassen.

Das reflexartige Lachen könnte freilich auch aufgestockt sein durch einen ganz bewussten Lachanteil: Wo Komiktheorien vertreten werden, die Lachen auf eine individuelle Motivlage wie Selbstüberhebung aus der Beobachtung fremder Fehler – also auf Schadenfreude – zurückführen,[109] sind sie immerhin noch verträglich mit Bergsons viel weiter gespanntem Blick. Solche Selbstüberhebung wäre dann eine intentional zurechenbare Konkretisierung jener unterschwelligen sozialen Reflexebene von viel allgemeinerer Natur. Aber dies könnte die zitierten Sprüche kaum noch plausibel erklären. Man lacht nicht über den tödlichen Schaden von Peter und den anderen, weil man sich selbst klüger dünkt und sie für dümmer hält. Allerdings lacht man auch nicht, weil Peter und Adelheid nicht aufgepasst haben und in den Abgrund fallen, so als ob sie gegen eine Straßenlaterne gelaufen wären; auch Bergsons Analyse kann hier nicht ganz zutreffen, wie man an Heiner sieht, der nicht korrigieren kann, dass er kleiner ist. Dennoch lässt sich der Schematismus, den Bergson aufzeigt, im Großen und Ganzen erkennen: Alle halten sich an etwas, handeln gleichförmig oder sind gleich beschaffen, nur einer fällt heraus, ob er nun dafür kann oder nicht. Besonders ungerecht trifft es Heiner. Darin zeigt sich, dass nicht nur etwas verlacht wird, was korrekturfähig ist. Vielmehr wird das Abweichende geahndet.

Besonders unbarmherzig tun dies Kinder, die innerhalb eines gewissen Spielraums – wenn nicht etwa Ekel sich Bahn bricht – auch über bestimmte Behinderungen wie z. B. das Stottern lachen.[110] Im immer auch individuell gerichteten

---

[106] Ebd., S. 38.

[107] Ebd., S. 63. Eine knappe Erläuterung der Komiktheorie Bergsons findet sich bei PLESSNER: *Philosophische Anthropologie* (Anm. 103), S. 88–101.

[108] Vgl. dazu auch WERNER RÖCKE / HANS RUDOLF VELTEN (Hg.): *Lachgemeinschaften – Kulturelle Inszenierungen und soziale Wirkungen von Gelächter im Mittelalter und in der Frühen Neuzeit*. Berlin, New York 2005.

[109] THOMAS HOBBES: *Vom Menschen – Vom Bürger*. (Elemente der Philosophie II/III), hg. von GÜNTER GAWLICK. Hamburg 1977, S. 33f., 77 u. ö.

[110] Zu Behinderten und den Formen ihrer Ausgrenzung vgl. KLAUS E. MÜLLER: *Der Krüppel – Ethnologia passionis humanae*, München 1996, Kap. 1. »Im Kindergarten, mehr noch in den Schulklassen werden Hinkende, Stotterer, Schielende, Rothaarige oder Fettleibige oft mit gnadenlosem Spott verfolgt. Man karikiert sie, belegt sie mit Spitznamen, die ihr Leiden noch schärfer markieren, und amüsiert sich aufs Beste und in aller Offenheit über ihre Beschämung und ihren Schmerz [...].« (Ebd., S. 57) Vgl. schon FRIEDRICH

Prozess der Zivilisierung wird es ihnen abtrainiert, weil es ungerecht ist. Erwachsene bieten einigen Hemmungsaufwand auf, um das Lachen in solchen und anderen Fällen zu unterdrücken – deshalb kann es dann, wenn es einmal herausdarf, derart explodieren, dass es den vom Hemmungsaufwand Befreiten schüttelt.[111] Insofern durchbricht Lachen alle Wälle der Zivilisation. Als Urereignis ist ihm aus diesem Grund geradewegs schöpferische Kraft zugeschrieben worden.[112]

Wenn das Lachen oft elementar hervorbricht, dürfte es schwer sein, es so konkret aus Anlässen oder sogar Inhalten zu erklären, wie etwa die Annahme eines selbstüberheblichen und schadenfrohen Lachens dies tut. Es dürfte überhaupt schwer sein, eine einzige treffende Formulierung und Theorie zu privilegieren, die das Lachen konkurrenzlos erklärt, wenn es denn mit seinem Zeigen der Zähne, dem Gähnen vergleichbar, aus den Tiefen der Stammesgeschichte kommt und anlassbezogen überaus unterschiedlich konkret werden kann. Deshalb ist es doch wiederum zulässig, an konkreten Beispielen zu arbeiten und die Anlässe aufzusuchen, zu denen es sich auf die eine oder andere Weise äußert.

Hier geht es mir darum, die böse Ungerechtigkeit des Lachens zu verfolgen, soweit es auf schwarzem Humor beruht.[113] Sie trifft in den zitierten Sprüchen – die im Übrigen witzartige Sprachgebilde und keine Alltagsepisoden sind, wie

---

THEODOR VISCHER: *Über das Erhabene und das Komische – Ein Beitrag zu einer Philosophie des Schönen*, Stuttgart 1837, S. 174: »Ein krummes Bein, ein Höcker, eine große oder rothe Nase kann Lachen erregen und zwar nicht nur bei Kindern: der Erwachsene unterdrückt es, weil anderweitige Rücksichten, wie die des Mitleids, ihn leiten.« Vgl. auch RAINER WEHSE: Artikel *Stotterwitze und -schwänke*, in: *Enzyklopädie des Märchens*, Bd. 12, Berlin, New York 2007, Sp. 1340–1346 (dort in Sp. 1340 der Hinweis auf weitere Gattungen des Behindertenspotts). Der Film *Ein Fisch namens Wanda* von Charles Crichton läuft auf einen Handlungsknoten zu, in dessen Rahmen ein Stotterer minutenlang nicht herausbringt, was den Knoten lösen würde – eine Kernepisode schwarzer Komik.

[111] SIGMUND FREUD: *Der Witz und seine Beziehung zum Unbewußten*, in: *Gesammelte Werke VI*, Frankfurt 1940 u. ö. Kap. 7, versteht Lachen als Ablachen von anzivilisiertem Hemmungsaufwand. Dass Lachen sich eruptiv äußert, sieht schon Cicero (MARCUS TULLIUS CICERO: *De oratore – Über den Redner*, Lateinisch / Deutsch, übers. und hg. VON HARALD MERKLIN, Stuttgart 1976, II 235: *erumpere* [S. 358]), und PLESSNER: *Philosophische Anthropologie* (Anm. 103), S. 31–35 u. ö., hat die Reaktion erneut herausgearbeitet.

[112] Nach einem hellenistischen Weltschöpfungsmythos erzeugt der höchste Gott die Götter und die Welt durch Akte hemmungslosen Lachens. Vgl. den Text und seine Analyse bei ALBRECHT DIETERICH: *Abraxas – Studien zur Religionsgeschichte des spätern Altertums*. Leipzig 1891.

[113] Vgl. RAINER WEHSE: Artikel *Schwarzer Humor*, in: *Enzyklopädie des Märchens*, Bd. 12, Berlin, New York 2007, Sp. 354–364. Dass schwarze Komik kein ganz neues Phänomen ist, belegen Witzpointen der griechischen Witzsammlung *Philogelos*: *Philogelos. Der Lachfreund – Von Hierokles und Philagrios*, griechisch-deutsch mit Einleitung und Kommentar hg. von ANDREAS THIERFELDER, München 1968. Vgl. hier z. B. Nr. 30, 38 u. ö.

BERGSON sie zunächst diskutiert – besonders Heiner, und es gibt offensichtlich einen Mechanismus, der ein mögliches Mitgefühl für Heiner außer Kraft setzt. Doch auch die anderen trifft es unangemessen hart. Dass es sich um Sprachgebilde handelt, muss Überlegungen, die sich auf die Inhaltsebene und damit also doch wieder auf – wenn auch erzählte – Alltagsepisoden beziehen, nicht außer Kraft setzen. Als Sprachgebilde steuern die Sprüche aber noch etwas bei. Sie beruhen auf einem bösen Gedanken, der aus unserem Kopf hinwegzivilisiert worden ist, der aber unter bestimmten Bedingungen geäußert werden darf, so dass er Lachen hervorruft. Solche Bedingungen folgen bestimmten Prinzipien. Beim ersten Hören eines derartigen Spruchs hört man den Reim, bevor man noch das schreckliche Ende erfasst. Man dürfte hier anders – nämlich überrascht – und über etwas anderes lachen, als wenn man das Bildungsprinzip begriffen hat und sich nur an seiner erneuten, ggf. immer wiederholten Abwandlung erfreut. Zivilisationslasten abzulegen kann es dann aber nie genug Gelegenheiten geben, auch wenn man den Witz schon kennt. Man reinszeniert folglich gern das erste Lachen, auch indem man Witze nach einem Strickschema neu bildet. Es verhält sich hier aber offensichtlich so, dass jemand infolge des kalauernden Reims auf seinen Namen umso leichter in den Tod geschickt werden kann. Wenn man beim ersten Hören vom schlimmen Ende noch überrascht wird, wird doch jegliche Bestürzung durch den banalen Reim gelöscht. Die Protagonisten wirken wie Spielfiguren, deren Tod einem bloßen Abräumen der Figuren vom Brett gleich zustande kommt. So gelangt man, aus dem Reim herauskommend, blitzartig[114] und vollkommen mitleidlos[115] zur tödlichen Pointe. Die plumpe Machart des Sprachgebildes kollidiert fatal mit seiner Inhaltsebene, ausschlaggebend ist schließlich auch die brutale Kürze.[116]

Das kann als das poetische Prinzip der Sprüche gelten. Es ist klar, dass man auf der extrem kurzen Erzählstrecke keine Sympathien und kein Mitgefühl für Peter usw. entwickeln kann, und eine poetische Gattung, die sich der Darstel-

---

[114] Die blitzartige Überraschung durch Pointiertheit arbeitet PLESSNER: *Philosophische Anthropologie* (Anm. 103), S. 106f., als Bedingung des Lachens heraus. VISCHER (Anm. 110), S. 46f. u. ö., hat hierfür im Anschluss an KARL FRIEDRICH FLÖGEL (s. unten Anm. 123) von Plötzlichkeit gesprochen.

[115] Schon Cicero sieht, dass zur Erzeugung von Lachen das Mitgefühl oder Mitleid (*caritas, misericordia*) ausgeschaltet werden muss. CICERO: *De oratore* (Anm. 111), II 239 (S. 360).

[116] ›Alle Kinder halten an der Klippe, nur Peter springt hinunter‹ (ohne Reim) ist überhaupt nicht komisch, ›Alle bleiben am Abgrund stehen, nur Gerd macht kehrt‹ (ohne Tod) ist allenfalls mäßig komisch. ›Alle bleiben am Abgrund stehen, nur Gunter fällt runter‹ ist dagegen komisch, wirkt aber komischer, wenn der tödliche Akt nur angedeutet wird. Die lapidar kurze Kopplung von Reim + nur angedeutetem Tod macht also den komischen Effekt aus.

lung von Ungerechtigkeit widmet, müsste zusehen, wie sie das Aufkommen derartiger Gefühle und Affekte auch bei längeren Erzählstrecken effektiv durchkreuzt. Der böse Grundgedanke, jemanden über ein Reimspiel in den Tod zu schicken, spielt nun aber mit einem Moment der Absurdität: Reim und Tod berühren sich in nichts,[117] werden aber miteinander kurzgeschlossen, so dass der Tod im Lachen untergeht. Die absurde Koppelung schaltet das Mitgefühl aus. Das Lachen, das über dem Reimspiel mit den tödlichen Folgen ausbricht, ließe sich dabei wirkungsästhetisch in weitem Bogen über die Gattungen hinweg den Affekten von Furcht und Mitleiden parallelisieren, wie sie durch die Tragödie bewirkt werden sollen: in beiden Fällen – bei der komischen Pointe wie bei der Peripetie – spielt Plötzlichkeit eine entscheidende Rolle.[118] Verstärkend können auf der eine Seite z. B. Ständeklausel und Fallhöhe wirken (s. o.), auf der anderen Seite absurde Koppelungen.

Doch gibt es noch weitere komische Mechanismen, die es umstandslos erlauben, Ungerechtes durchgehen zu lassen, ja Böses zu goutieren und dabei jegliche Empathie auszuschalten. So z. B. im mittelalterlichen Märe von den *Drei Mönchen zu Kolmar*[119]: Eine Frau will beichten. Der die Beichte entgegennehmende Dominikanerpriester will sie gegen Geld zum Beischlaf bewegen. Die Frau ist betroffen. Ein zweiter Versuch bei einem Barfüßermönch endet ebenso, obwohl der Geldbetrag höher ausfällt. Ein dritter Versuch bei den Augustinerchorherren führt zu einem noch höheren Angebot. Verzweifelt berichtet die Ehefrau ihrem Ehemann das Ergebnis. Der braucht Geld, und die drei Mönche werden von der Frau in einer Nacht nacheinander mit dem versprochenen Geld zum Stelldichein einbestellt – angeblich werde ihr Ehemann zu Geschäften ausreiten. Doch als die Mönche es sich dann einer nach dem anderen mit der Frau bequem machen wollen, klopft es jeweils, und ein jeder wird von der Frau genötigt, in einen Badezuber zu steigen, um sich vor dem unvermutet heimkehrenden Ehemann zu verstecken. Alle werden hier aber in kochendem Wasser ganz schnell zu Tode gebrüht. Der Ehemann holt sich tief in der grausamen Nacht

---

[117] BERGSON: *Das Lachen* (Anm. 101), spricht vom komischen Kontrast (S. 33, s. zum Begriff auch unten Anm. 123), auch von Verflechtungen von Redensarten mit etwas Absurdem (S. 78).

[118] Vgl. CLAUDIA ALBERT: Artikel *Peripetie*, in: *Reallexikon der deutschen Literaturwissenschaft*, Bd. 3, Berlin, New York 2003, S. 48f. Einige Hinweise zum Begriff der Plötzlichkeit in der Moderne (ohne Hinweis auf Wirkungsmechanismen, wie sie hier im Vordergrund stehen, s. Anm. 114) bei KARL HEINZ BOHRER: *Zur Vorgeschichte des Plötzlichen – Die Generation des ›gefährlichen Augenblicks‹*, in: Ders., *Plötzlichkeit – Zum Augenblick des ästhetischen Scheins*, Frankfurt am Main 1981, S. 43–67.

[119] *Novellistik des Mittelalters. Märendichtung*, hg., übers. und komm. von KLAUS GRUBMÜLLER. Frankfurt am Main 1996, S. 874–897.

einen volltrunkenen Studenten von der Straße, um die drei Leichen zu entsorgen. Nachdem dieser den ersten Mönch in den Rhein befördert hat, will er seinen Trägerlohn, doch der Mönch steht wieder an der Wand (es ist der zweite). Der Student wirft ihn noch einmal in den Rhein – so geht es auch mit dem dritten: der Student erhält Lohn nur für einen entsorgten Toten. Auf dem Nachhauseweg endlich läuft ihm ein Mönch über den Weg, der auf dem Weg zur Frühmesse ist. Der Student meint, der dreifach entsorgte Mönch wolle ein weiteres Mal zurückkehren und wirft den schreienden Unschuldigen erneut bzw. auch noch in den Rhein, wo er ertrinkt: *der unschuldic muoz engelten / des schuldigen missetât* – lautet die Moral des Märe.

Die Moral ist, wie oft im Märe – manchmal auch in beabsichtiger Absurdität –, aufgesetzt. Es kann keine Moral für einen absurd kontingenten und offenkundig überkonstruierten Handlungsverlauf geben – an der komischen Singularität muss jede Regel versagen.[120] Die drei getöteten Mönche könnte man zu Recht bestraft sehen, wobei man einen gravierenden Wechsel des Charakters der Ehefrau, die vom harmlosen Opfer zur brutalen Täterin wird, umstandslos hinzunehmen bereit ist (Wahrscheinlichkeitsirritationen sind beim Schwankmäre grundsätzlich ausgeschaltet). Alles läuft aber auf den Tod des vierten, unschuldigen Mönchs hinaus: Er muss keineswegs für die Schuld der drei Vorgänger bezahlen, sondern wird Opfer einer absurden Umstandsverkettung, bei der die Volltrunkenheit des Studenten, sein Glaube an Wiedergänger und der nackte Zufall die Kettenglieder bilden.[121] Man erhält keine Gelegenheit, ein Mitgefühl für den leidtragenden Unschuldigen zu entwickeln, sondern die akausale Verkettung schiebt sich vor seinen Tod und macht einen lachen.[122]

---

[120] Vgl. auch KLAUS GRUBMÜLLER: *Die Ordnung, der Witz und das Chaos – Eine Geschichte der europäischen Novellistik im Mittelalter: Fabliau – Märe – Novelle*, Tübingen 2006, Kap. 9 (mit dem Stichwort ›Kontingenz der Welt‹).

[121] Die Steigerung durch Wiederholung und Serialität kann ein komisches Moment darstellen. Vgl. dazu schon BERGSON (Anm. 101), S. 64. So spielt etwa auch Hans Rosenplüts Märe vom *Fünfmal getöteten Pfarrer* (*Novellistik des Mittelalters* [Anm. 119], S. 898–915) eine absurde Mechanik von Wiederholung und Serialität aus. Ein weiteres Beispiel diskutiert MAREIKE VON MÜLLER: *Schwarze Komik in Heinrich Kaufringers ›Drei listige Frauen B‹*, in: *ZfdA* 142 (2013), S. 194–216, hier S. 201–204 (zu Wiederholung und Serialität).

[122] Es ist nur indirekt zu belegen, dass zeitgenössische Hörer des Märe gelacht haben, aber schon seine Konstruktionsform dürfte darauf hinauslaufen. Generell dürfte gelten, dass mittelalterliche Hörer infolge ihrer geringeren Versiertheit mit den literarischen Mechanismen der Erzeugung des Lachens leichter zum Lachen zu bringen waren. So zeigt LUTZ RÖHRICH: *Der Witz – Seine Formen und Funktionen. Mit tausend Beispielen in Wort und Bild*, Stuttgart 1977, S. 6–28, dass es Witze gibt, die Schrumpfformen mittelalterlicher Schwänke darstellen, und schließt, dass man »in den Städten des 15. und 16. Jahrhunderts über Schwänke ebenso schallend gelacht [hat], wie wir es heute bei einem gut erzählten

Es kann also eine lächerliche Akausalität ineinandergreifender Umstände und Handlungsmomente sein, die wie eine absurde Reimwirkung (s. o.) ein Handeln mit Todesfolge bzw. ein ungerechtes Geschehen vergessen macht. Über die Ebene der erzählten Handlung schiebt sich eine mit dem Tod eines unschuldigen Opfers in keiner Weise verrechenbare Ebene unzusammenhängender, sinnloser oder akausaler Einschläge in die Handlung. Diese beiden Ebenen stehen in einer Art Kontrast zueinander. Ein komischer Kontrast[123] ist ein kognitiver Wirkungsmechanismus, der auch Ungerechtes, ja Böses im Lachen untergehen lassen und hinnehmbar machen kann. Während Bergsons Erklärung des Lachens auf soziale Mechanismen zurücklenkt, bleibt die Feststellung eines komischen Kontrasts, so schwer sie zu präzisieren und so vage sie auch ist,[124] deskriptiv

---

Witz tun« (S. 9). NORBERT NEUMANN: *Vom Schwank zum Witz – Zum Wandel der Pointe seit dem 16. Jahrhundert*, Frankfurt am Main, New York 1986, geht davon aus, dass es eine immer weiter zur Verkürzung tendierende Geschichte des Erzählens von Schwänken / Witzen bei zunehmendem Pointenwissen der Rezipienten gibt, so dass heute eine Pointe »mit einem Minimum an Informationsvorgabe ein Maximum an erworbenem Wissen [...] in Unordnung bringt« (S. 126). Was heute in Kürze erreicht werden kann, bedurfte im 16. Jahrhundert und davor also umsichtiger(er) narrativer Vorbereitung, um Lachen zu erzeugen.

[123] Vgl. den Begriff im Anschluss an die seinerzeit vorhandene Forschung mit einer Analyse der antiken Ansätze zur Erklärung von Komik bei KARL FRIEDRICH FLÖGEL: *Geschichte der komischen Literatur*, 4 Bde. Nachdruck Hildesheim, New York 1976 (zuerst 1784–1787), Bd. 1, Kap. VII–XVII (S. 44 und passim: ›komischer Kontrast‹). VISCHER (Anm. 110), S. 177f., wendet gegen Flögels Ansicht, es müsse beim komischen Kontrast nur Unzusammenhängendes als Widerspruch, Unverstand o. ä. zusammentreffen oder nebeneinanderstehen, ein, es müsse auch im wahrnehmenden Subjekt zu einer inneren Einheit verbunden werden, um lächerlich zu wirken. Dies dürfte indes strittig sein. – Für ›Kontrast‹ sind viele begriffliche Äquivalente vorgeschlagen worden, neben ›Widerspruch‹ etwa ›Konflikt‹, ›Kollision‹, ›Normbruch‹ u. a. m. Der zugrundeliegende Vorgang ist etwa auch als plötzliche Wahrnehmung einer Inkongruenz verstanden worden (ARTHUR SCHOPENHAUER: *Die Welt als Wille und Vorstellung*, in: Ders., *Sämtliche Werke*, hg. von WOLFGANG FRHR. VON LÖHNEYSEN, Frankfurt am Main 1976, 2 Bde, Bd. 1, S. 121–135 (= Buch II, Kap. 8], hier S. 122), als Kipp-Phänomen zwischen kollabierenden Positionen (WOLFGANG ISER: *Das Komische als Kipp-Phänomen*, in: Das Komische [Poetik und Hermeneutik VII], hg. von WOLFGANG PREISENDANZ und RAINER WARNING, München 1976, S. 398–402) o. ä. TOM KINDT: *Literatur und Komik. Zur Theorie literarischer Komik und zur deutschen Komödie im 18. Jahrhundert*. Berlin 2011, Kap. I,4, spricht anstelle von Kontrast im Anschluss an SCHOPENHAUER von Inkongruenz. Da der Kontrast oder die Inkongruenz in Bezug auf mehrere analytische Ebenen eintreten kann, ist es schwer, ihn/sie begrifflich präzise zu fassen.

[124] Als problematisch erscheint z. B., dass nicht gleich jede Art von (kognitivem) Kontrast zum Lachen reizt, so dass eine Präzisierung hinzuspringen muss. Rosenkranz (Anm. 53), S. 387–391, spricht in diesem Sinne etwa von einer zum Missverhältnis führen-

näher an den oder zumindest an vielen Anlässen des Lachens. Wobei beide Annäherungen an das Lachen nur verschiedenen Ansichten eines *fait social* zugewendet sind, der viele Facetten zeigt.

Auf ganz andere Weise können auch längere Erzählungen Komik erzeugen und dabei Ungerechtigkeit neutralisieren und betroffene Figuren einer Empathie-Blockade unterwerfen. Wenn ein Protagonist komisch ist oder komisch handelt, lässt man ihm viel durchgehen. Im *Pfaffen Amis* des Strickers (vor 1250) wird aus dem Umstand, dass man dem Protagonisten ungerechtes Handeln nachsieht, sogar eine zynische Erzählhaltung abgeleitet. Hier werden schwankhafte Episoden gereiht, die leichtgläubige, naiv-fromme, dumme und anderweitig fehleingestellte Mitspieler zu Opfern eines clever seinen Besitz mehrenden Pfaffen werden lassen. Die Betrugsepisoden sind durch seine scheinbar uneigennützige Absicht bemäntelt, Geld für eine aufwändige Haushaltsführung im Interesse seiner Gäste – im Sinne der höfischen *milte* also – aufzutreiben. Sie folgen einem Steigerungsprinzip: Zunächst bildet Amis nur einen Katalysator der Dummheit seiner Opfer: Wenn jemand glaubt, Amis könne, ohne einen Trick anzuwenden, mittels der Heilskraft seiner Reliquien einen toten Hahn wiederauferstehen lassen, scheint er zu Recht betrogen werden zu dürfen. Amis fungiert damit als Instrument der Kritik einer verbreiteten Frömmigkeitspraxis wie auch der Sozialkritik, indem er im Zuge seiner Beutezüge auch Probleme der mittelalterlichen Ständegesellschaft ausnutzt, um sich – wenn auch vorgeblich im Interesse seiner Gäste – zu bereichern.

Die im Laufe der Episodenreihe erlangte Popularität und anerkannte *wisheit* des Pfaffen ist Bedingung für das Gelingen weiterer Betrügereien und ermöglicht ihm eine selbstgewisse Dreistigkeit, als er sich schließlich doch genötigt sieht, sich eine neue Identität als Kaufmann zuzulegen. So steigert Amis seinen Betrug bis zur niederträchtig einkalkulierten Gewaltanwendung, und der Stricker erreicht in den abschließenden zwei Episoden eine Irritation, die dem einen oder anderen Hörer eine Distanznahme zum erzählten Geschehen nahelegen könnte. In dieser inbegriffen wäre die verallgemeinerte Erkenntnis, dass der Pfaffe von vornherein amoralisch und unsozial handelt. Damit würde der Hörer vom Sympathievorschuss für den Protagonisten abrücken, und die Komik des Textes wiederum erschiene wegen der Moralisierung des Plots gebrochen.

Doch ungeachtet der wachsenden Kriminalität des Pfaffen und der zunehmenden Schädigung seiner Opfer bleibt man eher der Komik des Textes zugewandt, weil sich der Zynismus des Erzählens Bahn bricht. Denn nachdem das Mitgehen mit dem Protagonisten in den Gewaltepisoden riskiert wird, wird

den Übertreibung (Steigerung, Zuspitzung). Ein Kontrast erschiene also (ins Absurde) gesteigert und würde über ein Überraschungsmoment kognitiv aufgelöst.

Amis am Ende – der Epilog fasst es zusammen – nach einer *moniage* und der Besserung seines Lebens Abt in einem Kloster und erfährt einen finalen Umschlag ins Glück – mit letztendlicher Aufnahme im Himmel zum *ewigen leben*, von der der allwissende Erzähler in den letzten Versen ›weiß‹.

Dieser Epilog wie auch schon der Prolog, der Amis als Urheber des Betrugs in einer bis dahin heilen Welt ausweist, sind zwiespältige Rahmenmarkierungen und Muster doppelbödigen Erzählens, das sich selbst dementiert.[125] So wenig, wie es eine heile Welt gab, kann man das Ende des Pfaffen als ungebrochen positiven Ausgang des Textes beim Wort nehmen. Es gibt vielmehr einen mitlaufenden Subtext, über den der boshaft-zynische Erzähler den hellhörigen Rezipienten wissen lässt, dass sich böser Betrug auch auszahlen kann. Insofern demonstriert der *Pfaffe Amis* auf hinterhältige Weise poetische Ungerechtigkeit, indem sich für den zuletzt bösartigen Protagonisten alles zum Guten wendet.

Wenn sich mittels eines komischen Kontrasts oder einer absurden Koppelung der Tod von Figuren durch Lachen leicht überspielen lässt, wenn eine drastische Schädigung bei der Übertölpelung von Dummköpfen, die es nicht anders verdient haben, mit Vergnügen goutiert wird, ja wenn zynisches Erzählen ungerechte Brutalität feiert, dann dürfte es weitere Darstellungsformen und Wirkungsmechanismen geben, die Empathie blockieren und Ungerechtigkeit unbehelligt durchgehen lassen. Dies ist in der Tierdichtung der Fall, in der menschliche Eigenschaften in die Tierwelt gespiegelt werden[126] und dann komisch wirken können, wenn sie mit tierischen Eigenschaften verschränkt werden. Denn dann beginnt sich der komische Kontrast mit einzumischen, wobei allerdings wie auch in der Schwankdichtung oft auf Revanche und Übertölpelung als Drehmomente zurückgegriffen wird, um den Protagonistenbonus auszuerzählen. Wie bei Schwänken ist auch in der Tierdichtung die Möglichkeit fruchtbar gemacht worden, Erzählzyklen zu bilden und damit narrative Großformen zu schaffen. In den europäischen Dichtungen vom Fuchs ist es sogar gelungen, die Episodenstruktur in einen integrierten Plot zu überführen, und die wohl böseste Version bildet der mittelniederländisch-mittelniederdeutsche *Reynke de vos* (der mnd. Lübecker Druck erscheint 1498), in dem die Perfidie des Protagonisten und die Labilität der Verhältnisse auf die Spitze getrieben werden.[127] Der Fuchs ist kein

---

[125] Hierauf hat zuerst STEPHEN WAILES: *The Ambivalence of Des Stricker's ›Der Pfaffe Amis‹*, in: Monatshefte für deutschen Unterricht, deutsche Sprache und Literatur 90 (1998), S. 148–160, aufmerksam gemacht.

[126] ROSENKRANZ (Anm. 53), S. 397: »Das Thier eignet sich, gewisse Einseitigkeiten und Laster recht entschieden darzustellen.« Hinzu kommen leicht die Mittel des Karikierens, der Satire, Parodie und Travestie (ebd., S. 396).

[127] *Reynke de Vos*, nach der Ausgabe von FRIEDRICH PRIEN, neu hg. von ALBERT LEITZMANN, mit einer Einleitung von KARL VORETZSCH, Halle (Saale) ³1960. Am Bei-

durchtriebener Pfaffe, der besser fromm sein sollte, sondern eben ein Tier, das von Erwartungen, wie man sie an Menschen heranträgt, im Prinzip befreit ist, auch wenn es menschengleich agiert.

Die sozialgeschichtliche Interpretation des *Reynke* hatte ihr gutes Recht,[128] doch geht der Text nicht in einer Tierallegorie feudaler Verhältnisse auf, auch nicht im moralisch-didaktischen Fingerzeigen auf eine Vertierung menschlicher Verhältnisse, sondern er ist umgekehrt auf eine Freude am Bösen aus, die sich sozialgeschichtlich sowenig wie didaktisch erschließt.[129] Allerdings muss das Böse als Böses über einen Wirkungsmechanismus nivelliert werden, der das lange Nachdenken über Ungerechtigkeit überschreibt. Kognition muss hier durch eine gegenläufige Kognition neutralisiert werden. Der beim Stricker zu beobachtende Zynismus in der Erzählhaltung braucht nicht aufgeboten zu werden, da über die Projektion menschlicher Verhältnisse ins Tierreich die Möglichkeit besteht, das Böse mit füglicher Distanz und umso größerem Genuss zu erzählen.

Das erste Buch, auf das ich mich im Folgenden beschränke, bildet ein zusammenhängendes Szenario: Reynke hat so vielen anderen Tieren z. T. tödlichen Schaden zugefügt, dass er gar nicht erst zum Hoftag kommt, den der Löwe Nobel als König einberufen hat. Er ist so vorsichtig und vorbedächtig, dass er sich auf kein Gefahrenrisiko einlässt. Beim Hoftag u. a. des Mordes an fast der gesamten Familie des Hahns Hennynk verklagt, werden zu Reynke nacheinander der Bär Brun und der Kater Hyntze als Gerichtsboten geschickt; doch Reynke verleitet sie unter Ausnutzung ihrer Süßigkeiten- und Fresssucht dazu, sich menschlichen Anwesen zu nähern, wo sie ertappt und übelst zugerichtet werden, wobei sie um ein Haar ihr Leben verlieren. So hatte Reynke auch schon den Wolf Ysegrim wiederholt an den Rand des Todes gebracht, angeblich weil der ihn übervorteilen wollte. Erst der artverwandte Dachs Grymbart kann Reynke endlich zum Hoftag bringen, wo er nun um sein Leben fürchten muss. Unterwegs beichtet er formell einige Untaten, und Grymbart erteilt ihm unter Tierformalitäten eine Absolution. Befreit von der Sünde lenkt Reynke sogleich in die

---

spiel des älteren *Reinhart Fuchs* (Ende des 12. Jahrhunderts) von Heinrich dem Glîchezære behandelt FRIEDRICH MICHAEL DIMPEL: *Füchsische Gerechtigkeit – des weste Reinharte niman danc*, in: Beiträge zur Geschichte der deutschen Sprache und Literatur 135 (2013), S. 399–422, das Gerechtigkeitsproblem: »Gerechtigkeit – sowohl als Gegenstand von Erzählungen als auch als Erzählprinzip – wird im *Reinhart Fuchs* verspottet [...] eine füchsische Gerechtigkeit substituiert jede poetische Gerechtigkeit.« (S. 421)

[128] Sie wird zusammengefasst bei HARTMUT KOKOTT: *Reynke de Vos*. München 1981.

[129] So der Titel des Buchs von WERNER RÖCKE: *Die Freude am Bösen – Studien zu einer Poetik des deutschen Schwankromans im Spätmittelalter*, München 1987, das allerdings nur Schwankzyklen behandelt. Das Böse als ästhetisches Moment behandelt zuerst ROSENKRANZ (Anm. 53), S. 323–386.

Nähe eines von ihm schon öfter heimgesuchten Klosters mit einem Geflügelhof, um einen prächtigen Hahn anzuspringen – Grymbart kann ihn gerade noch abhalten und weiternötigen. Am Hof Nobels bringen dann so viele Tiere ihre Klage vor, dass Reynke zum Tode verurteilt und sofort gefangengesetzt wird. Vor seiner Hinrichtung gewährt man ihm ein letztes Wort, und er holt zu einer umständlichen Geschichte aus, in der ein Schatz erwähnt wird, der zur Finanzierung eines gegen König Nobel gerichteten Putschs gedacht war. König und Königin werden hellhörig und lassen sich die Geschichte unter sechs Augen erzählen: nun kann Reynke aber seine Feinde übel verleumden, und er schont auch sonst niemanden, selbst seinen eigenen Vater nicht, was der Geschichte Glaubwürdigkeit verleiht. Da das Herrscherpaar an den Schatz herankommen möchte, begnadigt es Reynke kurzerhand. Rechtsregularien werden hier wie auch sonst nach Gutdünken behandelt und übergangen. Reynke bezeichnet nun ein angebliches Versteck und gibt vor, seinerseits zum Papst nach Rom pilgern zu müssen, um Ablass für seine Sünden zu erwirken. Dafür lässt er sich Pilgerschuhe und einen Ranzen aus Fell nähen, das Brun, Isegrim und seiner Frau Gyremot herausgeschnitten wird,[130] die darunter sehr leiden müssen und nun ihrerseits im Gefängnis sitzen. Nach dem Abschied vom Hof bittet Reynke den Schafsbock Bellyn und den Hasen Lampe inständig, ihn doch zu begleiten. Alsbald findet er eine Gelegenheit, Lampe in einem Hinterhalt die Kehle zu durchbeißen und Bellyn, der davon nichts mitbekommt, mit Lampes abgetrenntem Kopf als ›Brief‹ im Ranzen zum Hof zurückzuschicken. Dort wird nun aber jederlei Rechtlichkeit ad absurdum geführt: Bellyn wird der Mitschuld am Tod Lampes bezichtigt und Brun und Ysegrim bis ans Ende aller Tage mit allen seinen Nachkommen und Artverwandten als Kompensation des ihnen zugefügten Unrechts zugesprochen. Sie dürfen Bellyn töten. So wird der *Reynke* noch zum Ursprungsmythos der Feindschaft zwischen Wolf und Schaf.

Das heillose und grausame Geschehen erscheint allemal für die Vormoderne nur erzählbar, weil es in die Tiersozietät verlagert wird.[131] Eine Vorbedingung

---

[130] Dieses Motiv dürfte auf Äsops Fabel vom *Löwen, Wolf und Fuchs* zurückweisen, deren Plotumriss sich seinerseits noch im *Reynke* abzeichnet. Wenn man deshalb bei Äsop eine frühe Kurzform des Erzählens von poetischer Ungerechtigkeit fasst, ist zu konstatieren, dass es komische Erzählformen nicht nur in Form einer Schwund-, sondern auch in Form einer Dehnstufe gibt. Vgl. zur Schwundstufe KURT RANKE: *Schwank und Witz als Schwundstufe*, in: ders., *Die Welt der einfachen Formen – Studien zur Motiv-, Wort- und Quellenkunde*, Berlin, New York 1978, S. 61–78.

[131] Nach VOLKER HONEMANN: *Recht und Gerechtigkeit im ›Reynke de vos‹*, in: *Niederdeutsches Jahrbuch* 130 (2007), S. 47–62, bildet der *Reynke* eine Satire auf eine verderbte menschliche Gesellschaft und spiegelt sie als *mundus perversus*, in dem Gerechtigkeit (*rechtferdicheit*) keinerlei Bedeutung hat (S. 52).

der Komik des Textes besteht darin, dass artgerechtes Tierverhalten mit menschlichem Kalkül ausgestattet erscheint und dieses Kalkül sich umgekehrt mit tierischen Instinkten zusammenfindet, obwohl dadurch eine grausame Mischung entsteht. Sie bildet für sich schon eine absurde Koppelung. Gesteigert wird ein sich abzeichnender komischer Kontrast (das Tier als Mensch - der Mensch als Tier) dann dadurch, dass Reynke u. a. als religiöser Artist erscheint, der Latein kann, sich in liturgischen Feinheiten auskennt und dem harmlosen Lampe bereits schon einmal just in dem Moment das Fell über die Ohren ziehen will, als er ihm scheinheilig das Credo beibringt – was dann gerade noch einmal verhindert werden kann. Der Tier / Mensch-Kontrast wird also durch die geistliche Qualifikation Reynkes zugespitzt. Im Übrigen erzählt der *Reynke* einen Rechtsplot, in dem das Recht unablässig gebrochen wird – auch das ein Kontrast. Im ständigen Kampf um Recht und Gerechtigkeit, den alle Tiere eher gegeneinander führen und in dem das Rechtssystem in seiner totalen Funktionsunfähigkeit vorgeführt wird, behalten am Ende Unrecht und Ungerechtigkeit die Oberhand, was nur angesichts der bösen Komik des Textes erträglich wird. Er stellt die grundsätzliche Gefährdung von Recht und Gerechtigkeit heraus, die sich allenfalls in flüchtigen sozialen Gebilden manifestieren.

Die vorgestellten Fälle poetischer Ungerechtigkeit erzählen Schädigungen oder Todesfälle, die durch böse Absichten begleitet oder gar verursacht werden. Um das Gerechtigkeitsgefühl zu betäuben, kann Ungerechtigkeit dabei durch Bildung komischer Kontraste überspielt werden; das macht poetische Ungerechtigkeit aus. In Schwankerzählungen überlagert die dem Protagonisten zugestandene Positionsgerechtigkeit im Verein mit einer Empathie-Blockade für die Mitspieler das herbeigeführte Unrecht; zynisches Erzählen kultiviert daraufhin noch einmal ein sehr spezifisches Vergnügen. In Tiererzählungen feiert das Böse fröhliche Urständ. Dass Reynke sich ungeachtet grausamster Taten salvieren kann, ist man um der Komik willen zu vergessen bereit.

Poetische Ungerechtigkeit ist im *Reynke* zu einer Darstellung gediehen, die Recht und Gerechtigkeit als Scheinordnung, als Fiktion, kenntlich macht. Gewalt setzt sich ungehindert durch, ohne durch Recht begrenzt zu werden oder gar Recht zu setzen. Der Leser seinerseits wird in einen Zustand geführt, der ihn darüber stutzen machen sollte, was er alles preisgibt. Poetische Ungerechtigkeit kann hierbei zur Reflexion auch der angestoßenen Wirkungsmechanismen anregen. Während sie sich solcher Mechanismen bedient, um die Empathie der Rezipienten außer Kraft zu setzen oder zu blockieren, prägt poetische Gerechtigkeit finale Verläufe aus, die die Empathie der Rezipienten besonders stimulieren, sei es auch erst im Nachgang der Rezeption. Für poetische Gerechtigkeit wie auch Ungerechtigkeit spielen Erweckung und Unterdrückung von Empathie mithin eine zentrale Rolle. Diesen Komplex näherhin zu beleuchten, wäre Aufgabe der Literaturanthropologie.

Friedrich Michael Dimpel

Sympathie trotz ordo-widrigem Handeln?
Engagement und Distanz im *Fortunatus*

Einleitung: Zwei Achsen

In »Die Zofe im Fokus« habe ich ein Analyseinstrumentarium zur Sympathiesteuerung in literarischen Texten vorgestellt.[1] Zentral ist hier der Begriff der Sympathiesteuerungsverfahren, die auf verschiedenen Ebenen angesiedelt sein können: Die Korrelation von Normen- und Wertesystem und Figurenhandeln, die Bewältigung von Schwierigkeiten (Aktivität, Protagonistenbonus, finaler Erfolg), die Figurenkonstellation (Adjuvant, Opponent, Minnegeschehen; Korrespondenz- und Kontrastbezüge wie Draufgängertum vs. Besonnenheit; Gruppenbildung im Figurenensemble; wichtig sind zudem die Darstellung der Folgen einer Schädigung oder einer Wohltat), die Figurenkonzeption (Figurenmodelle, Stereotype, enigmatische Figuren vs. Schwarz-Weiß-Schema), literarische Konventionen (Gattungskonventionen wie Happy-End, Kontiguitätsbeziehungen von Figuren und nicht-figuralen Textelementen), Erzählerwertungen, Fokalisierung sowie Fokussierung (Perspektivenübernahme / Perspektivenunterschiebung; Raumkontext; Themenvorgabe; Perspektivenabweichung; Positionierungen von Figuren zu einem Sachverhalt).[2]

Bei der Beschreibung der Sympathiesteuerungsstruktur eines Textes steht man vor dem Problem, keine zuverlässigen Aussagen darüber treffen zu können, ob etwa eine Handlung einer Figur, die sich an bestimmten Normen orientiert, als ein wirksames Sympathiesteuerungsverfahren einzustufen ist. Daher werden als Sympathiesteuerungsverfahren nur die Ebenen betrachtet, auf denen Sympathiesteuerung angesiedelt sein kann.[3] Wenn also ein Sympathiesteuerungsverfah-

---

[1] FRIEDRICH MICHAEL DIMPEL: *Die Zofe im Fokus. Perspektivierung und Sympathiesteuerung durch Nebenfiguren vom Typus der Confidente in der höfischen Epik des hohen Mittelalters*, Berlin 2011 (= Philologische Studien und Quellen 232), S. 92–126.

[2] Zur Fokussierung vgl. DIMPEL: *Die Zofe im Fokus*, Anm. 1, S. 41–63 sowie 113–116.

[3] CLAUDIA HILLEBRANDT: *Das emotionale Wirkungspotenzial von Erzähltexten. Mit Fallstudien zu Kafka, Perutz und Werfel*, Berlin 2011 (= Deutsche Literatur. Studien und Quellen 6) hat in ihrer parallel zu meiner Studie erschienenen Dissertation den Begriff des ›Wirkungspotentials‹ geprägt, das »nicht im Sinne eines automatisierten stimulus-response-Verhältnisses zu verstehen [ist], sondern lediglich als ein Einflussfaktor neben

ren im Text identifiziert wird, ist damit noch keine Aussage getroffen, ob dieses Verfahren in einem konkreten Text auch eine Sympathiesteuerungswirkung entfalten wird: Die Wirksamkeit von Sympathiesteuerungsverfahren kann erst in der zusammenschauenden Analysepraxis diskutiert werden.[4]

MANFRED PFISTER hat bereits 1978 beschrieben, dass bei Sympathiesteuerungsvorgängen zwei Ebenen zu unterscheiden sind:

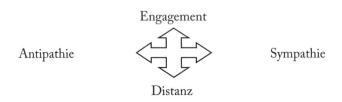

Die Reaktion des Rezipienten lässt sich einerseits »in ein Spektrum von uneingeschränkter Sympathie bis zu uneingeschränkter Antipathie abstufen«, andererseits kann die Reaktion des Rezipienten von unterschiedlicher Intensität sein: sie kann zwischen den Polen des ›Engagements‹ und der ›Distanz‹ angesiedelt sein.[5]

anderen, stärker beim Rezipienten zu verortenden Faktoren, die sich rezeptionssteuernd auswirken können.« (Zitat S. 51; vgl. auch KATHARINA PRINZ und SIMONE WINKO: Sympathielenkung und textinterne Wertungen. Überlegungen zu ihrer Untersuchung und exemplarische Analyse der Figur des ›unglücklichen Mordgehilfen‹ Olivier Brusson, in: *Sympathie und Literatur: Zur Relevanz des Sympathiekonzeptes für die Literaturwissenschaft*, hg. von CLAUDIA HILLEBRANDT und ELISABETH KAMPMANN, Berlin 2014 (= Allgemeine Literaturwissenschaft 19), S. 99–127, KATHARINA PRINZ und SIMONE WINKO: Wie rekonstruiert man Wertungen und Werte in literarischen Texten? in: *Handbuch Kanon und Wertung. Theorien, Instanzen, Geschichte*, hg. von GABRIELE RIPPL und SIMONE WINKO, Stuttgart, Weimar 2013, S. 402–407)

[4] Zu Gewichtungsfaktoren, die bei einer Abwägung und Hierarchisierung etwa von gegenläufigen Sympathiesteuerungsverfahren zu berücksichtigen sind, vgl. DIMPEL: *Die Zofe im Fokus*, Anm. 1, S. 116–118 sowie 166–168. Einen kurzen Überblick über das Analyseinstrumentarium gebe ich in FRIEDRICH MICHAEL DIMPEL: Perspektivierung, Fokalisierung, Fokussierung und Sympathiesteuerung zur Einführung. Mit Beispielanalysen zum *Erec* Hartmanns von Aue, in: IASLonline, http://www.iaslonline.de/index.php?vorgang_id=3623 (2012), in FRIEDRICH MICHAEL DIMPEL: Hartmut – Liebling des Dichters? Sympathiesteuerung in der *Kudrun*, in: ZfdA 141 (2012), S. 335–353, in FRIEDRICH MICHAEL DIMPEL: Tabuisierung und Dunkelheit: Probleme der Sympathiesteuerung in der *Melusine* Thürings von Ringoltingen, in: *Sympathie und Literatur: Zur Relevanz des Sympathiekonzeptes für die Literaturwissenschaft*, hg. von CLAUDIA HILLEBRANDT und ELISABETH KAMPMANN, Berlin 2014 (= Allgemeine Literaturwissenschaft 19), S. 205–235 sowie in der Einleitung im vorliegenden Band; einige Formulierungen habe ich hier zum Teil wörtlich wiederverwendet.

[5] MANFRED PFISTER: Zur Theorie der Sympathielenkung im Drama, in: *Sympathielenkung in den Dramen Shakespeares. Studien zur publikumsbezogenen Dramaturgie*, hg. von

Es ist möglich, sich für eine Figur in hohem Maße zu engagieren,[6] auch wenn noch nicht ausreichend Informationen vorliegen, um die Figur als sympathisch oder unsympathisch einzustufen. Umgekehrt kann ein Rezipient Personen oder Figuren etwa als sympathisch einzustufen, obwohl er sie im Grunde nicht sonderlich interessant findet. Ebenso wie bei Sympathie geht es bei Engagement nicht um Spekulationen zum Verhalten konkreter Rezipienten, sondern um Textphänomene, die der Analyse zugänglich sind. Die Achse Engagement-Distanz wird bei meinen Überlegungen zum *Fortunatus* im Fokus stehen. Dabei geht es nicht um die Qualität einer Rezipientenreaktion wie bei Empathie, nicht um ein Mitfühlen, sondern um die Intensität der Rezipientenreaktion. In Kontrast zur Fortunatus-Handlung, so die Kernthese, wird bei Andolosia so erzählt, dass ein stärkeres Engagement des Rezipienten für Andolosia begünstigt wird; Engagement erweist sich dabei – anders als Empathie – als ein analytisch fruchtbarer Begriff.[7]

Werner Habicht und Ina Schabert, München 1978, S. 20–34, hier S. 21. Vgl. auch Julia Genz: »Sympathische Unsympathen« – Strategien der Rezeptionssteuerung von Sympathie in Heinrich Manns *Professor Unrat*, in: *Sympathie und Literatur: Zur Relevanz des Sympathiekonzeptes für die Literaturwissenschaft*, hg. von Claudia Hillebrandt und Elisabeth Kampmann, Berlin 2014 (= Allgemeine Literaturwissenschaft 19), S. 251–269, hier S. 254f., die neben der Achse ›Sympathie‹ – ›Antipathie‹ die Achse ›Betroffensein‹ – ›Gleichgültigkeit‹ verwendet. Genz geht von einem Ansteigen der Sympathie oder Antipathie mit zunehmendem Betroffensein aus; wichtig ist Genz dabei die Ähnlichkeitsrelation zwischen Rezipient und Figur, aus der die Stärke des Betroffenseins erwächst. Zu ergänzen wäre, dass ein Rezipient selbstferne, doch figureneigene Wertmaßstäbe übernehmen kann, wenn diese in sich kohärent sind. ›Engagement‹ ließe sich dann weniger abhängig von der Ähnlichkeitsrelation konzeptualisieren.

[6] Etwa dann, wenn das Figurenhandeln ein Problemfeld tangiert, das für den Rezipienten aufgrund seines individuellen Voraussetzungssystems ohnehin von großer Relevanz ist.

[7] Ich zitiere: *Romane des 15. und 16. Jahrhunderts. Nach den Erstdrucken mit sämtlichen Holzschnitten*, hg. von Jan-Dirk Müller, Frankfurt a.M. 1990 (= Bibliothek der frühen Neuzeit 1/1). Einen knappen Überblick über wichtige Forschungsbeiträge zum Fortunatus geben zuletzt Carmen Stange: Aufsteiger und Bankrotteure: Herkunft, Leistung und Glück im *Hug Schapler* und im *Fortunatus*, in: *Eulenspiegel trifft Melusine. Der frühneuhochdeutsche Prosaroman im Licht neuer Forschungen und Methoden; Akten der Lausanner Tagung vom 2. bis 4. Oktober 2008*, hg. von Catherine Drittenbass, André Schnyder und Alexander Schwarz, Amsterdam, New York 2010, S. 217–255, hier S. 219–224, sowie Silvia Reuvekamp: Hölzerne Bilder – mentale Modelle? Mittelalterliche Figuren als Gegenstand einer historischen Narratologie, in: *Diegesis. Interdisziplinäres E-Journal für Erzählforschung* 3 (2014), urn:nbn:de:hbz:468-20141117-124525-6 [Abruf 25.06. 2015], S. 112–130, hier S. 118f.

Normgerechtes Verhalten des Titelhelden

Theodorus, der Vater von Fortunatus, – ein *edler purger altz herkommens* (388) – hat den Lebenswandel seiner Eltern nicht geachtet: *Wenig betrachtet wie seine elteren zu tzeiten das ir erspart vnd gemeert hettend. vnnd sein gemüt was gentzlichen gericht auff zeitlich eer / freüd vnd wollust des leibs.* (388) Die Elternvorgeschichte ruft Wertmaßstäbe ex negativo auf: Theodorus hat das ererbte Familienvermögen vergeudet, weil er sich nicht mit einem standesadäquaten Verhalten zufrieden gegeben hat. Vielmehr hat er adelige Handlungsmuster usurpiert: *stechenn / turnieren / dem künig gen hoff tzu reytten*[8] (388) – dabei handelt es sich zwar noch nicht um Normverstöße, die von Vertretern des Adels geahndet wurden, doch geht mit dieser Überschreitung des standesgemäßen Aktionsradius der vollständige Verlust des Vermögens einher, so dass die Vorgeschichte implizit zwei Wertmaßstäbe im Sinne einer Themenvorgabe[9] einbringt: Der »Erhalt des Familienvermögens« und das »standesgemäße Verhalten« werden durch die Vorgeschichte im Text als relevant markiert. Zugleich werden diese Wertmaßstäbe mit negativen Bewertungen verbunden: Die Freunde von Theodorus missbilligen die Verschwendung, sie veranlassen die Hochzeit mit Graciana in der Hoffnung, Theodorus werde dann maßvoller leben. Doch nach einiger Zeit *fieng er an widerumb sein alt wesen zuhaben mit stechen turnieren* (389), er verarmt derart, *das er weder knecht noch mågt vermocht vnd müßt die güt fraw Graciana selber kochen vnnd wåschenn als ain armes verkaufftes weib* (389). Der Erzähler wertet: *er het sein junge tag vnnützlich verzert* (389), die Figur teilt diese Einschätzung im Gespräch mit seinem Sohn.[10] Die Problematik von Grenzüberschreitungen und von leichtsinnigen Verlusten steht damit am Textbeginn im Zentrum.

Bei seinem Aufbruch ehrt Fortunatus seinen Vater normgerecht und dem vierten Gebot entsprechend mit seinem Dank für seine Erziehung; er tritt in den Dienst des Flandern-Grafen. Dort erlangt er durch gewissenhafte Pflicht-

---

[8] FOTIS JANNIDIS: *Figur und Person. Beitrag zu einer historischen Narratologie*, Berlin, New York 2004 (= Narratologia 3), S. 225, kommentiert hierzu: »Damit ist das moralische Hauptthema des Textes angesprochen: Die Frage, ob sich der Mensch den zeitlichen Ehren oder den ewigen Wahrheiten zuwenden soll, einschließlich der Antwort, die das zweite empfiehlt und mit viel Liebe zum Detail das erste ausmalt.«

[9] DIMPEL: *Die Zofe im Fokus*, Anm. 1, S. 56–58 sowie 115.

[10] *vnnd wenn ich gedenck an so groß eer vnd gütt so ich gehebt hab vnd das so vnnutzlich on worden bin / das mir meine vordern so treülichen gespart hond / Als ich billich vnd von rechts wegen auch gethon solt haben / vnd vnser alt herkommen vnd stammen in würde hon gesetzt Das ich laider nit gethon hab.* (390)

erfüllung¹¹ rasch einerseits das Wohlwollen seines Herrn als auch anderseits den Neid der übrigen Dienerschaft, weil er sich in deren Augen übertrieben vorbildlich verhält und weil er deshalb vom Grafen bevorzugt wird. Der Neid der anderen Diener führt zu einer Intrige: Ihm wird vorgegaukelt, er solle als Diener der Gräfin kastriert werden, so dass er die Flucht ergreift. Auch in seiner nächsten Stellung bei einem Kaufmann verhelfen ihm Fleiß und Kompetenz zu einem raschen Aufstieg. Doch auch hier führt das vorbildliche Verhalten nicht zu langfristigem Wohlstand: Weil im Haus des Kaufmanns ein Mord geschehen ist, wird der Kaufmann samt Dienerschaft hingerichtet; Fortunatus entkommt nur deshalb, weil er am Tag des Mordes nicht in der Stadt war. Er wird aus dem Land gejagt, verirrt sich im Wald und wird von wilden Tieren bedroht, als ihm schließlich die Jungfrau des Glücks begegnet, die ihm eröffnet, dass er einen Wunsch aussprechen darf: Fortunatus wählt den Reichtum – statt Weisheit, Schönheit, Stärke, Gesundheit oder langem Leben. Die Jungfrau übergibt ihm einen magischen Geldbeutel, der stets unerschöpflich gefüllt bleibt.

Soweit ich den Verlauf bis hierher paraphrasiert habe, könnte man meinen, Fortunatus habe sich bislang stets derart vorbildlich verhalten, dass das Unglück, das ihm beim Grafen und beim Kaufmann widerfahren ist,¹² ein unverdientes Unglück war. Die Gabe der Glücksfee wäre dann ein Element einer ausgleichenden Gerechtigkeit¹³ – dann würde der Tun-Ergehen-Zusammenhang gelten; Fortunatus würde für seine vorbildliche Lebensführung verdientermaßen belohnt.¹⁴

---

¹¹ Vgl. ANNA MÜHLHERR: ›Melusine‹ und ›Fortunatus‹. Verrätselter und verweigerter Sinn, Tübingen 1993, S. 70–73; bei seinem Aufstieg helfen ihm die Grundkenntnisse eines adeligen Lebensstils, die er bei seinem Vater erlernt hat.

¹² JOHN WALTER VAN CLEVE: »Infortunatus«. Nochmals zur architektonischen Struktur des Fortunatus, in: Neuphilologische Mitteilungen 99 (1998), S. 105–112, S. 107, bemerkt, der junge Fortunatus müsse eher »Infortunatus« heißen.

¹³ Vgl. hierzu GERT HÜBNER: Erzählform im höfischen Roman. Studien zur Fokalisierung im ›Eneas‹, im ›Iwein‹ und im ›Tristan‹, Tübingen 2003 (= Bibliotheca Germanica 44), S. 69f., sowie das Kapitel »Der ›Tun-Ergehen-Zusammenhang‹ und ›unverschuldetes Unglück‹« in DIMPEL: Die Zofe im Fokus, Anm. 1. Nach STANGE: Aufsteiger, Anm. 7, S. 241, zeigt sich Fortunatus nach der Begabung »des Geschenkes durchaus würdig«.

¹⁴ In den Kontext einer tüchtigen Handlungsweise könnte man auch den Kampf mit dem Bären vor der Begabung durch die Glücksfee einordnen: In der Nacht ist Fortunatus auf der Flucht vor den wilden Tieren auf einen Baum geklettert. Vom Bären verfolgt zog er auß seinen tegen vnnd stach den beren in den kopff vnd gab ym gar manige wunden. (428) Fortunatus bewährt sich also im Kampf mit der Wildnis, obschon er nicht der Kriegerkaste angehört. Anders fokussiert BEATE KELLNER: Das Geheimnis der Macht. Geld versus Genealogie im frühneuzeitlichen Prosaroman ›Fortunatus‹, in: Das Sichtbare und das Unsichtbare der Macht. Institutionelle Prozesse in Antike, Mittelalter und Neuzeit, hg. von GERT

Oszillierender Tun-Ergehen-Zusammenhang

Übergangen habe ich allerdings den Aufenthalt in London nach der Flucht vom Flandern-Grafen. In dieser Phase hat Fortunatus mit einigen Kaufmannssöhnen aus seiner Heimat in Zypern sein Vermögen[15] mit käuflichen Damen in Wirtshäusern durchgebracht. Auch wenn Fortunatus nur selbstverdientes Geld ausgibt, agiert er trotzdem nicht vorbildlich: Die Parallelen zum verschwenderischen Lebensstil seines Vaters sind offensichtlich,[16] eine Wertungsübertragung[17] der negativen Selbstbewertung seines Vaters auf Fortunatus liegt nahe: Vater und Sohn verlieren ihr gesamtes Vermögen; der Erzähler nennt die Gemeinschaft von Fortunatus mit den Kaufmannssöhnen *vnnutze rott von bůben*[18], eine *bôse geselschafft* (405f.).

Ambig semantisiert ist bereits die Turnier-Episode beim Flandern-Grafen, bei der Fortunatus in einem Turnier der Dienerschaft zwei Kleinode gewinnt. Das Turnier ist gegliedert in das Turnier der *fürsten vnnd herren* (395), danach folgt das Turnier der Diener. Dass das Turnier so gegliedert ist, markiert die Relevanz der Standesunterschiede. Dass Fortunatus im Dienerturnier antritt, legt zunächst nahe, dass seine Teilnahme unverdächtig und keine Standesüberhebung ist; der Graf goutiert sein Engagement. Wenn andererseits Nicht-Adelige das Verhalten von Adeligen nachahmen, ist die Frage nach standesgemäßen Verhaltensmustern bereits gegeben – man denke etwa an den *Helmbrecht*; Fortunatus zeigt sein *manlich* (396) Reiten hier zudem vor den Augen der adeligen Damen. Die Parallele vom Vater, den *stechenn / turnieren* in den Ruin geführt hatten, zum Sohn, der nun auch beim *stechen* (395) im Turnier gezeigt wird, ist unüber-

---

MELVILLE, Köln 2005, S. 309–333, hier S. 315, darauf, dass er sich »erst im letzten Moment zur Gegenwehr« entschließt. Eine Absage an eine heroische Figurenkonzeption – die dann aber immerhin zumindest als Kontrastfolie eingespielt wäre – konstatiert MANUEL BRAUN: *Ehe, Liebe, Freundschaft. Semantik der Vergesellschaftung im frühneuhochdeutschen Prosaroman*, Tübingen 2001 (= Frühe Neuzeit 60), S. 69; dass der Bär sich »selbst außer Gefecht« setzt, wäre allerdings zu präzisieren.

[15] Fortunatus ist im Dienst des Flandern-Grafen gut entlohnt worden; zudem hat er in einem Turnier zwei Kleinode errungen.

[16] Vgl. auch VAN CLEVE: *Infortunatus*, Anm. 12, S. 108, HANNES KÄSTNER: *Fortunatus und Faustus: Glücksstreben und Erkenntnisdrang in der Erzählprosa vor und nach der Reformation*, in: *LiLi* 23 (1993), S. 87–120, hier S. 93.

[17] Zum Konzept der Wertungsübertragung vgl. FRIEDRICH MICHAEL DIMPEL: Wertungsübertragung und Kontiguität. Mit zwei Beispielen zur Wertung des Frageversäumnisses im *Parzival*, in: *Journal of Literary Theory* 8 (2014), S. 343–367, hier S. 346–358, sowie FRIEDRICH MICHAEL DIMPEL: Wertungsübertragungen und korrelative Sinnstiftung im *Herzog Ernst B* und im *Partonopier*, in: *DVjs* 89 (2015), S. 41–69, hier S. 41–47.

[18] Auffällig ist die wörtliche Entsprechung zur Darstellung bei Theodorus, der sein Leben *vnnützlich verzert* (389) hat.

sehbar.[19] Parallelisiert ist auch das Ergebnis: Wie der Vater seinen Besitz durch das *stechen* verloren hat, führt gerade der Erfolg im Turnier dazu, dass der Neid der anderen Diener seinen Höhepunkt erreicht: Die Intrige, durch die Fortunatus vom Flandern-Grafen vertrieben wird, wird unmittelbar auf seinen Turniererfolg zurückgeführt: *Do hůb sich erst groß neid vnd haß / vnnd allermaist vnder des graffen vonn flandern diener.* (396)

Sein Erfolg im Turnier beruht auf einer Erziehung, bei der einseitig adelige Kompetenzen vermittelt wurden: Sein Vater hat angesichts der Bildung seines achtzehnjährigen Sohnes geseufzt: *vnnd kund nichts dann ploß ainen namen schreiben vnd lesen / doch kund er wol mit dem federspil vnnd mit anderem waidwerck* (389); die Jagd, zumal die Falkenjagd, gehört zu den adeligen Privilegien.[20] Fähigkeiten, die ein Kaufmann benötigt, hat Fortunatus offenbar nicht erworben. Der adelsnahe Lebenswandel führt wie bei seinem Vater zum Fiasko.[21] Insofern wird also ein Verhalten reproduziert, das bei seinem Vater mit negativen Erzählerbewertungen und mit negativen Selbstbewertungen verbunden war: Damit sind die Voraussetzungen für eine Wertungsübertragung gegeben, auch wenn das Wohlwollen des Grafen einer einsinnig negativen Deutung entgegensteht. Zudem ist die Turnierteilnahme über die Kleinode, die er als Siegespreis erhält, mit dem Vergeuden dieser Kleinode in London mit einer negativen Klammer verbunden.

Blickt man von beiden Episoden – London und Flandern – auf die Glücksfee, so zeigt sich, dass die Begabung nicht nur als Ausgleich für das Unglück nach den fleißig-bemühten Diensten beim Flandern-Grafen und beim Kaufmann gelesen werden kann. Einerseits wird die Begabung zwar als verdient suggeriert: er erfährt viel Leid trotz weitgehend vorbildlichen Verhaltens. Anderseits spricht das Lotterleben in London dagegen, dass er den magischen Geldbeutel verdientermaßen erhält; auch die Turnierteilnahme ist durch die Äquivalenzrelation zum negativ bewerteten Verhalten seines Vaters negativ konnotiert. Ob er das Zaubermittel zu Recht bekommen hat, bleibt also in der Schwebe: Sowohl

---

[19] Vgl. REUVEKAMP: *Hölzerne Bilder*, Anm. 7, S. 118: »Die Tatsache, dass die Handlung im Generationen-Schema nacheinander den Weg verschiedener Protagonisten verfolgt, lenkt den Blick in besonderer Weise auf die Figuren und das Verhältnis der einzelnen Figurenhandlungen zueinander.«

[20] Zur Ausbildung vgl. den Überblick bei STANGE: *Aufsteiger*, Anm. 7, S. 231.

[21] Bereits der Pferderwerb im Dienst des Flandern-Grafen führt ambige Bewertungsmöglichkeiten vor: Die erfolgreiche Kaufabwicklung honoriert der Graf, indem er Fortunatus ein Pferd als Prämie überlässt – in den Augen des Grafen offenbar eine verdiente Belohnung. Dagegen halten die übrigen Diener diese Belohnung für eine unangemessene Bevorzugung: Die Beurteilung wird hier als perspektivenabhängig vorgeführt: In den Augen des Grafen entspricht die Belohnung offenbar dem Tun-Ergehen-Zusammenhang; die Diener sehen die Gabe als unverdient an.

die Wahrnehmungsfolie »verdient« gemäß dem Tun-Ergehen-Zusammenhang als auch die Wahrnehmungsfolie »unverdient« wird aufgerufen.

Für dieses Oszillieren lassen sich noch weitere Beispiele anführen, etwa die Handlung um die Hinrichtung des Kaufmanns Jeronimus Roberti. In einer Nebenhandlung wird erzählt, wie im Haus des Kaufmanns, in dessen Dienste Fortunatus eingetreten war, ein Mord an einem Kleinod-Händler verübt wird. Roberti wird hingerichtet, weil er sich aus Angst dazu hat überreden lassen, den Mord zu verschweigen.[22] Dass der König den Kaufmann hinrichten lässt, wird einerseits damit gerechtfertigt, dass nach geltendem Recht auf das Verschweigen eines Mordes die Todesstrafe stehe (38). Andererseits wird auch gezeigt, dass der König weniger an Gerechtigkeit interessiert ist, ihm geht es vorwiegend um die Kleinode, die der Ermordete mutmaßlich bei sich hatte.[23] Die Hinrichtung des Kaufmanns erscheint als unverdient – die Strafe ist zumindest in Relation zum Vergehen unangebracht hart;[24] der Tun-Ergehen-Zusammenhang scheint hier nicht aufzugehen.[25]

Die Witwe des Kleinod-Händlers dagegen findet zufällig die Kleinode und bringt sie zum König, der ihr einen jungen Edelmann als Ehemann zur Belohnung gibt. Gleich nach der Hinrichtung des Kaufmanns, bei der der Tun-Ergehen-Zusammenhang in Frage gestellt wurde, wird bei der Witwe vorgeführt, dass gute Taten eben doch belohnt werden;[26] der Tun-Ergehen-Zusammenhang gilt wieder. Der Text oszilliert um die Frage, ob der Tun-Ergehen-Zusammenhang grundsätzlich Geltung beanspruchen kann. Wenn die Forschung hier nur

[22] Zur Kaufmanns-Episode vgl. insbesondere BURKHART HASEBRINK: Die Magie der Präsenz. Das Spiel mit kulturellen Deutungsmustern im *Fortunatus*, in: *PBB* 126 (2004), S. 434–445, hier S. 436–444.

[23] Vgl. 417f.: *doch liesse er den klainaten vester nachfragen dann dem frommen mann / darbey man wol merckt / wenn es an das gůt geet / das alle liebe auß ist.* [...] *der künig was mer traurig vmb die klainat*; vgl. ebd. 421: *Als man ye nit anderst kund erfaren / noch wa die klainat hynkommen wåren. ward der künig zornig / vnd schůff das man sy alle hencken soldt.*

[24] Zur ›strengeren Bestrafung, als es das Vergehen verdient‹, vgl. WOLFGANG ZACH: *Poetic Justice. Theorie und Geschichte einer literarischen Doktrin. Begriff – Idee – Komödienkonzeption*, Tübingen 1986 (= Buchreihe der Anglia, Zeitschrift für Englische Philologie 26), S. 30f.

[25] Fortunatus erinnert sich später daran, dass er in dieser Episode beinahe selbst hingerichtet worden wäre, *do der edelman in ainem hauß ermort ward / dabey er nit gewesen was / kain schuld daran hett / vnd ym gantz vnwissent was.* (459) Auch dabei geht es um unverschuldetes Unglück: Zwar wurde die Todesstrafe nicht vollzogen, Fortunatus verliert aber doch seinen Brotherren.

[26] Dagegen sieht BRAUN: *Ehe, Liebe, Freundschaft*, Anm. 14, S. 66f., noch in der Belohnung der Witwe einen Hinweis auf die vorausgehende »Justizwillkür«: Ein »Märchenschluss«, der die Aufmerksamkeit darauf lenke, dass nicht etwa die Gerechtigkeit über menschliches Geschickt entscheide.

Kontingenz am Werk sieht,[27] dann entspricht nicht das nicht meinem Verständnis.

Didaxe in standesgemäßem Verhalten: Die Waldgrafenepisode

Nachdem Fortunatus den magischen Geldbeutel erhalten hat, gerät er in der Waldgrafenepisode erneut in Lebensgefahr: Von seinem Gastwirt hat er erfahren, dass der Waldgraf drei Pferde von einem Pferdehändler kaufen möchte, dass aber noch keine Einigkeit über den Kaufpreis erzielt wurde. Diese Pferde sind in den Augen des Waldgrafen ein Gegenstand der adeligen Repräsentation:[28] *wann er auch auf die hochzeit [eines Herzogs] wolt / vnd da auch gesehen werden* (433). Nach KELLNER werden die Tiere zu »Objekten einer Statuskonkurrenz«[29], in der

---

[27] Vgl. JAN-DIRK MÜLLER: Die Fortuna des Fortunatus. Zur Auflösung mittelalterlicher Sinndeutung des Sinnlosen, in: *Fortuna. Das zehnte und letzte der Reisensburger Gespräche*, hg. von WALTER HAUG und BURGHART WACHINGER, Tübingen 1995 (= Fortuna vitrea 15), S. 216–238, hier S. 222. Müller konstatiert, dass »religiös fundierte Deutungen des Weltlaufs [...] keineswegs völlig aufgegeben [sind], aber sie treten nurmehr von Fall zu Fall auf«; unterstreichen möchte ich, dass eine angemessene Bestrafung oder Belohnung zwar fallweise ausbleibt; daneben ist gleichzeitig das Modell eines gerechten Ergehens durchaus weiterhin mitgeführt. Ähnlich wie Müller argumentieren MÜHLHERR: *Melusine*, Anm. 11, S. 99–114, und BRAUN: *Ehe, Liebe, Freundschaft*, Anm. 14, S. 100: »Mit der Komplexität wächst aber auch die Kontingenz, die Zufälle, Peripetien, Richtungswechsel lassen sich keinem übergreifenden Gesetz mehr subsumieren.« Auch UDO FRIEDRICH: Providenz - Kontingenz - Erfahrung. Der *Fortunatus* im Spannungsfeld von Episteme und Schicksal in der Frühen Neuzeit, in: *Erzählen und Episteme. Literatur im 16. Jahrhundert*, hg. von BEATE KELLNER, JAN-DIRK MÜLLER, PETER STROHSCHNEIDER, TOBIAS BULANG und MICHAEL WALTENBERGER, Berlin, New York 2011 (= Frühe Neuzeit. Studien und Dokumente zur deutschen Literatur und Kultur im europäischen Kontext 136), S. 125–156, hier S. 148–151, unterstreicht die Rolle der Kontingenz: »Weder dem Weltbild noch der Erzählform liegt eine homogene Absicht, ein gerichteter Sinn zugrunde.« Zwar führe der Text »Strategien der Orientierung in einer von Kontingenz bedrohten Welt vor«, die jedoch eher auf situationsgerechtes Verhalten denn auf abstrakte Maximen abzielen. HARALD HAFERLAND: Kontingenz und Finalität, in: *Kein Zufall. Konzeptionen von Kontingenz in der mittelalterlichen Literatur*, hg. von CORNELIA HERBERICHS und SUSANNE REICHLIN, Göttingen 2010 (= Historische Semantik 13), S. 337–363, S. 362f., sieht die Andrean-Episode als ein atemberaubendes Beispiel für narrativierte Kontingenz. Zwar bleibt Andrean dort tatsächlich der Strafverfolgung entzogen, allerdings um den Preis seines Seelenheils: *vnd so bald er dahin kam / verlognet er des christenlichen glauben.* (416) Interpretationen, die stark auf Aspekte des Kontingenten fokussieren, werden bei DETLEF ROTH: Negativexempel oder Sinnverweigerung? Zu neueren Deutungsversuchen des *Fortunatus*-Romans, in: *ZfdA* 136 (2007), S. 203–230, hier S. 216–223, kritisch diskutiert.

[28] Vgl. BRAUN: *Ehe, Liebe, Freundschaft*, Anm. 14, S. 76.

[29] Vgl. KELLNER: *Geheimnis*, Anm. 14, S. 325.

Fortunatus nun den Wettstreit[30] mit dem Waldgrafen aufnimmt, und kauft exakt die Pferde, die der Waldgraf kaufen wollte, obwohl er zwölf andere Pferde erwerben hätte können, ohne dass es zu einer Rivalität mit dem Waldgrafen gekommen wäre.[31]

Der Waldgraf lässt ihn einsperren und foltern, Fortunatus kann seinen Kopf gerade noch aus der Schlinge ziehen: Er habe das Geld im Wald gefunden. Der Waldgraf beschlagnahmt das Geld, denn alles, was im Wald liegt, gehöre ihm. Indem Fortunatus unterwürfig um Gnade bittet, werden die Standesunterschiede, die er mit dem Pferdekauf ignoriert hat, restauriert. Fortunatus macht sich in dieser Episode nicht nur den Vorwurf, *warumb erwelt ich nit weißhait für reichtumb* (436), sondern er erkennt vor allem, dass seine Handlungsmöglichkeiten trotz des magischen Geldbeutels limitiert bleiben, und dass er insbesondere die Standesgrenzen aufgrund des adeligen Machtmonopols respektieren muss: *nun hab vnd vermag ich wol souil an parem [...] vnd tarf es nit prauchen nach meim willen. ich kenn wol / sy haben land vnd leüt / was sy gebieten das müssen ir vnderthon volbringen [...] mir zimmet nit hye den iunckherren zu machen* (437). Trotz des Reichtums muss er auch nach Auskunft des Erzählers mit unrechtmäßigem Verhalten von Adeligen rechnen: Der Waldgraf *nam also die roß vnd gelt dem fortunato vnredlichenn ab / als man ir noch vil findet / die den leüten das ir nemen wider alle recht.* (436) Es zeigt sich, »daß sich im Konfliktfall die adelige Macht durch Ausübung von Gewalt durchsetzen kann«.[32]

Diese Lektion prägt ihn: er hält sich danach minutiös an die Standesgrenzen, er tritt nicht mehr in ein Konkurrenzverhältnis zu Adeligen. Spätestens seit der Waldgrafenepisode tritt – mit MANUEL BRAUN – »Risikoscheu als Lebensprinzip des Helden hervor, das dieser bereits vor seiner Lebenswende befolgt hat und das

---

[30] HARALD HAFERLAND: *Höfische Interaktion. Interpretationen zur höfischen Epik und Didaktik um 1200*, München 1989 (= Forschungen zur Geschichte der älteren deutschen Literatur 10), S. 73–120, hat die kompetitive Auseinandersetzung (›Agon‹) als ein Grundprinzip adeliger Interaktionsmuster beschrieben.

[31] Während REUVEKAMP: *Hölzerne Bilder*, Anm. 7, S. 119f., es zu den »Lücken und Inkonsequenzen in der Handlungsmotivation« zählt, dass Fortunatus gerade diese drei Pferde kaufen will, zeigt JANNIDIS: *Figur*, Anm. 8, S. 226, anhand der Andrean-Episode, dass es »nicht plausibel [ist] anzunehmen, daß das Fehlen expliziter Angaben zu mentalen Zuständen der Figuren daher rührt, daß diese in der Motivierung der Handlung ausgespart sind, sondern vielmehr sind sie so selbstverständlich, daß sie vom Leser ergänzt werden können.« Offensichtlich wählt Fortunatus diese Pferde gerade deshalb aus, weil der Graf sie kaufen möchte, um mit dem Grafen in Konkurrenz zu treten.

[32] KELLNER: *Geheimnis*, Anm. 14, S. 325. MÜHLHERR: *Melusine*, Anm. 11, S. 87, beschreibt die Episode als ›Exempel‹ für Fortunatus.

damit nicht mehr zwingend auf die Wahlszene bezogen werden muss.«[33] Bemerkenswert ist auch der Umstand, dass das Pferdekauf-Motiv eine Verbindung zum *stechen / turnieren* seines Vaters herstellt: Der Kauf von Pferden könnte einen ersten Schritt zu einem Lebenswandel darstellen, wie ihn Theodorus gepflegt hat; Mittel dazu hätte Fortunatus nun zu genüge. Diese Option wird hier gleichsam durchgestrichen und als »abgewiesene Alternative«[34] eingespielt: Bereits der Kauf von Pferden, die auch einem Grafen als Repräsentationsobjekt willkommen sind, scheitert; Fortunatus selbst nimmt nicht mehr an Turnieren teil.[35]

Distanz und Passivität

Die Waldgrafenepisode hat programmatischen Charakter für den weiteren Weg von Fortunatus: Er verzichtet weitgehend darauf, gestaltend und aktiv tätig zu sein. Obwohl er mit dem Geldbeutel ungeahnte Möglichkeiten hätte, beschränkt er sich darauf, sich die Welt anzusehen und in vornehmen Unterkünften zu logieren: »Eher als Tourist denn als fahrender Ritter bereist Fortunatus Europa«.[36] Zuhause baut er allerdings einen Palast, sein König drängt ihm eine Grafentochter als Frau auf.[37] 12 Jahre nach der Geburt der beiden Söhne unternimmt er eine

---

[33] BRAUN: *Ehe, Liebe, Freundschaft*, Anm. 14, S. 77. Auch FRIEDRICH: *Providenz*, Anm. 27, S. 143, charakterisiert es als »erstaunlich, dass Fortunatus angesichts seines Reichtums kaum Wünsche entwickelt, schon gar keine riskanten.«

[34] Vgl. hierzu in Anschluss an JAN-DIRK MÜLLER und PETER STROHSCHNEIDER zuletzt ausführlich ARMIN SCHULZ: *Erzähltheorie in mediävistischer Perspektive*, hg. von MANUEL BRAUN, ALEXANDRA DUNKEL, JAN-DIRK MÜLLER, Berlin, Boston 2012, S. 348–359.

[35] In den 12 Jahren nach der Hochzeit wird zwar von adeligen Tätigkeiten wie der Falkenjagd berichtet: *mit spatziernreiten / mit hübschen rossen / mit federspil / jagen / hetzen / baissen* (482); eine Turniertätigkeit ist hier gerade nicht erwähnt; ebenfalls nicht nach dem Hutraub. Allerdings lässt er seine Söhne das *ritterspil* lernen (504).

[36] BRAUN: *Ehe, Liebe, Freundschaft*, Anm. 14, S. 78.

[37] Ein ausgeprägtes Sensorium dafür, den Stolz von Adeligen nicht zu verletzen, legt Fortunatus auch bei seiner Hochzeit mit Cassandra an den Tag. Die Brautmutter beklagt sich bei ihrem Mann darüber, dass der Mann ihrer Tochter *nitt aigen land noch leüt* (476) hat. Eine Information dazu, dass Fortunatus von dieser Figurenrede Kenntnis haben kann, bietet der Text nicht. Erst nach einem Szenenwechsel, am folgenden Tag tritt Fortunatus – offenbar aus eigener Initiative – vor die Brauteltern und den König: *ich hab weder land noch leütt / ich will ir geben fünff taussent bar ducaten. Darumb kauffen ir ain schloß oder ayn statt darufff sy versorgt sey.* (476) Sein Vorschlag hat zum Gegenstand, *land* und *leüt* respektvoll in adeliger Hand, in der Hand seiner Frau zu belassen; damit wird der Unmut der Brautmutter ausgeräumt. Er reagiert damit nicht etwa nur passiv auf eine Äußerung der Gräfin, vielmehr ist er dazu in der Lage, adelige Befindlichkeiten selbst zu an-

weitere Weltreise, bevor er hochbetagt »als eine Art reicher Weltenbummler«[38] stirbt. Vor der Rückkehr nach Zypern steht die Sorge im Vordergrund, dass ihm der *seckel* gestohlen werden könnte; Höhepunkte sind ein diebischer Gastwirt[39] und das Verirren in einer Höhle. Ansonsten referiert der Erzähler lange Listen, in denen lediglich benannt wird, welche Städte Fortunatus besucht und wie viele Meilen er dabei zurückgelegt hat. MARJATTA WIS hat plausibel gemacht, dass der *Fortunatus*-Autor solche Listen aus Itineraren zum Teil abgeschrieben hat; inhaltliche Anreicherungen fehlen bei diesen Listen.[40] MANUEL BRAUN notiert zur zweiten Reise: »Denn erzählerisches Eigengewicht gewinnt der exotische Raum kaum, eher lustlos werden Motive bekannter Reiseberichte aufgerufen, aber nicht ausgestaltet.«[41]

Nach der Waldgrafenepisode wird Fortunatus nicht mit negativen Sympathiesteuerungsverfahren in Verbindung gebracht; Normbrüche werden nicht erzählt. Jenseits des Palastbaus verzichtet er darauf, irgendwelche Taten zu vollbringen. Fortunatus versucht, allen Schwierigkeiten aus dem Weg zu gehen[42] und – abgesehen von seiner Reiselust – möglichst gefahrlos zu leben.[43]

Wenn man die Sympathiesteuerungsverfahren zu Fortunatus nach der Begabung vergleicht mit Sympathiesteuerungsverfahren, die etwa im höfischen Roman häufig eingesetzt werden,[44] so fällt auf, dass einige Sympathiesteuerungsverfahren bei den Reisen von Fortunatus sehr viel sparsamer eingesetzt werden – vorwiegend aufgrund der Konfiguration der histoire-Ebene. Weil ihm nach der Waldgrafenepisode nahezu kein Unglück zustößt, das sein treuer Reisegefährte nicht rasch aus der Welt schaffen kann, kann auch nicht das Denkmuster ›unver-

---

tizipieren und ihnen Genüge zu tun – im Lichte des Ordo-Diskurses ein eminent exemplarisches Verhalten.

[38] HASEBRINK: *Magie der Präsenz*, Anm. 22, S. 435.

[39] Nach BRAUN: *Ehe, Liebe, Freundschaft*, Anm. 14, S. 84f., setzt die Logik des Kriminalkasus »das Prinzip der poetischen Gerechtigkeit frei und zieht es zugleich in Zweifel, indem der Täter seine gerechte Strafe findet, ohne dass dies automatisch ein gutes Ende für die Opfer bedeutet.« Unterstreichen würde ich, dass sich in dieser Episode kein Schaden für Fortunatus einstellt.

[40] MARJATTA WIS: Zum deutschen *Fortunatus*. Die mittelalterlichen Pilger als Erweiterer des Weltbildes, in: *Neuphilologische Mitteilungen* 63 (1962), S. 5–55, hier S. 35–42.

[41] BRAUN: *Ehe, Liebe, Freundschaft*, Anm. 14, S. 92.

[42] ANETTE GEROK-REITER: Die Rationalität der Angst: Neuansätze im *Fortunatus*, in: *Reflexion und Inszenierung von Rationalität in der mittelalterlichen Literatur. Blaubeurer Kolloquium* 2006, hg. von WOLFGANG HAUBRICHS, ECKART CONRAD LUTZ und KLAUS RIDDER, Berlin 2008 (= Wolfram-Studien XX), S. 273–298, hier S. 285, bezeichnet den *Fortunatus* als einen »Roman der ›angst‹«; anders als sein Vater »kennt Andolosia jedoch nicht *angst vnd not*, weder als äußere Bedrängnis noch als emotionale Reaktion« (S. 292).

[43] Mit Ausnahme des Hutraubs, s.u.

[44] Vgl. etwa die Analysekapitel in DIMPEL: *Die Zofe im Fokus*, Anm. 1.

schuldetes Unglück‹ aufgerufen werden: er hat nahezu kein Unglück. Damit verzichtet der Text auf ein wichtiges Mittel, um ›Engagement‹ zu wecken. Selten wird Fortunatus etwa bei einer aktiven ›Bewältigung von Schwierigkeiten‹ gezeigt – auch aufgrund der Natur des Zaubermittels: Er muss nichts tun, um Geld zu haben, Taten sind schlicht nicht notwendig. Sein Reiseweg ist trotz permanenter räumlicher Grenzüberschreitung erstaunlich arm an ›sujethaften Ereignissen‹ im Sinne LOTMANS.[45] Altruistische Aktionen, die etwa im *Iwein* wichtig werden, sind Mangelware,[46] er hilft kaum anderen Figuren aus einer Notlage. Deshalb wird auch bei anderen Figuren kein unverschuldetes Unglück thematisiert, das Engagement wecken und ihn als Helfer auszeichnen könnte.

Ein Vergleich der Sympathiesteuerungsverfahren mit anderen Texten aus anderen Gattungen kann selbstverständlich kaum den zwingenden Schluss erlauben, dass die Struktur der Sympathiesteuerungsverfahren nur eingeschränkt ›Engagement‹ befördert. Der Vergleich ist ein heuristisches Instrument, um herauszuarbeiten, dass die Textbeschaffenheit ein solches Rezeptionssteuerungsangebot zumindest unterbreiten kann. Ein Rezipient, der überwiegend geistliche Literatur kennt, wird die Reisepassagen vor einem anderen Hintergrund sehen als ein Rezipient, der überwiegend Ritterromane rezipiert hat; im *Fortunatus* könnte schlicht eine andere Poetik am Werk sein. Wichtig ist dieser vergleichende Seitenblick jedoch deshalb, weil in der zweiten Hälfte die Gewichte verschoben werden – gerade in Kontrast zur ersten.

Hutraub

Dazu, dass Fortunatus sich normgerecht und risikoscheu verhält, gibt es eine Ausnahme, die allerdings erst kurz vor seinem Tod erzählt wird und die quasi einen Doppelpunkt zur zweiten Hälfte bildet. Er freundet sich dem Sultan in Alexandria an, der ihm sein Zaubermittel zeigt: einen Hut, mit dem man sich jeder-

---

[45] Nach LOTMAN tritt dann ein sujethaftes Ereignis ein, wenn eine Figur über eine semantische Grenze versetzt wird, die zwischen beiden Räumen besteht. Nur dynamischen Figuren ist eine Grenzüberschreitung möglich, statische Figuren sind eine Funktion dieses Raumes. Vgl. JURIJ M. LOTMAN: *Die Struktur des künstlerischen Textes*, hg. von RAINER GEORG GRÜBEL. Übersetzt von R. Grübel, W. Kroll und H.-E. Seidel, Frankfurt am Main [1968] 1973 (= edition suhrkamp 582), S. 344-358, JURIJ M. LOTMAN: Die Entstehung des Sujets - typologisch gesehen, in: *Kunst als Sprache. Untersuchungen zum Zeichencharakter von Literatur und Kunst*, hg. von JURI M. LOTMAN, Stuttgart 1981, S. 175-204.
[46] Bei der Hilfe zur Gründung eines Ehestands handelt es sich um eine Verpflichtung, die er als Gegenleistung für die Begabung eingegangen ist; bei der Mittelüberlassung an die Familie von Familie von Lüpoldus handelt es sich gabentheoretisch betrachtet eher um einen Tausch als um eine Gabe.

zeit an einen beliebigen Ort wünschen kann. Fortunatus darf den Hut aufprobieren, dabei zeigt er sich überraschend risikofreudig: Er wünscht er sich auf sein Schiff und segelt davon, er stiehlt also dem Sultan den Hut – ein Normbruch schon mit Blick auf weltliches Recht und auf das siebte Gebot.[47] Dabei riskiert er einen Krieg, denn der Sultan droht mit Krieg, doch der zyprische König reagiert nicht sonderlich alarmiert, er verweist den Sultan auf den Rechtsweg, auf den die Boten des Sultans dann verzichten. Dieser Diebstahl ist ambivalent: einerseits ist es unmoralisch, einem Freund etwas zu stehlen. Andererseits[48] ist die Figur des Geschädigten schließlich »nur« ein Heide.[49] Der zyprische König stellt sich nicht gegen Fortunatus und gibt ihm damit Rückendeckung. Der Raub ist ein negatives Sympathiesteuerungsverfahren, aber das bleibt eine Momentaufnahme, die auf der Achse Antipathie-Sympathie bestenfalls eine kleine Verschiebung bewirken dürfte: Nach der Vielzahl der vorausgehenden Sympathiesteuerungsverfahren[50] fällt der Hutraub nicht so sehr ins Gewicht, dass es zu einem Vorzeichenwechsel von Sympathie zur Antipathie führen könnte.

Der Hutraub stellt die größte eigene Tat von Fortunatus dar.[51] Dem Sultan

---

[47] Nach BRAUN: *Ehe, Liebe, Freundschaft*, Anm. 14, S. 93, beraubt er den Sultan »mit skrupelloser Gerissenheit [...] Denn weder die Sympathielenkung durch das schwankhafte Erzählen noch der Religionsgegensatz können darüber hinwegtäuschen, dass hier Unrecht geschieht«.

[48] Vgl. den Überblick bei STANGE: *Aufsteiger*, Anm. 7, S. 244; Stange ordnet den Hutraub unter die Sorge für seine Nachkommen ein. MÜHLHERR: *Melusine*, Anm. 11, S. 91f., notiert: »Daß der Sultan ein Heide ist, führt Fortunatus mit dem selben ›Recht‹ zur Legitimation des Hütchenraubes an wie zuvor der Waldgraf [...]. Während der Leser in der Waldgrafen-Episode mit dem Helden sympathisiert, der in der Rolle des Opfers ist, kann Fortunatus hier als Täter zum einen von der vorher aufgebauten Sympathie des Lesers für die Hauptfigur zehren und zum anderen auch als Schwankheld zur Identifikation des Lesers mit dem Überlegenen einladen.«

[49] Zu heidnischen Motiven vgl. HANNES KÄSTNER: *Fortunatus – Peregrinator mundi. Welterfahrung und Selbsterkenntnis im ersten deutschen Prosaroman der Neuzeit*, Freiburg im Breisgau 1990 (= Litterae), S. 87–89.

[50] Die Sympathiesteuerungsverfahren zu Fortunatus können – soweit sie bisher nicht ausführlicher erörtert wurden – hier nur knapp aufgelistet werden: Die Figur steht im Zentrum (quantitative Privilegierung, Protagonistenbonus, teilweise fokalisiert, Darstellung des Innenlebens), Gegner (wie Waldgraf oder der diebische Wirt) werden diskreditiert (Figurenkonstellation; hier wäre auch die Solidarität zu Lüpoldus zu rubrizieren sowie die Umsetzung des Auftrags zur Ehestiftung), das Handeln ist weitgehend orientiert an kirchlichen Normen und weltlichen Gesetzen, Wohltaten wie kirchliche Stiftungen in Zypern, affirmative Erzählerkommentare.

[51] Daneben zu erwähnen ist die Auseinandersetzung mit den Kaufleuten in Alexandria, die sich über den Einsatz des Zaubermittels lösen lässt. Im Unterschied zum Hutraub steht Fortunatus hier jedoch lediglich in Rivalität zu nicht-adeligen Konkurrenten.

geschieht unverschuldetes Unglück. Auch wenn die Bemühungen des Sultans, den Zauberhut zurückzuerhalten, relativ breit dargestellt werden, verlaufen sie schließlich doch im Sande. Würde Fortunatus den Hut, den er durch einen Normbruch erhalten hat, in der Folge für bedeutende Taten verwenden, würde dabei auch die Art des Erwerbs präsent bleiben. Fortunatus verwendet den Hut allerdings nicht für Taten, die sonst nicht möglich wären, sondern nur für Bequemlichkeiten etwa bei der Jagd;[52] zwei Seiten nach der Abreise der Boten des Sultans liegt er – in Trauer, da seine Frau gestorben ist – selbst auf dem Sterbebett.

Ein friedlicher Ausklang[53], der kaum mit narrativen Mitteln zur Förderung von Engagement in Verbindung zu bringen ist – obwohl mit den Beschreibungsmodellen von BARTHEL und HILLEBRANDT viele empathiefördernde[54] Textstrukturen vorhanden sind.

Andolosia: Engagement und Ordo-Widrigkeit

Fortunatus' Sohn Andolosia hat die Reiseberichte seines Vaters gelesen, aber er schlägt alles in den Wind – auch dessen Anordnung auf dem Sterbebett, Zauberhut und magischen Geldbeutel nie zu trennen:[55]*ich keer mich nit an die red / er ist tod / so leb ich noch / vnnd ich will taillen.* (508) Er geht viele Dinge anders an als sein Vater; schon Theodorus hatte sich einen ganz anderen Lebenswandel als dessen Vater zu Eigen gemacht.[56] Andolosia sucht geradezu das Risiko, als er

---

[52] Vgl. MICHAEL STOLZ: Literarische Erkundungen zwischen Spätmittelalter und früher Neuzeit (am Beispiel des *Fortunatus*-Romans und der *Geschichtsklitterung* von Johann Fischart), in: *Innenräume in der Literatur des deutschen Mittelalters. XIX. Anglo-German Colloquium*, hg. von BURKHARD HASEBRINK, HANS-JOCHEN SCHIEWER, ALMUT SUERBAUM und ANNETTE VOLFING, Tübingen 2008, S. 427–455, hier S. 432.

[53] Auf dem Sterbebett teilt er seinen Söhnen mit, *wie ir eüch halten sóllen nach meinem tod / damit ir bey eeren vnnd gůtt beleyben / als ich biß an mein end beliben byn.* (506) Offenbar blickt die Hauptfigur zufrieden auf ein langes Leben zurück: *Vnnd wißsen das ich den seckel sechtzig iar gehebt hab* (507).

[54] Insbesondere eine breite Darstellung u.a. von den Figurenemotionen. Vgl. HILLEBRANDT: *Wirkungspotenzial*, Anm. 3, S. 72–88, VERENA BARTHEL: *Empathie, Mitleid, Sympathie. Rezeptionslenkende Strukturen mittelalterlicher Texte in Bearbeitungen des Willehalm-Stoffs*, Berlin, New York 2008 (= Quellen und Forschungen zur Literatur- und Kulturgeschichte 50), S. 54–82.

[55] Vgl. FRIEDRICH: *Providenz*, Anm. 27, S. 145: »Andolosia wird später scheitern, weil er sich vom Rat des Vaters, des Bruders, des spanischen Königs und von der Instanz des Rates überhaupt verabschiedet.«

[56] Die Absage an das Lebenskonzept des Vaters wird ein weiteres Mal als Fehler vorgeführt, da sie auf histoire-Ebene mit einem negativen Ergehen »bestraft« wird. Nach

mit dem *seckel* in die Welt zieht. Zudem wird eigens erwähnt, dass er sein *stechtzeüg* mitnimmt nebst *viertzig wol geziertten mannen* [...].[57]

Neu ist auch das Verdienstmotiv:[58] Beim spanischen König erwirbt er Verdienste im Krieg. Er kauft Söldner, er zeichnet sich auch persönlich im Kampf aus, er erwirbt dabei die Gunst des Königs. Wie bereits bei Theodorus und beim Dienerturnier des Flanderngrafen kommt das Motiv des Kämpfens ins Spiel, diesmal jedoch nicht auf das Turnier begrenzt wie bei Theodorus. Das Verdienstmotiv bildet einen Kontrapunkt zur ordo-Störung – schon beim Aufbruch in Zypern heißt es: *Zu dem ersten an des künigs hoff von franckreich / vnd gesellet sich tzu den edlen / tzu graffen vnd freyherren wann er was kostlich / vnd lyeß sich gar wol nießen / darumb er von manigklich wol gehalten ward / dienet och dem künig als ob er sin gedingter diener wår* (509). Im Kontakt mit Adeligen ist er keineswegs unterwürfig: Als ihm ein armer Graf seine Tochter samt Grafschaft anbietet, lehnt er ab, weil sie ihm nicht hübsch genug ist (514)[59] – eine textinterne Rele-

---

dem Verlust des *seckel* an die englische Prinzessin *gedacht* [Andolosia] *an die leer so ym sein vatter fortunatus so getrewlich in seynem tod bet jm vnd seim brůder vnderweiset vnd geben het / das sy so lang sy lebten nyeman von dem seckel sagen solten / wann so bald es ain mensch jnnen wurd / so kåmen sy darumb / das auch laider beschehen ist.* (527)

[57] REUVEKAMP: *Hölzerne Bilder*, Anm. 7, S. 121, betont den Kontrast von Andolosia und seinem Bruder Ampedo in einer direkten Eigenschaftszuschreibung, die seinen Handlungsteil »wie ein Epigramm« überschreibe (*yedoch Andolosia alltzeyt etwas frecher was dann ampedo*; 482): als relevante Bedeutungen zu ›frech‹ nennt Reuvekamp u.a. Mut, Entschlossenheit und Körperkraft sowie »sich auch in scheinbar aussichtslosen Lagen einer vermeintlichen Übermacht entgegenzustellen [...] Aus der Perspektive didaktischer Reflexion oder normativer Gesellschaftsentwürfe bezeichnet *frech* demgegenüber eine fehlende Akzeptanz grundlegender Ordnungsmuster oder sozialer Normierung und die Bereitschaft, sich dagegen aufzulehnen.« Vgl. weiter S. 125: Andolosia werde über das Attribut *frech* zugleich mit seinem Großvater Theodorus verklammert, der *wild was* (389); hier als Einschätzung der Freunde von Theodorus).

[58] Nach der Begabung ist der Leistungsgedanke bei Fortunatus kaum noch relevant.

[59] Zugleich ist dieses Verhalten durchaus als ›superbia‹ einzustufen; vgl. KÄSTNER: *Peregrinator mundi*, Anm. 49, S. 117–119. Als er im Dienst des spanischen Königs steht, heißt es *vnd thet gar vil manlicher that / das jn der künig zu ritter schlüge.* (514) Die Form ist ambig und kann als Konjunktiv (»damit er ihn schlagen würde«) oder als Indikativ (»so dass er ihn schlug«) aufgefasst werden. Auf einen etwaigen Ritter-Status wird in der Folge vom Erzähler kein Bezug genommen – der englischen Prinzessin gegenüber gibt er sich jedoch als Ritter aus (552), Agrippina greift, als sie ihm ausgeliefert ist, seine Sprachregelung auf; ebenso der zyprische König, jedoch erst, als Andolosia angekettet im Stock liegt. Wiederholt wird stattdessen die Bedeutung einer adeligen Geburt unterstrichen: Für den Waldgrafen ist relevant, dass Fortunatus *nit ain geborner edelman was* (434); der zyprische König will kein *vngebornes weibßbild* (467) den Palast besitzen lassen; bei der Werbung um Agrippina bedauert Andolosia, nicht *so hoch geboren* (517) zu sein; dagegen sieht die Äbtissin ihr an, dass sie an *edlem stammen geboren* (555) ist; Graf Theodorus moniert, dass

vanzmarkierung: Er befindet sich weiterhin nicht etwa als Graf auf Augenhöhe mit dem Hochadel.

Ordo-Verstöße sind bei Andolosia omnipräsent: Er will eine Nacht mit einer adeligen Dame kaufen, dabei wird er betrogen und mit ihrer Nachbarin abgespeist; danach hetzt er die Damen aufeinander. Am Hof des englischen Königs bewährt er sich im Kriegsdienst und durch überzogene Freigiebigkeit. Nur wenige Zeilen, nachdem er die Grafentochter ausgeschlagen hat, *fieng [er] an hoff zuhalten als ob er ain hertzog wår* (515)[60] –, so dass er Besuch vom König erhält. Der König will ihm eine Lektion erteilen – die Standesthematik wird auch hier aufgegriffen: *Der künig gedacht / disen Andolosia rewet kain gelt vnnd hat weder land noch leüt. Ich můß ym ettwas beweisen / darbey er mercken můß das er nit so måchtig ist als er maint.* (518) Er verbietet allen Händlern, Andolosia Holz zum Feuermachen zu verkaufen. Andolosia gibt nicht standesgemäß klein bei, sondern er nimmt den Wettkampf sogar mit dem König auf und lässt Gewürze für absurde Summen aufkaufen, um mit diesen Gewürzen den Ofen befeuern zulassen, damit er doch ein weiteres Mal den König bewirten kann.

Dennoch wird in Kontrast zur Fortunatus-Handlung nun eine Hauptfigur gezeigt, die sich durch Taten auszeichnet, auch wenn es um Ordo-Störungen geht: Andolosia bewältigt Schwierigkeiten. Dieses Sympathiesteuerungsverfahren steht in einem Spannungsverhältnis zum Wertmaßstab »standesgemäßes Verhalten«.[61] Die Gegenüberstellung von positiven und negativen Sympathiesteuerungsverfahren kann hier – so meine These – eher eine Steigerung des ›Engagement‹ befördern als das im Vergleich axiologisch eher neutrale Erzählen bei den Reisen von Fortunatus. Das gilt analog, als Andolosia sich in die englische Prin-

er *kain geborner man wåre [...]; er nåm groß eer ein / vnd wurd geert für grafen vnd ander wol geboren leüt / vnd het doch weder land noch leüt* (568).

[60] Bemerkenswert ist die Steigerung der Reihe »Ritter – Graf – Herzog«, die jeweils durch Taten, Zurückweisung oder Repräsentationsgehabe kurz nacheinander eingespielt wird.

[61] Dieser Wertmaßstab wurde bereits in der Theodorus-Vorgeschichte und in der Waldgrafen-Episode breit thematisiert; der Ordo-Gedanke wird ein weiteres Mal auch in der Figurenrede des Königs ausgedrückt, als Fortunatus seine Zaubermittel zurückerhalten hat: *Das gelück will das er den seckel habe vnnd sunst nyemmant. vnd wenn das gelück wölt / so hett ich oder ain anderer auch ainen solchen seckel. Vil mann seind in Enngeland vnnd ist nur ain Künig darunder / das byn ich. Als mir von got vnnd dem gelück solliches verlihenn ist. Vnnd also ist auch Andolosia verlihen / das er allain den seckel haben soll vnd sunst nyemant* (550). Gegenüber MÜLLER: *Fortuna*, Anm. 27, S. 227, nach dem »das traditional bestimmte Denken des Königs« die Eigenart der Fortuna verfehlt, sei betont, dass eine solche Position im Text immerhin mit der Stimme des Königs vorgetragen wird; ein distanzierender Erzählerkommentar bleibt hier (anders als bei der Verurteilung des Kaufmanns) aus.

zessin verliebt: Das Erzählen von Liebe ist meist positiv konnotiert; aufgrund des Standesunterschieds kann diese Liebe aber keine Chance haben – wie Andolosia selbst zwar weiß[62], aber dieses Wissen hindert ihn nicht an der Werbung – etwa durch *fast zu stechen vnnd andere ritter spil* (517) und durch das Schenken edler Kleinode an die Königin und an die Prinzessin. Die Information jedoch, dass es sich um eine unstatthafte Liebe handelt, bleibt präsent; sie erweist sich zudem als einseitig.

Infolge des Holzverkaufsverbots, das Andolosia durch den Gewürzkauf umgangen hat, ist der König argwöhnisch geworden, er ermuntert die Prinzessin, die Liebe Andolosias auszunutzen. Sie verheißt ihm eine Liebesnacht, wenn er ihr sein Geheimnis aufdeckt – das hatte Fortunatus seinen Söhnen strengstens verboten. Andolosia zeigt sich jedoch beratungsresistent: Beim Stelldichein bekommt er einen Schlaftrunk, den magischen Geldbeutel nimmt sie ihm ab. Zwar stellt das Handeln der Prinzessin ebenfalls einen Ordo-Verstoß dar, da sie Andolosia betrügt. Betrachtet man jedoch nur das Verhalten von Andolosia, so erhält er eine gerechte Strafe, weil er sich als eine Figur mit bürgerlicher Herkunft anmaßt, um eine Prinzessin zu werben, weil er den Rat seines Vaters in den Wind schlägt und weil sich unbedarft übertölpeln lässt – dabei schlägt er die Warnung des Vaters vor Frauen in den Wind; auch aus dem gescheiterten Versuch, eine Liebesnacht mit einer adeligen Dame zu kaufen (513), hat er keine Lehre gezogen.

Ein weiterer Ordo-Verstoß folgt: Eigentlich wäre vereinbarungsgemäß nun sein Bruder an der Reihe, den *seckel* zu erhalten, doch Andolosia betrügt ihn und stiehlt ihm den Zauberhut. Die Eigenheit des Huts macht ihn besonders dazu geeignet, gestohlen zu werden – schon Fortunatus hat den Hut selbst gestohlen. Andolosia lässt sich von Händlern Kleinode zeigen und verschwindet damit, ohne zu bezahlen. Verkleidet als Kleinod-Händler, besucht er die Prinzessin, die die Kleinode mit dem magischen Geldbeutel bezahlen will. Also genügt es, dass Andolosia sich mit ihr mit dem Zauberhut in eine einsame Gegend wünscht, um das Blatt zu wenden. Nun müsste er nur den Geldbeutel nehmen und sich fortwünschen. Aber erneut setzt er auf ein risikoreiches Handeln: Der Zauberhut hat sie unter einem Apfelbaum abgesetzt – eine Szenerie, die an den Sündenfall gemahnt. Die Prinzessin bittet ihn um einen Apfel, er setzt ihr den Zauberhut auf, damit er ihm beim Klettern nicht im Weg ist, sie wünscht sich heim.[63] Dass

---

[62] *O wolte gott das ich von künigklichem stammen geborn wăr [...] so ich aber nit so hoch geboren byn / so kan ich dannocht nit lassen / ich můß ir hold sein / vnd vmb ir liebe werben mir geschech recht wie got wŏll* (517).

[63] Ein komischer Effekt mit Blick auf gender-Fragen wird dadurch erzeugt, dass der Sündenfall unter dem Apfelbaum hier darin besteht, einer Frau einen Männerhut zu überlassen.

er ihr den Hut aufsetzt, ist nicht nur die Folge einer Ordo-Störung: Andolosia hat die Reiseberichte seines Vater gelesen; die Information, durch welchen Fehler der Sultan den Zauberhut an Fortunatus verloren hat, ist ihm also verfügbar; dennoch begeht er den gleichen Fehler wie der Sultan.[64]

Am Tiefpunkt angekommen, isst er zwei Äpfel, die bewirken, dass ihm zwei Hörner auf dem Kopf wachsen. Ein Einsiedler zeigt ihm einen anderen Baum mit anderen Äpfeln, die die Hörner verschwinden lassen. Die religiösen Belehrungen des Einsiedlers achtet er nicht (*dise wort giengen Andolosia gantz nichts zu hertzen*; 537),[65] er nimmt jedoch Äpfel von beiden Bäumen mit nach London. In Verkleidung verkauft er der Prinzessin einen Apfel, so dass ihr Hörner wachsen. Dann verkleidet er sich als Arzt und bietet seine Dienste der Prinzessin an. Vom Heilapfel gibt er ihr nur so viel, dass die Hörner etwas schrumpfen. Weil er als Arzt nun regelmäßig Zutritt zu ihrem Gemach hat, findet er zufällig den Zauberhut und nimmt ihn. Als die Prinzessin zum Bezahlen der Arztrechnung den *seckel* holt, ergreift er sie und wünscht sich wieder zusammen mit ihr in einsamen Wald.

In dieser Episode ist er erkenntnisfähig, gedankenschnell und initiativ: Die Äpfel zur Rückgewinnung der Zaubermittel einzusetzen, ist ein origineller Gedanke, der Andolosia eingeschrieben ist. Auffällig ist der Kontrast zu Fortunatus, der Probleme mit Hilfe des *seckel* gelöst hat, also durch ein Zaubermittel, das er nicht durch eigene Verdienste erworben hat. Dagegen gelangt Andolosia durch problemlösendes Denken zum Erfolg. Die Risikobereitschaft bei dieser Rückgewinnung ist eine Bewältigung von Schwierigkeiten, es geht um aktive Betätigung – das sind positive Sympathiesteuerungsverfahren.[66]

So sehr auch negative Sympathiesteuerungsverfahren zum Einsatz kommen – v.a. Ordo-Verstöße, Hochmut, Stehlen und Desinteresse für religiöse Unterweisung: Im Figurenensemble ist Andolosia nicht schlechter als andere Figuren: Der

---

[64] Ein Komikpotential wird zudem dadurch realisiert, dass er sich hier erstmals an den väterlichen Rat hält, Beutel und Hut nie zu trennen: Die Prinzessin hat den Geldbeutel noch am Gürtel, als er ihr den Hut vor dem Besteigen des Apfelbaumes überlässt.

[65] Ein weiteres normativ negatives Sympathiesteuerungsverfahren nach dem Verlust der Zaubermittel ist der niedere Wunsch, der in einem Soliloquium zum Ausdruck kommt, dass sein Bruder hier sein möge, damit er ihn erwürgen und sich selbst hängen könne. Denn nach dem Tod von Fortunatus' Söhnen soll der *seckel* seine Zaubermacht verlieren, die Prinzessin hätte dann keinen funktionierenden Geldbeutel mehr (535).

[66] Ohne weiterführende Analyse der sympathielenkenden Verfahren sieht REUVEKAMP: *Hölzerne Bilder*, Anm. 7, S. 121, Andolosia hier agieren als »sympathischer Schwankheld, der gefährliche Situationen nicht flieht, sondern auf Listen mit spektakulären Gegenlisten reagiert und es letztlich immer schafft, sich triumphierend aus der Affäre zu ziehen.«

König ist habgierig[67] und betrügerisch, weil er seine Tochter animiert, Andolosias Liebe auszunutzen, um dessen Geheimnis zu erfahren. Die Prinzessin verspricht ihm eine Liebesnacht, um ihn zu betrügen: das Thema Betrug ist omnipräsent. Insoweit Betrug ein negatives Sympathiesteuerungsverfahren darstellen kann, wird die Wirksamkeit dieses Verfahrens bei der Rückgewinnung der Zaubermittel dadurch stark limitiert, dass Andolosia sich mit den gleichen Mitteln gegen diejenigen zu Wehr setzt, die mächtiger sind – den ersten Betrug hat die Gegenseite zu verantworten. Darüber hinaus ist Andolosia auch der Protagonist einer Textpartie, die in ästhetischer Hinsicht eine andere Strahlung entwickelt als die Berichte zu den Reisen seines Vaters:[68] In der zweiten Hälfte des Romans werden größere Wagnisse eingegangen, die Ereignisse sind turbulenter. Während beim Bericht von Fortunatus' Reisen weithin das passive Ansehen der Welt im Vordergrund stand, geht es bei Andolosia gemäß der GREIMASSCHEN Logik[69] häufiger darum, welcher Aktant sich welches Objekt attribuieren kann – mit der Besonderheit, dass dieses Schema mehrmals durchgespielt wird und dass die aktantiellen Positionen wechseln.

Wägt man die Sympathiesteuerungsverfahren zu Andolosia bis hierher ab, um zu einer Einschätzung ihrer Wirksamkeit und zu einer Gesamtschau der Sympathiesteuerung zu gelangen, dann bleibt festzuhalten, dass sowohl positive als auch negative Sympathiesteuerungsverfahren zum Einsatz kommen. Es ist nicht erkennbar, dass die positiven oder die negativen Verfahren überwiegen würden, so dass eine klare Situierung an einem Pol auf der Achse zwischen Sympathie–Antipathie nicht geboten ist. Aufgrund der Ambiguität[70] bei den Sympathiesteuerungsverfahren wird ein relativ breiter Korridor eröffnet, der in der Mitte zwischen den beiden Polen anzusiedeln sein wird.[71]

---

[67] So nutzt er bei dem Kaufmann das Rechtssystem dafür, die Kleinode zu erhalten.

[68] Eine prägnante Analyse zum Zusammenhang von Rezeptionssteuerungsphänomenen und der ästhetischen Gestaltung im *Tristan* bietet CHRISTOPH HUBER: Empathisches Erzählen und Katharsis in Gottfrieds Tristan, in: *DVjs* 88 (2014), S. 273–296, hier S. 290–294.

[69] Vgl. RAINER WARNING: Formen narrativer Identitätskonstitution im höfischen Roman, in: *Identität*, hg. von ODO MARQUARD und KARLHEINZ STIERLE, München 1979 (= Poetik und Hermeneutik 8), S. 553–589, hier S. 558–560.

[70] Ambiguität bei Andolosia sieht auch GEROK-REITER: *Rationalität*, Anm. 42, S. 292.

[71] Vgl. auch REUVEKAMP: *Hölzerne Bilder*, Anm. 7, S. 121f.: »Der so konturierte Habitus und die damit verbundenen Verhaltensdispositionen sind dabei beinahe durchweg Gegenstand ambivalenter Bewertungen. Einerseits sind Mut, Durchsetzungskraft und die Fähigkeit zur Selbstbehauptung vielfach positiv konnotierte Eigenschaften, die den Einzelnen gegenüber der Masse auszeichnen. Andererseits geraten im Zuge einer solchen Selbstbehauptung beinahe zwangsläufig die Bedürfnisse des Einzelnen in einen Konflikt

Wenn eine Figur ein unverschuldetes Unglück erfährt, kann dadurch Engagement erzeugt werden.[72] Während sich – in Kontrastfolie zu Fortunatus, der Risiken möglichst aus dem Weg geht[73] – nach der Begabung kein nennenswertes Unglück einstellt, ist der Verlust des *seckel* aufgrund der Ordo-Störung gerade nicht unverschuldet. Dennoch, fokussiert man auf die Prinzessin, so fällt auf, dass der erfolgreiche Erwerb des *seckel* keineswegs eine angemessene Belohnung der Prinzessin für eine gute Tat ist; der Hut fällt ihr danach ganz unverdient zu. Hier öffnet sich eine Gerechtigkeitslücke: Das unverdiente Glück für die Prinzessin korrespondiert mit dem nicht unverdienten Verlust von Andolosia. Die Betrugsabsichten des Königshauses sind ein Gegengewicht zu Andolosias ordo-Verstoß und zu seiner Unbedarftheit, als er auf die List hereinfällt. Die Leistung von Andolosia bei der Rückgewinnung legt wiederum nahe, dass es zugleich auch verdient sein kann, wenn er schließlich seine Zaubermittel zurückerhält.[74] Die Vorgänge zeigen sich somit auch mit Blick auf die Gerechtigkeitsfrage als oszillierend.[75]

zu den Bedürfnissen des Kollektivs, der letztlich die Stabilität der gemeinschaftlichen Ordnung gefährdet.«

[72] Vgl. DIMPEL: *Die Zofe im Fokus*, Anm. 1, S. 84–92.

[73] Andolosias Bruder Ampedo ist noch stärker als Kontrastfigur zu Andolosia konzipiert. Während Andolosia dem Vater insoweit nachfolgt, als er die Welt sehen will, zieht Ampedo die Sicherheit und die Bequemlichkeit zuhause vor: *ich möchte leycht kommen da mir nit so wol wäre als mir hye ist / ich will hye zu famagusta beleyben vnnd mein leben in dem schönen ballast verschleissen.* (508) Dieses Gegenbild zu einer aktiven Lebensführung wird auch am Textende als Kontrast aktuell gehalten: Sein Bruder verzichtet nach der Gefangennahme von Andolosia auf jegliche Hilfeleistung: Er schürt den Zauberhut »in sinnloser Weise« (BEATE KELLNER: *Geheimnis*, Anm. 14, S. 329) ins Feuer, statt »diese auf der Hand liegende Möglichkeit« zur Rettung des Bruders zu nutzen (MÜHLHERR: *Melusine*, Anm. 11, S. 66). Dieses Verhalten kann als Trägheit beschrieben werden: *acedia* wird zu den Hauptlastern gezählt; vgl. ROTH: *Negativexempel*, Anm. 27, S. 214. Ampedos Präferenz für Risikovermeidung und Untätigkeit führt – obwohl keine aktive Normübertretung von ihm erzählt wird – schließlich ebenso in die Katastrophe wie der schillernde Lebenswandel von Andolosia: Ampedo stirbt vor lauter Angst um den Bruder. GEROK-REITER: *Rationalität*, Anm. 42, S. 289, bezeichnet Ampedo als »Gegenbild der Bewegung«, als »personifizierte[n] Stillstand«. Weil sich seine Angst auf »alles und nichts« (S. 290) richte, komme ihr kein Erkenntnisgehalt zu.

[74] Das entspricht auch der Sichtweise des Königs; vgl. oben, Anm. 61. Dagegen unterstreicht HANS-JÜRGEN BACHORSKI: *Geld und soziale Identität im ›Fortunatus‹. Studien zur literarischen Bewältigung frühbürgerlicher Widersprüche*, Göppingen 1983 (= GAG 376), S. 172, dass Fortunatus nicht durch eigene Leistung zum Erfolg gelangt ist.

[75] Zu kognitionspsychologischen Basisprozessen, die für die Entwicklung von ›Engagement‹ bei Andolosia wichtig sind, sei auch die Studie von KATJA MELLMANN: *Emotionalisierung. Von der Nebenstundenpoesie zum Buch als Freund. Eine emotionspsychologische Analyse der Literatur der Aufklärungsepoche*, Paderborn 2006 (= Poetogenesis 4) verwiesen: Das neuronale Spiegelungssystem beim Menschen reagiert »besonders dann, wenn mit der

Nach der Rückgewinnung der Zaubermittel befreit Andolosia die Prinzessin nicht von ihren Hörnern, ein Racheakt nach dem Sieg im Wettstreit – gemessen an christlichen Wertmaßstäben (»wie auch wir vergeben unsern Schuldigern«) eine Pointe, die zwar einerseits final motiviert ist, die ihn jedoch zugleich als rachsüchtig ausweist;[76] breiten Raum nimmt seine Scheltrede ein. Durch alles Bitten der Prinzessin[77] lässt er sich nicht erweichen (552–554), so dass sie sich dazu entscheidet, nicht mehr nachhause, sondern unerkannt in ein Kloster zu gehen.[78] In der Abschiedsszene beim Kloster bringt die Prinzessin mehrfach ihre Hoffnung zum Ausdruck, es möge einstmals *eüer synn vnd gemůt vmbgeben mit barmhertzikait* sein (556), doch Andolosia *giengen die wortt zu hertzen vnd gab ir kain antwurt / dann das er sprach / was got wőll das beschech.* (556)

In der Folge betätigt sich Andolosia sogar als Königsmacher, obwohl er selbst

beobachteten Aktion eine erkennbare Intention verbunden ist; und es reagiert, wenn diese Intention eine so ›basale‹ wie die der Nahrungsaufnahme ist, stärker, als wenn es sich um eine eher kulturell motivierte Intention wie z.B. ›Aufräumen / Putzen‹ handelt.« (S. 120) Der Besitz des Zaubermittels ist für Andolosia eine zentrale Intention. Als eine notwendige Bedingung für ›Rührung‹ stellt Mellmann heraus, »daß die beteiligten Emotionen existentielle menschliche Bedürfnisse tangieren; nicht jede abrupt zu Ende geführte Erwartungsspannung also kann Rührung auslösen.« (S. 133) Zum ›unverschuldeten Unglück‹ und der Intensität einer möglichen emotionalen Rezipientenreaktion im Umkreis des Verlusts des Zaubermittels vgl. auch ebd., S. 126: »Der Situationsdetektor der Emotion Mitleid besteht offensichtlich aus zwei wichtigen Komponenten: ›Verdienst‹ und ›Unglück‹. Wenn diese beiden Suchimpulse Treffer erzielen, wird die Emotion des Mitleids ausgelöst. […] Denn nur wenn möglichst viele Suchimpulse des Situationsdetektors gleichzeitig fündig werden, die Summe der schemarelevanten neuronalen Aktionspotentiale pro Zeiteinheit also möglichst hoch ausfällt, ist mit einer optimalen emotionalen Wirkung zu rechnen«.

[76] Die Rachsucht war bereits angelegt in dem Wunsch, sich und seinen Bruder zu töten, damit die Prinzessin nicht mehr über einen magischen Geldbeutel verfügt; vgl. oben, Anm. 65.

[77] Der Erzähler bezeichnet sie nun als *arm agripina / die da saß vnd von not vnd angst darinne sy was / erzütteret ir schőner leyb* (551). Mit dem Analysesystem von Hillebrandt: *Wirkungspotenzial*, Anm. 3, S. 72–88, wird so für die Antagonistin ein gewisses Empathiepotential realisiert – im Vorfeld von Andolosias Zornausbruch. In dem Augenblick, als Andolosia die Bewältigung von Schwierigkeiten bei der Rückgewinnung der Zaubermittel erfolgreich abschließen kann, wird ein gegenläufiges Sympathiesteuerungsverfahren inseriert: Die Darstellung des Leids der Antagonistin.

[78] Nach NINA KNISCHEWSKI: Die Erotik des Geldes. Konstruktion männlicher Geschlechtsidentität im ›Fortunatus‹, in: *Genderdiskurse und Körperbilder im Mittelalter. Eine Bilanzierung nach Butler und Laqueur,* hg. von INGRID BENNEWITZ und INGRID KASTEN, Bamberg (= Bamberger Studien zum Mittelalter 1), S. 179–198, hier S. 196, »unterliegt ihre Reintegration in ihre ursprüngliche Identität als Königstochter – und damit vor allem ihre Attraktivität als Heiratsobjekt – seiner Kontrolle, und er erreicht so ihr gegenüber eine Position völliger Handlungsautonomie«.

nicht von adeliger Herkunft ist. Als der Zypernkönig seinen Sohn mit der englischen Prinzessin verheiraten will, weiß niemand, dass sie im Kloster lebt. Andolosia besorgt sich mit dem Zauberhut die passenden Äpfel, also das Gegenmittel gegen die Hörner, und wünscht sich mit dem Hut zu ihr. Sein Hochmut wird greifbar, als er sie nun auffordert, Gott für etwas zu danken, was de facto sein Werk ist: *Agripina got hat erhört dein gebeet / vnd was du begerest des wirst du gewert.* (561)[79] Dann verkündet er ihr, dass sie in den nächsten Wochen mit einem hübschen, jungen König vermählt wird – *Auf die red merket Agripina gar eben.* (562) Als die zyprischen Werbungsboten ihrem Vater ihr Werbeanliegen vorgetragen haben, wird sie nach ihrer Meinung gefragt: Sie erinnert sich an Andolosias Worte, bevor sie der Ehe zustimmt: *wie sy dann vor auch von andolosia gehört het / vnd gab dem gemåld glauben vnd irn willen dartzu* (563). Ob bei ihrer Entscheidung für die Ehe auch eine Angst im Spiel ist, sich dem schlauen und zaubermächtigen Andolosia ein weiteres Mal zu widersetzen und stattdessen zu warten, ob sich nicht eine bessere Eheoption in einem näheren und mächtigeren Land ergibt, wird zwar nicht explizit gesagt, aber es ist gut vereinbar mit ihrer Figurenperspektive, da explizit auf Andolosias Ankündigung fokussiert wird (*wie sy dann vor auch von andolosia gehoert het*; 563). Zwar ist die Welt insoweit im Lot, als ein Prinz die Prinzessin bekommt.[80] Andererseits schwingt sich Andolosia dazu auf, über das Schicksal von Königshäusern zu bestimmen. Für das englische Königshaus hat Andolosia eine Situation geschaffen, in der nicht mehr schemagemäß der Beste die Schönste erhält, sondern ein Zaubermittel sorgt dafür, dass die Prinzessin an ein vergleichsweise kleines Reich in der weiteren Peripherie abgegeben wird. Andolosia konnte die Prinzessin nicht selbst erwerben, aber immerhin hat er sie für sein Land erworben.

Andolosias Ende

Am Höhepunkt des Erfolgs folgt der Fall. Die von ihm ermöglichte Hochzeit führt direkt in seinen Untergang: Beim Hochzeitsturnier übertrifft er alle, nur nicht den König – wie schon bei seinem Großvater Theodorus wird auf das Motiv *stechen / turnieren* (567) rekurriert. In Sachen adelsgemäßem Prunk überbietet er die Adeligen: da *kam er allweg kostlicher vnd baß gerüst auff den plan dann der anderen kainer / on allain dem künig / macht er sich nit geleich* (567) Wie das Turnier beim Flanderngrafen handelt es sich auch hier um ein mehrteiliges Turnier,

---

[79] Auch danach assoziiert er seine Zauberkompetenz mit Gottes Wirken: *lassen eüch das nit so groß wunder nemen got vermag alle ding / ym ist nichts vnmüglich* (561).
[80] Dagegen beurteilt STANGE: *Aufsteiger*, Anm. 7, S. 248, die Ehevermittlung positiv; Andolosia habe gelernt, »nicht über die Verhältnisse seiner Herkunft zu leben«.

in dem an einem Tag der König und die Herzöge antreten, am nächsten Tag die Grafen und Ritter, den *dritten tag / die edlen vnnd der fürsten vnd herren knecht vnd diener.* (567) Während Fortunatus im Turnier beim Flanderngrafen in der Dienerabteilung angetreten war, kämpft Andolosia mit den Grafen und Rittern.[81]

Die Grafen hassen ihn dafür: Er *wår / so kostlich vnd trib so grossen übermůtt / vnd doch kain geborner man wåre* (568) – insbesondere Theodorus, ein englischer Graf, der sich mit dem Grafen von Lymosi zur Rache an dem Emporkömmling entschließt, der aus ihrer Sicht unverdient die Huld des Königs genießt (568). Theodorus *gewan haimlichen ain grossen haß zu Andolosia* (568), weil zwar der Graf ehrenhalber zum Turniersieger gekürt wurde, aber die Zuschauer meinen, dass eigentlich Andolosia weit besser gekämpft habe – sein Verzicht auf Zurückhaltung in der Konkurrenz mit Adeligen führt nun unmittelbar zum schlimmen Ende.[82]

Die beiden Grafen nehmen ihn auf der Heimreise nach dem Turnier gefangen, sie foltern ihn so lange, bis er den Geldbeutel preisgibt,[83] danach bleibt er

---

[81] Während FLORIAN KRAGL: Fortes fortuna adiuvat? Zum Glücksbegriff im *Fortunatus*, in: *Mythos – Sage – Erzählung. Gedenkschrift für Alfred Ebenbauer*, hg. von JOHANNES KELLER und FLORIAN KRAGL, Göttingen 2009, S. 223–240, hier S. 235, anmerkt, es gebe »keinen logischen Grund, weshalb Andolosia dasselbe Turnierverhalten zu einem so ungleich größeren Problem wird als seinem Vater«, weisen KREMER / WEGMANN darauf hin, dass Fortunatus klug darauf verzichtet, »sich mit Angehörigen dieser Schicht auf Turniere einzulassen. Anstatt dessen stiftet er selbst welche, auf denen dann der mittlere und kleinere Adel gemäß der Tradition seine Repräsentation pflegt.« (DETLEF KREMER und NIKOLAUS WEGMANN: Geld und Ehre. Zum Problem frühneuzeitlicher Verhaltenssemantik im *Fortunatus*, in: *Germanistik – Forschungsstand und Perspektiven. Vorträge des Deutschen Germanistentages 1984. Bd. 2: Ältere deutsche Literatur, neuere deutsche Literatur*, hg. von GEORG STÖTZEL, Berlin 1985, S. 160–178, hier S. 173)

[82] Vgl. auch WALTER RAITZ: *Fortunatus*, München 1984 (= Text und Geschichte 14), S. 58. REUVEKAMP: *Hölzerne Bilder*, Anm. 7, S. 126, kommt zu dem Ergebnis, dass die Vertreter der verschiedenen Generationen der Familie zu »Einzelfiguren« geraten, was sich in »völlig unterschiedlichen Darstellungstechniken nieder[schlägt]. Damit sperrt der Text sich gegen Lektüren, die Vater, Sohn und Enkel als Repräsentationen des gleichen Prinzips betrachten und in ihnen die Fatalität einer an materiellen Gütern ausgerichteten Existenz exemplifiziert sehen.« Ähnlich sieht HASEBRINK: *Magie der Präsenz*, Anm. 22, S. 436, »daß exemplarische Sinnbezüge aufgebaut und gleichzeitig dem Exemplarischen der Boden entzogen wird. Noch in der Deutung als ›Negativexempel‹ bleibt diese Ambivalenz lebendig.« Diese Beobachtungen seien allerdings durch den Hinweis ergänzt, dass im vorliegenden Beitrag herausgearbeitet wird, dass das Ordo-Thema (das standesgemäße Verhalten und die Disposition zum Agon nach HAFERLAND) in allen Generationen zentral ist. Zwar scheint in der Auseinandersetzung mit der Prinzessin kurz die Option auf, dass Andolosia mit der Krone in Konkurrenz treten könnte, letztendlich führt das Agon-Motiv Andolosia jedoch zum grausamen Tod.

[83] Zur Parallele zur Folterszene beim Waldgrafen vgl. MÜHLHERR: *Melusine*, Anm. 11, S. 112f., DANIELLE BUSCHINGER: Zum Frühneuhochdeutschen Prosaroman. Drei Beispie-

eingespannt im Stock, bis ihm die Arme und Beine halb abfaulen, dann wird er vom Grafen Theodorus erwürgt[84] – zuvor bringt der Graf die Sicht des Adels auf den Punkt: *wilt du nun yetzund deiner sel hail betrachten / warumb hastu es nit gethon / do du dein geprengk / grossen hochmūt vnd hochfart tribest vor dem künig vnd der künigin / vnd vnns allen vneer bewisest?* (574)

Der Mörder Theodorus ist der Graf, der die Prinzessin von England nach Zypern begleitet hat (568) – der Mord wird mit der englischen Krone verklammert. Am Ende des Konflikts mit dem englischen Königshaus, der zu Andolosias ordo-Verstößen zählt, wurde dank Andolosias Initiative die englische Prinzessin dem zyprischen Königssohn übergeben. Zwar hat sich Andolosia in der Auseinandersetzung mit der englischen Krone beim Gewürzkrieg und beim Kampf um die Zaubermittel als raffinierter erwiesen. Doch gerade ein Agent der unterlegenen englischen Partei sorgt dafür, dass Andolosias Erfolg letztlich in ein denkbar schlimmes Ende umschlägt. Andolosia hat als Werbehelfer selbst die Weichen dafür gestellt, dass sein Mörder von England nach Zypern kam, und mit der öffentlichen Deklassierung der Grafen im Kampf und in repräsentativer Prachtentfaltung hat er selbst den Anlass zum Mord geliefert.[85] Bemerkens-

le: Der Prosa-Tristrant, der Fortunatus und Die Schöne Magelone, in: *Eulenspiegel trifft Melusine. Der frühneuhochdeutsche Prosaroman im Licht neuer Forschungen und Methoden; Akten der Lausanner Tagung vom 2. bis 4. Oktober 2008*, hg. von CATHERINE DRITTENBASS, ANDRÉ SCHNYDER und ALEXANDER SCHWARZ, Amsterdam, New York 2010 (= Chloe: Beihefte zum Daphnis 42), S. 67–87, hier S. 78, RALF-HENNING STEINMETZ: Welterfahrung und Fiktionalität im *Fortunatus*, in: *ZfdA* 133 (2004), S. 210–225, hier S. 216.

[84] Auch die Grafen erhalten, so KRAGL: *Fortes fortuna adiuvat*, Anm. 81, S. 235, »ihre verdiente Strafe, Justitia [...] triumphiert nicht zuletzt, aber wenigstens am Ende.« Kragl sieht hier erstmals im Text »eine starre Gut-Böse-Dichotomie installiert«. Explizit eingespielt wird hier nochmals das Thema Gerechtigkeit: *das was ir rechter lon / sy hetten es wol verdienet* (578).

[85] Anders BRAUN: *Ehe, Liebe, Freundschaft*, Anm. 14, S. 97f.: »Es fehlt erneut ein klarer Nexus von Schuld und Strafe«. Nach STEINMETZ: *Welterfahrung*, Anm. 83, S. 219, wird »Andolosia ermordet, ohne eigene Schuld, ohne eigenes Versagen. Er hat [...] eben Pech, wo andere Glück haben«; ähnlich bereits MÜHLHERR: *Melusine*, Anm. 11. S. 109, weiterhin Stange: *Aufsteiger*, Anm. 7, S. 250. Nach FRANZISKA ZIEP: Kohärenzprobleme. Überlegungen zum Zusammenhang von Identität und Erzählung am Beispiel von *Fortunatus* und *Ulenspiegel*, in: *Protomoderne. Schwellen früherer Modernität*, hg. von JAN BROCH und MARKUS RASSILLER, Würzburg 2008 *(= Studien zur Moderneforschung 5)*, S. 215–233, S. 223, ist Andolosias Tod »nicht konsequent durch die Geschichte motiviert, sondern ein zufälliges und willkürliches Ereignis [...].« Das »moralisch-exemplarische[s] Ursache-Folge-Verhältnis« sieht Ziep »ad absurdum geführt, da Andolosias Tod eben nicht handlungslogisch mit den vorangegangenen Ereignissen verknüpft ist.«

Dass Andolosias Tod ein Zufall sei, ist keinesfalls ein Faktum – trotz häufiger Wiederholung in der Forschungsliteratur. Eine solche Aussage hat den Status einer These, gegen die sich anführen lässt, dass der Hass der Grafen kausal unmittelbar damit verwert ist die doppelte Verklammerung des Agenten der Bestrafung, die wohl bei den meisten Rezipienten nur unterhalb der Schwelle aktiver Reflexion zur Rezeptionssteuerung beitragen kann:[86] Der Graf Theodorus führt nicht nur die Auseinandersetzung mit England weiter, er trägt zudem auch den gleichen Namen wie Andolosias Großvater Theodorus, den das *stechen / turnieren* in den Ruin geführt hat – Andolosia hat den Großvater sowohl im unstandesgemäßen Verhalten als auch im schlimmen Ende übertroffen; schlussendlich wird diese Problemlage durch die Namensgleichheit erneut aufgerufen.

Dass am Ende negative Konsequenzen folgen, ist einerseits weder überraschend noch unverdient. Doch auch hier oszillieren wieder das unverschuldete Unglück und der Tun-Ergehen-Zusammenhang: Denn Folter, monatelange Qual im Stock und die Ermordung stellen ein schlimmes Ende dar – sogar in den Augen der Prinzessin (*die zůmal laidig was vmb den getrewen andolosia*; 579).

knüpft ist, dass der Aufsteiger in Konkurrenz zu Adeligen tritt und sie überbietet. Der Tod ist nicht nur auf der Ebene der kausalen Motivation mit dem Thema ›Standeskonkurrenz‹ verkoppelt, auch auf der Ebene der kompositorischen Motivierung wird damit ein paradigmatisches Erzählen weitergeführt: In vielen Einzelepisoden wurde immer wieder das Thema durchgespielt, inwieweit Fortunatus und Andolosia dank der Zaubermittel in Konkurrenz zu adeligen Rivalen treten können; so wurde etwa der Umstand, dass der englische König in den Wettbewerb mit Andolosia eingetreten ist, ebenfalls mit der Standesfrage motiviert (*Der künig gedacht / disen Andolosia rewet kain gelt vnnd hat weder land noch leüt*; 518). Das Paradigma ›Zaubermittelinhaber versus Adel‹ wird mit der Waldgrafenepisode initialisiert und mit Andolosias Tod zum Abschluss gebracht, auch wenn beide Protagonisten dazwischen in unterschiedlichen Konfigurationen des Paradigmas durchaus Teilerfolge erzielen können: Das Paradigma, zu dem neben den Aktanten und dem monetären Wertetransfer noch ein immaterieller Wertetransfer wie ›Ehre‹ gehört, bildet ein ›thematisches Cluster‹, das variiert wird; zu »paradigm shifts« vgl. ARMIN SCHULZ: Fremde Kohärenz. Narrative Verknüpfungsformen im Nibelungenlied und in der Kaiserchronik, in: *Historische Narratologie. Mediävistische Perspektiven*, hg. von HARALD HAFERLAND und MATTHIAS MEYER, Berlin, New York 2010, S. 339–360, SCHULZ: *Erzähltheorie*, Anm. 34, S. 333–348. Mit der Aussage, dass die Grafen Andolosia »nur zufällig« ermorden, mag bestenfalls ein Ereignis beschrieben sein, das sich innerhalb der erzählten Welt (scheinbar) zufällig einstellt. Auf der Ebene der kompositorisch-linearen Motivierung ist es offensichtlich nicht Zufall, sondern Teil der narrativen Konzeption, dass Andolosia ein gutes Ende versagt ist, da der Erzähler sogar eine Kontiguitätsrelation zwischen dem Grafen Theodorus, der englischen Krone und Fortunatus' Vater Theodorus etabliert. Betrachtet man ›Kontingenz‹ als ein Wahrnehmungs- bzw. Attributionsphänomen, so mag eine Kontingenzwahrnehmung mit Blick auf einzelne Figuren teilweise nahegelegt werden. In der Gesamtschau zeigt sich die Koordination von standesgemäßem Verhalten und entsprechendem Ergehen jedoch stabil. Andolosias Ende mag man mit MÜHLHERR: *Melusine*, Anm. 11, S. 110, vielleicht als nicht-wünschenswert einstufen; mit Blick auf die evaluative Struktur darf man es jedoch nicht fort eskamotieren. Das Unglück trifft gerade keine Figur, die sich ordo-gerecht verhält wie Fortunatus.

[86] Vgl. DIMPEL: *Die Zofe im Fokus*, Anm. 1, S. 72–75.

Die breite und drastische Darstellung der Folter und des Erwürgens deuten an, dass es sich zugleich um ein negatives Ergehen handelt, das in diesem Ausmaß nicht verdient ist: Insofern wird zugleich mit dem Tun-Ergehen-Zusammenhang[87] auch das Wahrnehmungsmuster ›unverschuldetes Unglück‹ aufgerufen.

Von anderen Figuren wird Andolosia posthum positiv evaluiert: *Do der küng hort wie sy mit dem frommen Andolosia vmbgangen warn*[88] (578) heißt es; diese Wertung wird mehrmals wiederholt – ein weiterer Baustein, der sich in eine ambivalente evaluative Gesamtstruktur einfügt.

---

[87] FLORIAN KRAGL hat in der Diskussion die Frage aufgeworfen, ob narratologische Bösewichte überhaupt als Exekutive einer Instanz, die Gerechtigkeit gewährleistet, in Frage kommen; ähnlich MÜHLHERR: *Melusine*, Anm. 11, S. 107: »Der Zusammenhang zwischen Andolosias Übermut und seinem Untergang ist als Deutungsmöglichkeit angeboten, doch sehr zurückgenommen, ja geradezu disqualifiziert, da er vom brutalen Mörder ausgesprochen wird«. Wichtig ist mir der Hinweis, dass der Tun-Ergehen-Zusammenhang als außertextuelles Denkmuster die Modellierung einer Denkstruktur darstellt, die insbesondere im Alten Testament weit verbreitet ist. Dort dienen häufig Ungeziefer, Seuchen sowie Feinde und andere Bösewichte als Plage für das oft nicht gottgefällig lebende Volk Israel. Ein Beispiel wäre der Kampf gegen die Amalekiter, bei dem die Feinde als strafende Instanz für das zweifelnde Volk fungieren, die nur durch das Heben der Hände von Mose besiegt werden können (2. Mose 17). Dass Gott durch böse Menschen handelt, expliziert bspw. Josef, nachdem ihn seine Brüder als Sklaven verkauft hatten (1. Mose 27, 27f.): »Ihr habt Böses gegen mich im Sinne gehabt, Gott aber hatte dabei Gutes im Sinn, um zu erreichen, was heute geschieht: viel Volk am Leben zu erhalten.« (1. Mose 50, 17; Einheitsübersetzung, http://www.bibleserver.com/text/EU/1.Mose50, Abruf 25.6.2015)

Mit Blick auf die Figur, für die der Tun-Ergehen-Zusammenhang betrachtet wird, geht es bei der Frage nach dem Tun-Ergehen-Zusammenhang – anders als bei der Frage nach einem Sympathiesteuerungsverfahren – nicht um den Sympathiestatus des Agenten der Strafe. Vielmehr geht es darum, inwieweit sich für die betrachtete Figur nach der narrativen Logik offensichtlich linear nicht unmotiviert ein schlimmes Ergehen einstellt (vgl. DIMPEL: *Die Zofe im Fokus*, Anm. 1, S. 84–91). In anderem Zusammenhang hat HARTMUT KUGLER aufgezeigt, dass im Rahmen der narrativen Logik auch Teilerfolge bzw. Misserfolge den Status der Figuren anzeigen können (HARTMUT KUGLER: Iwein, das gute und das schlechte Regiment, in: *Oxford German Studies* 25 (1996), S. 89–118). An die Stelle eines strafenden Gottes tritt hier die evaluative Struktur der Erzählung.

[88] Die Belege im Deutschen Wörterbuch zu ›fromm‹ illustrieren, dass um 1500 die Bedeutung ›pietas‹ noch nicht überwiegt. Die Tapferkeit von Andolosia stand niemals in Frage – dieses zweischneidige Lob referiert implizit auch auf die Turniertätigkeit, die mit den Ordo-Verstößen koordiniert ist. Analog bereits zuvor: *das dem künig so laid was vmb seinen frommen ritter Andolosia*; der Gefängniswächter sagt: *er ist ain frommer man.* HASEBRINK: *Magie der Präsenz*, Anm. 22, S. 438, sieht im *Fortunatus* eine »Destabilisierung von Wertehierarchien« am Werk.

Ambige Sympathiesteuerungsverfahren

Handlungen im Kontext positiver Sympathiesteuerungsverfahren, die sich auf moralische Wertmaßstäbe beziehen, sind bei Andolosia in etwas geringerem Maße zu verzeichnen als negative Sympathiesteuerungsverfahren: Etwa die Tüchtigkeit im Krieg, Hilfe für den zyprischen König, nachträgliche Bezahlung der gestohlenen Kleinode. Negative Sympathiesteuerungsverfahren können bei dem häufigen Überschreiten der Standesgrenzen, dem Ignorieren der Ratschläge von Vater und Einsiedler, bei der Rache an der Prinzessin, bei dem Diebstahl der Kleinode und bei dem Betrug des Bruders vermerkt werden. Moralisch überwiegt das Negative, dem neben positiven Wertungen von anderen Figuren vor allem positive nicht-moralische Sympathiesteuerungsverfahren gegenüberstehen, die für die Frage nach dem Tun-Ergehen-Zusammenhang weniger einschlägig sind: insbesondere die Bewältigung von Schwierigkeiten,[89] aktives Handeln, Fokusführung, Art der Redewiedergabe[90], Protagonistenbonus. Das gedankenschnelle Erkennen der Chance, die Zaubermittel mit Hilfe der Äpfel zurückzugewinnen und die Gewitztheit im Handeln können das Entstehen von Artefaktemotionen begünstigen, also von »Emotionen, die sich auf den Text als Kunstwerk richten«[91] wie Überraschung oder Staunen. Andolosias Kampf mit der Prinzessin ist reicher an Pointen, Wendungen und Wagnissen,[92] er hat, so meine These, einen höheren Unterhaltungswert[93] als die Berichte über die Reisen von

---

[89] KREMER / WEGMANN: *Geld und Ehre*, Anm. 81, S. 176, sprechen davon, dass der Text »dem selbstbewußt auftretenden Andolosia in seiner Auseinandersetzung mit dem englischen König« Sympathie entgegenbringt.

[90] Vgl. hierzu REUVEKAMP: *Hölzerne Bilder*, Anm. 7, S. 123f., die zeigt, wie der Rezipient anders als bei Fortunatus bei Andolosia »tiefe Einblicke« bei der »Wahrnehmung des Geschehens« erhält: Andolosia hat nicht nur einen höheren Anteil an wörtlicher Rede, »seine Reden sind auch von deutlich höherer Expressivität und geben zudem, wie die Gedankenreden, ausführliche motivierende Innensichten.« Die Privilegierung bei führt dazu, »dass Andolosia dem Rezipienten viel vertrauter wird, als sein Vater.«

[91] Vgl. HILLEBRANDT: *Wirkungspotenzial*, Anm. 3, S. 24 sowie 128–136.

[92] Implizit beruht auch die Einschätzung von MÜHLHERR: *Melusine*, Anm. 11, S. 106, auf einer Trennung von moralischen und nicht-moralischen Sympathiesteuerungsverfahren: »Alles in allem ist festzuhalten, daß Andolosias negative Rolle im Verlauf seiner Geschichte durch positive Rollenzuschreibung überblendet wird. Abgesehen von den bewundernswerten kriegerisch-ritterlichen Fähigkeiten bieten seine Meisterstücke von schwankhaftem Einfallsreichtum und listiger Schauspielerei, aber auch seine Demonstration nobler Gesinnung gegenüber seinen Dienern ein Spektrum von Eigenschaften, die Gefallen des Lesers an der Figur bewirken.«

[93] Vgl. auch REUVEKAMP: *Hölzerne Bilder*, Anm. 7, S. 122: »So problematisch all dies vor dem Hintergrund ethisch-moralischer Kategorien auch ist, so offensichtlich ist der literarische Reiz der mit ›frech‹ bezeichneten Verhaltensdispositionen. Exzeptionalität, Normen- und Tabubrüche sind in hohem Maß ereignishaft und dazu prädestiniert, Er-

Fortunatus. Trotz allem Engagement, das dadurch gefördert wird, bleibt die Sympathiesteuerung insgesamt ambivalent.[94]

Angesichts der Vielfalt der Kontexte von individuellen Rezeptionsprozessen und der verschiedenen Voraussetzungssystem der Rezipienten ist es selbstverständlich nicht zulässig, davon auszugehen, dass die Reiseberichte von Fortunatus von allen Rezipienten – etwas überpointiert – als vergleichsweise langweiliger und der Andolosia-Part als unterhaltsamer rezipiert werden. Betrachtet man jedoch die textinternen Oppositionen und Kontraste, so scheint mir die Textstruktur doch überwiegend eine solche Auffassung zu privilegieren. Mit der Frage, inwieweit sich die denkbar große Bandbreite an individuellen Rezipienten auf evaluative Textstrukturen einlässt, ist die Grenze dessen erreicht, was mit einem narratologisch fundierten Analysesystem zur Sympathiesteuerung eingeholt werden kann.[95]

zählprozesse unterschiedlichster Art in Gang zu setzen, die nicht nur unterhaltsam sind, sondern darüber hinaus einen Diskussionsraum für zentrale Fragen der menschlichen Existenz und des gesellschaftlichen Miteinanders eröffnen.« Vgl. weiterhin MÜHLHERR: *Melusine*, Anm. 11, S. 100.

[94] Zur Frage, ob Fortunatus lieber die Weisheit wählen sollen, vgl. DIETER KARTSCHOKE: Weisheit oder Reichtum? Zum Volksbuch von Fortunatus und seinen Söhnen, in: *Literatur im Feudalismus*, hg. von DIETER RICHTER, Stuttgart 1975 (= Literatur und Sozialwissenschaften 5), S. 213–259, IRMELA VON DER LÜHE: Die Anfänge des Prosaromans. *Hug Schapler* und *Fortunatus*, in: *Einführung in die deutsche Literatur des 12. bis 16. Jahrhunderts. Bd. 3: Bürgertum und Fürstenstaat – 15./16. Jahrhundert*, hg. von WINFRIED FREY, WALTER RAITZ und DIETER SEITZ, Opladen 1979 (= Grundkurs Literaturgeschichte), S. 69–91, hier S. 86–90, MÜHLHERR: *Melusine*, Anm. 11, S. 114–116, WOLFGANG HAUBRICHS: Glück und Ratio im *Fortunatus*. Der Begriff des Glücks zwischen Magie und städtischer Ökonomie an der Schwelle der Neuzeit, in: *LiLi* 13 (1983), S. 28–47, KELLNER: *Geheimnis*, Anm. 14, S. 316–319, STANGE: *Aufsteiger*, Anm. 7, S. 240f. Während HAUBRICHS (S. 33 und 39) betont, dass auch die Weisheit an die nächste Generation vererbbar gewesen wäre, hat jedoch Fortunatus in der Entscheidungssituation keine Informationen darüber erhalten hat, ob die Gabe auch für die nächste Generation gilt. Dafür, dass Söhne die Weisheit des Vaters in den Wind schlagen, gibt es zahlreiche literarische Beispiele. Dagegen handelt es sich bei Vermögenswerten um ein Kapital, das üblicherweise vererbt wird. An Weisheit, um sein Leben nach Wunsch zu führen, mangelt es Fortunatus nicht – mit einer Ausnahme: Die nächste Generation belastet er durch den Hutraub. Der heidnisch konnotierte Hut ermöglicht nicht nur den Konflikt mit der Prinzessin und ihre Hochzeit mit dem zyprischen Prinzen, die zu Andolosias Tod führt. Die gräflichen Entführer berufen sich auch darauf, dass man ihn umherfliegen sieht: Damit trägt der Hut dazu bei, die Figur als eine Neid erzeugende Figur auszugeben, deren Überlegenheit auch als im Wortsinn als Überflieger ins Bild gesetzt wird. Zudem führt der Hutraub dem Sohn auch vor, dass der Vater sein Prinzip, Adelige nicht zu provozieren, zuletzt ignoriert hat. Gleich nach der Sterbebettszene wirft Andolosia die Ratschläge des Vaters über Bord, etwa, Hut und Geldbeutel nie zu trennen.

[95] Auch MÜHLHERR: *Melusine*, Anm. 11, S. 115, bilanziert: »Ob man einen – pragmatischen – Schluß aus der Historia ziehen will und, wenn ja, welchen, bleibt dem Leser überlassen.«

Drei Thesen

Anstelle einer Bilanz will ich drei Thesen ans Ende stellen, die freilich erst noch in weiteren Analysen Bewährung finden müssen:

These 1: Sympathie kann auch für Figuren geweckt werden, die wissentlich Fehler begehen und die gegen moralische Wertmaßstäbe verstoßen. Diese These ist zwar nicht ganz neu, am Fortunatus kann jedoch studiert werden, dass es v.a. dann möglich ist, wenn andere, nicht-moralische Wertmaßstäbe im Text zumindest implizit mitgeführt werden – hier etwa der Kontrast zwischen Fortunatus und Ampedo einerseits sowie Andolosia andererseits hinsichtlich eines aktiven Lebenswandels; CLAUDIA HILLEBRANDT hat darauf hingewiesen, dass auch Kraft oder Eleganz als Wertmaßstäbe aufgefasst werden können, über die Sympathiesteuerung möglich ist. Das Sympathiesteuerungsverfahren ›Bewältigung von Schwierigkeiten‹ wäre eine Entsprechung dazu. Außerdem kann es nützlich sein, wenn moralische Wertmaßstäbe unterminiert werden – etwa dadurch, dass andere Figuren ebenfalls unmoralisch handeln.[96] Ganz verabschiedet werden moralische Wertmaßstäbe im *Fortunatus* gerade nicht: Zwar wird oft Opportunismus oder Egoismus zum Thema, doch werden solche Einstellungen regelmäßig diskreditiert – etwa die Habgier des Königs bei der Hinrichtung des Kaufmanns. Gerade auch in der gelegentlichen Negation werden ethische Maßstäbe präsent gehalten und als Sollzustand festgeschrieben.

Wie am Kontrast zwischen dem risikoscheuen Fortunatus und dem risikofreudigen und deutlich aktiveren Andolosia sichtbar wird, kann die übergeordnete Ebene der ästhetischen Gestaltung – hier etwa: abwechslungsreiches, pointenreiches Erzählen – ein Engagement begünstigen und auch zugleich auch als positives Sympathiesteuerungsverfahren fungieren; hier geht es auf übergeordneter Ebene um eine Interessenbildung, die vorwiegend durch Kontiguität an bestimmte Figuren gekoppelt bleibt.

These 2: Sympathie und Engagement hängen enger zusammen, als es das Zweiachsen-Diagramm suggeriert. Textuelle Faktoren, die Sympathie oder Engagement ermöglichen, sind allenfalls in der Analysepraxis eher der einen oder der anderen Achse zuzuordnen. Positive nicht-moralische Sympathiesteuerungsverfahren können einerseits Engagement erzeugen und andererseits trotzdem einen Beitrag zur Verortung einer Figur auf der Achse Sympathie-Antipathie leisten. Eine trennscharfe Abgrenzung wird auch an einer anderen Stelle problematisch: Ähnlich wie CLAUDIA HILLEBRANDT habe ich eine analytische Unter-

---

[96] Vgl. VERA NÜNNING: Voicing Criticism in Eighteenth-Century Novels by Women: Narrative Attempts at Claiming Authority, in: *English Past and Present. Selected Papers from the IAUPE Malta Conference in 2010*, hg. von WOLFGANG VIERECK, Frankfurt a.M. 2012, S. 81–107, hier S. 93–97.

scheidung von Sympathiesteuerungsverfahren einerseits und Gewichtungsfaktoren anderseits vorgeschlagen,[97] also Ebenen, auf denen die Wirksamkeit von Sympathiesteuerungsverfahren diskutiert werden kann; der primacy-Effekt ist ein Beispiel für einen Gewichtungsindikator. Eine analytische Trennung ist zwar unter Modellbildungsgesichtspunkten reizvoll und sie ist heuristisch hilfreich. Die *Fortunatus*-Analyse deutet aber an, dass auch zwischen ermöglichenden Faktoren und Gewichtungsfaktoren eher ein rekursives Verhältnis besteht, es geht eher um Fluidität als um klare Grenzen. So dient die ›Bewältigung von Schwierigkeiten‹ wohl im *Fortunatus* mehr zur Ermöglichung von Engagement als von Sympathie.[98]

These 3: Skeptisch bin ich bei der Leistungsfähigkeit des Empathie-Begriffs, der aufgrund verschiedener eingeführter Begriffsverwendungen meist breit gefasst wird.[99] Wenn er, wie bei VERENA BARTHEL, über die Darstellung von Informationen gefasst wird, die Rückschlüsse auf mentale Zustände von Figuren erlauben, dann wird man bei Hauptfiguren damit nur selten zu trennscharfen Analysen kommen, da zu Hauptfiguren meist derart viele Informationen gegeben werden, dass mit der Informationsvergabe beinahe immer Empathie verbun-

---

[97] DIMPEL: *Die Zofe im Fokus*, Anm. 1, S. 116–118 sowie 166–168.

[98] Dies durchaus auch in Korrektur bzw. als Weiterentwicklung meines Verständnisses in meiner Habilitationsschrift.

[99] MELLMANN: *Emotionalisierung*, Anm. 75, S. 115–124, HILLEBRANDT: *Wirkungspotenzial*, Anm. 3, S. 72–76. Mit einem ›Empathie‹-Begriff, der in Anschluss an FRITZ BREITHAUPT: *Kulturen der Empathie*, Frankfurt a.M. 2009 (= suhrkamp taschenbuch wissenschaft 1906) modelliert wird, hat kürzlich HUBER: *Empathisches Erzählen*, Anm. 68, eine Studie zum *Tristan* vorgelegt. Huber kommt mit diesem Instrumentarium bei der Frage nach dem Verhältnis von Handlung und Exkursen im *Tristan* zu dem Ergebnis, dass die Exkurse den Rezipienten nach dem Vorbild des Erzählers zu einem Engagement stimulieren und zugleich »selbstreflexiv die Struktur der empathischen Prozesse« artikulieren: »Über affektive Identifizierung, argumentgestützte Parteinahme in Dreieckkonstellationen und die Entwicklung normativer Positionen laufen die wichtigsten Passagen [...] durchweg auf eine Phase der Katharsis zu. Die hier sich öffnenden Ausblicke auf eine produktive Verarbeitung der Liebestragödie des Romans erfolgen jeweils in Formulierungen, die den verhängnisvollen Handlungsverlauf hinter sich lassen.« (296) Während HILLEBRANDT: *Wirkungspotenzial*, Anm. 3, S. 73, Breithaupts Empathie-Begriff als »spekulativ« kritisiert, ist Hubers *Tristan*-Analyse überzeugend. Zugleich sei angemerkt, dass Huber zumindest in Teilen seiner Studie von Phänomen handelt, die ich eher unter Sympathie-, denn unter Empathie-Gesichtspunkten rubrizieren würde, da bei Sympathie eine positiv wertende Einstellung hinzutritt. Wenn Gottfried statt Schwarz-Weiß-Malerei sich auch in Marke hineinversetze, »kann er die Parteinahme für die verfolgten Liebenden auf einem noch höheren Niveau durchsetzen.« (S. 288) Vgl. weiterhin insbesondere auch S. 285, S. 293 und S. 287 (»... die Sympathien für das Liebende Paar zu wecken«). Hubers Analyse ließe sich gut mit dem suggnómé-Konzept verbinden; vgl. hier die Einleitung in diesem Band.

den wäre (oder, falls skalierbar gedacht, ein hoher Grad an Empathie).[100] Figurenbezogenes Erzählen und das Generieren von Empathiepotentialen fällt häufig zusammen.[101] Einer der Vorteile des Begriffspaars ›Engagement‹-›Distanz‹ besteht darin, dass die Skalierbarkeit bereits im Begriffspaar angelegt ist und dass etwa mit dem Kriterium ›unverschuldetes Unglück‹ weiterführende Kriterien benannt werden können. Zudem kann die Darstellung der Handlungsumstände auch ohne Innensicht, auch ohne Emotionsdarstellung ein Engagement begünstigen[102] – auch dann, wenn nur potentielle Wahrnehmbarkeit[103] gegeben ist, sowie auch bei externer Fokalisierung.[104]

[100] Vgl. BARTHEL: *Empathie, Mitleid, Sympathie*, Anm. 54, S. 54–82.

[101] Diese These sei illustriert mit der Nähe der Empathie-Definitionen bei MELLMANN und HILLEBRANDT zu der Figur-Definition bei JANNIDIS: »Als ›Empathie‹ wird im Folgenden der Vorgang bezeichnet, daß eine mentale Repräsentation eines fremden ›inneren‹ Zustands gebildet wird.« (MELLMANN: *Emotionalisierung*, Anm. 75, S. 115) »›Empathie‹ bezeichnet einen mentalen Prozess und dessen Resultat in Form einer Repräsentation des emotionalen Zustandes einer anderen Person beziehungsweise Figur, die vom repräsentierenden Subjekt rein kognitiv verstanden oder auch emotional nachvollzogen werden kann bis hin zur Übernahme des dargestellten Gefühls.« (HILLEBRANDT: *Wirkungspotenzial*, Anm. 3, S. 76) JANNIDIS fasst ›Figur‹ als »Mentales Modell einer Entität in einer fiktionalen Welt, das von einem Modell-Leser inkrementell aufgrund der Vergabe von Figureninformationen und Charakterisierung im Laufe seiner Lektüre gebildet wird.« (JANNIDIS: *Figur*, Anm. 8, S. 252)

[102] HILLEBRANDT: *Wirkungspotenzial*, Anm. 3, S. 76–84, modelliert die Kategorie Empathie wesentlich über das Mittel der Emotionsdarstellung.

[103] Vgl. DIMPEL: *Die Zofe im Fokus*, Anm. 1, S. 36–38 sowie 46.

[104] Dass für ein – hier bewusst vage gefasstes – ›Einfühlen‹ eine Emotionsdarstellung nicht das einzige Kriterium sein kann, zeigen die Studien von MELLMANN: *Emotionalisierung*, Anm. 75, die kognitionspsychologische Emotionstheorien für literaturwissenschaftliche Analysen nutzbar machen. So handelt es sich etwa bei ›Mitleid‹ nicht um eine Emotion, die im Sinne von Theorien zu Spiegelneuronen »neuronal gespiegelt« werden kann (vgl. hierzu auch Katja MELLMANN: Gefühlsübertragung? Zur Psychologie emotionaler Textwirkungen, in: *Machtvolle Gefühle*, hg. von INGRID KASTEN, Berlin, New York 2010 (= Trends in Medieval Philology 24), S. 107–119). Wichtig ist weniger die Darstellung oder die analytisch-rekonstruktiv verfahrende Erschließung einer Figurenemotion, sondern die narrativ vermittelte Kenntnis des Voraussetzungssystems einer Figur zu einem bestimmten Zeitpunkt – also der narrative Prozess in der Handlung, durch den der Rezipient in die Lage dazu versetzt wird, zu verstehen, in welcher Position sich eine Figur befindet und welche erzählten Vorgänge womöglich Figurenemotionen auslösen oder auslösen könnten, wenn eine Emotionsdarstellung unterbleibt: »Die imaginationsbildende Perspektivenübernahme versetzt den Leser schlicht in dieselbe Reizsituation, in der auch die Figur sich befindet, und die Ähnlichkeit von fiktiven Figurenreaktionen und tatsächlichen Leserreaktionen – freilich immer nur auf der Argumentationsebene des Auslösemechanismus [...] ist somit weitgehend unproblematisch. Der hermeneutische Basisprozeß der Übernahme mentaler Voraussetzungssysteme stellt zusätzlich eine partielle Kongruenz auf der Argumentationsebene des Verlaufsprogramms her: Denn das Situationsfeedback auf

Bei einer Orientierung am Empathie-Begriff würden weit weniger Differenzen zwischen Fortunatus und Andolosia greifbar werden; dagegen hoffe ich, dass ich vorführen konnte, dass das Paar Engagement-Distanz hier gute Dienste leistet.[105]

die Suchimpulse des Verlaufsprogramms wird nun gemäß den Rahmenvorsteilungen verarbeitet, die auch für die Figur gelten und die der Leser bei sich mental simuliert.« (vgl. 112–124, Zitat S. 113, hier zu ›Planungsemotionen‹).

[105] Für anregende Diskussionen danke ich den Teilnehmern der Tagung »Techniken der Sympathiesteuerung in Erzähltexten der Vormoderne« und den Teilnehmern des Hauptseminars »Fortunatus: Engagement oder Distanz« an der FAU im Sommer 2014 – insbesondere Nadine Jäger, Franziska Kreuzer und Matthias Worrich.

Victoria Gutsche

Sympathie und Antipathie in Hans Stadens *Historia*. Zu Rezeptionssteuerungsverfahren im frühneuzeitlichen Reisebericht

Der Reisebericht in all seinen unterschiedlichen Ausprägungen stellt sicher eine der ältesten Gattungen der Literatur dar, auch wenn unter ›Reisebericht‹ durchaus Unterschiedliches verstanden wird und damit eine Gattungsbestimmung schwierig ist.[1] Doch auch wenn man von einem verhältnismäßig engen Begriffsverständnis ausgeht und unter Reisebericht nur den Bericht über eine tatsächlich stattgefundene Reise versteht, zeigt ein Blick in die Literaturgeschichte, dass Reiseberichte eine lange Tradition haben.[2] Dementsprechend umfangreich ist die Forschungsliteratur.[3] Zugleich ist aber auch zu konstatieren, dass der

---

[1] Vgl. PETER J. BRENNER: *Der Reisebericht in der deutschen Literatur – Ein Forschungsüberblick als Vorstudie zu einer Gattungsgeschichte*, Tübingen 1990 (IASL, 2) und *Der Reisebericht – Die Entwicklung einer Gattung in der deutschen Literatur*, hg. von PETER J. BRENNER, Frankfurt a.M. 1989.

[2] Vgl. BRENNER: *Der Reisebericht*, Anm. 1, S. 1.

[3] Aus der schier unüberschaubaren Vielzahl der Studien seien nur einige wenige einflussreiche Studien herausgegriffen, auf die auch in der vorliegenden Untersuchung Bezug genommen wird: *Reiseberichte als Quellen europäische Kulturgeschichte – Aufgaben und Möglichkeiten der historischen Reiseforschung*, hg. von ANTONI MĄCZAK, Wolfenbüttel 1982 (= Wolfenbütteler Forschungen 21); JUSTIN STAGL: *Apodemiken – Eine räsonnierte Bibliographie der reisetheoretischen Literatur des 16., 17. und 18. Jahrhunderts*, Paderborn u.a. 1983 (= Quellen und Abhandlungen zur Geschichte der Staatsbeschreibung und Statistik 2); *Der Reisebericht – Die Entwicklung einer Gattung in der deutschen Literatur*, hg. von PETER J. BRENNER, Frankfurt a.M. 1989; BRENNER: *Der Reisebericht*, Anm. 1; WOLFGANG NEUBER: *Fremde Welt im europäischen Horizont – Zur Topik der deutschen Amerika-Reiseberichte der Frühen Neuzeit*, Berlin 1991 (= Philologische Studien und Quellen 121); *Reisen und Reiseliteratur im Mittelalter und in der Frühen Neuzeit*, hg. von XENIA ERTZDORFF und DIETER NEUKIRCH, Amsterdam, Atlanta 1992 (= Chloe. Beihefte zum Daphnis 29); BERNHARD JAHN: *Raumkonzepte in der Frühen Neuzeit – Zur Konstruktion von Wirklichkeit in Pilgerberichten, Amerikareisebeschreibungen und Prosaerzählungen*, Frankfurt a.M. u.a. 1993 (= Mikrokosmos 34); MICHAEL HARBSMEIER: *Wilde Völkerkunde – Andere Welten in deutschen Reiseberichten der Frühen Neuzeit*, Frankfurt a.M. u.a. 1994 (= Historische Studien 12); *Reisen im Diskurs – Modelle der literarischen Fremderfahrung von den Pilgerberichten zur Postmoderne*. Tagungsakten des Internationalen Symposions zur Reiseliteratur, University College Dublin vom 10.–12. März 1994, hg. von ANNE FUCHS, Heidelberg 1995 (= Neue Bremer Beiträge 8); BARBARA KORTE: *Der englische Reisebericht – Von der Pilgerfahrt zur Postmoderne*, Darmstadt 1996; JUSTIN STAGL: *Eine Geschichte der Neugier – Die Kunst des*

deutschsprachige frühneuzeitliche Reisebericht als ästhetisch gestalteter Text, der mit dem Leser in einem Interaktionsverhältnis steht, nur vereinzelt oder am Rande zum Gegenstand einer dezidiert literaturwissenschaftlichen Erforschung wurde. So finden sich zwar zahlreiche Studien, die die Konstruktion des Eigenen und Fremden, die Wissensvermittlung sowie die zeitgenössische theoretische Reflexion über Reisen und Reiseberichte oder den europäischen Diskurs der Imagination der Neuen Welt zum Gegenstand der Analyse machen. Bei diesen Studien steht jedoch meist eine inhaltliche Analyse vor allem der Imagination und Konstruktion des Fremden im Vordergrund. Das heißt zugleich, dass der Fokus hier weniger auf der ästhetischen Gestaltung des Textes mit seinen Leserlenkungsstrategien als vielmehr auf dem Produzenten liegt. Beispielhaft sei auf MICHAEL HARBSMEIER verwiesen, der dafür plädiert, Reiseberichte »ganz einfach als Zeugnisse für die spezifische Deutungsart des Verfassers und indirekt für die Mentalität seines Heimatlandes anzusehen. Reisebeschreibungen können in diesem Sinne als eine Art unfreiwillige kulturelle Selbstdarstellung der Ausgangskultur verstanden werden.«[4] Wird der Aspekt der Selbst- und Fremddarstellung in dieser Weise profiliert, rückt die ästhetische Gestaltung des Textes häufig in den Hintergrund, auch wenn sie freilich immer mitverhandelt wird. So beschäftigt sich zum Beispiel CHRISTIAN KIENING u.a. mit der Textorganisation von Hans Stadens Reisebericht.[5] Eine vergleichende, rezeptionsästhetische Untersuchung der Poetik des frühneuzeitlichen Reiseberichts steht somit – sieht man von NEUBERS luzider Studie, die sich der rhetorischen Verfasstheit frühneuzeitlicher Amerika-Reiseberichte widmet – nach wie vor aus. Dies mag auch im Gegenstand selbst begründet sein. So wurde der Reisebericht in der Frühen Neuzeit der Historiographie zugerechnet, unterlag damit dem Anspruch einer ›narratio vera‹ und wurde bis ins 18. Jahrhundert auch als solche rezipiert. Dementsprechend war eine wesentliche Funktion des Reiseberichtes die Information, so dass der Reisebericht »[...] an die niedere Stilebene des *genus humile* und die Bedingungen möglichster Kürze und Affektfreiheit gebunden«[6] war, obwohl

---

Reisens 1550 bis 1800, Wien u.a. 2002; CHRISTIAN KIENING: *Das wilde Subjekt. Kleine Poetik der Neuen Welt*. Göttingen 2006 (= Historische Semantik 9).

[4] HARBSMEIER: *Wilde Völkerkunde*, Anm. 3, S. 1f. Ganz ähnlich argumentiert auch Brenner. Vgl. BRENNER: *Der Reisebericht*, Anm. 1, S. 29f.

[5] Vgl. KIENING: *Das wilde Subjekt*, Anm. 3, S. 58–70.

[6] FRANCESCA FERRARIS, SABINE WAGNER: *Zur Edition und Kommentierung frühneuzeitlicher Reiseberichte unter dem Gesichtspunkt der Fremdheitserfahrung und -vermittlung – Ein Werkstattbericht*, in: *Kommentierungsverfahren und Kommentarformen – Hamburger Kolloquium der Arbeitsgemeinschaft für germanistische Edition 4. bis 7. März 1992, autor- und problembezogene Referate*, hg. von GUNTER MARTENS, Tübingen 1993 (= Beihefte zu editio 5), S. 73–79, hier S. 76.

Reiseberichte, wie Neuber gezeigt hat, sehr wohl mit affekt- und aufmerksamkeitserregenden Strategien arbeiten.

Ausgehend von dem Befund, dass insbesondere rezeptionslenkende Verfahren in frühneuzeitlichen Reiseberichten bisher nur am Rande untersucht wurden, stehen diese im Mittelpunkt der folgenden Ausführungen. Dabei wird der Fokus vor allem auf sympathie- bzw. antipathiesteuernden Verfahren[7] liegen, erscheint doch die Analyse textueller Signale und Verfahren, die beim Rezipienten zumindest potentiell eine bestimmte Haltung hervorrufen, gerade bei jenen Texten als besonders interessant, die qua Textsorte auf die Beschreibung und Darstellung des Fremden festgelegt sind. So geht nämlich, so die hier vertretene Grundannahme, die Darstellung des Fremden – sofern sie über ein einfaches Registrieren der Fakten hinausgeht[8] – immer auch mit einer Wertung des Fremden einher, kann das Fremde doch nur durch Abgrenzung zum Eigenen wahrgenommen werden. Diese Abgrenzung ist jedoch auch immer eine Wertungshandlung, indem dem Fremden ein bestimmter Wert implizit oder explizit zu- oder abgesprochen wird – zum Beispiel die (Nicht-)Zugehörigkeit zum eigenen Normensystem –, der für das Eigene konstitutiv erscheint.[9] Reiseberichte weisen mithin Wertungshandlungen auf, die wiederum sympathie- bzw. antipathielenkende Funktionen übernehmen können.[10] Insofern knüpft die hier vorgeschlagene Her-

---

[7] Die hier und im Folgenden verwendete Formulierung »sympathie- bzw. antipathiesteuernden Verfahren« begründet sich in der Annahme, dass der frühneuzeitliche Reisebericht sowohl mit sympathielenkenden Verfahren (v.a. in Bezug auf den Erzähler) als auch mit potentiell antipathieerregenden Verfahren (v.a. in Bezug auf das Fremde) arbeitet.

[8] Vgl. beispielhaft Herkenhoff über Hans Tuchers Reisebeschreibung: »Tuchers ›Beschreibung‹ Jerusalems und der angrenzenden Orte und Regionen liegt die Perspektive und Sichtweise eines Pilgers zugrunde. Durch Originalität und empirische Beobachtungen besticht die ebensowenig […] wie durch Interesse für die Lage und die zeitgenössischen Verhältnisse eines Orts oder der Aufmerksamkeit für die Bewohner Jerusalems oder Palästinas. Tuchers Wahrnehmung war durch die Heilige Schrift präfiguriert. Seine Darstellung beschränkt sich fast ausschließlich auf die Auflistung der Heiligen Stätten, des dort geschehenen biblischen Ereignisses und der zu erwerbenden Ablässe.« MICHAEL HERKENHOFF: *Die Darstellung außereuropäischer Welten in Drucken deutsche Offizinen des 15. Jahrhunderts*, Berlin 1996, S. 172.

[9] Vgl. zu den Begriffen ›Wert‹ und ›Wertung‹ einführend RENATE VON HEYDEBRAND, SIMONE WINKO: *Einführung in die Wertung von Literatur. Systematik – Geschichte – Legitimation*, Paderborn u.a. 1996, S. 39–44.

[10] Vgl. KATHARINA PRINZ, SIMONE WINKO: *Sympathielenkung und textinterne Wertungen in literarischen Erzähltexten. Überlegungen zu ihrer Untersuchung und exemplarische Analyse der Figur des »unglücklichen Mordgehilfen« Olivier Brusson*, in: *Sympathie und Literatur. Zur Relevanz des Sympathiekonzeptes für die Literaturwissenschaft*, hg. von CLAUDIA HILLEBRANDT und ELISABETH KAMPMANN, Berlin 2014, S. 99–127, hier S. 104f. und

angehensweise auch an wichtige Studien zur Konstruktion von Eigen- und Fremdbildern an, ohne diese jedoch ins Zentrum der Analyse zu stellen.

Mit einer rezeptionsästhetisch ausgerichteten Analyse frühneuzeitlicher Reiseberichte, die sich zudem mit sympathie- bzw. antipathielenkenden Strategien beschäftigt, wird die eben konstatierte Lücke freilich nicht geschlossen. Dies ist auch nicht der Anspruch der vorliegenden Untersuchung. Unternommen wird vielmehr der Versuch, aufzuzeigen, welche narrativen und ästhetischen Verfahren innerhalb einer solch stark normierten und zugleich überaus heterogenen Textsorte wie dem frühneuzeitlichen Reisebericht rezeptionssteuernde Wirkungen entfalten können. Als Beispieltext dient dabei vor allem Hans Stadens Reisebericht *Wahrhaftige Historia vnd beschreibung eyner landschafft der Wilden / Nacketen / Grimmigen Menschenfresser Leuthen*[11] von 1557.

Reiseberichte finden sich in den unterschiedlichsten Ausprägungen: Neben Anweisungen zum Reisen, Routenbüchern und Itineraren stehen in der Frühen Neuzeit Romane, die von Reisen berichten, Pilgerberichte, Beschreibungen von Reisen nach Indien, China, Afrika oder Amerika, Berichte über Kavalierstouren usw. Grundsätzlich gilt, dass der jeweilige Reisebericht kein Dokument eines individuellen Reiseerlebnisses darstellt: Die Reise selbst und ihre spätere Beschreibung sind von vornherein durch Apodemiken angeleitet, die Beschreibung der Fremde folgt bestimmten aus der Rhetorik entlehnten Regeln und Beschreibungsmustern.[12] So ist die laut JUSTIN STAGL typische Form der Präsentation des Wissens die Aneinanderreihung einzelner Fakten entsprechend der chronologischen Abfolge von Aufbruch, Reiseverlauf und Rückkehr[13] sowie die sie ergän-

---

CLAUDIA HILLEBRANDT: *Das emotionale Wirkungspotenzial von Erzähltexten – Mit Fallstudien zu Kafka, Perutz und Werfel*, Berlin 2011 (= Deutsche Literatur. Quellen und Studien 6), S. 92–101.

[11] Hans Staden: *Wahrhaftige Historia vnd beschreibung eyner landschafft der Wilden / Nacketen / Grimmigen Menschenfresser Leuthen / in der Newenwelt America gelegen / vor und nach Christi Geburt im Land zu Hessen unbekant / biß uff dise 2 nechst vergangene jar / Da sie Hans Staden von Homberg auß Hessen durch sein eygne erfarung erkant / und yetzo durch den truck an tag gibt*, Marburg 1557. Stadens *Historia* umfasst zwei Teile: die narratio seiner zwei Reisen sowie eine Beschreibung der Tupinambá. Hinzu kommen noch Titelblatt, eine Widmung Stadens an den Landesherrn, eine Widmung des Mathematik- und Anatomie-Professors Dryander, Inhaltsverzeichnis, ein Dankgebet und ein Dankgedicht, eine Beschlussrede sowie zahlreiche Illustrationen, auf die auch im Text verwiesen wird.

[12] Vgl. NEUBER: *Fremde Welt*, Anm. 3; STAGL: *Ars Apodemica*, Anm. 3.

[13] Beispielhaft sei auf Hans Tuchers Pilgerbericht verwiesen. Laut Herz werden darin die Gattungsmerkmale bestätigt und festgelegt, die sich bis dahin herausgebildet haben; folgende Reiseberichte orientieren sich dann an dem Tucherschen Modell. Randall Herz: *Die ›Reise ins Gelobte Land‹ Hans Tuchers des Älteren (1479–1480) – Untersuchungen zur Überlieferung und kritische Edition eines spätmittelalterlichen Reiseberichts*, Wiesbaden 2002 (= Wissensliteratur im Mittelalter 38), S. XIVf.

zenden eingeschobenen Deskriptionen:¹⁴ »Ziel war es, dem Ideal der Vollständigkeit bei der Beschreibung der Welt nahe zu kommen – ein Vorhaben, das wesentlich durch die Idee bestimmt war, die qualitativ heterogene Welt könnte durch die Ansammlung und Aneinanderreihung von Informationen zur Gänze erfasst werden.«¹⁵ Eine wesentliche Funktion des Reiseberichtes ist folglich die Information und damit die Wahl des *genus humile*.¹⁶ Zu beachten ist ferner, dass – so hat Neuber festgestellt – die narratio, das heißt die Schilderung der Reise, »gänzlich im Kontext des genus iudicale« steht. Dies hat zur Folge, dass »die Reiseberichte des 16. und 17. Jahrhunderts auf vermeintliche ›Äußerlichkeiten‹ fixiert sind und sich weder dem Inneren, dem Seelenleben des Reisenden, noch einer ästhetisierten Landschaftsbeschreibung zuwenden.«¹⁷

Diese Gattungsvorgaben und -merkmale – Kürze, Affektfreiheit, enzyklopädisches Prinzip sowie die häufige Dominanz der Deskription gegenüber der Narration – bedingen, dass bei der Analyse rezeptionssteuernder und insbesondere sympathie- bzw. antipathielenkender Verfahren und Strategien von grundsätzlich anderen Bedingungen ausgegangen werden muss, als etwa bei der Roman- oder Novellenanalyse. So kommen beispielsweise – abgesehen vom als Figur gestalteten Erzähler – meist kaum andere handelnde Figuren in ihrer Individualität in den Fokus, es sind vielmehr ganze Gruppen, über die summarisch evaluative Aussagen getroffen werden. Vor diesem Hintergrund werden im Folgenden unter Rückgriff auf Friedrich Michael Dimpels Aufstellung verschiedener Sympathiesteuerungsverfahren¹⁸ potentiell sympathie- bzw. antipa-

---

¹⁴ Stagl: *Neugier*, Anm. 3, S. 74f.
¹⁵ Achim Landwehr: *Die Stadt auf dem Papier durchwandern – Das Medium des Reiseberichts im 17. Jahrhundert*, in: *Jahrbuch für Kommunikationsgeschichte* 3 (2001), S. 48–70, hier S. 51.
¹⁶ Zugleich dient die Wahl des *genus humile* aber auch der Verbürgung von Authentizität. Denn auch wenn der Reisebericht der Historiographie zugerechnet wird, wurde insbesondere dort, wo Neues und Unbekanntes berichtet wurde, der Vorwurf der Lüge laut. Die explizit gemachte Affektlosigkeit soll die Wahrhaftigkeit des Berichteten verbürgen. Vgl. Wolfgang Neuber: *Zur Gattungspoetik des Reiseberichts – Skizze einer historischen Grundlegung im Horizont von Rhetorik und Topik*, in: Brenner: *Der Reisebericht*, Anm. 1, S. 56–59 und Stagl: *Neugier*, Anm. 3, S. 75f.
¹⁷ Neuber: *Fremde Welt*, Anm. 3, S. 120.
¹⁸ Vgl. Friedrich Michael Dimpel: *Die Zofe im Fokus – Perspektivierung und Sympathiesteuerung durch Nebenfiguren vom Typus der Confidente in der höfischen Epik des hohen Mittelalters*, Berlin 2011 (= Philologische Studien und Quellen 232), S. 164–168.
Nicht berücksichtigt werden im Folgenden Fokalisierungstechniken, die Dimpel als »zentral für Sympathiesteuerung« fasst (ebd., S. 110). Dies bedingt sich in dem Umstand, dass die Wahrnehmung im Reisebericht, die ihrerseits durch die *ars apodemica* vorstrukturiert ist, stets an den Protagonisten gebunden bleibt und Innenweltdarstellungen anderer Figuren nicht vorkommen. Mit dieser Feststellung wird jedoch nicht konstatiert, dass die

thiesteuernde Verfahren aufgezeigt, die im frühneuzeitlichen Reisebericht rezeptionssteuernde Wirkungen entfalten können.

1. Erzählerwertungen

Oben wurde bereits darauf verwiesen, dass Wertungen von Figuren oder Sachverhalten und Gegenständen der erzählten Welt[19] durch die Erzählinstanz als ein zentrales Verfahren der Sympathie- bzw. Antipathiesteuerung in Reiseberichten erscheint. So bedarf das Fremde einer Einordnung in die bestehende Wissensordnung, um überhaupt als fremd erkannt zu werden.[20] Mit dieser Einordnung geht jedoch auch immer eine Wertung einher, die das Fremde als fremd kennzeichnet. Diese Wertung kann dem Rezipienten nahelegen, eine bestimmte affektive Haltung gegenüber dem Dargestellten einzunehmen und kann insofern sympathie- bzw. antipathiefördernd wirken.[21] Im Reisebericht kann im Anschluss an HEYDEBRAND / WINKO grundsätzlich zwischen 1) expliziten Wertungen der Erzählinstanz und 2) impliziten Wertungen der Erzählinstanz unterschieden werden.[22] Unter expliziten Wertungen werden Aussagen verstanden, die »Gegenständen, Personen oder Sachverhalten positive oder negative Eigenschaften [zuschreiben], und zwar mittels eindeutig wertender Ausdrücke.«[23] Zu den impliziten Wertungen werden (2.1) »Wertungen durch Herantragen«, (2.2) »Wertungen durch Parallelisierung« sowie (2.3) »Wertungen durch Kontrast« gezählt.[24] Darüber hinaus wird hier zu den impliziten Wertungen auch die (2.4)

Fokalisierung keine Sympathiesteuerungseffekte zur Folge haben kann, kann doch die Darstellung der Innenwelt des Protagonisten positive Lenkungswirkungen zugunsten desselben entfalten.

[19] »Wenn ein Element eine Wertung erfährt, das in einer Kontiguitätsbeziehung zu einer Figur steht, ist es möglich, daß die Wertung zum Teil auf die Figur übertragen werden kann.« DIMPEL: *Die Zofe im Fokus*, Anm. 19, S. 109.

[20] Dass die Wahrnehmung und der Versuch der Einordnung in bestehende Wissensordnungen auch zur Umstrukturierung letzterer führen kann, wird damit nicht bestritten. Vgl. dazu einführend KIENING: *Das wilde Subjekt*, Anm. 3, und SUSANNA BURGHARTZ: *Alt, neu oder jung? Zur Neuheit der ›Neuen Welt‹*, in: *Die Wahrnehmung des Neuen in Antike und Renaissance*, hg. von ACHATZ VON MÜLLER und JÜRGEN VON UNGERN-STERNBERG, München 2004 (= Colloquia Augusta Raurica 8), S. 182–200.

[21] Vgl. PRINZ / WINKO: *Sympathielenkung*, Anm. 10, S. 105.

[22] von HEYDEBRAND / WINKO: *Einführung in die Wertung von Literatur*, Anm. 9, S. 67–73.

[23] Ebd., S. 68.

[24] Vgl. ebd., S. 70f. Wie bei DIMPEL: *Die Zofe im Fokus*, Anm. 19, S. 108, werden die weiteren von von Heydebrand / Winko angeführten impliziten Wertungen (»Wertungen durch Ironie«, die »wertende Verwendung an sich beschreibender Ausdrücke« sowie die

Verwendung von Stereotypen und tradierten Vorurteilen gezählt. Stereotype reduzieren Komplexität und dienen der Einordnung des Fremden: Ausgehend von einem wahrgenommen Merkmal wird auf weitergehende Eigenschaften und Merkmale geschlossen, die keiner weiteren Begründung bedürfen. Eine Auseinandersetzung mit dem Individuum oder der Gruppe findet nicht statt, sondern dem Individuum oder der Gruppe werden bestimmte positiv oder negativ konnotierte Eigenschaften zugeschrieben und damit gewertet.

Zu Erzählerwertungen in frühneuzeitlichen Reiseberichten drei kurze Beispiele. Explizite Wertungen sind recht einfach zu identifizieren. So nennt die Erzählinstanz in Hans Stadens *Historia* die Bewohner Südamerikas zum Beispiel *listig zů aller bosheyt / sehr geneygt jre feinde zu uerfolgen vn zu essen.*[25]

Vor allem implizite, aber nicht weniger deutliche Wertungen finden sich in Bernhard von Breydenbachs Pilgerbericht, in dem das Kreuzzugskonzept eine bedeutende Rolle[26] spielt und »[t]endenziöse, polemische und gehässige Äußerungen gegen Glaubensgemeinschaften, die der Römischen Kirche keinen Gehorsam zollen, [...] charakteristisch für den gesamten Pilgerbericht [...]«[27] sind. Dementsprechend schildert Breydenbach auch weniger das alltägliche Leben der fremden Völker und Gemeinschaften – als fremd wird in erster Linie der Nicht-Christ bzw. der Nicht-West-Christ begriffen –, sondern vielmehr ihre religiösen Sitten, Gebräuche und Vorstellungen. Dabei greift er auf Stereotype und Vorurteile zurück und wertet die andere Gemeinschaft damit ab. So seien etwa die Juden Mörder Christi, seien verstockt, würden die Wahrheit, d.h. die Messianität Jesu, nicht erkennen usf. (›Wertung durch Stereotype‹). Durch die scharfe Kontrastierung des eigenen Norm- und Wertesystems mit jenem vermeintlich irrigen und falschen der Juden wird darüber hinaus ein Gegenüber imaginiert, welches es aufgrund seiner ihm zugeschriebenen Verwerflichkeit sowie der Infragestellung des eigenen Wertesystems zu hassen gilt (›Wertung durch Kontrast‹).[28] Positiv hervorgehoben werden hingegen die Armenier sowie die Abessiden, indem Gemeinsamkeiten festgestellt und auf polemische Verwerfungen verzichtet werden.

Noch ein weiteres wird bei BREYDENBACH deutlich: Das vornehmliche Beschreibungs- und Charakterisierungsmittel in Reiseberichten ist der Vergleich

---

Wertung »mit Hilfe von Topoi, Redensarten und Sprichwörtern«, von HEYDEBRAND / WINKO: *Einführung in die Wertung von Literatur*, Anm. 9, S. 70–72) hier nicht berücksichtigt.

[25] STADEN: *Wahrhaftige Historia*, Anm. 11, 65ʳ.
[26] HERKENHOFF: *Die Darstellung außereuropäischer Welten*, Anm. 8, S. 186.
[27] Ebd., S. 186f.
[28] BERNHARD VON BREYDENBACH: *Die heyligen reyßen gen Jherusalem zuo dem heiligen grab*, Mainz 1486, 86ᵛ–87ʳ.

bzw. die Gegenüberstellung, das heißt das Fremde wird stets in Beziehung zum Eigenen gesetzt und damit einer Wertung unterzogen (›Wertung durch Herantragen‹).[29] Beispielhaft sei Johann Schreyer angeführt, der über die Hottentotten berichtet und sich dabei an der eigenen religiösen Ordnung orientiert:

> Sie haben kein Buch / wissen nichts von lesen und schreiben / nichts von Gott und seinen heiligen Wort: Hier ist keine Kirch / keine Tauff noch Nachtmahl / kein Priester noch Absolution, kein Gesetz noch Evangelium / sind also die elendsten Leute unter der Sonnen / sie können auch keine Sprache lernen / ausser diese / welche sie von ihren Müttern gehört / so ist auch niemand der sie verstehen kan.[30]

2. Bewältigung von Schwierigkeiten und Korrelation von Wertmaßstäben

Reiseberichte berichten von Begegnungen mit dem Fremden. Dass dieses Fremde durchaus lebensbedrohlich werden konnte, illustriert wohl am eindrücklichsten Hans Stadens *Historia*: 1548 begibt sich Hans Staden auf große Fahrt und gelangt über Bremen und Holland nach Lissabon, wo er als Büchsenschütze auf einem Schiff nach Brasilien anheuert. Die Überfahrt führt ihn nach Pernambuco, wo er zwölf Monate bleibt. Ende 1449 kehrt er nach Europa zurück und reist im Juni des folgenden Jahres mit dem Ziel Rio de la Plata wieder ab. Ein Schiffbruch verhindert jedoch, dass man dort ankommt und die Gruppe findet Zuflucht in der portugiesischen Festung São Vincente, wo Staden Festungskommandant wird. Als Staden 1553 Wild aus dem Wald holen will, wird er von feindlich gesinnten Tupinambá gestellt und in ihr Dorf Ubatuba verschleppt. Dort wird er neun Monate gefangen gehalten, während dieser ihm immer wieder gedroht wird, dass man ihn verzehren würde. Im Oktober 1554 gelingt ihm mit Hilfe eines französischen Kapitäns die Flucht. Er macht sich auf die Rückreise nach Deutschland und kommt im Februar 1555 schließlich wieder in Europa an.

Schon diese knappe Inhaltsangabe zeigt, dass Staden während seiner zwei Reisen beständig mit Gefahren konfrontiert wird, die es zu bewältigen gilt. Mit Dimpel wird angenommen, dass diese Bewältigung von Schwierigkeiten zu einer positiven Sicht auf die Figur führen und insofern als Sympathiesteuerungsverfahren wirken kann.[31] Betrachtet man nun näher, wie sich Staden den Gefahren stellt, zeigt sich, dass sich Staden in allen gefährlichen Situationen an Gott wen-

---

[29] So auch LANDWEHR: *Die Stadt*, Anm. 16, S. 60f. und JAHN: *Raumkonzepte*, Anm. 1, S. 229.
[30] JOHANN SCHREYER: *Neue Ost-Indianische Reiß-Beschreibung [...]*, Leipzig 1680, S. 14.
[31] DIMPEL: *Die Zofe im Fokus*, Anm. 19, S. 95.

det – »[d]as Südamerika-Abenteuer erweist sich als Prüfung für die Glaubensstärke des Protagonisten«[32] – und mehr noch: Gott, so Stadens Deutung, errettet ihn stets im Moment höchster Gefahr. Insofern erscheint es auch nicht anmaßend, wenn Staden Vorstellungen von frühchristlichen Märtyrern aufruft, in deren Folge er sich implizit stellt, und eine Verbindung zum Leiden Christi herstellt:

> *Also zohen sie mit mir hin / ich wûste nicht was sie mit mir in dem sinne hatten / mit dem wurd ich ingedenck / des leidens vnsers Erlôsers Jesu Christi wie der von den schnôden Jûden vnschieldig leyd / Dardurch trôstete ich mich vnd war desto gedûltiger [...].*[33]

Die Berufung auf Gottes Hilfe ordnet sich dabei in eine »durchgängige Theologisierung der Erzählung«[34] ein, die ihrerseits als Sympathiesteuerungsverfahren begriffen wird (›Korrelation von Wertmaßstäben‹). So kann man zwar nicht davon ausgehen, dass die Berufung auf Gott Staden einem christlichen Rezipienten per se sympathisch macht, doch ist anzunehmen, dass Stadens unerschütterlicher Gottesglaube von jenen zeitgenössischen Rezipienten goutiert wurde, die zu (protestantischen) christlichen Normen und Wertmaßstäben eine positive Einstellung hatten. Dazu NEUBER:

> Die durchgängige Theologisierung der Erzählung, unterstützt von Psalmen, Bibelzitaten und Gebeten, rückt den Bericht entschieden in den Kontext der protestantischen Theologie mit ihrem Konzept des tätig sich zeigenden Lenkergottes. Dies machte Stadens *Historia* zu einem Bestseller, der es in zehn Jahren zu fünf bis sechs deutschen, zwei niederländischen und einer französischen Ausgabe brachte.[35]

---

[32] KIENING: *Das wilde Subjekt*, Anm. 3, S. 67.
[33] STADEN: *Wahrhaftige Historia*, Anm. 11, 32ʳ.
[34] WOLFGANG NEUBER: *Amerika in deutschen Reiseberichten des 16. und 17. Jahrhunderts*, in: *Das Bild Lateinamerikas im deutschen Sprachraum – Ein Arbeitsgespräch an der Herzog August Bibliothek Wolfenbüttel, 15.–17. März 1989*, hg. von GUSTAV SIEBENMANN und HANS-JOACHIM KÖNIG, Tübingen 1992 (= Beihefte zur Iberoromania 8), S. 35–54, hier S. 43.
[35] Ebd., S. 43. Vgl. zur Theologisierung der *Historia* auch KIENING: *Das wilde Subjekt*, Anm. 3, S. 67f. Zu den verschiedenen Nachdrucken und Ausgaben siehe einführend MICHAEL HARBSMEIER: *Von Nutzen und Nachteil des Studiums älterer Reiseberichte – Zur Wiederentdeckung Hans Stadens im 19. und 20. Jahrhundert*, in: *Die Wiederentdeckung Lateinamerikas – Die Erfahrung des Subkontinents in Reiseberichten des 19. Jahrhunderts*, hg. von WALTHER L. BERNECKER und GERTRUT KRÖMER, Frankfurt a.M. 1997 (= Lateinamerika-Studien 38), S. 79–105, hier S. 79f. Büttner zählt im 16. Jahrhundert mehr als 70 Auflagen. Vgl. NILS BÜTTNER: *Die Erfindung der Landschaft – Kosmographie und Landschaftskunst im Zeitalter Bruegels*, Göttingen 2000 (= Rekonstruktion der Künste 1), S. 124.

Werden Wertmaßstäbe hingegen nicht geteilt, kann dies gleichfalls Lenkungswirkung entfalten: So kann die Betonung der Unvereinbarkeit der Normen und Werte auf eine negative Darstellung der Figur oder Gruppe abzielen. Im Falle der *Historia* trifft dies ›die Wilden‹: Diese werden individualisiert,[36] indem Gründe für ihr Handeln erläutert werden,[37] einzelne Namen genannt und ihre Stellung innerhalb der Gruppe angezeigt wird. Letzteres vollzieht sich entsprechend der eigenen Ordnung, werden die Führer der einzelnen Gruppen doch jeweils als Könige bezeichnet. Bei der Beschreibung einzelner Personen bzw. der Interaktion mit diesen wird ihnen auch durchaus eine eigene Stimme zugestanden, doch disqualifizieren sie sich beständig – ganz abgesehen von den Leitdifferenzen wie Anthropophagie und Nacktheit, auf die noch zu kommen sein wird – durch Hochmut, Grausamkeit, Unglauben bzw. Blasphemie, Rachsucht oder Gier.

Dennoch finden sich einzelne Passagen, die von einer vermeintlichen Hinwendung zu den ›Wilden‹ zeugen. So empfindet Staden etwa Mitleid mit einem indigenen Gefangenen[38] und auch mit gefangenen »Mammelucken« (Mestizen), die getötet werden sollen, hat Staden Mitleid, zumal diese den christlichen Glauben angenommen haben. Während die Tötung dieser Gefangenen vorbereitet wird, bietet sich die Gelegenheit zu fliehen, doch Staden verzichtet auf die Möglichkeit, *vmb der gefangenen Christen willen / welcher noch vier lebendig waren. Dann ich gedacht / entlauff jch jnen / so werden sie zornig / vnd schlagen die selbigen von stund an zu todt.*[39] Die Bekundung des Mitleids und der Sorge um die Gefangenen fungiert in diesem Fall jedoch nicht als Annäherung an die getauften ›Wilden‹, sondern vielmehr als Profilierung der eigenen Person, wird doch Stadens erwiesenes Mitleid so implizit auch für ihn selbst eingefordert. Beweise der Wertschätzung von Seiten der Tupinambá kommentiert Staden nicht und geht auch nicht weiter auf diese ein, etwa wenn der König ihn in seine Familie aufnimmt: *Der König hieß mich sohn / vnd ich ging mit seinen söhnen auffs weydwerck.*[40] Dieser König ist dann auch tief getroffen, als Staden mit dem französi-

---

Als weitere Gründe für die Beliebtheit des Reiseberichts ist neben dem »gesteigerte[n] Interesse an ›ethno-anthropologischen‹ Fragen« (WERNER PETERMANN: *Die Geschichte der Ethnologie*, Wuppertal 2004, S. 74) auch Stadens einfache, »beinahe plump[e]« Sprache (BÜTTNER: *Die Erfindung der Landschaft*, S. 124) anzuführen.

[36] Dies hebt Stadens Bericht von einer Vielzahl anderer Berichte ab, in denen andere Gemeinschaften nur als Gruppe zur Darstellung kommen.

[37] Vgl. STADEN: *Wahrhaftige Historia*, Anm. 11, 33ᵛ.

[38] Vgl. ebd., 43ᵛ.

[39] Ebd., 54ʳ.

[40] Ebd., 58ʳ.

schen Schiff absegeln will, so dass an seinen Familiensinn appelliert werden muss, um Staden gehen zu lassen.

Vnd ich sagte auch meinem herrn dem künge / Jch wôlte gern wider mit jnen heym zihen / aber er sehe wol / das es meine brüder nit wôlten zůlassen. Da fieng er an zuschreien im schiffe vnd sagte / Wann sie mich dann ye wolten mitnemen / das ich dann mit dem ersten schiff wider keme / dann er hette mich für seinen sohn gehalten / vnd were sehr zornig vber die von Vwattibi / das mich die hetten wôllen essen. Vnd seiner weiber eyns / welches mit im schiff war / muste mich beschreien nach jrer gewonheyt / vñ ich schrey auch nach jrem gebrauch.[41]

Diese Passagen zeugen davon, dass es sich bei den Tupinambá sehr wohl um Menschen handelt, die potentiell zu denselben Emotionen fähig sind wie Staden. Die Differenz zu dem Fremden wird durch die Erzählinstanz jedoch, trotz aller Annäherung und »Mimikry«[42] aufrechterhalten, stehen die Norm- und Wertvorstellungen einander doch zu sehr entgegen. Besonders deutlich wird dies, als Staden ein Stück Menschenfleisch angeboten wird:

Vnd derselbige Konyan Bebe hatte eynen grossen korb vol menschenfleysch vor sich / ass von eynem beyne / hielt mir es vor den mundt / fragte Ob ich auch essen woelte. Jch sagte Eyn vnvernünfftig thier frisset kaum das ander/ sollte dann eyn mensch den andern fressen. Er beyß darein / sagte / Jau ware sche / Jch bin eyn Tiger thier / es schmeckt wol / damit ging ich von jm.[43]

Staden weist Konyan Bebe hier darauf hin, dass der Genuss von Menschenfleisch sich qua Status als Mensch verbiete. Diese Deutung der Anthropophagen als Menschen – und nicht als unvernünftige Tiere – ist notwendig, um den Kannibalismus als absolute Sünde zu werten, könnten sie doch auf den Verzehr verzichten. Beleg dafür sind die Mestizen sowie der König am Schluss des Berichts, der den Sündenverzicht vorführt.[44] Die Anthropophagie erscheint hier insofern als deutlichstes Zeichen einer Alterität, die aber potentiell überwunden werden kann. Zugleich fungiert die Replik des Königs als Infragestellung aller Wertvorstellungen Stadens, wenn er sich zum Tier erklärt und damit jeder Vereinnahmung durch den Europäer widerspricht, die ihrerseits als Teil einer kolonialen, religiös begründeten Aneignungsstrategie zu verstehen ist.[45] Dementsprechend fungiert der Verweis auf Sündenverzicht und potentielle Besserung auch keines-

---

[41] Ebd., 59ᵛ–60ʳ.
[42] KIENING: *Das wilde Subjekt*, Anm. 3, S. 70.
[43] STADEN: *Wahrhaftige Historia*, Anm. 11, 54ʳ.
[44] Ich danke an dieser Stelle Gert Hübner, Basel, für wertvolle Hinweise.
[45] Vgl. ULRIKE ZEUCH: *Brasilien im 17. Jahrhundert – Eine Konstruktion konfligierender Aneignungsdiskurse*, in: *Daphnis* 39 (2010), S. 637–663, hier S. 637f.

wegs als Zeichen für eine Hinwendung zum ›Wilden‹, sondern vielmehr als Bestätigung und Bekräftigung der eigenen Weltordnung. Die Wertmaßstäbe des Europäers und der Tupinambá sind nicht in Übereinstimmung zu bringen und konsequenterweise weist der Tupinambá jede Infragestellung seiner eigenen Wert- und Normvorstellungen zurück. Angesichts dessen kann das erlebende Ich nur noch gehen und das erzählende Ich verstummen. Weitere Wertungen sind hier nicht mehr notwendig.[46]

Die Bewältigung von Schwierigkeiten sowie die Korrelation von Wertmaßstäben erscheinen folglich als zentrale Sympathiesteuerungsverfahren in der *Historia*: Der Text privilegiert durch den beständigen Verweis auf Stadens Gottesfurcht sowie seine Rettungen, die er auf eben diese zurückführt, ein System von Normen und Werten, das sich am zeitgenössischen protestantischen Normengefüge ausrichtet. Aussagen, ob und inwieweit dieses Lenkungsverfahren Wirkungen beim Rezipienten entfaltet, können und sollen damit hier nicht getroffen werden, festzuhalten bleibt vielmehr, dass die Lenkungssignale so strukturiert sind, dass sie darauf zielen, Staden sympathisch erscheinen lassen. Dies wird jedoch nicht nur durch die bisher dargestellten Lenkungsverfahren realisiert, sondern auch durch die Figurenkonstellation und -konzeption, die Fokussierung sowie die Paratexte.

---

[46] Ganz ähnlich auch Kiening: *Das wilde Subjekt*, Anm. 3, S. 124–126.
Des Weiteren ist zu beachten, dass narratio und descriptio in Bezug auf die Deutung der Anthropophagie durchaus in einem latenten Spannungsverhältnis zueinander stehen: Während die narratio – wie dargelegt – die Anthropophagie als zwar absolute, potentiell aber überwindbare Sünde auffasst, wird sie in der descriptio zur unabweisbaren Disposition, wenn Staden seine Erfahrungen, die er mit einzelnen Tupinambá gemacht hat, auf die Gemeinschaft insgesamt überträgt und so das insbesondere durch die Portugiesen geprägte Bild des ›menschenfressenden Wilden‹ bestätigt (vgl. ZEUCH: *Brasilien im 17. Jahrhundert*, Anm. 46, S. 637f.). Aufgrund der konventionalisierten Darstellungsmuster (vgl. dazu JAHN: *Raumkonzepte*, Anm. 3, S. 250), ist eine differenziertere Darstellung jedoch gar nicht möglich und explizite Wertungen sind angesichts des Skandalons Anthropophagie auch gar nicht mehr notwendig.

3. Figurenkonstellation und -konzeption[47]

Eng mit dem jeweils vertretenen Normen- und Wertesystem hängt auch die Figurenkonzeption zusammen. Im Zusammenhang mit den Wertmaßstäben wurde bereits auf die an die Figuren gebundenen Werte und Normen verwiesen, die die Figuren eher positiv (Staden) bzw. negativ (Tupinambá) erscheinen lassen. Tatsächlich werden die Figuren wenig ambig dargestellt, es dominiert vielmehr eine »Schwarz-weiß-Malerei«, die laut DIMPEL »zu einer Einschränkung des Engagements und zu Distanz führen« kann.[48] Im vorliegenden Falle ist diese – vor allem bei Staden in Bezug auf sein Gottvertrauen festzustellende – Überzeichnung jedoch eher als positives Sympathiesteuerungsverfahren zu fassen, wenn man bedenkt, dass Staden als Protagonist Werte vertritt, die sich am zeitgenössischen Normengefüge ausrichten, während die Wertmaßstäbe der Tupinambá, der Gegenspieler Stadens, diesen absolut entgegenstehen. Es wird mithin eine Kontrastrelation aufgebaut,[49] die Staden als bedrohtes Individuum inmitten einer Gruppe bedrohlicher ›Wilder‹ inszeniert, die zudem kaum voneinander zu unterscheiden sind. Figurenkonzeption und -konstellation können in diesem Sinne sowohl positive Lenkungswirkungen (in Bezug auf Staden) wie auch als negative (in Bezug auf die Tupinambá) entfalten, die sich wiederum gegenseitig stützen.

4. Fokussierung

DIMPEL benennt in seiner Studie fünf Fokussierungstypen, die sich mit Einschränkungen auch in frühneuzeitlichen Reiseberichten finden lassen: Raumkontext, Positionierung, Perspektivenabweichung, Perspektivenübernahme und

---

[47] Da Figurenkonzeption und -konstellation im Reisebericht eng aufeinander bezogen sind, werden beide Verfahren hier zusammengefasst. Dies bedingt sich durch die Gattungsvorgaben: Der Reisebericht ist auf Kürze sowie das Sammeln und Präsentieren von Fakten hin angelegt, weniger auf die Darstellung einzelner Figuren (mit Ausnahme des Protagonisten). Insofern liegt den meisten Reiseberichten eine wenig komplexe Kontrastrelation zu Grunde (Protagonist vs. fremde Gruppe).
[48] DIMPEL: *Die Zofe im Fokus*, Anm. 19, S. 101.
[49] Vgl. dazu DIMPEL: »Ein leicht zu durchschauende Verfahren besteht im Etablieren von Kontrastrelationen. Um die Hauptfigur positiv von ihrem Gegenspieler abzuheben, können an den Gegenspieler axiologisch negativ besetzte Figureninformationen gebunden werden. Für eine negative Sympathiesteuerung kann es ausreichend sein, daß er gegen Einstellung oder Ziele des Protagonisten agiert, die den Zeitnormen entsprechen.« Ebd., S. 98.

Themenvorgabe.[50] Dass diese Verfahren im frühneuzeitlichen Reisebericht nur eingeschränkt vorkommen – zentral erscheinen die bereits angeführten Erzählerwertungen sowie die Korrelation von Wertmaßstäben –, bedingt sich in den Spezifika der Gattung. Aufgrund der angestrebten Kürze, der Konzentration auf den Protagonisten sowie der Fixierung auf »vermeintliche ›Äußerlichkeiten‹« und damit einer Darstellung, die sich nicht oder nur eingeschränkt »dem Inneren, dem Seelenleben des Reisenden«[51] zuwendet, spielen insbesondere Themenvorgabe, Perspektivenabweichung und -übernahme eine eher untergeordnete Rolle, da zur Perspektive des Protagonisten kaum Alternativen vorkommen. Wichtiger erscheint in erster Linie der Raumkontext sowie die Positionierung zu sein.

Zunächst kurz Positionierung: Diese basiert nach Dimpel auf einer Wertungshandlung einer Figur, das heißt eine Figur nimmt einen Standpunkt zu einem zentralen Thema ein. »Positioniert sich eine Figur positiv zu einer anderen, so kann diese Figureninformation zu einer Sympathiesteuerung zugunsten der bewerteten Figur beitragen.«[52] Im Falle von Stadens *Historia* kann jedoch nur von einer negativen Sympathiesteuerung in dem Sinne gesprochen werden, dass eine Übereinstimmung der Positionen nicht erreicht wird.[53] Zur Illustration sei nochmals auf das Beispiel der Anthropophagie verwiesen. Während Staden diese als Sünde verwirft, beharrt Konyan Bebe auf seinem Standpunkt, positioniert sich also als Gegenpart Stadens. Mit dieser Positionierung können nun Lenkungseffekte einhergehen, wird doch der Standpunkt Konyan Bebes – auch wenn Staden verstummt – als unangemessen, ja skandalös verworfen. Insofern liegt hier eine negative Sympathiesteuerung vor. Zugleich kann diese Textstelle auch als Versuch einer Perspektivenunterschiebung[54] gelesen werden: Staden versucht Konyan Bebe von seiner Sicht zu überzeugen, scheitert jedoch. Da Staden als positiv besetzte Figur mit seinem Standpunkt nicht durchdringt, Konyan Bebe sich diesem verweigert, kann dies eine negative Steuerungsfunktion zu Ungunsten Konyan Bebes entfalten.

In der *Historia* zentraler erscheint jedoch der Raumkontext, der mit der äußeren Gestalt der Figuren korrespondiert: Staden sieht sich bei seiner zweiten Reise mit Schiffbrüchen, Desorientierung in einer wilden, verlassenen Landschaft sowie aggressiven ›Wilden‹ konfrontiert. Der Raum wird bei Ankunft in

---

[50] Auf eine Erläuterung der Fokussierungstypen wird hier verzichtet, vgl. dazu ebd., S. 49–61.
[51] NEUBER: *Fremde Welt*, Anm. 3, S. 120.
[52] DIMPEL: *Die Zofe im Fokus*, Anm. 19, S. 113.
[53] Unter Rückgriff auf Dimpel werden hier als negative Sympathiesteuerung Verfahren bezeichnet, die eingesetzt werden, um eine Figur weniger sympathisch bzw. antipathisch erscheinen lassen. Vgl. ebd., S. 73.
[54] Dazu ebd., S. 55.

Brasilien als unwirtlich, gefährlich, verlassen, kurz: als locus terribilis beschrieben. Die semantische Aufladung des Raums dient dabei der Profilierung des Helden: So steht der ›wilde‹, unzivilisierte, gefährliche Raum mit seinen – wie auf dem Titelblatt angekündigt – wilden, gefährlichen und unbeherrschten ›Menschenfressern‹ den Europäern gegenüber, denen die Festung, die Zivilisation, die Ordnung zugeordnet ist. Diese Gegenüberstellung korrespondiert sodann mit der äußeren Erscheinung der beiden Gruppen: Besonders deutlich wird dies, wenn Staden einen Christen inmitten von ›Wilden‹ sieht:

> *Wie wir also fuhren / sahen wir fünff Nachen vol Wilder leut / kamen stracks auff vns zůgeruddert / so war vnser geschůtz bereydt / Wie sie nun nahen bei vns kamen / sahen wir eynen menschen der hatte kleyder an / vnd hatte eynen bart. Der stund vorne in dem Nachen / vnd wir kanten jnen das er eyn Christ war [...].*[55]

Christen, das heißt Portugiesen, Spanier, Franzosen und Deutsche, sind bekleidet und tragen Bart, die indigene Bevölkerung hingegen geht nackt und rasiert. In der descriptio beschreibt Staden die Physiognomie der Tupinambá folgendermaßen:

> *Es ist eyn feines volck / von leib vnd gestalt / beyd fraw vñ man / gleich wie die leut hie zů lande / nur das sie braun von der Sonnen sein / dañ sie gehen alle nacket / jung vnd alt / haben auch gar nichts vor den schemen / vnd sie verstellen sich selbs mit vermalen / haben keyn bårt / dañ sie flůcken sie aus mit den wůrtzeln / so offt er jnen wechst / machen lôcher in den mund vnd ohren darin hangen sie steyne / das ist jr zirat / vnd behencken sich mit federn.*[56]

Die Tupinambá erscheinen dem Europäer hier durchaus ähnlich, ja werden ob ihrer Physiognomie sogar gelobt. Diese Annäherung, die Betonung der Komplementarität, fungiert hier jedoch nicht als Hinwendung zum Fremden, sondern ist vielmehr nötig, »um den Abstand zu ihnen in moralischer Hinsicht um so größer erscheinen zu lassen«.[57] So wird mit Blick auf den Körper des ›Wilden‹ »Gottesebenbildlichkeit *ex corpore* evoziert [...], damit dann – in einem topischen Konkurrenzmodell, *ex animo* – die Laster und die Gefallenheit um so stärker hervortreten können.«[58] Zugleich wird die Nacktheit semantisch aufgeladen, sie wird zum Zeichen der verkehrten Ordnung und der Gefährdung, wenn die Tupinambá Staden noch während des Überfalls ausziehen. Allein sein Bart wird

---

[55] STADEN: *Wahrhaftige Historia*, Anm. 39, 19ᵛ.
[56] Ebd., 69ʳ.
[57] WOLFGANG NEUBER: *Exotismus, der physiognomische Blick und der Körper des ›Indianers‹ in der Frühen Neuzeit*, in: *Frühneuzeit-Info* 6 (1995), S. 172–180.
[58] Ebd., S. 175.

ihm belassen, er markiert als äußeres Zeichen bis zuletzt die Differenz zu den
›Wilden‹.

5. Paratexte

Abschließend sei noch auf einen weiteren wichtigen Bestandteil von Reiseberichten verwiesen, die hier ebenfalls als Teil der Sympathiesteuerungsverfahren begriffen werden: die Paratexte. Dazu gehören neben Titelblatt und Vorrede auch die Holzschnitte der *Historia*, die Lenkungseffekte entfalten können, ergänzen sie den Text doch nicht nur um ein visuelles Element, sondern sie können ihn erläutern, deuten, die semantische Struktur verdoppeln sowie eine bestimmte Rezeptionsweise anleiten.

Doch zunächst zum Titelblatt, das wesentlich rezeptionssteuernde Funktionen wahrnimmt. So wird zum einen die Glaubwürdigkeit des Berichteten von Anfang an betont: Die topische Wahrhaftigkeitsbeteuerung ist rot und in größerem Schriftgrad gedruckt. Zum anderen wird eine Deutung des Fremden bereits vorgegeben, indem angegeben wird, dass der Bericht von einer *Landtschafft der Wilden / Nacketen / Grimmigen Menschenfresser Leuthen* handele. Die Aufmerksamkeit des Rezipienten wird mithin auf das Fremde gelenkt – unterstützt und befördert durch den Holzschnitt, der die Ankündigung des Titels visuell aufnimmt und ausführt. Dieser wird durch die Anordnung und Größe in Bezug zu *Warhaftig* gesetzt und damit zugleich beglaubigt.[59] Der Fokus richtet sich mithin ganz auf das ob seiner Alterität faszinierende Fremde,[60] der Protagonist – Hans Staden – wird zwar erwähnt, rückt aber nicht in den Mittelpunkt. Das Fremde wird jedoch nicht nur in seiner Andersartigkeit vorgestellt, sondern zugleich einer Wertung unterzogen, so dass bereits hier Lenkungsverfahren zu Ungunsten der ›Wilden‹ festzustellen sind: Die Indigenen sind wild, unbeherrscht, sie töten und machen sich der Anthropophagie schuldig. Hier wird mithin die – so Neuber – »größtmögliche Alterität menschlichen Lebens«[61] vorgeführt, die gerade durch die Differenz, durch die Verkehrung der eigenen Ordnung affekterregend wirkt.

---

[59] So auch Neuber: *Amerika*, Anm. 35, S. 48.
[60] Zur Abgrenzung des Faszinations- vom Sympathiebegriff vgl. Andreas Degen: *Faszination und Sympathie. Zur Begründung einer Ästhetik der Faszination durch Johann Georg Hamann*, in: *Sympathie und Literatur – Zur Relevanz des Sympathiekonzeptes für die Literaturwissenschaft*, hg. von Claudia Hillebrandt und Elisabeth Kampmann, Berlin 2014 (= Allgemeine Literaturwissenschaft 19), S. 66–96.
[61] Neuber: *Amerika*, Anm. 44, S. 49.

Aber nicht nur der Holzschnitt des Titelblattes kann – im Zusammenwirken mit dem Text – Lenkungswirkungen entfalten, sondern auch die übrigen Holzschnitte, die narratio und descriptio illustrieren.

Es wurde schon darauf verwiesen, dass ein äußerliches Differenzkriterium zu den Tupinambá der Bart ist. Auf den Holzschnitten wird sichtbar, dass hier jedoch nicht nur der Bart, sondern auch das Feigenblatt, das Stadens Scham bedeckt, differenziert. Die Darstellung der Nacktheit, das Verdecken der Scham sowie die symmetrische Anordnung der beiden männlichen ›Wilden‹ auf dem den deskriptiven Teil einleitenden Holzschnitt[62] ruft die ikonographische Tradition der Sündenfalldarstellungen auf.[63] Die ›Wilden‹ werden damit jedoch nicht zu Repräsentanten eines paradiesischen, ursprünglichen Zustandes, sondern Nacktheit und Schamlosigkeit verweisen vielmehr auf ihren animalischen Status. Ohne jedoch ihr Menschsein zu negieren, wird die Nacktheit doch als abstoßend und hässlich dargestellt, da sich die Tupinambá durch Zierrat entstellen würden. Die Differenz »zwischen göttlicher Natur und zivilisatorischer Defizienz«[64] wird folglich durch die Kombination von Text und Paratext aufgebaut, wirkt doch die Illustration gerade deshalb affekterregend, weil hier die Alterität der Fremden buchstäblich vor Augen geführt wird.[65] In den Illustrationen wird folglich eine

---

[62] STADEN: *Wahrhaftige Historia*, Anm. 44, 64ʳ.

[63] So auch NEUBER: *Amerika*, Anm. 35, S. 48.

[64] NEUBER: *Exotismus*, Anm. 58, S. 175.

[65] In diesem Zusammenhang ist anzumerken, dass sich in den Reiseberichten beigegeben Kupferstichen häufig eine Europäisierung bzw. Idealisierung der Gesichtszüge und Körper findet. Auch wenn dies sicher nicht durchgängig der Fall war und zum großen Teil sicher pragmatischen Umständen – die Kupferstecher kannten die jeweiligen Ethnien wohl meist nicht aus eigener Anschauung – sowie dem Anknüpfen an die europäische Kunsttradition geschuldet war, hat dies doch Konsequenzen für die Rezeption, wird das Fremde doch als Variation des Eigenen wahrgenommen. Das Fremde erscheint – um mit Ortfied Schäffter zu argumentieren – als »Resonanzboden des Eigenen«, insofern das Fremde mit dem Eigenen über eine basale Gemeinsamkeit verbunden ist. Das Fremde erscheint als Ursprung, von dem sich das Eigene abgetrennt hat, so dass sich im Fremden das Eigene erahnen lässt (Vgl. ORTFRIED SCHÄFFTER: *Modi des Fremderlebens – Deutungsmuster im Umgang mit Fremdheit*, in: *Das Fremde – Erfahrungsmöglichkeiten zwischen Faszination und Bedrohung*, hg. von ORTFRIED SCHÄFFTER, Opladen 1991, S. 11–42, hier S. 16–18.). Die Referenz auf die ursprüngliche Gemeinsamkeit kann sympathiesteuernde Funktionen übernehmen, wenn es das Fremde als Entdeckung des eigenen Ursprungs – im Sinne eines »lebendige[n] Beweise[s] eines verlorenen goldenen Zeitalters vor dem Sündenfall« – begriffen und so als Eigenes, trotz unterschiedlicher Ordnungen, vereinnahmt wird (GUIDO ABBATTISTA: *Europäische Begegnungen im Zeitalter der Expansion*, in: *Europäische Geschichte Online (EGO)*, hg. vom INSTITUT FÜR EUROPÄISCHE GESCHICHTE (IEG), Mainz 2011-03-14, URL: http://www.ieg-ego.eu/abbattistag-2011-de. URN: urn:nbn:de:0159-2011020117 [Stand: 22.04.2015], Abschnitt 17). Zur Europäisierung in den Illustrationen vgl. BEATE BOROWKA-CLAUSBERG: *Balthasar Sprenger und der frühneuzeitli-*

Wertung vorgenommen. Deutlich wird dies auch mit Blick auf die Darstellung der Frauen im Bericht. So erscheinen gerade sie als treibende Kraft, wenn es um die Frage geht, ob Staden verzehrt werden soll. Sie werden damit entsprechend tradierter Vorstellungen in die Nähe von Hexen gerückt, wurden Hexen und Anthropophagie doch durchaus zusammengedacht.[66] Besonders deutlich wird diese Verbindung in den Kupferstichen der späteren lateinischen und dann auch deutschen Americana-Ausgabe durch Theodor de Bry,[67] der das Deutungsangebot des Staden-Textes aufnimmt und weiter ausführt: Der Kupferstich weist deutliche Bezüge zu zeitgenössischen Hexendarstellungen auf. Zugleich erotisiert die Darstellung junger schöner Frauen das Motiv, so dass Weiblichkeit, Laster und Anthropophagie zusammengedacht werden.[68]

6. Schlussbemerkung

Bei Hans Stadens Bericht handelt es sich – so MICHAEL HARBSMEIER – um einen »Einzelfall, der kaum Rückschlüsse auf die allgemeinen Entfaltungsbedingungen der Gattung zu erlauben«[69] scheint, berichtet Staden als einfacher Soldat im Vergleich zu anderen einerseits doch wesentlich ausführlicher über Reisen und Gefangenschaft und rekurriert andererseits weniger auf gelehrte Autoritäten. Zugleich offenbaren sich an Stadens Bericht aber auch Möglichkeiten und Grenzen der Analyse von Sympathiesteuerungsverfahren in Reiseberichten, kann hier doch gerade aufgrund der ausführlichen Schilderung aufgezeigt werden, welche Verfahren potentiell zur Anwendung kommen können.

---

che Reisebericht, München 1999, S. 113; YING SUN: *Wandlungen des europäischen Chinabildes in illustrierten Reiseberichten des 17. und 18. Jahrhunderts*, Frankfurt a.M. u.a. 1996 (= Studien zur Neueren Literatur 1), S. 44; FRANZ OBERMAIER: *Brasilien in Illustrationen des 16. Jahrhunderts*, Frankfurt a.M. 2000 (= Americana Eystettensia 11).

[66] Vgl. SIGRID BRAUNER: *Cannibals, Witches, and Shrews in the ›CivilizingProcess‹*, in: *»Neue Welt« / »Dritte Welt«. Interkulturelle Beziehungen Deutschlands zu Lateinamerika und der Karibik*, hg. von SUSAN L. COCALIS. Tübingen, Basel 1994, S. 1–27. Vgl. weiter auch KIENING, *Das wilde Subjekt*, Anm. 3, S. 127f.

[67] THEODOR DE BRY: *Americae tertia pars memorabilem provinciae Brasiliae historiam continens*. Frankfurt a.M. 1592.

[68] Vgl. ANNA GREVE: *Die Konstruktion Amerikas – Bilderpolitik in den »Grand Voyages« aus der Werkstatt de Bry*, Köln 2004 (= Europäische Kulturstudien. Literatur, Musik, Kunst im historischen Kontext 14), S. 166 und FERNANDO AMADO AYMORÉ: *Die Jesuiten im kolonialen Brasilien – Katechese als Kulturpolitik und Gesellschaftsphänomen (1549–1760)*, Frankfurt a.M. 2009, S. 127f.

[69] HARBSMEIER: *Wilde Völkerkunde*, Anm. 3, S. 98. Vgl. auch PETERMANN: *Die Geschichte*, Anm. 35, S. 78f.

So konnte gezeigt werden, dass in Stadens *Historia* Wertungen durch die Erzählinstanz vorgenommen werden, der Protagonist Schwierigkeiten bewältigt, die Norm- und Wertvorstellungen des Protagonisten sich mutmaßlich am zeitgenössischen Publikum der *Historia* orientieren und Figurenkonzeption und -konstellation ebenso wie Positionierung und Raumkontext auf eine deutliche Kontrastierung Stadens mit den Tupinambá zielen. Darüber hinaus konnte aufgezeigt werden, dass die Paratexte und hier insbesondere die Holzschnitte Lenkungswirkungen entfalten können. Zusammengefasst zielen alle hier diskutierten Lenkungsverfahren in eine Richtung: Die Erzählinstanz empfiehlt dem Rezipienten den Protagonisten Staden als vorbildlichen, da gottesfürchtigen, Protagonisten, der sich mit Hilfe seines Gottvertrauens und seiner List in lebensbedrohlichen Situationen zu behaupten vermag. Im Gegensatz dazu erscheinen die Tupinambá als ›Wilde‹. Maßgeblich scheinen hier folglich in erster Linie die Wertmaßstäbe zu sein, doch ergänzen und stützen sich die verschiedenen Lenkungsverfahren, die auf die Erregung von Sympathie (mit Staden) sowie von Antipathie (mit den Tupinambá) abzielen. Im Text findet sich insofern ein System verschiedener Verfahren, die beim Leser emotionale Einstellungen hervorrufen können.

Kritisch einzuwenden ist sicher, dass Stadens *Historia* aufgrund des ausführlichen Berichts, der auch den Indigenen mit Einschränkungen eine eigene Stimme zugesteht, und damit der vergleichsweise hohen Zahl von Lenkungsverfahren sicher keinen exemplarischen Reisebericht darstellt – wenn es denn angesichts der Heterogenität der Textsorte einen solchen überhaupt geben kann. Dennoch zeigt eine Analyse dieser Verfahren, die über das einfache Feststellen von Wertungen im Text hinausgeht, mit welchen – zum Teil durchaus komplexen und interdependenten – Strategien vermeintlich affektfreie Texte Affekte erregen und dem Rezipienten das Fremde emotional erfahrbar machen.

Claudia Hillebrandt

Sympathie als Kategorie der Gedichtanalyse?
Zu gattungsspezifischen Besonderheiten der Sympathiewirkung von Figuren in lyrischen Texten

> Was geschieht mit den Figuren
> in solchen alten Romanen
> die seit langem keiner gelesen hat?
> Abenteuerliche Gräfinnen
> mit schweren Ohrringen,
>
> schwer über den Roulettetisch gebeugt
> so dass die doppelten Perlenketten
> beinahe den grünen Samt des Tisches berühren.
> [...]
>
> Glaubt mir, diese Bücher
> sind stärker als ihr ahntet.
> Diese Bücher überwintern
>
> in den Gästezimmern der Sommerhäuschen
> die lange niemand gelüftet hat
> zusammen mit Spielzeug in der Schublade
> die Kindern gehören, die ihren
> fünfzigsten Geburtstag feiern.[1]

Leben und Sterben von Romanfiguren in der Erinnerung ihrer Leser setzt Lars Gustafssons *Vergessene Bücher in verschlossenen Häusern* mit einem Augenzwinkern in Verse. Mit den Mitteln der Lyrik wird zum Abschluss die Überlebensfähigkeit der totgesagten Romanhelden beschworen. Diese hängt, so ließen sich Gustafssons Beobachtungen weiterführen, ganz wesentlich an den Einstellungen, die Leser wie die hier angesprochenen fünfzigjährigen Kinder zu diesen Figuren entwickeln, und daran, ob jene mit ihnen verbundenen Einstellungen auch in späteren Lebens- und Lektürephasen bestehen bleiben und reaktiviert werden. Insbesondere Romanfigu-

---

[1] LARS GUSTAFSSON: *Vergessene Bücher in verschlossenen Häusern*, in: Ders.: *Das Feuer und die Töchter – Gedichte*. Aus dem Schwedischen von Barbara M. Karlson und Verena Reichel, München 2014, S. 20.

ren entwickeln hier oft und mitunter auch unerwartet eine große Langlebigkeit, die sich häufig auf ihre Sympathie- oder Antipathiewirkung zurückführen lässt.

Die literaturwissenschaftliche Figurenforschung – und in diesem Feld bewegt sich auch die literaturwissenschaftliche Sympathieforschung zumeist[2] – verdankt ihre wesentlichen Entwicklungen der letzten Jahre denn auch der Narratologie.[3] Figuren[4] sind darüber hinaus aber natürlich auch in den anderen beiden Großgattungen präsent und es ist also prima facie anzunehmen, dass auch dramatische und lyrische Figurendarstellungen gewinnbringend unter dem Aspekt der Sympathiebildung und -lenkung betrachtet werden können – eine Perspektive, der sich die Dramen- und die Lyrikforschung bisher wenig zugewandt haben.[5] Für die Lyrikforschung kann sogar festgestellt werden, dass die Instrumentarien der Figurenanalyse im Vergleich mit Dramen- und Erzähltheorie insgesamt wenig entwickelt sind.

Der vorliegende Beitrag geht der Frage nach Sympathiemustern von Figuren in lyrischen Texten nach. Mit dieser Frage sind zwei Anliegen verbunden: zum einen, in gattungssystematischer Perspektive die lyrikologische Figurenforschung weiter voranzutreiben; zum anderen, dem Ziel des vorliegenden Bandes gemäß Potenziale und Grenzen sympathiebezogener Analyseverfahren am Beispiel lyrischer Texte auszuloten. Zu diesem Zweck wird zunächst auch hier die gewohnte narratologische

---

[2] Die Renaissance der Autorschaftsforschung der letzten beiden Jahrzehnte eröffnet Literaturwissenschaftlern natürlich auch außerhalb des Bereichs der Figurenforschung die Möglichkeit, nach sympathiebezogenen Selbstpräsentationen von Autoren und entsprechenden oder divergierenden Rezeptionsmustern zu fragen.

[3] Vgl. dazu VERENA BARTHEL: *Empathie, Mitleid, Sympathie – Rezeptionslenkende Strukturen mittelalterlicher Texte in Bearbeitungen des Willehalm-Stoffes*, Berlin 2008; FRIEDRICH MICHAEL DIMPEL: *Die Zofe im Fokus – Perspektivierung und Sympathiesteuerung durch Nebenfiguren vom Typus der Confidente in der höfischen Epik des hohen Mittelalters*, Berlin 2011; JENS EDER: *Die Figur im Film – Grundlagen der Figurenanalyse*, Marburg 2008; KATRIN FEHLBERG: *Gelenkte Gefühle – Literarische Strategien der Emotionalisierung und Sympathielenkung in den Erzählungen Arthur Schnitzlers*, Marburg 2014; CLAUDIA HILLEBRANDT: *Das emotionale Wirkungspotenzial von Erzähltexten – Mit Fallstudien zu Kafka, Perutz und Werfel*, Berlin 2011; FOTIS JANNIDIS: *Figur und Person. Beitrag zu einer historischen Narratologie*, Berlin u.a. 2004; RALF SCHNEIDER: *Grundriss zur kognitiven Theorie der Figurenrezeption am Beispiel des viktorianischen Romans*, Tübingen 2000.

[4] Der neueren narratologischen Figurenforschung folgend wird ›Figur‹ hier gefasst als menschliches oder menschenähnliches Wesen innerhalb eines fiktionalen Mediums. Vgl. EDER: *Die Figur im Film*, wie Anm. 3, S. 61–130; JANNIDIS: *Figur und Person*, wie Anm. 3, S. 185–195 sowie TILMANN KÖPPE / TOM KINDT: *Einführung in die Erzähltheorie*, Stuttgart 2014, S. 115–120.

[5] Für die Dramentheorie liegt ein wichtiger Beitrag von Manfred Pfister aus den 1970er Jahren vor, der allerdings im Hinblick auf performative Aspekte ergänzungsbedürftig ist. Vgl. MANFRED PFISTER: *Zur Theorie der Sympathielenkung im Drama*, in: *Sympathielenkung in den Dramen Shakespeares*, hg. v. WERNER HABICHT und INA SCHABERT. München 1978, S. 20–34.

Perspektive eingenommen. Denn die neuere Lyrikforschung – insbesondere vertreten durch die Arbeiten von PETER HÜHN und JÖRG SCHÖNERT – hat zeigen können, dass auch viele traditionell als ›lyrisch‹ eingestufte Texte gewinnbringend narratologisch analysiert werden können.[6] Gattungsspezifische Besonderheiten müssen dabei aber natürlich berücksichtigt werden – hier eben im Hinblick auf die Konsequenzen für die Figurenkonstitution.[7]

Gattungsspezifische Besonderheiten der Sympathiesteuerung in lyrischen Texten bilden damit den Zielpunkt der hier angestellten Überlegungen. Genauer steht die Frage im Zentrum, ob und gegebenenfalls in welcher Weise Sympathiepotenziale von Figuren für die Lyrikrezeption und damit auch für die Lyrikanalyse relevant sind (Abschnitt 3). Am Beginn dieses Beitrags wird zu deren Beantwortung zunächst eine kurze Begriffsexplikation von ›Sympathie‹ gegeben (1). Anschließend wird ein werttheoretisch fundiertes Modell vorgestellt, mit dessen Hilfe Sympathiepotenziale von Figuren in Texten ermittelt werden können (2). Dieses kann um narratologische Analysekategorien ergänzt werden, es ist allerdings gattungsneutral gehalten und wird in modifizierter Form daher auch den Besonderheiten lyrischer Texte gerecht.

Die am Ende dieses Beitrags entwickelte Hauptthese lautet, dass Figuren in lyrischen Texten in gattungsvergleichender Perspektive insgesamt seltener Sympathieeffekte hervorrufen als in Erzählungen in einem gehaltvollen Sinne,[8] dass unter-

---

[6] Vgl. z.B. PETER HÜHN: *Plotting the Lyric – Forms of Narration in Poetry*, in: *Theory into Poetry – New Approaches to the Lyric*, hg. v. EVA MÜLLER-ZETTELMANN und MARGARETE RUBIK, Amsterdam u.a. 2005, S. 147–172; ders. und JÖRG SCHÖNERT: *Zur narratologischen Analyse von Lyrik*, in: *Poetica* 34 (2002), S. 287–305 und öfter. Historische Sonderfälle wie das Lautgedicht oder die konkrete Poesie, die sich nicht mit narratologischen Mitteln analysieren lassen, treten gehäuft erst in der Literatur der Moderne auf und sind damit für den im vorliegenden Band im Fokus stehenden Gegenstandsbereich vormoderner Texte kaum relevant. Dies auch deshalb, weil in diesen Korpora selten Figuren zu finden sind, die Bezugspunkt von Sympathie sein könnten.

[7] ›Lyrik‹ wird hier im Anschluss an Rüdiger Zymner gefasst als »Repräsentation von Sprache als generisches Display sprachlicher Medialität und damit als generische[r] Katalysator ästhetischer Evidenz«. RÜDIGER ZYMNER: *Lyrik. Umriss und Begriff*, Paderborn 2009, S. 140. Längere Verstexte, die als Erzählungen in einem anspruchsvollen Sinne verstanden werden können, wie zum Beispiel Balladen oder Versepen, werden damit nicht der Lyrik im engeren Sinne zugerechnet, wohl aber – im Fall der Ballade – der Menge der Gedichte. Als zur Lyrik im engeren Sinne gehörig werden dagegen auch nicht-textförmige Gebilde aufgefasst wie zum Beispiel manche Figuren- oder Lautgedichte. Wenn ich mich im Folgenden auf lyrische Objekte im Allgemeinen beziehe, werde ich daher auch von lyrischen Gebilden sprechen, nur im Falle von lyrischen Gebilden mit Textcharakter von lyrischen Texten.

[8] Gemeint sind damit Erzählungen, die sich neben der temporalen und sinnhaften Verknüpfung von mindestens zwei Ereignissen durch Merkmale wie *closure*, *tellability* sowie eine

schiedliche lyrische Gebilde und Genres hier aber differenziert betrachtet werden müssen. Der lyrikologischen Figurenforschung können diese Beobachtungen insofern dienlich sein, als aus ihnen Anhaltspunkte für weitere Untersuchungen zu Figuren in lyrischen Texten im Hinblick auf genrespezifische Formen der Figurenkonstitution und der Wirkungsästhetik gewonnen werden können. Die Schlussfolgerungen, mit denen der Beitrag endet, wurden anhand von Beispielen moderner lyrischer Gebilde aus dem dänisch-, deutsch-, englisch- und spanischsprachigen Kulturraum abgeleitet und bedürfen daher der Überprüfung an weiteren Korpora.

1. Begriffsexplikation

›Sympathie‹ wird im Anschluss an die alltagssprachliche Begriffsverwendung als Form der Wertschätzung aufgefasst und hier genauer wie folgt gebraucht:

> ›Sympathie‹ bezeichnet die Einstellung einer Person A gegenüber einer anderen Person oder Figur B, die aus einer positiven Wertung des Objekts dieser Einstellung resultiert und unter anderem eine Disposition zu emotionalen Reaktionen umfasst, die eine Parteinahme für B erkennen lassen.[9]

Von zentraler Bedeutung ist der werthaltige Aspekt der Sympathieeinstellung und die Disposition zu emotionalen Reaktionen, die diese generiert. Sympathie wird damit nicht als Emotion konzipiert; eine Einstellung in Form von Sympathie erzeugt aber je nach Situation Emotionen, die sich aus der positiven Haltung gegenüber dem Sympathieobjekt, dessen Wünschen, Zielen, Handlungen oder Eigenschaften ableiten lassen. Sympathie – als Einstellung, nicht als Emotion verstanden – ist im prototypischen Fall von längerer Dauer als Prozesse der Empathie, die das Mit- oder Nachempfinden von Gefühlen eines anderen ermöglichen, oder von situationsbedingten Mitleidsempfindungen. Nichtsdestotrotz können empathische Reaktionen die Sympathiebildung induzieren oder befördern, wie Brigitte Scheele in einem neueren emotionswissenschaftlichen Beitrag verdeutlich hat. Sie geht davon aus, dass Empathie und Sympathie regelkreisartig miteinander verbundene mentale Prozesse darstellen:

---

besondere Form der Ereignisreferenz auszeichnen. Vgl. zu diesem gehaltvollen Erzählbegriff KÖPPE / KINDT: *Einführung*, wie Anm. 4, S. 64–73.

[9] HILLEBRANDT: *Wirkungspotenzial*, wie Anm. 3, S. 91. Für eine kritische Auseinandersetzung mit der Frage, inwiefern das Wort »Sympathie« als Begriffsname für das hier umrissene Phänomen geeignet erscheint, vgl. den Beitrag von Katharina Prinz im vorliegenden Band.

Der Prozess beginnt [...] bei der auf unmittelbare, konkrete Situationen (Zustände, Ereignisse) bezogenen Empathie (im Beobachter). Daraus entwickelt sich auf einer ersten Ebene eine Form von aktualgenetisch zu nennender Sympathie gegenüber der beobachteten Person (bzw. literarischen Figur). Diese noch relativ unspezifische Sympathie kann man als eine kurzfristige Form von parasozialer Einstellung verstehen (im Sinne des englischen ›set‹). Im weiteren Verlauf der parasozialen Interaktion (Beobachtung von Handlungen etc. der beobachteten Person / Figur) wird die Sympathie spezifiziert und fundiert durch die Einbeziehung moralischer Bewertung/en, die das beobachtete Handeln (und also ansatzweise die Person / Figur) als gut klassifiziert/en. Die damit erreichte spezifischere (parasoziale) Einstellung fungiert als dauerhaftere ›attitude‹ und führt ihrerseits in Form einer Rückkoppelung zu intensiverer Empathie mit der beobachteten Person / Figur. Auf diese Weise liegt dann ein Regelkreis vor, der prinzipiell mehrfach und d. h. immer wieder durchlaufen werden kann. Im Rahmen einer solchen mehrfachen Rekursivität wird ggf. die Sympathie noch spezifischer und substanzieller, insofern sie sich differenzierter auf die persönlichkeitsspezifischen Merkmale der beobachteten Person bezieht. Zugleich wächst die zeitliche Stabilität im Gefühl und Denken des Beobachters / der Beobachterin, so dass man von einer relativ überdauernden (Sympathie-)Haltung gegenüber der beobachteten Person / Figur sprechen kann, die wiederum eine vertiefte Empathie zur Folge hat.[10]

Eine Einstellung in Form von Sympathie kann sich gleichermaßen auf Personen, Personen in fiktionalen Werken oder Figuren richten – auch wenn hier jeweils unterschiedliche Handlungsdispositionen sowie Qualitäten und Intensitäten des emotionalen Erlebens im Spiel sein können.[11]

Bedeutsam für die literaturwissenschaftliche Praxis sind in der Regel interpretative Annahmen zur Sympathiewirkung von Personen und Figuren aus einer textzentrierten Perspektive. Will man die Sympathiewirkung einer Figur aus textbezogener Perspektive untersuchen, so gilt es, einige Erläuterungen zum Status und zu den Zielen einer solchen Analyse zu geben:

1. Als Interpretationskonzeption verstanden, kann und will ein solches Verfahren keine Aussagen über individuelle Wertungsprozesse und tatsächliche Sympathiewirkungen treffen. Dies wäre Aufgabe der Lesepsychologie und der empirischen Litera-

---

[10] BRIGITTE SCHEELE: *Empathie und Sympathie bei der Literatur-Rezeption – ein Henne-Ei-Problem?* in: *Sympathie und Literatur. Zur Relevanz des Sympathiekonzeptes für die Literaturwissenschaft*, hg. v. CLAUDIA HILLEBRANDT und ELISABETH KAMPMANN, Berlin 2014, S. 35–48, hier S. 43.

[11] Auf die Frage, inwiefern sich Emotionen und Einstellungen im Hinblick auf reale und fiktive Objekte voneinander unterscheiden, werde ich an dieser Stelle nicht weiter eingehen. Vgl. für einen Überblick JERROLD LEVINSON: *Emotion in Response to Art. A Survey of the Terrain*, in: *Emotion and the arts*, hg. v. METTE HJORT und SUE LAVER, New York 1997, S. 20–34 sowie neuerdings J. ALEXANDER BAREIS: *›Empathie ist immer gut‹ – Literatur, Emotion und imaginative resistance am Beispiel von Vladimir Nabokovs Lolita*, in: *Sympathie und Literatur*, wie Anm. 9, S. 128–152.

turwissenschaft beziehungsweise der historischen Rezeptionsforschung. Das Ziel einer sympathiebezogenen Interpretation ist es vielmehr, Hypothesen über textinterne Wertungen vor dem Hintergrund eines bestimmten historischen Kontextes zu formulieren, die die Sympathiewirkung einer Figur nahelegen, der sich Rezipienten aber natürlich auch entziehen können. Dies kann im Rahmen einer intentionalistischen oder nicht-intentionalistischen Interpretationskonzeption geschehen. Eine andere Form des Zugangs ist dann gegeben, wenn aktuelle oder historische Rezeptionszeugnisse analysiert werden. Beide Verfahren lassen sich in methodologisch noch genauer zu klärender Weise miteinander kombinieren. Die Relevanz eines textzentrierten Verfahrens ergibt sich in praxeologischer Perspektive erstens daraus, dass literaturwissenschaftliche Interpretationen häufig (mindestens implizit) durch Annahmen zur Sympathiewirkung von Figuren gestützt werden. In literaturgeschichtlicher Perspektive sind solche Annahmen zweitens immer dann von besonderer Relevanz, wenn mit Annahmen zur potenziellen Wirkung von Figuren gearbeitet wird, diese aber aufgrund der Überlieferungsgeschichte des Werks nicht anhand von Rezeptionszeugnissen oder Selbstaussagen von Autoren, sondern nur auf Basis von Textmerkmalen in einem spezifischen historischen Kontext plausibel gemacht werden können.

2. Insofern es sich bei ›Sympathie‹ immer um einen relationalen Begriff handelt – ein Wertungsobjekt wird von einem Wertungssubjekt vor dem Hintergrund eines Sets von Wertmaßstäben bewertet –, zielen solche Interpretationen auf funktionsbezogene Hypothesen über Textmerkmale ab, die durch explizite oder implizite psychologische Rahmenannahmen abgestützt werden. Diese sollten einerseits nicht im Widerspruch zu Erkenntnissen der allgemeinen Psychologie wie auch der Lese- und Emotionspsychologie stehen. Und sie sollten andererseits so allgemein gehalten sein, dass sie möglichst alle historischen Ausprägungen des Phänomens der Figurenbewertung erfassen können. Dies ist im hier präsentierten Modell der Fall. Denn dessen werttheoretischer Rahmen ist prinzipiell auf verschiedene kulturelle Kontexte und historische Abschnitte applizierbar und er ist vermittelbar mit dem (allerdings nicht üppigen) Forschungsstand in der Psychologie.

Fasst man Sympathieeinstellungen als Ergebnis von Wertungsprozessen auf und geht man folglich davon aus, dass Sympathiepotenziale von Texten durch eine Wertanalyse ermittelt werden können, ist zu fragen, wie sich solche Wertungen rekonstruieren lassen. Hierzu wird ein allgemein werttheoretisches Analyseverfahren vorgestellt, das SIMONE WINKO erarbeitet hat und das KATHARINA PRINZ und Simone Winko vor kurzem im Hinblick auf sympathiebezogene Analysen modifiziert haben.[12]

---

[12] Vgl. dazu vertiefend HILLEBRANDT: *Wirkungspotenzial*, wie Anm. 3, S. 88–102; KATHARINA PRINZ / SIMONE WINKO: *Sympathielenkung und textinterne Wertungen. Überlegungen zu ihrer Untersuchung und exemplarische Analyse der Figur des »unglücklichen Mordgehilfen« Oli-*

2. Zur Ermittlung von Sympathiewerten in Erzähltexten

Die Ermittlung von figurenbezogenen Wertungen stellt sich als ein mehr oder weniger aufwändiger Prozess dar, da Wertungen in Texten explizit oder implizit auftreten können und die Ermittlung der zugrundeliegenden Wertmaßstäbe daher einen unterschiedlich hohen Rekonstruktionsaufwand erfordert. Als für die Sympathiebildung einschlägige Wertmaßstäbe kommen auf systematischer Ebene eine ganze Reihe axiologischer Werte in Betracht, die einer Figur zugeschrieben werden können. Prinz und Winko führen moralische, pragmatische, soziale und ästhetische Wertmaßstäbe an, die den Charaktermerkmalen, Handlungszielen, Emotionen oder äußeren Merkmalen von Figuren attribuiert werden können:

Potenziell sympathielenkende Informationen	Typen zu teilender Wertmaßstäbe
Charaktermerkmale	moralische Wertmaßstäbe
Handlungsziele	pragmatische Wertmaßstäbe (situativ)
Emotionen	- ›Angemessenheit‹ (Ausdruck, Intensität) - ›Emotionalität‹ - moralische oder pragmatische Wertmaßstäbe
äußere Merkmale	- ästhetische Wertmaßstäbe - soziale Wertmaßstäbe (›Etikette‹, ›Habitus‹) - ›Attraktivität‹

Abb. 1: Sympathierelevante Wertmaßstäbe nach PRINZ / WINKO[13]

Häufig, aber nicht immer, kommt Sympathie durch eine Werteübereinstimmung zwischen Wertungssubjekt und -objekt zustande. Mitunter kann es aber auch ausreichen, dass eine partielle Werteübereinstimmung festgestellt wird oder dass eine Figur ganz unabhängig von solchen Übereinstimmungen Eigenschaften besitzt, die das Wertungssubjekt hochschätzt – etwa im Falle körperlicher Merkmale oder von bestimmten Talenten und Fähigkeiten.[14]

---

vier Brusson, in: *Sympathie und Literatur*, wie Anm. 9, S. 99–127; SIMONE WINKO: *Wertungen und Werte in Texten. Axiologische Grundlagen und literaturwissenschaftliches Rekonstruktionsverfahren*, Braunschweig 1991.

[13] Vgl. PRINZ / WINKO: *Sympathielenkung und textinterne Wertungen*, wie Anm. 12, S. 111.

[14] Grob folgen neuere Beiträge zum Sympathiekonzept in der Literaturwissenschaft meist einem ähnlichkeitstheoretischen oder einem moralphilosophischen Modell: Ähnlichkeitstheoretische Konzeptionen von Sympathie gehen davon aus, dass Sympathie durch eine wahrgenommene Übereinstimmung zwischen Sympathiesubjekt und -objekt zustande

Neben dieser auf einzelne Figuren bezogenen Wertanalyse gilt es auch figurenbezogene Werthierarchien in Texten zu ermitteln. Denn diese sind für die Zuschreibung von Sympathiewerten und insbesondere Sympathiewerten in einer Figurenkonstellation von entscheidender Bedeutung. Je nach werkbiographischem oder kulturhistorischem Kontext kann sich diese Operation unterschiedlich komplex gestalten. Die potenzielle Sympathiewirkung einer Figur lässt sich vor einem solchen Set an Wertmaßstäben grob auch graduell angeben, nämlich in Hinsicht darauf, wie viele der geltenden Maßstäbe sie in welchem Ausmaß erfüllt. So nennt Verena Barthel für das Mittelalter eine ganze Reihe von als moralisch und / oder allgemein sozial positiv bewerteten Figureneigenschaften, die die Herausbildung von Sympathie begünstigen, wie etwa »Gottglaube, Gottvertrauen, Ansehen, Ehre, Ruhm, Fleiß« et cetera.[15] Allgemeiner geht FRIEDRICH MICHAEL DIMPEL von zwei Wertungsroutinen mittelalterlicher Rezipienten aus: dem Tun-Ergehen-Zusammenhang und dem unverschuldeten Unglück. Im Tun-Ergehen-Zusammenhang wird angenommen, dass gute Taten belohnt, schlechte dagegen bestraft werden; begeht eine Figur dennoch einen Normverstoß, so muss dieser wenigstens unbewusst erfolgen, um vom Tun-Ergehen-Zusammenhang entschuldigt zu sein und eine Positivwertung der Figur gegen die Gültigkeit dieses Wertrahmens zu ermöglichen. Das unverschuldete Unglück, das eine Figur erleidet, trägt zur Mitleids- und damit auch zur Sympathiewirkung dieser Figur bei.[16] Sind die einschlägigen Sets von axiologischen Werten nicht bekannt oder differenzieren sie sich im Laufe des Modernisierungsprozesses immer weiter aus, so wird die Ermittlung von Werthierarchien zunehmend schwieriger und muss letztlich im Rahmen von Einzeltext-, Werk- oder Genreinterpretationen für den je konkreten Fall plausibel gemacht werden.

Unter Rückgriff auf narratologische Analyseverfahren lässt sich die Geltung der rekonstruierten Wertmaßstäbe und deren Attribution in Erzählungen textintern gewichten, indem Häufigkeit, Dauer, Zuverlässigkeit und Relevanz der Attribuierung in den Blick genommen werden und damit insbesondere motivationale Wertungen wie zum Beispiel Umfang, Häufigkeit und Art der Figurendarstellung. Im Rahmen einer Analyse der Figurenkonstellation lassen sich die den einzelnen Figuren attribuierten Wertmaßstäbe so zueinander ins Verhältnis setzen. Dabei ist von vielen verschiedenen Mischformen auszugehen: vom klaren Sympathie- und

---

kommt, moralphilosophische Ansätze nehmen an, dass Sympathie auf der moralischen Positivwertung des Sympathieobjektes durch das Subjekt basiert. Vgl. dazu CLAUDIA HILLEBRANDT, ELISABETH KAMPMANN: *Sympathie und Literatur. Einführende Bemerkungen zu einem vernachlässigten Verhältnis*, in: *Sympathie und Literatur*, wie Anm. 10, S. 7–32, hier S. 17f.

[15] BARTHEL: *Empathie, Mitleid, Sympathie*, wie Anm. 3, S. 39.
[16] DIMPEL: *Die Zofe im Fokus*, wie Anm. 3, S. 80–91.

Antipathieträger über ambivalent gestaltete Figuren[17] und Figuren, die im Hinblick auf Sympathie und Antipathie nur schwach oder gar unbestimmt oder wenig relevant erscheinen.

Wie MANFRED PFISTER betont hat, interessiert neben dieser Verteilung von Sympathiewerten auch die Dynamik, die diese Sympathiesteuerungsverfahren während der Lektüre in Gang setzen, die Ermittlung von Sympathiekurven also.[18] Hierbei spielt insbesondere die Reihenfolge und die Art der Informationsvergabe die entscheidende Rolle und diese lässt sich mit Hilfe einer Analyse von Zeitstruktur, Modus und Stimme für längere Erzählungen gut untersuchen. Einige empirische Befunde sprechen dafür, dass hier Primacy- und Recency-Effekten besonderes Gewicht zukommt, also den ersten und den am Ende vergebenen Figureninformationen.[19]

Das hier knapp umrissene Verfahren zur werttheoretisch fundierten Ermittlung von Sympathiewerten ist mit Ergänzung der relevanten narratologischen Kategorien abgestimmt auf die Ermittlung von Sympathiewerten in Erzähltexten. Für die Analyse lyrischer Texte bedarf es einiger Modifikationen.

3. Zu gattungsspezifischen Besonderheiten der Ermittlung von Sympathiewerten in lyrischen Texten

Viele lyrische Texte zeichnen sich durch das Auftreten von Figuren aus. Hier sind allerdings zwei Einschränkungen zu machen: Neben lyrischen Gebilden, die ausschließlich oder maßgeblich auf der Ebene der Schriftbildfläche oder der Lautstruktur komponiert sind wie etwa das Figurengedicht oder die Lautpoesie und die wegen dieses mangelnden Textcharakters keine Figuren entwerfen, gibt es erstens auch viele Gedichte, die zwar Textcharakter haben, allerdings keine Figuren auftreten oder keinen figural ausgestalteten textinternen Sprecher erkennen lassen.[20] Dies ist in lyrischen Gebilden vermutlich sogar deutlich häufiger als in Erzähltexten der

---

[17] Neuerdings hat Dimpel dieses Verfahren für die *Melusine* Thürings von Ringoltingen nachgewiesen. Vgl. FRIEDRICH MICHAEL DIMPEL: *Tabuisierung und Dunkelheit. Probleme der Sympathiesteuerung in der* Melusine *Thürings von Ringoltingen*, in: *Sympathie und Literatur*, wie Anm. 10, S. 205–235.

[18] PFISTER: *Zur Theorie der Sympathielenkung im Drama*, wie Anm. 5, S. 30.

[19] Vgl. PRINZ / WINKO: *Sympathielenkung und textinterne Wertungen*, wie Anm. 12, S. 109.

[20] Außer Acht gelassen wird hier weiterhin, dass viele lyrische Gebilde mündlich vorgetragen wurden und werden und in einer vollständigen Taxonomie von Sprecherpositionen mit Bezug auf die Gattung Lyrik also nicht nur textinterne, sondern auch textexterne Sprecher in Betracht kommen, die sich im Prinzip auch auf Sympathiewerte hin untersuchen lassen. Dies wäre zum Beispiel bei einem berühmten Schauspieler der Fall, der Rilke-Gedichte für ein Hörbuchprojekt aufnimmt oder diese bei einer Lesung rezitiert.

Fall. Hier wäre zum Beispiel an viele naturlyrische Texte zu denken, aber auch an lyrische Gebilde aus der Subgattung des Dinggedichts, wenn diese keine Angaben über ein erlebendes Subjekt enthalten wie zum Beispiel in Durs Grünbeins *Eine einzige silberne Büchse*:

> Sardinen plattgewalzt
> zwischen den Gleisen &
> an den Seiten quillt
>
> überall Sauce raus rot
> wie Propangasflaschen
>   (& ziemlich
>
> bedeutungsarm) sie allein
> unter sovielem Strandgut
> im Landesinneren hält schon
>
> was dieser Morgen an Schönheit verspricht.[21]

Darüber hinaus kann es Grenzfälle geben, bei denen es stark deutungsabhängig bleibt, ob es sich bereits um eine Figur oder noch um einen unbelebten, symbolisch aufgeladenen Gegenstand handelt wie etwa in Inger Christensens *Wenn ich steh*:

> Wenn ich steh
> im Schnee, allein
> wird klar
> daß ich eine Uhr bin.
>
> Wie sonst sollte
> Ewigkeit sich zurechtfinden.[22]

Aus der Beobachtung, dass lyrische Gebilde nicht immer fiktional sind oder ihr Fiktionalitätsstatus mitunter und im Vergleich mit Erzähltexten häufiger unklar ist,[23] folgt zweitens, dass in lyrischen Gebilden, in denen menschliche Wesen gestaltet werden, häufig Personen, nicht Figuren auftreten. Diese können als nicht-fiktive Wesen im Hinblick auf Sympathiewerte bereits unabhängig vom lyrischen Gebilde diskursiv festgelegt sein und es gilt, diese wertimprägnierte Diskursivierung bei der

---

[21] DURS GRÜNBEIN: *Grauzone morgens. Gedichte*, Frankfurt am Main 1988, S. 27.

[22] »Hvis jeg står // alene i sneen / blir det klart / at jeg er et ur // hvordan skulle evighed / ellers finde rundt.« INGER CHRISTENSEN: *Hvis jeg står/ Wenn ich steh*, in: *Mein Gedicht ist mein Körper – Neue Poesie aus Dänemark*, hg. von GREGOR LASCHEN. Bremerhaven 1989, S. 20f.

[23] Vgl. FRANK ZIPFEL: *Lyrik und Fiktion*, in: *Handbuch Lyrik – Theorie, Analyse, Geschichte*, hg. v. DIETER LAMPING, Stuttgart u.a. 2011, S. 162–166.

Analyse zu berücksichtigen. Als Beispiel sei hier Jorge Luis Borges' *Edgar Allan Poe* angeführt, das bei der Lektüre eine Fülle biographischen und literaturgeschichtlichen Wissens zu Poe voraussetzt. Im dabei ebenfalls vorausgesetzten Kanonizitätsstatus von Poes Werk sind implizit auch personenbezogene Wertmuster enthalten, die sich auf den Autor richten und die von Borges weiter elaboriert werden:

> Pompas del mármol, negra anatomía
> Que ultrajan los gusanos sepulcrales,
> Del triunfo de la muerte los glaciales
> Símbolos congregó. No los temía.
> Temía la otra sombra, la amorosa,
> Las comunes venturas de la gente;
> No lo cegó el metal resplandeciente
> Ni el mármol sepulcral sino la rosa.
> Como del otro lado del espejo
> Se entregó solitario a su complejo
> Destino de inventor de pesadillas.
> Quizá, del otro lado de la muerte,
> Siga erigiendo solitario y fuerte
> Espléndidas atroces y maravillas.[24]

Häufiger noch als im lyrischen Gebilde gestaltete Personen sind es in nichtfiktionaler Lyrik die personal ausgestalteten Sprechinstanzen, denen Sympathiewerte bereits deshalb zu- oder abgesprochen werden, weil sie zum Beispiel im Rahmen der Erlebnislyrikkonvention mit dem Autor gleichgesetzt oder als symbolische Repräsentationen aufgefasst werden, die allgemeinmenschliche Erfahrungen artikulieren wie etwa in den Einlassungen der Sprechinstanz zum Wesen der Liebe in Shakespeares *Sonnets*.[25] Vermutlich sind es gerade deutlich personal ausgeformte

---

[24] »Marmorner Prunk, schwarze Anatomie / geschändet von den Würmern in den Grüften, / er sammelte die eisigen Symbole / siegreichen Tods. Er fürchtete sie nicht. / Er fürchtete den andren Schatten: Liebe, / die üblichen Verzückungen der Leute; / ihn blendete nicht leuchtendes Metall, / noch Marmorgrüfte, sondern nur die Rose. / Wie auf der anderen Seite des Spiegels / gab er sich einsam dem vielfältigen / Los des Erfinders von Albträumen hin. / Vielleicht, auf der andren Seite des Todes, / erschafft er weiterhin, einsam und stark, / strahlende und gräßliche Wunderwerke.« JORGE LUIS BORGES: *Gesammelte Werke. Band I: Gedichte 1923–1965*. Hg. und übers. v. GISBERT HAEFS, München 1982, S. 107, 162.

[25] Möglich wäre dann auch, dass die Wertschätzung sich lediglich auf die artikulierte Haltung des Sprechers richtet. In der Alltagssprache wäre dafür auch das Wort »Sympathie« gebräuchlich, zum Beispiel in dem eine Einstellung als »sympathisch« deklariert wird. Mit dem oben ausgeführten personalen Bezug des hier verwendeten Sympathiebegriffs handelt es sich dann allerdings nicht mehr um Sympathie im engeren Sinne – es sei denn, diese Redeweise wird als abkürzende Beschreibung verstanden, die einer Person Sympathie aufgrund einer bestimmten Haltung attestiert.

Sprechinstanzen in nicht-fiktionaler Lyrik, die starke Sympathieeffekte hervorrufen können. Als Beispiel sei hier die Befreiungskriegslyrik eines Theodor Körner genannt, die ihren Erfolg und ihre Glaubwürdigkeit ganz wesentlich Körners persönlichem Engagement in den napoleonischen Befreiungskriegen verdankt. Auch viele Popstars erzeugen solche Effekte durch eine enge Kopplung der in den Lyrics artikulierten Erfahrungen an die eigene Person. Auch Grenzphänomene wie der »Byronic Hero« ließen sich hier anführen – ein Figurentypus, dessen Übereinstimmung mit Wesenszügen der Autorfigur Byron ganz bewusst offen gehalten und damit schillernd gestaltet hat. Eine differenzierte Terminologie, die unterschiedlich personal oder figural ausgeformte Typen von Sprechinstanzen und menschlich oder menschenähnlich ausgestalteten Wesen in Gedichten genauer erfassen hilft, fehlt der Lyrikforschung trotz der sehr fruchtbaren Debatte um eine sinnvolle generalisierende Benennung der textinternen Sprechinstanz bislang. Auf Basis einer solchen Typologie ließen sich gewinnbringend weitere Beobachtungen zur Sympathiewirkung von Personen und personal gestalteten Sprechinstanzen in lyrischen Gebilden anstellen.

Hier werden Fragen der Sympathielenkung dagegen erst einmal nur im Hinblick auf Figuren und figural gestaltete Sprechinstanzen in lyrischen Gebilden diskutiert.[26] Die beiden oben genannten Einschränkungen haben zur Folge, dass erstens ein größerer Teil lyrischer Gebilde schon aus sachlichen Gründen wegen des fehlenden personalen oder figuralen Bezugs nicht für eine solche Analyse in Frage kommt und dass zweitens an dieser Stelle offen bleiben muss, inwiefern Personen oder personalisierte Sprechinstanzen in lyrischen Gebilden im Vergleich mit Figuren in gleicher oder in anderer Weise im Hinblick auf Sympathiewerte untersucht werden können. Zu vermuten steht immerhin, dass für diesen Bereich Sympathiewerte einfacher zugewiesen werden können als für Figuren, die eben nur im Falle intertextueller Bezugnahmen bereits mit wertimprägniertem Vorwissen während der Lektüre erschlossen werden.

Unter der Voraussetzung, dass Figuren- und Personenwahrnehmung wichtige Gemeinsamkeiten im Hinblick auf Sympathieempfindungen aufweisen und dass es sich bei ›Figur‹ um ein transgenerisches Konzept handelt, ist prima facie davon auszugehen, dass Figuren gattungsunabhängig zur wertbasierten Einstellungsbildung einladen können und dass die sprachlichen Verfahren der Bewertung von Figuren in lyrischen und Erzähltexten nicht prinzipiell verschieden sind. In der Lyrikforschung gibt es bisher allerdings kaum Bemühungen, den Zusammenhang von Figurendarstellung und -wirkung genauer zu untersuchen. Dies hat auch damit zu tun, dass die Figuren- in die Lyrikforschung bisher kaum Einzug gehalten hat. Erste Überlegun-

---

[26] Zum hier verwendeten Figurbegriff vgl. Anm. 4.

gen, welche Besonderheiten die Konstituierung von Figuren in lyrischen Texten aufweist, hat SIMONE WINKO angestellt.[27] Ihrzufolge sind es drei Merkmale, die typische lyrische Texte von typischen Erzähltexten unterscheiden und die damit auch die Herausbildung von Figurenmodellen in gattungsspezifischer Weise beeinflussen: die Kürze, die Dichte beziehungsweise Konzision der vergebenen Information und der Vers beziehungsweise die metrisch gebundene Rede.[28] Textkürze und konzise Information haben zur Folge, dass die Figurencharakterisierung in Gedichten knapper und oft skizzenhafter ausfällt.[29] Im Vergleich mit längeren Erzähl- oder Dramentexten sind die sprachlichen Möglichkeiten der Figurencharakterisierung in Lyrik daher etwas salopp gesagt schon aus Platzgründen begrenzt. Hat dieser Umstand auch Konsequenzen für die Sympathiewirkung?

Auf den ersten Blick spricht einiges dafür: Der in der Regel größere Umfang von Erzähltexten gestattet es, insgesamt »reichhaltigere« Figurenmodelle zu entwerfen. Darüber hinaus legen Untersuchungen aus der Sozialpsychologie nahe, dass insbesondere dauerhaftere Charaktermerkmale von Personen (oder Figuren) die Herausbildung von Sympathie fördern.[30] Diese können in Erzähltexten als dauerhaftere ausführlicher geschildert werden, da hier in der Regel mehr Platz zur Verfügung steht um solche Charaktermerkmale zu beschreiben, in wechselnden Situationen zu veranschaulichen und bei der Rezeption umfassend zu bewerten. In lyrischen Gebilden ist dies typischerweise nicht der Fall. In William Carlos Williams' *The Thinker* etwa bleibt das Bild der Ehefrau und das Verhältnis zwischen ihr und dem textinternen Sprecher in vielen Hinsichten unbestimmt und ist damit nur eingeschränkt evaluierbar. Dass etwa die den Pompons der Hausschuhe attestierte Fröhlichkeit metonymisch einen Charakterzug der Frau und einen Aspekt der Paarbeziehung zwischen ihr und dem Sprecher veranschaulichen soll, liegt zwar nahe, bleibt letztlich aber offen. Weitere Informationen zur Frauenfigur werden nicht gegeben:

---

[27] SIMONE WINKO: *On the Constitution of Characters in Poetry*, in: *Characters in Fictional Worlds. Understanding Imaginary Beings in Literature, Film, and Other Media*, hg. v. JENS EDER, FOTIS JANNIDIS und RALF SCHNEIDER. Berlin 2010, S. 208–231.

[28] Ebd., S. 211f.

[29] Als ein besonders prägnantes Beispiel sei Ezra Pounds berühmtes imagistisches Gedicht *In a Station of the Metro* angeführt: »The apparition of these faces in the crowd; / Petals on a wet, black bough.« EZRA POUND: *Poems and Translations*, hg. v. RICHARD SIEBURTH. New York 2003, S. 287.

[30] PRINZ / WINKO: *Sympathielenkung und textinterne Wertungen*, wie Anm. 12, S. 108f. Dies folgt auch aus dem von Scheele angeführten Regelkreismodell: Eine vertiefte, elaborierte Form der Sympathie als Einstellung kommt eben erst durch eine längerfristige, aspektreiche Auseinandersetzung mit einem Gegenüber zustande. Vgl. SCHEELE: *Empathie und Sympathie*, wie Anm. 10.

> My wife's new pink slippers
> have gay pompons.
> There is not a spot or a stain
> on their satin toes or their sides.
> All night they lie together
> under her bed's edge.
> Shivering I catch sight of them
> and smile, in the morning.
> Later I watch them
> descending the stair,
> hurrying through the doors
> and round the table,
> moving stiffly
> with a shake of their gay pompons!
> And I talk to them
> in my secret mind
> out of pure happiness.[31]

Es ließe sich aus diesem Befund die These ableiten, dass Sympathieeffekte in lyrischen Texten daher seltener eine Rolle spielen oder weniger intensiv ausfallen, da diese in der Regel weniger Anhaltspunkte bieten, eine Figur zu modellieren und anschließend zu evaluieren. Erst recht kann aufgrund der relativen Kürze der Texte im Gegensatz zu Erzähl- und Dramentexten kaum von Prozessen fluktuierenden Sympathieerlebens ausgegangen werden.

Allerdings bleibt es nicht bei diesem rein negativen Befund. Denn die Kürze der Information kann partiell durch konzise Information und formale Gestaltung ausgeglichen werden, insbesondere in Form typisierter Figureninformationen und formaler Überstrukturierung, die damit besonderes evaluatives Potenzial gewinnt. Die Gewichtung der vergebenen Informationen wird damit zur zentralen Aufgabe des Interpreten. Vor dem Hintergrund einer mindestens seit der Sattelzeit um 1800 gültigen Genrekonvention der umfassenden ästhetischen Motiviertheit sind potenziell alle Textmerkmale und insbesondere die formalen wie Reim- und metrische Struktur, Zeilenumbruch et cetera von Bedeutung, die implizite oder motivationale Wertungen enthalten können: Sie können auf formale oder inhaltlich bestimmte Gattungs- und Genrekonventionen hinweisen, die auch Angaben zur Rezeptionshaltung eröffnen. Und sie können fallweise auch zur Figurencharakterisierung und -bewertung eingesetzt werden – zum Beispiel, um die emotionale Bewegtheit eines Sprechers zu verdeutlichen, verdeckte Bezüge zwischen Figurenmerkmalen offenzulegen oder Charaktereigenschaften zu unterstreichen oder zu konterkarieren. In Hugo von Hofmannsthals Rollengedicht *Der Schiffskoch, ein Gefangener, singt* wird

---

[31] WILLIAM CARLOS WILLIAMS: *The Collected Poems of William Carlos Williams*, hg. v. A. WALTON LITZ und CHRISTOPHER MCGOWAN. Bd. I. New York 1986, S. 167.

die mitleiderregende Lebenssituation des Kochs, die in moralischer Hinsicht kurzfristig Sympathie generiert, auch formal verdeutlicht: durch die Strophenform des überwiegend vierhebig trochäischen, mitunter aber auch durch Doppelsenkungen unterbrochenen, vierversig-kreuzgereimten Klageliedes wie auch in der Gestaltung der Reimstruktur, die das Gegensatzpaar »Meinigen – peinigen« einander gegenüberstellt und die »Fische« als Repräsentanten der stummen Schönheit und den für die Fluchtphantasie des Koches zentralen Begriff der »Freiheit« als Waisen hervorhebt. Interjektionen wie »Ach« und »Weh« oder das Ausrufezeichen in der vierten Strophe unterstreichen die emotionale Betroffenheit des Sprechers:[32]

> Der Schiffskoch, ein Gefangener, singt
>
> Weh, geschieden von den Meinigen,
> Lieg ich hier seit vielen Wochen,
> Ach und denen, die mich peinigen,
> Muß ich Mahl- um Mahlzeit kochen.
>
> Schöne purpurflossige Fische,
> Die sie mir lebendig brachten,
> Schauen aus gebrochenen Augen,
> Sanfte Tiere muß ich schlachten.
>
> Stille Tiere muß ich schlachten,
> Schöne Früchte muß ich schälen
> Und für sie, die mich verachten,
> Feurige Gewürze wählen.
>
> Und wie ich gebeugt im Licht in
> Süß- und scharfen Düften wühle,
> Steigen auf ins Herz der Freiheit
> Ungeheuere Gefühle!
>
> Weh, geschieden von den Meinigen,
> Lieg ich hier seit vielen Wochen!
> Ach und denen, die mich peinigen,
> Muß ich Mahl- um Mahlzeit kochen.[33]

---

[32] Auf der Ebene der ästhetischen Gestaltung weist das Gedicht durch die kunstvoll variierte Liedform mit den vielen Alliterationen und dem Verweis auf Kostbarkeit und Schönheit der geschlachteten Tiere natürlich auch deutlich ästhetizistische Tendenzen auf und lässt außerdem eine poetologische Lesart zu. Werden diese Aspekte als zentral für das Verständnis des Gedichtes erachtet, treten Aspekte der Sympathielenkung selbstverständlich in den Hintergrund.

[33] HUGO VON HOFMANNSTHAL: *Sämtliche Werke. Kritische Ausgabe. Band I: Gedichte 1*, hg. v. EUGENE WEBER, Frankfurt am Main 1984, S. 102.

Zusätzlich zu den vergebenen Informationen wird der Koch damit auch auf der Ebene der Faktur des Gedichts durch die kunstvoll »holprige« Liedform in der Tradition des lyrischen Klagegesangs als leidender, zur Grausamkeit gezwungener, ästhetisch orientierter Figurentypus etabliert.

Kürze und Konzision bedingen also eine kompaktere, dabei häufig rudimentäre, oft aber auch typisierte Form der Figurenmodellierung. Zu denken wäre hier zum Beispiel auch an die typisierten Frauen- und Männerfiguren, wie sie in der Anakreontik oder im Petrarkismus begegnen. Das für Erzähltexte typische und für die Rezipienten oft reizvolle Changieren von Sympathiewerten in einer komplexen, oft auch nicht-typisierenden Figurenkonstellation findet sich in lyrischen Gedichten daher selten. Stattdessen werden vermutlich häufiger Empathieeffekte im Hinblick auf Figuren zu beobachten sein, kurzfristigere Effekte des Nachvollziehens einer Emotion also.[34] Dies gilt insbesondere für solche Figuren in lyrischen Gebilden, die der seit Batteux wirkmächtigen Vorstellung von Lyrik als Nachahmung von Empfindungen verpflichtet sind. So artikuliert Wilhelm Müllers Wandererfigur in der *Winterreise* im Gedicht *Rast* nicht nur Müdigkeit und Schmerz, sondern die Schilderung dieser Körpererfahrungen wird auch genutzt, um die Emotionen des figuralen Sprechers zu veranschaulichen. Um *Rast* angemessen verstehen zu können, muss dabei auch die Emotionalität der Figur empathisch nachvollzogen werden:

> Nun merk ich erst, wie müd ich bin,
> Da ich zur Ruh mich lege;
> Das Wandern hielt mich munter hin
> Auf unwirtbarem Wege.
>
> Die Füße frugen nicht nach Rast,
> Es war zu kalt zum Stehen,
> Der Rücken fühlte keine Last,
> Der Sturm half fort mich wehen.
>
> In eines Köhlers engem Haus
> Hab Obdach ich gefunden;
> Doch meine Glieder ruhn nicht aus:
> So brennen meine Wunden.

---

[34] Diese Bemerkung sollte nicht missverstanden werden: Sie ist nicht als Plädoyer für eine Rückkehr zum Paradigma eines expressiven Lyrikverständnisses in der Tradition Batteuxs zu verstehen, das Lyrik als Ausdruck von Empfindungen ansieht. Hier soll lediglich gesagt werden, dass, wenn Figuren in lyrischen Gebilden auftreten und diese Gebilde Angebote zur emotionalen Interaktion mit diesen bereitstellen, häufiger Empathie- als Sympathieeffekte zu beobachten sein dürften.

> Auch du, mein Herz, im Kampf und Sturm
> So wild und so verwegen,
> Fühlst in der Still erst deinen Wurm
> Mit heißem Stich sich regen![35]

Darüber hinaus finden sich auch Figurendarstellungen, die dazu dienen sollen, vorrangig als Thementräger, Personifikation oder anderes mehr wahrgenommen zu werden und damit überindividuelle Ansichten und Erfahrungen zu artikulieren, die vermutlich keine Empathie- und Sympathieeffekte im oben umrissenen Sinne hervorrufen. Dies gilt zum Beispiel für das oben zitierte Gedicht von Inger Christensen:[36] Entscheidet man sich dafür, der Uhr einen anthropomorphen Status zuzuweisen, dann fungiert diese Figur als Personifikation einer bestimmten Zeiterfahrung, die man als allgemeine Erfahrung ohne deutlich ausgeformten individuellen personalen oder figuralen Bezug nachvollziehen kann.

Die Hypothese, dass emotionale Reaktionen auf Figuren in Lyrik im Vergleich mit Dramen- und Erzähltexten möglicherweise häufiger auf Empathie mit einer Figur oder dem Nachvollzug als allgemein deklarierter emotionaler Erfahrungen beruhen, bedeutet aber nicht, dass eine sympathiebezogene Rezeptionshaltung für die Lyrikrezeption insgesamt irrelevant wäre. Vielmehr sind sympathieinduzierende Evaluationsangebote in der Typisierung oft schon implizit enthalten. Einige lyrische Sprecher- oder Figurentypen setzen sogar besonders stark auf Sympathieeffekte, etwa im Rahmen der Erlebnislyrikkonvention oder allgemeiner im Falle des nichtfiktionalen Gedichts mit bereits bekanntem Sprecher sowie in bestimmten Ausprägungen des fiktionalen Rollengedichts. Innerhalb von Gedichtzyklen wie zum Beispiel Müllers *Winterreise* besteht darüber hinaus die Möglichkeit, Figuren auch außerhalb einer narrativen Struktur im gehaltvollen Sinne ähnlich ausführlich zu modellieren, wie dies in Erzähltexten der Fall ist.

Die Schlussthese dieses Beitrages lautet daher, dass einzelne lyrische Gebilde oder Subgattungen von Lyrik durchaus ein markantes Sympathiepotenzial besitzen können, dass dieser Umstand für sich genommen aber bereits bemerkenswert ist, da lyrische Texte deutlich seltener darauf angelegt sind, Sympathieeffekte mit Figuren zu erzielen, als die meisten Erzähltexte. Und dass Beobachtungen dazu, ob und wie lyrische Texte oder Textgruppen Sympathieträger etablieren, genrebezogene wie auch literarhistorische Differenzierungen ermöglichen, die hier nur angedeutet werden konnten.

---

[35] WILHELM MÜLLER: *Die Winterreise* in: Ders.: *Werke, Tagebücher, Briefe*, hg. v. MARIA-VERENA LEISTNER. Berlin 1994, S. 170–186, hier S. 182.

[36] Vgl. oben Anm. 22.